SIFL INSTITUTE
上海金融与法律研究院

上海金融与法律研究院丛书

大国金融崛起

国际挑战与本土策略

上海金融与法律研究院 著

上海三联书店

序　言

　　2012年英国《银行家》杂志如期发布了2012年度全球千家大银行排名(The Banker's Top 1000 World Banks Ranking for 2012)。从区域上看,2011年欧洲银行业遭受欧债危机重创,税前利润骤减;美国银行业持续复苏,表现中庸;而中国银行业成为盈利高地,2011年中国共103家上榜银行,实现税前利润2063亿美元,利润占全球千家大银行总额的29.4%,高出美国近11个百分点、高出日本近21个百分点。工行、建行与中行占据世界最盈利银行(税前利润)前三名。

　　银行业的繁荣只是中国金融崛起的冰山一角。2007年肇始的全球金融危机至今,欧美等国深陷债务危机、财政悬崖,复苏乏力;反观中国,推四万亿抗衰退、维持金融部门信用国家化等政策,至始至终都呈现"风景这边独好"。大国金融战略亦逐渐进入决策者视线,以金融战略为题的著作、论文屡见不鲜。

　　但中国是大国不假,却非金融大国、也非金融强国。那如何实现中国的大国金融崛起？这涉及两个层面的问题:第一,中国作为一个整体在国际金融市场的角色定位,包括在IMF改革、国际储备货币多极化、以及人民币汇率等问题上,应该采取何种策略的问题;第二,中国金融体系如何改革以应对这一角色,包括中国对内各个层面的改革,如更加灵活的人民币利率制度,推动银行改革让银行真正自主经营,建设国际金融中心以及在更加宏观和长期的层面挖掘非正式制度的对金融改革的作用等。这构成了上海金融与法律研究院近几年关注的主要问题，本书即是其中的部分成果，此前都曾在本院的内部刊物《陆家嘴评论》中刊发过。

中国在全球金融体系中的角色如何定位，其无法回避的时代背景是2007年以来的金融危机，它深刻影响了全球金融格局，也使得大众对资产证券化乃至整个金融体系充满了怀疑。这次由美国"次贷危机"起头的全球性金融危机，对中国而言，有一种反应值得关注。由于欧美陷入危机，而中国因大规模刺激经济成为在危机中表现最为抢眼的经济体之一，所以不少国人认为中国是时候站出来"拯救全世界"了。国外也不乏赞誉之声，包括"中美国"、"G2"这样的高帽也戴在了中国头上。那么到底应该怎么看待这个问题呢？在国际金融新秩序里，中国如何认清自己的位置？

在《全球金融危机背景下的国际货币体系改革》一文中，我们解释了为什么单极美元体系会造成国际金融失衡，并演化成国际金融危机。在应对危机时，IMF自身的问题和跨国金融监管的困难又如何加重了危机的程度。要消除危机，除了改革IMF机构本身以及增强各国在跨国金融监管方面的合作之外，国际多边货币合作也是必要的政策选项。当然，国际金融新秩序的关键在于国际货币体系的改革，除了美元作为储备货币之外，超主权货币以及储备货币多极化（包括美元、欧元和亚洲货币在内）将比美元作为单一储备货币更能抵御风险。《国际金融新秩序下的策略选择：超主权储备货币与IMF改革》重点解读了中国央行行长周小川提出的超主权货币，并着重解释了中国在目前的国际金融秩序中，尤其是在IMF改革中，应该采用何种策略的问题。

就具体问题来看，不管是从国际层面而言，还是从国内经济发展的实际出发，人民币的重要地位日益凸显，作为双边或区域性结算货币也被越来越多的贸易伙伴国所接受。但如果要作为国际储备货币，应对在国际金融新秩序中所遇到的挑战，汇率制度改革恐怕是绕不过去的。与通常

目 录

序言   1

第一章   国际金融新秩序

全球金融危机背景下的国际货币体系改革   张 明   3
国际金融新秩序下的策略选择
    ——超主权储备货币与 IMF 改革   李华芳   46

第二章   宏观经济与金融全局

全球经济失衡和汇率政策   王 健   61
人民币跨境流通渠道宜分三类进行管理   徐奇渊   何 帆   88
中国利率市场化
    ——知不易行更难   聂日明   108
利率市场化的国际经验及启示   祝红梅   147

第三章   深化金融市场

"垃圾债券"并不垃圾
    ——鸟瞰美国高收益债券市场   王 闻   167

信贷资产证券化
　　——遭到误读的金融工具　　　　　　　　王　闻　195
如何评价信用评级机构？　　　　　　王　闻　林加力　225

第四章　货币政策工具与银行改革

央票何处去？
　　——对作为货币政策中介工具的央票的分析
　　　　　　　　　　　　　　　　　聂日明　龚　于　251
银行改革
　　——一项未完成的设计　　　　　　聂日明　龚　于　277

第五章　法律能为金融提供什么

金融和商业中的法律角色　　　Franklin Allen　钱　军　315
陆家嘴，下一个金融城？　　　　　　　　　聂日明　335

认为的中美贸易失衡是因为人民币被低估不同,《全球经济失衡和汇率政策》指出经常项目盈余反映的其实是中国经济的结构性扭曲,制度改革应该朝这个方向入手。当然这绝不意味着推动更加灵活的汇率制度是不必要的,因为更灵活的汇率制度可帮助中国维持货币政策的有效性,也有助于中国无需继续采用目前严格的国际资本流动限制,从而增加资本市场的效率。在人民币作为跨境结算货币进行流通时,《人民币跨境流通渠道宜分三类进行管理》认为不同流通渠道对国内经济的影响迥异,所以应该采用分类管理的思路,包括出口贸易与人民币 ODI、进口贸易、FDI 及 QDII,以及境内机构在香港发人民币债、境内机构从境外获得人民币贷款、允许境外机构投资境内银行间债券以及人民币 QFII。

中国金融体系的痼疾要数利率管制。利率作为最核心的要素——资金——的价格,一直以来都受到严格的管制。《中国利率市场化:知不易行更难》解释了何以目前中国的利率管制是不利于金融发展的,因为目前的利率管制的后果是帮助维护了国有企业和大银行的利益,导致金融深化不足,中小企业难以获得金融资源又触发了非正规金融的兴起,而这又反过头来冲击了金融市场的秩序,加大了宏观调控的难度。这种管制是中国面临诸多困境的结果,如经济结构失衡、资产价格泡沫、投资过热、收入分配差距拉大、国进民退等。也正是因为利率市场化的进展缓慢,致使政府在改善这些困境时,功效甚微,利率管制已经成为长期经济可持续增长最危险的敌人。中国应该如何完成利率自由化?《利率市场化的国际经验及启示》以英国、法国、德国和澳大利亚为研究对象,考察这些国家实行利率市场化改革的背景、过程及改革后经济金融运行情况的变化,为中国的相关改革提供了可以借鉴和参考的地方。2012 年 9 月央行联合三会等部门发布的《金融十二五规划》明确了利率价格自由化的诸多事项,我们有幸可以在未来几年内见证这一历史进程。

金融全局的改革错综复杂,金融市场的深化亦是荆棘遍地,与美国的金融化"过度"不同,中国金融市场面临的金融化"不足",亦即金融产品的丰富程度与证券化的程度。这体现在中国债券市场产品品种相对单调、资产的证券化不足(或根本没有证券化),更缺乏独立的评级机构为金融市场提供风险指引。《信贷资产证券化:遭到误读的金融工具》首先解释了到底什么是资产证券化以及资产证券化到底是"有毒的"金融技术还是可以化解我国金融困局的良药?总体而言,与前述类似,作为金融技术的资产证券化的确需要恰当使用,但这并不意味着金融危机是资产证券化本身之祸。《"垃圾债券"并不垃圾:鸟瞰美国高收益债券市场》还以"垃圾债券"为例,解释了高风险高收益的金融产品有其合理性,所以在资产证券化问题上,我们不能因噎废食,而是可以发掘出一套符合中国情况的资产证券化方案。只不过,这一资产证券化的方案,需要一系列配套制度,包括法律监管。其中一个至关重要的问题是理性对待评级公司。在金融危机过程中,评级机构本身的信用遭到质疑,《如何评价信用评级机构?》指出解决评级机构的信任危机,将是资产证券化道路上的一个重要环节。

金融市场要发挥资源配置与宏观调控的作用,从根本上来还要看金融监管机构与金融机构的改革,在中国,核心便是中央银行和国有银行改革。《央票何处去?》对央行利用央行票据来调节流动性表示了担忧。作为一种公开市场操作工具,央票发行将对货币供应量产生影响。但央票的问题在于央行一方面要通过央票来回收流动性,另一方面由于央票发行影响利率波动,而且央票的冲销成本也很高,如果作为货币政策的一种长期工具,反而对市场造成不利影响。央票应当被看作是现实局限的无奈之举,需要尽快思考退出策略。而对国有股份制银行的改革来说,其实不仅仅是单一银行的改革,而是应该从更宏观的角度来考虑。《银行改革:一项未完成的设计》回顾了银行改革以来的得失,指出银行改革不能孤立于整个金融体制改革而存在,也不可能独立于国企改革而单独存在,其成功与否更需要其他金融体制的改革来配套,也需要整体国企改革进程来推动,而其中的关键是将银行变成自主经营性企业,而不是国家金融

序　言

和财政手段随时可以动用的工具。

　　回过头来,所有的金融改革仍然聚焦于中国的大国的金融战略,但它的实现既非高楼大厦,也非金融机构林立,更多体现在金融软实力与国际金融中心的地位。《金融和商业中的法律角色》讨论了法律在金融和商业运行中的角色。与通常的观点有所不同,我们认为在法律不完善、执行也不力的中国,经济之所以取得了巨大的发展,是因为中国的非正式制度有效保证了合约的执行,这与美国等成熟商业社会中以法律为正式制度来保证合约执行的方式是不同的。而法律机制和非法律机制的并存,不仅有助于它们之间的竞争,而且也会有助于法律体系的完善,因为此时法律制度就不大容易为利益集团所控制,同时也更容易适应环境的变化。

　　当然,对于上海要建设国际金融中心而言,更缺乏的是法律机制,历史上重要国际金融中心的发展固然伴随着大国的崛起,但并非依靠政府的力量就可以独力完成,以法治为基础的市场经济等制度也是金融中心崛起的不可或缺的因素。以伦敦金融城的经验对照上海,结合上海金融与法律研究院历年来关于上海建设国际金融中心的研究,《陆家嘴,下一个金融城?》指出上海离国际金融中心的路还很长。

第一章　国际金融新秩序

全球金融危机背景下的国际货币体系改革

张 明

一、危机爆发前的国际货币金融体系

1. 美元本位制:单极信用储备货币体系

自布雷顿森林体系崩溃后,国际货币体系进入了浮动汇率时期。这一时期内的国际货币体系被称为牙买加体系(Jamaica System),该体系也被称为美元本位制(Dollar Standard)。

在美元本位制下,美元是全球最重要的国际储备货币,行使着全球计价尺度、交易媒介与价值储存的功能。尽管欧元、英镑、日元等发达国家货币也或多或少地扮演着国际货币的角色,但与美元相比,其他国际货币的重要性不免相形见绌。根据 IMF COEFR(Currency Composition of Official Foreign Exchange Reserves)数据库相关数据的计算,在 2008 年年底全球外汇储备的币种构成中,美元约占 64%,而欧元、英镑、日元各占 27%、4%与 3%。因此,当前的美元本位制事实上是一种单极储备货币体系。

与金本位制或布雷顿森林体系相比,美元本位制的最大特征是一种信用储备货币(Fiat Money)体系。在金本位制下,各国货币以固定比价与黄金挂钩,货币能够按照该比价与黄金自由兑换。在布雷顿森林体系下,黄金以固定比价与美元挂钩,美元再以固定比价与其他各国货币挂钩,美元能够按照该比价与黄金自由兑换。而在美元本位制下,美元币值不再与任何贵金属或者实体商品篮子挂钩。各国投资者之所以愿意使用美元,是对美元币值的稳定性具有信心。美元币值的稳定性一方面与美联储实施反通货膨胀货币政策的声誉有关,另一方面与美国经济的活力以及美国强大的政治军事实力有关。金本位制与布雷顿森林体系对国际储备货币的发行是有硬性约束的:一种储备货币的发行规模与该国货币当局拥有的黄金储量挂钩。布雷顿森林体系崩溃的根源恰恰在于美国国际收支逆差造成美元黄金比率的上升,从而损害了外国投资者对于美联储能够维持美元以固定比价兑换黄金的信心,最终引发的兑换浪潮迫使尼克松政府关闭黄金窗口。而在美元本位制下,对美元发行数量并没有任何硬性约束。各国投资者对美元币值的信心取决于他们对美国货币政策的信心,即美联储会竭尽全力避免国内发生显著的通货膨胀。

美元本位制是一种中心—外围式的国际货币体系。美国处于该体系的中心,广大新兴市场国家与发展中国家处于该体系的外围。由于外围国家的本国货币不能用于国际支付,外围国家必须通过出口商品与服务、或者吸引中心国家的投资来获得美元。反过来,美国可以通过购买商品与服务(即通过经常账户赤字)的方式输出美元,或者通过对外围国家的直接投资或证券投资(即通过资本账户赤字)的方式输出美元。然而,由于美国金融市场是全球最大最宽最深的金融市场,该市场承担了为金融市场欠发达国家进行资金媒介与融通的功能,这就意味着美国将存在持续的资本账户盈余、而非资本账户赤字。因此,在美元本位制下美国主要通过经常账户赤字来输出美元。如图1所示,美国出现持续的经常账户赤字其实是1980年代以来的事情。在1982年至2008年这27年间,除1991年外,其他年份美国均存在经常账户赤字。在1992年至2007年间,赤字规模不断扩大。

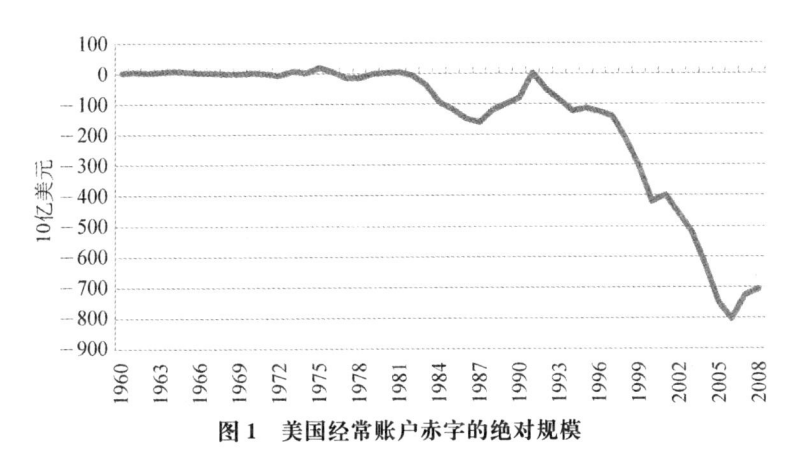

图 1　美国经常账户赤字的绝对规模

资料来源：US Bureau of Economic Analysis（BEA）。

在美元本位制下,尽管发达国家大多实施浮动汇率制度,但对于很多新兴市场国家和发展中国家(尤其是东亚新兴市场经济体)而言,它们依然选择实施事实上(De Facto)的盯住美元汇率制。外围国家实施盯住美元汇率制的主要原因包括：第一,这类国家普遍实施出口导向的经济发展战略,为了降低汇率波动对出口商品价格竞争力的冲击,这些国家普遍选择了盯住主要国际计价货币(美元)的汇率制度。此外,为了提升本国产品贸易竞争力,这些国家存在普遍的本币汇率低估；第二,外围国家一般缺乏成熟的金融市场,这些国家既不能以本币对外借债,甚至在国内也难以获得长期贷款,因此这些国家的银行体系存在货币与期限的双重错配,即银行的负债方是美元短期借款,而资产方是本币长期贷款。Eichengreen 和 Hausmann 在 1999 年《汇率与金融稳定》一文中称,这种金融体系的原罪(Original Sin)使得外围国家不愿意采用浮动汇率制度,因为汇率大幅波动可能导致银行体系的破产。

根据国际经济学中的三元悖论,在资本自由流动条件下,既然外围国家选择了盯住美元的汇率制度,它们就不得不放弃独立自主的货币政策。例如,当美联储下调联邦基金利率时,为防止本币对美元升值,外围国家也必须相应调低基准利率。这就意味着,美国货币政策的变动给其他国家货币政策造成了显著的溢出效应(Spillover Effect)或者外部性(Externality)。Devereux 等在 2003 年《美元本位下的全球货币政策》一文中分析了全球美元本位制下货币政策的制订。假定所有贸易品均由美元定价,这就产生了一种不对称性,即汇率变动对美国 CPI 的传递效应(Pass-through Effect)是零,而对其他国家 CPI 的传递效应为正。在这种环境下,美国在制订货币政策时不必明显地考虑汇率的波动性,而其他国家必须给汇率波动性一个较高权重。在美国与其他国家进行货币政策博弈的纳什均衡中,美国的偏好是占有策略,最终均衡等于美国独立制订全球货币政策。

2. 不可持续的全球国际收支失衡

进入 21 世纪以来,全球国际收支失衡(Global Imbalance)日益成为困扰美元本位制的突出问题。随着经济与金融全球化的深入发展,外围国家对全球储备货币的需求日益增加,而外围国家只能通过商品与服务贸易的顺差来获得全球储备货币,这就造成新兴市场国家与发展中国家形成了持续的经常账户盈余,而美国则形成了持续的经常账户赤字。如图 2 所示,在 2001 年至 2008 年期间,美国存在持续的经常账户赤字,赤

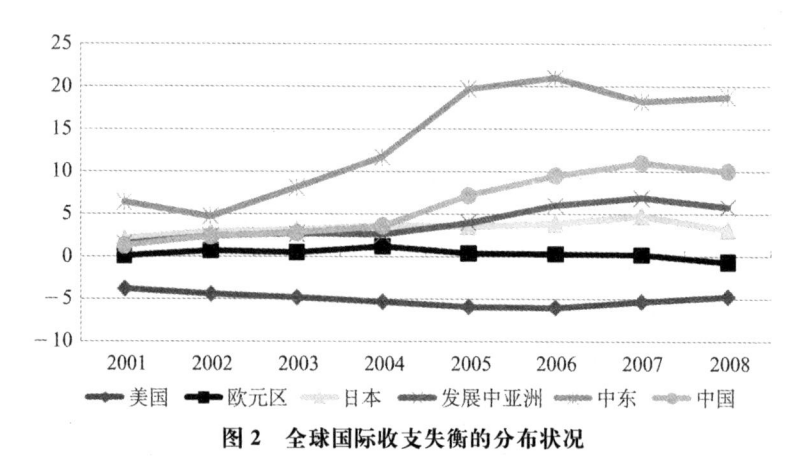

图 2 全球国际收支失衡的分布状况

资料来源:IMF: World Economic Outlook, April 2009。

字规模在2006年达到占GDP6.0%的峰值;亚洲新兴市场经济体与中东石油输出国存在持续的经常账户盈余,且中东国家经常账户失衡的程度远超过亚洲新兴市场经济体;尽管在欧元区内部,德国、荷兰等国家存在持续的经常账户盈余,西班牙、葡萄牙、希腊等国家存在持续的经常账户赤字,但欧元区从整体上而言处于经常账户基本平衡的状态。

关于全球国际收支失衡的成因,存在两种相互对立的观点。Freund在2000年《工业化国家的经常项账户调整》一文中认为,美国国内的储蓄率下降和投资率上升造成了美国的经常账户赤字。美国人口结构的老龄化、持续经济增长导致居民对未来收入的预期提高,以及近年来美国房地产市场繁荣带来的财富效应,共同导致了美国居民储蓄率的下降。自从布什政府上台以来,政府预算迅速从盈余转变为赤字,导致美国政府储蓄率的下降。美国1990年代后期的互联网泡沫以及2000年代中期的房地产泡沫导致美国国内投资率上扬,从而导致作为储蓄投资差额的经常账户赤字不断扩大。对应的,Bernanke在2005年《全球的储蓄过剩与美国经常项账户赤字》一文的观点则认为,东亚国家和石油输出国的储蓄过剩(Saving Glut)造成了美国的经常账户赤字。东亚国家向来具有很高的居民储蓄率,在1997年东南亚金融危机之前,东亚国家的投资率更高,从而整体上存在经常账户赤字。但在东南亚金融危机之后,东亚国家(除中国外)的投资率迅速下降,而且这一期间东亚国家的政府储蓄率也显著上升。以上因素导致东亚国家的国内储蓄大于国内投资。东亚国家的过剩储蓄主要流向了美国,压低了美国金融市场的长期利率,推动了美国房地产市场的繁荣,房价上涨的财富效应刺激了美国居民的过度消费,从而降低了美国的居民储蓄率。低利率同时也给政府带来了为财政赤字进行低成本融资的机会,从而降低了政府储蓄率。美国国内总储蓄率的降低造成了持续的经常账户赤字。我们认为,上述两种观点均具备一定程度的合理性,全球国际收支失衡是美国过度消费与顺差国储蓄过剩共同造就的。

1997年至1998年东南亚金融危机的惨痛教训让新兴市场经济体认识到,在金融危机爆发后指望 IMF 的援助是不现实的,更好的方法是通过积累大量外汇储备来提供一种自我保险机制。东南亚金融危机之后,新兴市场国家(尤其是东亚国家)纷纷将通过持续经常账户顺差获得的外汇收入以外汇储备的形式保留下来。因此,全球范围内外汇储备的持续累积,就成为全球国际收支失衡的一大特征性事实。根据 IMF COEFR 数据库相关数据的计算,如图3所示,全球外汇储备规模由1998年的1.6万亿美元上升至2008年的6.7万亿美元,增长了3.2倍。其中发达国家外汇储备规模仅增长了1.5倍,新兴市场与发展中国家外汇储备规模增长了6倍。新兴市场国家与发展中国家外汇储备的很大一部分,是以各类美国金融资产(包括国债、机构债、企业债与股票等)的形式持有的。这意味着美国通过进口商品与服务输出的美元,又通过外围国家购买美国金融资产的形式流回美国。美元资金的回流压低了美国金融市场的长期利率,使得美国居民能够继续维持借债消费的模式,从而延缓了美国经常账户赤字的调整。此外,长期低利率造成美国资产价格(尤其是房地产价格)不断上涨,形成了美国历史上史无前例的房地产价格泡沫,从而埋下

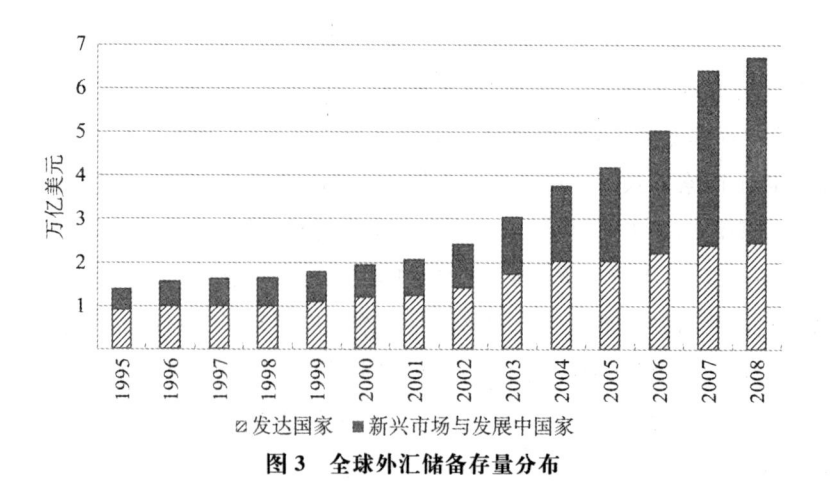

图3 全球外汇储备存量分布

资料来源:IMF Currency Composition of Official Foreign Exchange Reserves (COFER)数据库。

了次贷危机的种子。在次贷危机爆发前,资产价格上涨的财富效应会进一步诱使美国居民增加消费,从而加大经常账户赤字。

美国经常账户赤字的不断扩大引发了市场对于全球国际收支失衡可持续性的担忧。主流观点认为,美国持续的经常账户赤字是不能持续的。这种看法背后的逻辑是,持续的经常账户赤字必然造成美国国际投资头寸净负债的不断上升。而当美国对外净负债达到一定水平后,外国投资者开始对美国的偿债能力感到怀疑,从而拒绝继续通过购买美国资产的方式为美国经常账户赤字融资。最终美国必须通过美元名义汇率贬值或者国内结构性调整(通过压缩居民消费提高居民储蓄率,以及通过压缩财政赤字提高政府储蓄率)来改善经常账户赤字。如图4所示,1980年代至今美国持续的经常账户赤字的确造成美国对外净资产演变为美国对外净负债,且负债规模逐渐上升。Eichengreen 在 2007 年《全球失衡与布雷顿森林体系的教训》一文为美国经常账户的不可持续性提出了三点额外理由:第一,与布雷顿森林体系下的外围国家相比,当前体系下的外围国家异质性更强、更缺乏凝聚力。东亚国家缺乏共同的历史背景,因此很难形成恰当的集体行动机制来保障当前体系的稳定性;第二,在布雷顿森林

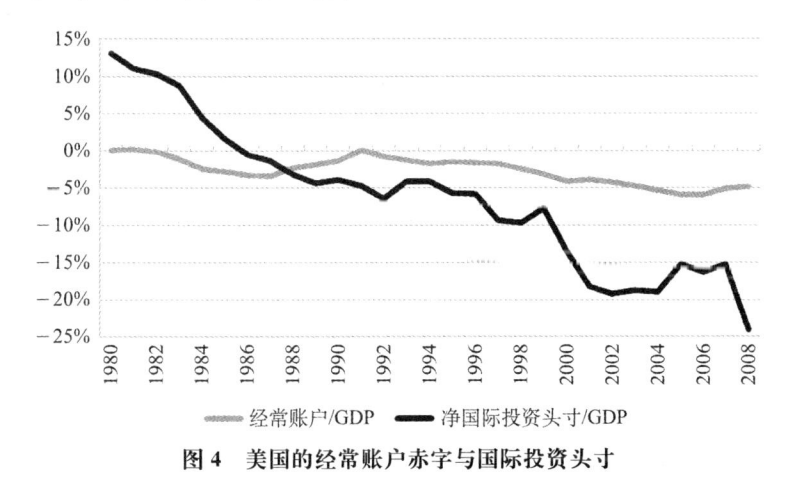

图 4　美国的经常账户赤字与国际投资头寸

资料来源:US Bureau of Economic Analysis。

体系时期美元的对手是垂死的英镑,但当前美国具有欧元这一强大对手。因此与1970年代相比,退出美元本位制的成本要低得多;第三,与布雷顿森林体系下的美元与黄金可兑换性相比,当前中心国家维持币值稳定的承诺的可信度要低得多。事实上当前美国政府对美元汇率以及经常账户赤字采取了一种"善意忽略"(Benign Neglect)的态度。

然而,也有不少经济学家认为当前的美元本位制以及国际收支失衡是能够长期持续的。Dooley等在2003年《复苏的布雷顿森林体系》一文中的观点认为,美元本位制实质上是一种复苏的布雷顿森林体系(Revived Bretton Woods System)。在该体系下,东亚国家取代了布雷顿森林体系下德国与日本的外围国家角色,采纳了以汇率低估、资本管制、积累中心国家金融资产、利用中心国家金融市场为本国资金流通提供媒介的出口导向发展战略。即使美国持续的经常账户赤字导致美元贬值的风险不断积累,外围国家依然将持续为美国提供融资以促进本国出口。由于外围国家认为促进出口的重要性远高于外汇储备的保值增值,因此当前的美元本位制是非常稳定的。Gourinchas和Rey在2007年《从世界银行家到风险资本家》一文提出的另一种代表性观点认为,资产价格变动与汇率变动造成的估值效应(Valuation Effect)能够有效缓解持续经常账户赤字所造成的美国对外净负债的扩大。一方面,在2001年至2007年期间,外国股票价格的上涨幅度远高于美国股票价格,这增加了美国海外资产相对于海外负债的价值;另一方面,由于美国对外资产主要以外国货币计价,而美国对外负债主要以美元计价,而在2002年初至2008年中期,美元对世界主要货币贬值了大约30%,这有效缓解了美国对外净负债的上升。Milesi-Ferretti在2008年《基本面的异常:美元经常项账户赤字与美元》一文提到,作为估值效应一大佐证,尽管2002年至2007年间美国的经常账户赤字平均占GDP的5.3%,但这6年间美国的净对外头寸基本上没有发生变化(图4)。

尽管经济学界对当前国际收支失衡的可持续性存在争议,但我们倾向于认为,目前的国际收支失衡是不可持续的。首先,随着外围国家外汇储备的不断累积,外围国家通过冲销外汇占款从而将通胀压力维持在可控范围内的成本越来越高,而如果冲销不完全,外围国家就会面临过剩流动性造成的资产价格泡沫以及通货膨胀;其次,随着外围国家外汇储备规模的飙升,这些国家越来越难以承受美元大幅贬值对外汇储备真实购买力的冲击,它们能够容忍的美国对外净债务占 GDP 的比率可能降低了;再次,缓解美国净对外负债上升的估值效应难以持续存在。Milesi-Ferretti 在《基本面的异常:美元经常项账户赤字与美元》一文中认为,一方面,没有可靠证据表明,美国金融资产的长期收益率持续低于其他国家金融资产;另一方面,一旦美元汇率趋稳甚至走强,那么美元贬值造成的资产估值收益就会消失。

一旦未来的全球国际收支失衡濒临崩溃,则美元本位制将面临重大冲击。Dooley 等在 2009 年《布雷顿森林体系 II:仍旧定义全球货币体系》一文中提出,引爆危机的大体机制是,随着外国储蓄由美国市场流向其他市场,其他国家的实际利率将会下降,而美国的实际利率将会上升。在长期实际利率变动的作用下,其他国家的房地产与其他资产价格将会上升,而美国的资产价格将会下降。利率变动与资产价格变动造成的不同的相对价格与财富效应将会导致美国的国民储蓄率相对于其他国家的国民储蓄率上升。国民储蓄率的相对变动将会纠正美国的经常账户赤字。最终,为适应这一新的需求模式,美元的真实价值还应该贬值 40% 以上,从而使得美国的资源投向增加贸易品的生产以及减少贸易品的消费。然而有趣的是,次贷危机并非经济学家所预言的国际收支失衡调整的危机,而是由美国房地产泡沫与衍生产品泡沫崩溃而造成了全新的系统性危机。

3. IMF——合法性与有效性存疑

国际货币基金组织(International Monetary Fund,IMF)在美元本位制下延续了其在布雷顿森林体系下核心金融机构的角色。在美元本位下,国际货币基金组织有两大核心职能:一是向出现国际收支问题的成员国提供短期融资安排;二是对成员国宏观经济实施连续监测(Surveilance)。

在1997—1998年的东南亚金融危机中,IMF可谓名誉扫地。一方面,IMF没有能够对危机爆发进行提前预警,在危机爆发后的反映也较为迟钝;另一方面,作为提供贷款的前提,IMF的条件性(Conditionality)过于僵化与千篇一律,即要求借款者实施紧缩性财政货币政策以改善国际收支逆差、提高未来的偿债能力。当借款者宏观经济已经面临紧缩压力时,遵循IMF的贷款条件性无异于雪上加霜。ODI在2007年关于IMF改革的报告中提到,东南亚金融危机后,IMF的合法性(Ligitimacy)开始受到以下三种现象的冲击:第一,亚洲与其他新兴市场经济体开始通过大规模积累外汇储备来防范未来金融危机的爆发,而对IMF敬而远之;第二,IMF最大的借款国(巴西、阿根廷、土耳其与菲律宾等)纷纷提前偿还借款,使得IMF依赖于贷款利息收入的商业模式变得越来越不安全;第三,IMF没有能力应对诸如全球国际收支失衡之类的新问题。

目前全球范围内关于IMF合法性与有效性的疑虑主要集中于以下四个方面:

第一是IMF的治理结构(Governance),即IMF的份额(Quota)与投票权。其中,一个成员国的份额与成员国向IMF的缴款金额,能够获得的IMF分配的特别提款权(Special Drawing Rights,SDR)数量,能够向IMF借款的规模以及拥有的在IMF相关事务中的投票权等权利义务密切相关。目前最大的两个问题是,其一,新兴市场国家的份额与投票权与新兴市场国家在世界经济中的比重严重不符。如表1所示,金砖四国在IMF中的投票权比重明显低于这些经济体在世界经济中的比重,其中以中国最为显著。相比之下,欧洲国家在IMF中的投票权普遍高于这些经济体在世界经济中的份额;其二,最贫穷国家在IMF中的声音过于微弱。围绕以上两个问题,IMF从2007年起也开展了名为"份额与声音"

(Quota and Voice)的改革,意图增加新兴市场国家的份额,以及增加基本投票权在总投票权中的比重以扩大最贫穷国家的发言权。然而,在份额改革方面,新兴市场国家与欧美之间有严重的利益冲突。美国不愿意放弃自己一票否决的权利,这意味着美国能够出让的份额是有限的。欧洲国家虽然是总体份额最被高估的一个群体,但欧洲国家(特别是一些欧洲小国)并不甘心放弃任何比例的份额与投票权。

表1 各主要国家在 IMF 中的份额以及在世界经济中的比重之比较

国　　家	在 IMF 中占的投票权	占 2008 年全球 GDP 的百分比
美国	17.1%	20.4
中国	3.7	11.3
日本	6.1	6.3
俄罗斯	2.7	3.3
巴西	1.4	2.8
印度	1.9	4.9
欧盟全体	32.4	21.9
德国	6.0	4.2
法国	4.9	3.0
英国	4.9	3.1
意大利	3.2	2.6
荷兰	2.4	1.0
比利时	2.1	0.5
西班牙	1.4	2.1
欧盟的其余 20 个成员国	7.4	5.3

注释:以上 GDP 数据通过购买力平价法调整。
资料来源:华尔街日报中文版,http://cn.wsj.com/gb/20090904/bus143537.asp

第二是 IMF 的监测(Surveilance)职能。监测是指 IMF 负责对成员国的宏观经济运行情况进行跟踪,在第四条款(Article IV)下定期对成员国的宏观经济状况提供评估报告,并以该报告作为是否对成员国提供贷款的评估标准。IMF的监测功能对于维护各国宏观稳定以及IMF贷款质量而言至关重要。但目前IMF的监测功能存在两个重要缺陷:第一,IMF的监测过于偏重双边监测——即IMF工作人员对各国宏观经济的监测,而忽视了多边监测——即对世界经济与全球金融市场作为整体进行监测,以提前发现并应对全球系统性风险;第二,IMF的监测对于不向IMF借款的国家没有任何约束力,尤其是对发达国家没有约束力。有些时候,发达国家甚至可以向IMF施压,反对IMF发布对自己不利的宏观经济监测报告。

第三是IMF的贷款(Lending)职能。IMF在贷款方面存在的主要问题包括:第一,成员国获得的贷款规模有限,且IMF发放贷款的时间周期过长;第二,IMF贷款具有严苛而僵硬的条件性(Conditionality),这种条件性通常要求借款国实施从紧的财政货币政策以改善国际收支,这种药方往往会进一步恶化危机国的经济金融状况,加深危机的负面影响。这也是近年来新兴市场国家和发展中国家不太愿意向IMF借款的根本原因之一。

第四是IMF的可动用资源(Resources)。一方面,IMF可用于贷款的资源仅为2500亿美元左右,该资源规模难以应对全球系统性危机的融资需求;另一方面,由于近些年来向IMF申请的贷款规模越来越小,造成贷款利息收入显著下降,IMF目前面临无法平衡自身财务预算的困境。

4. 跨国金融监管体系缺失

次贷危机的爆发无疑暴露了美国式自由市场主义金融监管体系在监管架构与监管理念方面的诸多缺陷,大致包括:第一,分业监管体系难以准确监控混业经营金融机构的跨行业操作;第二,多头监管体系在对金融机构的监管重叠处反而留下了监管真空;第三,对具有系统重要性的金融机构(例如雷曼兄弟、两房与AIG)缺乏更加严格以及更具针对性的监管措施;第四,对某些类型的金融机构(例如对冲基金)缺乏最基本的信息披露与监管;第五,新巴塞尔资本协议下的资本充足率、在险价值(Value At Risk,VAR)的资产负债管理方式、以市订价(Mark to Market)的会计记账方式均具有相当程度的顺周期性(Pro-cycality),从而容易放大金融市场波动对金融机构资产负债表与盈利的影响;第六,无论是金融机构的风险管理部门还是监管机构都低估了尾端风险的系统破坏性;第七,监管部门忽视了对于金融机构资产负债表外投资实体——即结构性投资工具(Structure Investment Vehicle,SIV)的监管等。

从全球金融体系层面上来看,在次贷危机爆发前,最大的缺陷在于缺乏一个系统的跨境金融监管体系。首先,各国金融监管当局各自为战,且实施的监管标准与监管强度有显著差异,这就为金融机构的跨国监管制度套利(Institutional Arbitrage)留下了空间;其次,在全球范围内缺乏一个针对跨国金融监管的协调机制,导致目前的全球金融监管体系支离破碎:IMF负责对全球宏观经济进行监测;国际清算银行(Bank of International Settlement, BIS)负责中央银行与国际组织之间的支付清算以及央行之间的信息交流与合作;巴塞尔委员会等国际标准制定机构负责就某一具体类型的金融机构制定行业经营标准(例如统一的商业银行资本充足率规定);而各国金融监管部门负责对本国金融市场进行具体监管。由于缺乏统一的沟通平台与协调机制,导致对全球系统性风险的监测不力、缺乏应对全球系统性风险的国际协调,以及跨境金融监管薄弱。次贷危机以来欧美混乱的金融市场充分暴露出创建一个全新的全球金融监管体系的必要性。

二、全球金融危机对国际货币金融体系提出的挑战

1. 美国宏观政策负外部性加剧——通胀与美国国债贬值双重风险

次贷危机的爆发重创了美国金融市场与实体经济。随着危机的演进,美国金融市场上出现系统性的流动性短缺(Liquidity Squeeze)与信贷紧缩(Credit Cruch),导致大量金融机构破产,风险资产价格大跌。金融

市场的危机通过各种渠道对消费、投资与净出口造成冲击,导致美国经济在 2008 年下半年陷入衰退。为稳定金融市场与实体经济,美国政府实施了极为宽松的宏观经济政策。在财政政策方面,包括保尔森提出的 7000 亿美元问题资产纾困计划以及奥巴马政府 7890 亿美元的宏观经济刺激方案;在货币政策方面,除联邦基金利率已经接近于零利率之外,美联储还实施了各种类型的量化宽松(Quantitative Easing)政策,即美联储通过购买各种金融资产向市场注入流动性。宽松的宏观经济政策取得了显著的效果,从 2009 年上半年起,金融市场逐渐稳定下来;在 2009 年第二季度,美国很多宏观经济指标触底反弹。然而,宽松的宏观经济政策并不是没有成本的,除了造成财政赤字不断扩大之外,也埋下了未来通货膨胀、美元贬值与美国国债市场价值下降的风险。

在当前环境下,美国政府面临两大任务。第一大任务是,通过不断增发国债来为持续扩大的财政赤字融资;第二大任务是,为了刺激美国居民消费与美国企业投资,美国政府需要将市场利率维持在低位。然而,这两个任务之间是存在冲突的,因为一旦增发的国债处于供过于求的状况,那么为了弥补供求缺口,新发国债的收益率必然上升。由于美国金融市场的各种中长期利率都是参照相应期限美国国债收益率进行定价的,国债收益率上升必然造成美国金融市场中长期利率的上升。

首先来看美国国债市场的潜在供给。1980 年至 2007 年这 28 年内,美国年均财政赤字为 2124 亿美元,年均国债净发行额为 2922 亿美元。国债净发行额的平均水平高于财政赤字的平均水平,这说明发行国债是美国政府为财政赤字融资的最重要手段。而根据美国政府的估算以及市场预测,2009 年美国财政赤字将达到 1.84 万亿美元,国债净发行额将至少达到 2 万亿美元。

其次来看美国国债市场的潜在需求。要对国债市场的潜在需求进行预测,必须对当前美国国债的市场需求进行分解。根据美国财政部提供的数据,截至 2008 年 12 月底,美国国债总余额为 10.7 万亿美元,其中政府内部持有国债数额为 4.3 万亿美元,占总规模的 40.5%,公众持有国债数额为 6.4 万亿美元,占总规模的 59.5%。此外,在公众持有的 6.4 万亿美元国债中,外国投资者持有大约 3.1 万亿美元,约占 48%。我们可以近似地理解为,在以往美国国债的发行过程中,政府内部(除美联储外的其他政府机构、政府管理的各种基金)约购买 40%,美国国内投资者与外国投资者各购买 30%。

我们暂且假定,在 2009 年美国政府拟发行的 2 万亿国债中,美国政府内部(除美联储外)仍能消化 40%。因此美国国债市场能否维持供求平衡,就主要取决于国内外投资者的购买意愿。一方面,外国投资者对美国国债的需求在 2009 年很难继续增长。官方机构投资者在外国投资者中扮演着重要角色,尤其是来自东亚国家与石油输出国的官方机构投资者。随着发达经济体集体陷入衰退,进口需求大幅滑坡,东亚国家的出口增速显著下降,贸易顺差带来的外汇储备增量明显减缓;随着原油价格的下跌,石油输出国的出口收入也大幅下降,外汇储备增长速度趋缓。尽管最近几个月油价明显回升,但本轮油价上升更多建立在美元贬值预期的基础上,而非真实需求回暖的基础上,石油出口国的贸易状况要明显改善还尚需时日。一旦东亚国家与石油出口国外汇储备增长速度放缓,它们对美国国债的投资需求就不会出现显著增长。

另一方面,尽管在雷曼兄弟破产之后的相当长一段时间内,美国国内机构投资者将大量资金调入美国国债市场避险。但随着全球股票市场的反弹,机构投资者的去杠杆化基本上告一段落,金融机构面临的压力也由减记资产、披露亏损变为重新盈利,这意味着金融机构将重新开始配置风险资产,从而降低资产组合中美国国债的比重。

此外,由于次贷危机造成美国股市与房地产市场急剧下挫,资产价格下跌也给美国个人投资者造成明显亏损。在资产组合规模收缩的背景下,个人投资者很难显著增加对美国国债的投资需求。尽管自次贷危机爆发以来,美国的居民储蓄率出现明显回升,迄今为止已经由 2008 年年底的 1.8% 上升到 6.9%。但即使假设今年美国居民储蓄率回到历史平均水平的 8%，而且美国居民将增加的储蓄全部投资于美国国债市场，也不过增加 6600 亿美元的购买需求。根据《华尔街日报》提供的数据，从 2008 年年底到 2009 年第一季度末，美国居民持有的美国国债数额已经由 2666 亿美元上升至 6439 亿美元，增长了 3773 亿美元。但只要美国居民储蓄率不出现超调现象，那么未来美国居民能够增持美国国债的规模就注定是有限的。

在上述分析的基础上，我们对 2009 年全年美国国债市场的供求状况进行了两种情景预测。在第一种比较乐观的情景中，假定外国投资者与美国投资者在 2009 年内能够保持 2008 年对美国国债的投资需求，并假定美国居民储蓄率能够在 2009 年回升到 8% 的历史平均水平，且上升的储蓄全部投资于美国国债市场。在这种情景下，美国国债市场在 2009 年将出现大约 3200 亿美元的供求缺口（需求低于供给）。在第二种比较悲观的情景中，假定外国投资者与美国投资者在 2009 年对美国国债的需求量与 2008 年相比均缩水 20%，并假定美国居民储蓄率能够在 2009 年回升到 8% 的历史平均水平，但上升的储蓄只有 50% 投资于美国国债市场。在这种情景下，美国国债市场在 2009 年将出现大约 7700 亿美元的供求缺口（需求低于供给）。

一旦美国国债市场出现供求缺口，那么为了平衡供求，新发国债的收益率必然上升。如果美国政府不想办法弥补这一缺口，美国政府的财政政策就不能持续。在这种背景下，美联储直接购买美国国债就显得顺理成章了。2009 年 3 月 18 日，美联储宣布，将在未来 6 个月内购买 3000 亿美元长期国债。从短期来看，美联储直接购买美国国债有利于弥补国债市场上的供求缺口，避免新发国债收益率上扬，将金融市场中长期利率保持在低位，从而维持美国财政政策的可持续性。

美联储购买美国国债的过程，同时也是向经济体内注入基础货币的过程。这种资产与负债的同步增加意味着美联储资产负债表规模不断放大。危机爆发至今,美联储资产负债表已经由 8000 亿到 9000 亿美元左右上升到 2.2 万亿美元左右。由于美联储的资本金没有变动,增加的全是负债。从负债的细项来看,迄今为止现金的增加仅有 1000 亿美元左右,但银行准备金(特别是银行超额准备金)由危机前的百亿美元上下飙升至目前的接近 1 万亿美元。众所周知,银行准备金犹如"笼中的老虎",一旦金融市场反弹、实体经济回暖、商业银行重新开始放贷,那么银行准备金将很快演变为广义货币与信用贷款。如果基础货币与货币乘数均在短期内放大,那么未来的通货膨胀就很难避免。财政赤字货币化注定导致通货膨胀的铁律,对美国依然适用。一旦美国爆发显著的通货膨胀,那么美元大幅贬值就难以避免。

处于国际货币体系中心国家的扩张性宏观经济政策,自然会对外围国家产生显著的外部性。美国的通货膨胀与美元贬值会将通货膨胀压力输出到外围国家。而美国国债市场价值下降将给持有大量美国国债的外围国家央行造成严重的账面损失。如果外围国家开始集体减持美国国债,这将导致美国国债收益率进一步上扬,从而抑制美国经济复苏,并可能造成美元大幅贬值,最终可能加速美元本位制的崩溃。

2. 国际收支失衡调整——不确定性加剧

次贷危机的爆发为全球国际收支失衡的调整提供了一次难得的机会。由于次贷危机爆发的根源之一是全球国际收支失衡造就的全球流动性过剩,全球国际收支失衡的根本原因是美国的过度消费与新兴市场国家的过度储蓄。那么,危机爆发后,美国与新兴市场国家都面临着调整经济发展模式的压力。简答而言,就是美国居民压缩消费提高储蓄,降低经常账户赤字的规模。新兴市场国家居民扩大消费降低储蓄,降低经常账户盈余的规模。

次贷危机爆发至今,美国的结构性失衡的确有所缓解。根据 BEA (U.S. Bureau of Economic Analysis)数据统计,从居民储蓄占居民可支配收入之比来看,美国居民储蓄率已经由 2008 年第 1 季度的 1.2% 上升到2009年第2季度的5%。美国经常账户赤字与GDP之比也已经由2006年的6.0%下降至2008年的4.9%。我们预期,未来美国的居民储蓄率有望进一步上升至8%的历史平均水平,而经常账户与GDP之比有望下降至3—3.5%左右。

然而,美国居民储蓄率的上升以及国际收支失衡的缓解,究竟是短期现象还是长期趋势,目前依然存在很大争议。一种观点认为,迄今为止美国居民储蓄率的上升主要是由于布什政府与奥巴马政府的退税政策所导致的,属于危机期间的预防性储蓄,而非美国居民真正改变了借债消费的模式。而迄今为止美国经常账户赤字的改善主要是由于原油与大宗商品价格下降改善了美国的贸易条件,一旦油价与大宗商品价格重新步入上升周期,美国的经常账户赤字将会重新扩大。美国财政赤字的扩大意味着政府储蓄率的进一步下降,这也将导致美国经常账户赤字的扩大。

Dooley等在《布雷顿森林体系II:仍旧定义全球货币体系》一文中进一步认为,很多经济学家预期中将会催坏复苏的布雷顿森林体系(即当前的美元本位制)的国际收支危机并未爆发。次贷危机爆发后的现状是,所有国家遭受了几乎相同的冲击。所有市场的信用息差(Credit Spread)都显著上升,但美国的无风险利率要比其他地方下降得更快。所有国家的财富因为股市与房市的崩盘均大幅缩水。所有国家的政府储蓄率都下降了,而美国下降得更多。几乎所有国家的私人部门储蓄率都在上升。美元汇率不降反升。而外国的私人投资者与官方投资者继续大量投资于美国金融资产。因此,次贷危机甚至可能强化复苏的布雷顿森林体系。更多的国家会加入到这一体系中,从而延长这一体系的存续期。

另一种观点认为,次贷危机可能会永久性地改变全球范围内的需求分布。美国居民会显著改变危机爆发前过度消费的模式,居民储蓄率的上升是可持续的。一旦清洁能源与生物医学成长为美国经济新的增长点,出口的改善将会缓解经常账户赤字。美国政府重振高端制造业或者加大对高科技产品的出口也会缓解经常账户赤字。美国消费模式的转变意味着顺差国出口导向的发展策略也必须进行调整。如果不投入更多资源刺激本国国内需求,中国等贸易顺差国将会持续面临出口下滑、产能过剩、企业盈利能力下降、银行坏账增加的风险,经济增长因此不具备可持续性。

我们认为,目前要准确判断未来全球国际收支失衡的演进方向为时尚早,未来全球国际收支格局的变化仍具有相当大的不确定性。这既取决于世界经济的恢复速度,也取决于各国政府进行结构性改革的魄力与决心。如果世界经济能够在很短时间内迅速复苏,如果各国不愿意进行国内痛苦的结构性改革,那么次贷危机后全球国际收支失衡甚至可能进一步加大。如果世界经济的复苏旷日持久,那么外部环境的恶化很可能迫使各国政府进行结构调整,从而缓解国际收支失衡,使得世界经济回到更可持续发展的轨道上来。

三、危机后国际多边货币合作的进展与前景

1. 单一信用储备货币、跨主权储备货币以及储备货币多极化

(1) 单一信用储备货币——美元

次贷危机的爆发给美元的国际储备货币地位造成了显著冲击。一方面,次贷危机源自美国金融市场上失控的金融创新(例如以 CDS、CDO 等为代表的金融衍生产品)。次贷危机的爆发损害了全球投资者对美国金融市场以及金融产品的信心,未来全球投资者资产组合中美国金融资产的比重可能因此下降;另一方面,美国政府用以稳定金融市场与刺激实体经济的扩张性财政货币政策,将会造成财政赤字扩大、国债市场上的供求失衡恶化并导致新发国债收益率的上扬、基础货币增发并最终埋下通货膨胀的种子。这也会削弱美元资产对全球投资者的吸引力。如果通过全球投资者购买美国金融资产的方式能够为美国经常账户赤字提供的融资规模大幅下降,那么美国就不能平衡当前的经常账户赤字,美国的国际收支以及美国居民的过度消费模式就必须进行调整。

然而,即使美元的国际储备货币地位在次贷危机后会开始衰落,美元衰落的速度也注定是非常缓慢的。次贷危机在重创了美国金融市场与实体经济的同时,也同样重创了美元的主要竞争对手所属经济体。欧元区与日本经济甚至先于美国经济陷入衰退,欧元区的德国以及日本由于实施出口导向发展战略,它们的经济复苏最终取决于美国进口需求的复苏。而且和美国相比,欧洲受到僵硬的社会保障制度的困扰,而日本则受制于过高的政府负债率以及急剧老化的人口年龄结构。对金融四国的货币而言,首先成长为一种国际性货币是更为现实的目标。换句话说,由于次贷危机对各种国际性货币的冲击具有一定程度的对称性,因此当前美元本位制的更迭与嬗变将是一个缓慢而渐进的过程。此外,Cohen和Subacchi在2008年《一个半货币制度》一文中指出,作为一种成功的国际性货币需要两种关键力量,一种是自治力(Automny),这意味着本国货币政策的制订能够不受别国货币政策的影响;另一种是影响力(Influence),这意味着本国货币政策的制定能够影响别国的货币政策。从逻辑上而言,国际货币权力始于自治力,但自治力未必能自动转化为影响力。从这一角度来看,欧元的自治力没有问题,但影响力仍明显不足。其他国际性货币在自治力与影响力这两个方面都存在缺陷。因此当前的国际货币体系只有"一个半国际货币"(One and A Half Currency System),而美元霸权的衰落将是一个长期进程。

迄今为止的各种国际货币体系在储备货币方面均具有一个根本性缺陷。在金本位制下,国际储备货币的发行规模受制于黄金的规模,这意味着国际储备货币的增长速度受制于黄金开采增速,从而不能满足世界经济发展的需求。在布雷顿森林体系下,为满足世界经济发展对国际储备货币的需求,美国必须通过国际收支赤字(主要是资本与金融账户赤字)来输出美元。这将会导致美元与美国国内黄金储备的比率上升,当其他国家政府与投资者不再信任美国政府能够按照固定比率用黄金兑换美元时,全球范围内的汇兑狂潮迫使美国政府取消黄金与美元的自由兑换。

这正是所谓的特里芬两难(Triffin Dilemma)。在当前的美元本位制下，同样存在特里芬两难。一方面，为满足世界经济对国际储备货币的需求，美国通过持续的经常账户赤字输出美元；另一方面，持续的经常账户赤字会造成美国对外净负债的不断上升。一旦其他国家投资者对美国在不制造通货膨胀前提下的偿债能力失去了信心，则这些投资者会抛售美元与美元资产，造成美元本位制难以为继。事实上，但凡以国别货币充当世界货币的国际货币体系，均不能克服特里芬两难，这是因为储备发行国不能平衡国内政策需要与世界经济发展需要。

除此之外，与金本位制或布雷顿森林体系相比，美元本位制还存在另一个根本缺陷，即作为一个信用货币储备体系，美元本位制缺乏对储备货币发行国货币发行数量的纪律约束。在金本位制下，一国基础货币的发行数量受制于该国央行拥有的黄金储量。在布雷顿森林体系下，美元的发行数量同样受制于美联储拥有的黄金储量，因为美联储必须维持将美元自由兑换为固定比率的黄金的承诺。然而在美元本位制下，美元币值不再与任何贵金属或者实体商品篮子挂钩，这就意味着对全球范围内的美元发行缺乏一种强制性的纪律约束。事实上，美国政府基本上是根据国内经济发展需要来制定货币政策，而非根据世界经济增长需要来制订美元发行数量。再考虑到美国存在持续的经常账户赤字，是世界上的最大债务人，客观上也存在通过增发货币制造美元贬值来稀释对外债务、转移调整负担的激励。因此，如果说金本位制天然会带来通货紧缩压力，那么美元本位制天然会带来通货膨胀压力。而本次次贷危机爆发的根源，在于美国国内宽松的货币政策导致全球流动性泛滥，全球流动性泛滥压低美国金融市场长期利率，从而出现罕见的房地产泡沫与衍生品泡沫。2009年3月，央行行长周小川发文《关于改革国际货币体系的思考》总结到，危机未必是储备货币发行当局的故意，但却是制度性的必然。要从根本上解决特里芬难题，就必须创设一种超主权的国际储备货币。

(1) 超主权储备货币——SDR 与替代账户

所谓超主权储备货币（Super-sovereign Reserve Currency），是指由一个超越主权国家的货币管理机构发行的用于国际范围内计价尺度、交换媒介与储藏手段的货币。自次贷危机爆发以来，全球范围内就涌现出改革当前国际货币体系的呼声。特别是自中国人民银行行长周小川在 2009 年 3 月提出创设一种超主权储备货币来替代美元，并得到俄罗斯、巴西等新兴市场大国政府的支持后，超主权储备货币成为一个热门话题。

在 2008 年成立的联合国大会主席关于国际货币金融体系改革的专家委员会（the Commission of Experts of the President of the UN General Assembly on Reforms of the International Monetary and Financial System，简称斯蒂格利茨委员会）的报告指出，当前的国际货币体系改革应解决三个问题：第一，储备资产的积累必须与储备货币发行国的经常账户赤字相分离（以克服特里芬两难）；第二，对经常账户盈余国必须有所约束（这是凯恩斯提出的清算同盟的核心理念）；第三，应该提供一个比美元更加稳定的国际价值储存载体。而为了解决上述三个问题，一个最现实的方法是大量增加对特别提款权（Special Drawing Right）的发行与使用。周小川在《关于改革国际货币体系的思考》中也认为，SDR 具有成长为超主权储备货币的特征与潜力，因此应特别考虑充分发挥 SDR 的作用、着力推动 SDR 的更加广泛的分配，以及拓宽 SDR 的使用范围。

SDR 是由 IMF 在 1969 年创设的，由目前在国际贸易与金融中使用的四种主要货币（美元、欧元、日元、英镑）组成的货币篮（Currency Basket）。目前美元、欧元、日元与英镑在 SDR 货币篮中的比重分别为 44%、34%、11% 与 11%。SDR 的传统职能是，当成员国发生国际收支逆差时，可以用它向基金组织指定的其他成员国兑换外汇，以偿付国际收支逆差或归还基金组织贷款，此外 SDR 也构成了一国国际储备的一部分。然而，由于 SDR 仅是一种记账单位（Unit of Account），而不是一种真正的货币。因此 SDR 在使用时必须首先兑换为其他货币,而不能直接用于贸易或金融方面的支付。

相对于国别信用货币充当全球储备货币,用 SDR 来充当全球储备货币具有以下一些优点:第一,SDR 的定价基础是一篮子货币,因此 SDR 的汇率(或国际购买力)与国别信用货币相比更加稳定;第二,SDR 的发行是 IMF 根据世界经济的增长需求来自主制订的,与任何国家的经常账户赤字无关,因此就克服了储备货币发行国国内政策与全球范围对储备货币需求之间的冲突;第三,IMF 通过发行 SDR 而征收的全球铸币税可以更多地用于全球减贫或全球范围内公共产品的供给,从而增强全球经济增长的公平性与可持续性。

然而,要成长为一种真正的全球储备货币,SDR 还有很长的路要走。首先,IMF 的定值货币篮仅由四种货币构成,不能充分反映全球经济增长的相对格局。为了让 IMF 的定值货币篮更具代表性,至少应该将中国的人民币、俄罗斯的卢布、印度的卢比、巴西的雷亚尔等新兴市场大国的货币包含进来;其次,周小川在《关于改革国际货币体系的思考》一文进一步谈到,目前 IMF 仅适用于 IMF 成员国之间、以及 IMF 成员国与 IMF 之间的清算。为提高 SDR 的吸引力,必须扩大 SDR 的适用范围。这包括建立起 SDR 与其他货币在官方与私人部门交易的清算关系,使之成为在国际贸易与金融交易中公认的支付手段;积极推动在国际贸易、大宗商品定价、投资与企业记账中使用 SDR 计价;积极推动创立以 SDR 计值的金融资产等;再次,必须扩大 SDR 的发行规模。余永定在 2009 年《避免美元陷阱》一文中称,在 2009 年之前的 40 年里,SDR 只分配过两次,总体规模不过 300 多亿美元。斯蒂格利茨认为,每年增发 2000 亿美元的 SDR,无需美国维持经常项目逆差,就应该能满足全球经济对储备货币积累的需求。Gottselig 在 2009 年关于 IMF 通过 SDR 刺激全球经济的文章中称,在 2009 年 8 月 28 日以及 9 月 9 日,IMF 将会分别增发 2500 亿美元以及 330 亿美元的 SDR,这会使得 SDR 的总体规模增加近 10 倍。

这无疑将显著扩大 SDR 的吸引力与影响力;最后,SDR 成长为全球储备货币的一大前提,是 SDR 的发行与管理机构 IMF 必须具有更广泛的代表性与合法性,这意味着 IMF 必须充分改革其治理机制与运行效率。

在如何处理 SDR 与美元之间的关系,以及防范美国债权人减持美元资产与美元贬值之间的恶性循环方面,Bergsten 等国际经济学家在 2007 年《如何解决美元问题》一文中开始重新提出替代账户(Substitution Account)的主张。

替代账户的基本思路是,在 IMF 内部建立一个账户,允许 IMF 成员国把不愿意持有的美元资产置换为替代账户中的 SDR 资产。IMF 将替代账户中的美元资金投资于美元计价资产,相关收益用来向该账户中的 SDR 资产持有国支付利息。如果美元贬值导致美元资产不足以支撑相应的 SDR 价值,IMF 可用自身拥有的 800 亿美元黄金储备提供额外价值支持。

替代账户并非一个全新事物。事实上,在 1978 年至 1980 年期间,当其他国家开始考虑多元化外汇储备,美元面临大幅贬值风险之时,IMF 就对建立替代账户的建议进行了详细研究,而伯格斯坦本人就是 IMF 该项目的负责人。替代账户建议之所以最终未被采纳,一方面是因为美联储在 1979 至 1980 年采取的紧缩性货币政策推动美元汇率大幅上升,使得该账户的现实意义大为下降,另一方面是欧洲与美国就美元贬值造成的替代账户账面损失如何分担没有达成一致意见。而在当前的全球金融危机下,美元疲弱的基本面看不出任何改善的迹象,美联储较长时间内很难重新加息,美元大幅贬值的阴影将持续很长时间,因此建立替代账户以应对美元危机的必要性大增。

在当前的国际环境下,Bergsten 在 2009 年《我们应聆听北京的货币主张》一文中提出的设立替代账户构想是一项多赢的制度创新。首先,对于以中国为代表的美元债权国而言,将一部分美元转换为 SDR,等于直接实施了储备货币多元化——因为 SDR 本身就是参照一篮子货币定价的——从而降低了美元贬值风险。替代账户也有助于降低美国主要债权国竞争减持美国国债,从而造成美国国债市场崩盘的风险。其次,对于储备货币发行国美国而言,替代账户的建立避免了将美元在市场上转换为其他国家货币,从而能够避免美元对其他货币大幅贬值,以及贬值后的通货膨胀与长期利率上升。再次,对于欧元区国家与日本而言,替代账户的建立能够避免新兴市场国家减持美元、转而持有欧元与日元资产而造成的欧元与日元对美元大幅升值,从而削弱欧元区与日本出口商品的竞争力。最后,黄梅波和熊爱宗在2009年《特别提款权与国际货币体系改革》一文中认为,对IMF而言,替代账户可以提升SDR作为国际储备资产的地位与作用、提高整个国际货币体系的稳定性,并通过集中外汇储备来加强全球的流动性管理。

然而,创建并广泛使用替代账户仍有一个最大的制度性障碍,即由谁来承担替代账户中美元贬值的损失。如果新兴市场国家与发展中国家将外汇储备的20%存入替代账户,那么这一资金规模就高达约8500亿美元。如此大规模资产由于美元贬值而产生的损失,是IMF自身无法承担的(即使通过出售黄金储备)。而且,对一些国际收支基本平衡的国家而言,他们会觉得,通过由IMF成员国来共同承担替代账户发生的汇兑损益,是不公平的。正如在1970年代末欧洲与美国就替代账户汇兑损益的分担存在分歧,从而导致替代账户计划流产一样,当前如果不能就替代账户的汇兑损益分担达成一致意见,那么替代账户依然不能付诸实施。我们认为,鉴于中国等全球主要外汇储备持有大国与美国是替代账户方案的最大受益者,那么这些债权人与美国应该来分担替代账户发生的汇兑损失。鉴于替代账户的创建有助于显著降低国际货币体系面临的潜在风险,各主要国家应该深入讨论并积极推动该方案的实施。

(3)储备货币多极化——美元、欧元与亚洲货币三足鼎立

我们认为,与继续由美元充当全球储备货币、以及在SDR的基础上创建超主权储备货币相比,更加现实与更加合理的国际货币体系演进方

向,可能是国际储备货币的多极化。在未来的国际货币体系下,可能出现美元、欧元与某种亚洲货币(它既可能是人民币,也可能是亚洲主要货币组成的一个货币篮)三足鼎立的局面,即 Mundell 在 2000 年《20 世纪的重新思考》一文中所描绘的"全球金融稳定性三岛"。美元将继续在全球范围内充当重要的国际性货币,但其势力范围可能会逐渐萎缩到北美洲、拉丁美洲以及其他一些区域。伴随着欧元区进一步东扩,整个欧洲甚至包括中东、北非一些国家开始更多地使用欧元。伴随着人民币国际化进程以及东亚货币金融合作进程的加速,人民币或者人民币在其中扮演着重要角色的某种亚洲货币篮将在东亚区域成为广泛使用的国际性货币。美元、欧元与亚洲货币之间最初实施汇率自由浮动,等时机成熟后(这可能经历很长一段时间),三大货币区之间改用固定汇率连接,这最终就构成了全球统一货币的雏形。

为什么储备货币多极化可能成为未来国际货币体系的演进方向呢?第一,历史经验显示,国际货币体系的演变是长期而渐进的过程。美元全面取代英镑的国际货币地位,至少花了半个世纪的时间。因此,美元衰落的过程是长期的,而超主权储备货币的诞生也必然是一个市场演进的过程、而非政策驱动的过程。更现实的情景是,在美元逐渐衰落的过程中,欧元以及亚洲货币开始逐渐成长为能够与美元分庭抗礼的竞争对手;第二,经济基础决定上层建筑。国际货币体系的多极化趋势,与世界经济的多极化趋势尤其是区域化趋势是相符的;第三,与美元本位制相比,多极化的国际货币体系具有一个重要优势,后者重新引入了约束储备货币发行的纪律。由于在美元、欧元与亚洲货币之间存在竞争与替代关系,因此除非三大货币发行当局存在共谋,否则每个货币发行当局都不得不约束货币发行,否则一种货币相对于其他货币的超发将注定导致本币贬值、通胀上升以及本国货币作为国际储备货币地位的下降。多极储备货币相互竞争的格局给储备货币发行铸造了新的约束机制,这有助于提高国际货币体系的可持续性,降低潜在货币危机的爆发以及限制潜在的资产价格波动。

2. IMF 改革

进入 21 世纪以来,随着新兴市场大国对 IMF 总借款规模的下降,造成 IMF 对各成员国影响力的下滑,IMF 的合法性以及运营的可持续性均受到怀疑。IMF 没有能够对全球国际收支失衡问题作出任何实质性应对,也没有能够预测到次贷危机的爆发以及次贷危机的演变。在内外交困的环境下,IMF 不得不启动了针对其治理结构、贷款机制与融资规模的改革。目前这一改革仍在进行中。由于改革涉及 IMF 成员国之间的既得利益调整,改革的进程也难免会一波三折。

(1)治理结构改革

在治理结构方面,IMF 在 2006 年 9 月的新加坡年会上启动了名为"份额与声音"(Quota and Voice)的改革,旨在提高新兴市场国家在 IMF 中的份额,以及增强最不发达国家在 IMF 中的发言权。改革的主要内容包括:第一,对份额被严重低估的四个国家(中国、韩国、墨西哥、土耳其)进行首轮特别增资,这类增资目前已经完成;第二,根据新的评估成员国份额充分性的公式进行第二轮特别增资,这轮增资目前仍存在争议;第三,提高成员国的基本投票权(Basic Voting Power),以保证低收入国家能够享有更充分的话语权。在 2008 年 4 月,IMF 执行董事会通过了一项在治理结构改革方面影响深远的新决议,其主要内容包括:第一,同意采纳一项新的份额分配公式(专栏 1);第二,在新公式的基础上,对 54 个国家进行第二轮特别增资;第三,将基本投票权扩大三倍,以增强欠发达国家的话语权;第四,在 IMF 执行董事会中给非洲国家增加两个董事席位;第五,IMF 在未来将每 5 年对份额与投票权审议一次。于 2009 年 9 月 4 日至 5 日在英国伦敦召开的二十国集团财长与央行行长会议再度敦促,期待着 2008 年国际金融机构治理改革方案的迅速实施,并将在 2011 年 1 月之前对 IMF 的配额进行新的审查。新浪财经 2009 年 9 月 6 日"G20 财长会议最终公报(全文)"称,作为改革的一部分,新兴经济体和发展中经济体包括最贫穷国家的发言权和代表权必须得到大幅提高,以反映世界经济的变化。

专栏1：IMF 的份额计算公式

IMF 当前用来分配份额的基础包括以下 5 个公式：

$$Q_1 = (0.01Y + 0.025R + 0.05P + 0.2276VC)(1 + C/Y) \quad (1)$$

$$Q_2 = (0.0065Y + 0.0205125R + 0.078P + 0.4052VC)(1 + C/Y) \quad (2)$$

$$Q_3 = (0.0045Y + 0.03896768R + 0.07P + 0.76976VC)(1 + C/Y) \quad (3)$$

$$Q_4 = .005Y + 0.042280464R + 0.044(P + C) + 0.8352VC \quad (4)$$

$$Q_5 = 0.0045Y + 0.05281008R + 0.039(P + C) + 1.0432VC \quad (5)$$

其中 Y 是最近一年用市场价格计算的 GDP；R 是最近一年黄金、外汇储备、SDR 以及在 IMF 储备头寸之和的 12 个月移动平均数；P 是最近五年经常账户支出（商品、服务、收益与转移）的年均平均数；C 是最近五年经常账户收入（商品、服务、收益与转移）的年均平均数；VC 是最近 13 年来经常账户收入的易变性（Variability），这被定义为五年移动平均数的一个标准差。对于公式(2)至(5)而言，每个公式的计算结果应乘以一个调整因子，从而使得根据每个公式计算的所有成员国的份额之和，等于根据公式(1)计算的所有成员国的份额之和。最终一个成员国的份额，等于公式(1)的计算结果以及公式(2)至(5)中两个最低计算结果（经过调整后）的平均数中，相对更高的那一个(IMF, 2007)。

相比之下，IMF 在 2008 年 4 月通过的新的份额计算公式要简单得多。该计算公式为：

$$Q = (0.5 * Y + 0.3 * O + 0.15 * V + 0.05 * R)^k \qquad (6)$$

其中 Y 是最近 3 年内根据市场汇率以及根据购买力平价汇率折算的 GDP 的加权平均值的平均数。其中市场汇率与购买力评价汇率的相应权重分别为 0.60 与 0.40;O 是最近 5 年内经常账户收入与支出(商品、服务、收益与转移)之和的平均数;V 是最近 13 年内经常账户收入与资本净流动的易变性,这被定义为三年趋势上的一个标准差;R 是最近一年黄金、外汇储备、SDR 以及在 IMF 储备头寸之和的 12 个月移动平均数;K 是一个压缩系数,负责将未经压缩的所计算份额之和转变为 100(IMF,2008)。我们认为,新旧份额计算公式的主要区别包括:第一,在新的份额计算公式中,赋予了 GDP 相对更高的权重,而且考虑到用购买力平价计算的 GDP,这实际上更有利于经济成长得相对较快,且市场汇率明显低估的新兴市场经济体;第二,在计算易变性的时候,除了考虑到经常账户收入的易变性,也考虑到资本净流动的易变性,这更加符合金融全球化背景下防范风险的需要。

尽管 IMF 的治理结构改革方案看似雄心勃勃,但一方面该方案受到了来自欧盟国家,特别是欧洲小型开放经济体国家的抵制,另一方面该方案也很难从根本上改变目前美欧主导 IMF 的格局。如专栏 1 所示,新的份额公式明显有利于经济增长率较高、市场汇率被明显低估的发展中大国,但这是以欧洲小型开放经济体的份额缩水为代价的。新的份额分配公式无疑会受到来自欧洲小型开放经济体的强大阻力。此外,在经历了首轮特别增资后,美国拥有 16.79% 的份额、欧盟拥有 32.09% 的份额(其中欧元区国家拥有 22.57% 的份额),相比之下,中国、俄罗斯、印度与巴西的份额分别仅为 3.68%、2.70%、1.89% 与 1.39%。预期在经历第二轮特别增资后,美国的份额仅降至 16.73%,中国与印度的份额仅增加到 3.81% 与 2.34%。换句话说,即使新的份额分配公式能够被一致通过,改革后的 IMF 份额格局依然不能改变美国的一票否决权,以及美欧对 IMF 决策的主导权。针对这一问题,在 2009 年 9 月召开的金砖四国财长与央行行长会议提出,发达国家应在 2011 年前将 IMF 份额中的 7% 和世行股份的 6% 转让给新兴市场国家。至于基本投票权的扩大就更加无足轻重了。Phillips 在 2006 年《IMF 改革:下一步是什么》一文中称,由于目前基本投票权只占 IMF 总投票权的 2%,即使基本投票权扩大三倍,非洲国家能够获得的发言权也是极为有限的。

因此,要让 IMF 的份额与投票权更多地向新兴市场国家倾斜,必须寻求更重大的制度创新。在这一方面,Bordo 与 James 在 2008 年《IMF 改革的过去和未来:一个建议》一文中的倡议值得关注。他们认为,由于 IMF 的传统职能处于不断消亡的过程中,IMF 必须在新时期内担当新的角色,而一个可行的角色是 IMF 为其成员国担任外汇储备投资基金经理人,这样可以克服与主权财富基金(Sovereign Wealth Fund,SWF)投资如影随形的东道国的疑虑与抵制(不难看出,这其实与 Bergsten 的替代账户建议是暗合的)。而如果 IMF 要转变自己的职能,IMF 就必须显著地改变其治理机制。Bordo 与 James 给出的建议是,在 IMF 新的投票权体系中,按照传统公式分配的投票权占一半,而另一半投票权则根据各成员国在 IMF 中的存款规模按比例分配。毫无疑问,如果实施这一投票权体系,则拥有大量外汇储备的新兴市场国家对 IMF 的影响力将显著上升。

(2) 贷款职能改革

在 2009 年 4 月二十国集团伦敦峰会召开之前,IMF 执董会通过了对 IMF 贷款职能进行系统性改革的方案。该方案的核心思路是对处于不同经济形势以及不同外部环境下的成员国提供更大规模以及更加量体裁衣式的贷款。具体措施包括:第一,对贷款的条件性(Conditionality)进行了改革,使得贷款条件性更加符合不同成员国各自政策与经济基本面的基本状况。IMF 改革贷款条件性的前提是更多地依赖事先的资格审核而非传统的事后条件性约束;第二,推出了新的贷款机制——弹性贷款机制(Flexible Credit Line,FCL),该机制用来为具有非常健全的经济基本面与政策的成员国提供较大规模的快捷贷款。该贷款机制的弹性具体表现在:规模没有上限、还本付息的时间较长(3.25 至 5 年)、对贷款延期没有限制,以及既可以用于审慎性需求,也可以用于实际的国际收支需求;第三,增强了备用协定(Stand-By Arrangements,SBA)。对于那些不符合弹性贷款机制的成员国而言,IMF 的贷款改革也增强了相应的灵活性。这些国家可以将高获得性谨慎性备用协定(High Access Precautionary SBAs,HAPAs)作为一种常规的借款窗口。这种贷款协定也会充分考虑各国的特殊国情,同时也能根据一国政策与外部环境的情况决定是否提前支付;第四,将贷款限额提高了一倍。在新的机制下,成员国能够获得的年度贷款以及累计贷款的额度分别为份额的 2 倍与 6 倍;第五,为了吸引更多成员从基金借款,基金简化了贷款的成本结构与到期日结构;第六,取消了一些不太常用的贷款机制,例如补充性储备协议(the Supplemental Reserve Facility)、补充性融资协议(the Compensaroty Financing Facility),以及短期流动性协议(the Short-term Liquidity Facility)等;第七,IMF 在 2009 年关于帮助金融危机中的国家贷款的报告中称,改革了针对低收入国家的贷款协议,将会显著增强 IMF 提供减让性短期贷款与紧急融资的能力,至少会将 IMF 对低收入国家提供减让性贷款的能力提高一倍。

我们认为,在比较充分地吸收了在东南亚金融危机时表现糟糕的教训的基础上,自次贷危机爆发以来,IMF 在贷款方面进行了大刀阔斧的改革,提高了贷款的反应速度以及贷款规模,并使得贷款的条件性变得更具弹性以及更加量体裁衣,在很大程度上回应了新兴市场国家对 IMF 贷款的批评,这是非常值得赞赏的。

自次贷危机爆发以来,IMF 已经给新兴市场国家提供了超过 500 亿美元的贷款,并且在新的弹性贷款机制下给墨西哥、波兰和哥伦比亚提供了贷款。不过,鉴于目前IMF能够动用的信贷资源仅为2500亿美元,这一规模远远不足以应付为克服全球系统性金融危机而需要的融资规模。因此,通过各种机制来补充IMF的贷款资源就成为当务之急。

(3)扩大融资规模

作为自美国大萧条以来最严重的全球性危机,次贷危机提高了对IMF融资能力的要求。相对于保尔森7000亿美元的问题资产纾困计划以及奥巴马政府7970亿美元的宏观经济刺激方案,或者是中国政府4万亿人民币(约5680亿美元)的投资刺激方案,IMF仅仅2500亿美元的可贷资金规模实在是杯水车薪。在2009年4月召开的二十国集团伦敦峰会上,成员国就IMF的融资问题达成如下三项共识:第一,同意立即向IMF增资2500亿美元,并最终将IMF的可贷资金规模提高到7500亿美元;第二,建议IMF分配2500亿美元的SDR以增加全球范围内的流动性,并提高欠发达国家应对国际金融动荡的能力;第三,建议IMF通过销售黄金筹集60亿美元资金,用来为贫穷国家提供额外融资。

从传统上而言,成员国缴纳的份额是IMF最主要的融资来源。然而,当IMF的资金不能满足成员国贷款需要时,IMF的基金条款(Article of Agreement)允许IMF通过一般资源账户(General Resources Account,GRA)进行借款。通过一般借款安排(General Arrangements to Borrow,GAB)以及新借款安排(New Arrangements to Borrow,NAB),IMF在危机之前已经从部分成员国那里获得了500亿美元的贷款。2009年2月,日本政府同意向IMF贷款1000亿美元。二十国集团伦敦峰会的计划是让IMF在新借款安排下筹集5000亿美元的可贷资金。在2009年8月至9月,IMF已经向成员国分配了规模高达2830亿美元的SDR。UBS(2009)认为,IMF一次性分配规模如此之大的SDR,相当于实施了一轮全球量化宽松(Global Quantitative Easing),因为成员国能够用SDR向其他国家换取外汇,这将提高发展中国家应对金融危机冲击的能力,同时也无须发达国家提高国际援助规模。2009年9月2

日,IMF 宣布,中国央行将购买价值 500 亿美元(320 亿 SDR)的以 SDR 计价的 IMF 债券,此外巴西和俄罗斯也有意购买 100 亿美元的 IMF 债券。发行以 SDR 计价的债券在 IMF 的历史上尚属首次,这既能为 IMF 成员国提供一种新的多元化投资工具,也能够增加 IMF 的可支配信贷资源,从而提高 IMF 应对全球金融危机以及促进全球经济复苏的能力。

(4) 其他

除治理结构、贷款职能与可利用资源等方面的改革外,对 IMF 的宏观经济监测职能进行改革也是当务之急。一方面,应该将 IMF 在第四条款下对成员国进行双边监测的职能扩展为对全球宏观经济与金融市场实施多边监测,以更快更准确地发现全球范围内的系统性风险;另一方面,应提高 IMF 宏观经济监测结果的透明度以及约束力,特别是提高 IMF 宏观经济监测职能对没有向 IMF 提出借款请求的发达成员国的约束力。

然而,次贷危机爆发以来,在 IMF 的监测职能改革方面取得的进展远远落后于其他方面的改革。一方面,要将 IMF 的双边监测扩展为多边监测,需要进行人力资源、监测机制等多方面系统配套改革,短期内难以完成;另一方面,IMF 毕竟是受美欧等发达国家支配的,这些国家未必愿意接受甚至是倾听来自 IMF 的批评意见。此外,对国际金融市场进行整体监测的任务,似乎更多落到了金融稳定委员会(Financial Stability Board, FSB)头上。如何将 IMF 的宏观经济监测与 FSB 的金融市场监测整合到一起,也是当前国际社会面临的一大难题。

3. 跨国金融监管改革

如前所述,在次贷危机中暴露出来的国际金融监管体系的最大缺陷,是缺乏全球范围内负责金融监管的统一协调机构。IMF、国际清算银行、巴塞尔委员会、各会计准则委员会以及各国金融监管当局,在对金融机构的跨境经营的监管问题上存在各自为战的局面,既存在监管重叠与重复监管,也存在标准不一致的多头干预,此外还存在监管真空与漏洞。

次贷危机爆发的根源之一是全球金融监管当局对金融创新采取了自由放任的态度,使得金融创新在流动性泛滥背景下过度发展,最终酿成了与房地产泡沫并驾齐驱的衍生品泡沫。次贷危机爆发以来,各国纷纷对监管理念以及监管实体等问题进行了比较深刻的反思。IMF 在 2009 年谈及金融危机的初步教训的报告中认为,次贷危机暴露了全球金融监管体系的如下缺陷:第一,缺乏对系统性风险的监测机制。针对系统性风险的金融脆弱性可能源自以下因素:未预料到的事件、糟糕的政策、错误的汇率、信贷驱动的资产繁荣、外部失衡或者模糊了重大趋势的数据缺陷等。为了追踪全球范围内的金融脆弱性,需要重新安排监测体系,以保证能够及时给决策者提供危机预警以及对策建议;第二,缺乏针对系统性风险的宏观审慎政策的国际协调。这涉及管理集体决策的各种安排,包括 IMF、金融稳定委员会、七国集团、二十国集团等;第三,缺乏金融监管的跨境安排,需要开发一些跨境监管机制来避免金融机构的监管套利(Regulatory Arbitrage);第四,缺乏提供充足流动性支持以及为外部调整提供充足融资的国际机制。

在 2009 年 4 月召开的二十国集团伦敦峰会上,针对全球范围内缺乏跨境金融监管的协调实施平台的问题,成员国就加强跨国金融监管达成的共识如下:第一,将金融稳定论坛(Financial Stability Forum,FSF)扩展为金融稳定委员会(Financial Stability Board,FSB),将所有 20 国集团成员以及西班牙和欧盟包括进来。赋予金融稳定委员会更强的制度基础以及促进金融稳定的更宽泛职能;第二,FSB 将会评估金融体系中的脆弱性,识别和监督针对脆弱性的行动方案,促进金融监管当局之间的协调以及信息交换;第三,FSB 将会制定纲要,支持跨国监管机构(Supervisory Colleges)的建立,并支持实施跨境危机管理的灵活方案;第四,FSB 将与 IMF 进行合作,以建立针对宏观经济与金融风险累积的早期联合预警机制,并在必要时候采取针对性行动;第五,增强审慎监管(prudential regulations),特别是与资本充足率、激励机制和国际标准相关的;第六,同意将所有具有系统重要性的机构、市场以及金融工具(包括对冲基金)都纳入适当的监管体系。

我们认为,FSB最重要的职能,就是成为发达国家与发展中国家政府、包括国际清算银行、欧洲央行、IMF、经济合作与发展组织和世界银行在内的国际组织、包括巴塞尔银行监管委员会、国际会计准则委员会等国际标准制定机构在内的各类负责具体金融监管以及制定监管规则的机构之间实施信息沟通与交流的平台。各类监管者能够在FSB的框架下互通有无、统一监管理念与监管实践,从而在最大限度上抑制监管套利、通过在全球范围内推行宏观审慎监管来防范系统性风险的爆发,以及将危机的破坏性限制在最小限度内。

四、中国如何更有效地参与国际多边货币合作

1. 中国如何参与国际货币体系重建

以美国次贷危机发端的全球金融危机给中国政府提供了丰富的教训与启示。一方面,由于美国政府采用极其宽松的财政货币政策来拯救金融体系,而不顾及这些政策的负外部性,从而埋下通货膨胀与美元贬值的种子。作为美国最大的官方债权人,中国政府发现,在国际贸易、国际资本流动与外汇储备管理方面过于依赖美元,其中蕴含着巨大风险。另一方面,尽管次贷危机重创了美国,但拜美元的核心货币地位及美国国债市场的"安全港"效应所赐,自去年第三季度以来美元对欧元汇率不降反升。目前廉价资金的流入为美国政府的救市政策提供了融资,而中长期内的美元贬值则将降低美国的实际债务。换句话说,在全球金融危机爆发后,处于国际货币体系外围的中国,与处于国际货币体系核心的美国相比,处于更加被动的地位。中国不仅要继续为美国提供融资,还不得不承受未来美元大幅贬值的潜在风险。

痛定思痛,从2008年年底开始,中国政府在国际金融领域内开展了一系列密集行动,这些行动由近及远可以分为人民币国际化、区域货币金

融合作与国际货币体系重建三个层面。我们认为,这三个层面的举措,实则反映了全球金融危机下中国政府开始重新构筑国际金融战略,该战略的宗旨是在国际范围内全面提升人民币与其他种类货币的作用,降低中国、东亚区域与全球范围内对美元的依赖程度。这里,我们重点讨论中国应如何参与国际货币体系重建。

在讨论国际货币体系重建这一宏大话题之前,首先有必要讨论一下如何降低中国当前巨额外汇储备所面临的风险。截止2009年6月底,中国外汇储备规模已经达到2.13万亿美元。尽管中国央行并未披露中国外汇储备的币种结构。但如果我们假定中国央行在外汇储备的币种结构管理方面与其他国家央行类似,那么我们就可以根据国际货币基金组织(IMF)官方外汇储备比重构成(COFER)数据库中的全球外汇储备的币种结构,来推断中国外汇储备的币种结构。截止2008年底,根据IMF COFER数据库中相关数据进行计算,在全球外汇储备中,美元资产约占64%、欧元资产约占27%、英镑资产约占4%、日元资产约占3%。在中国央行持有的美元资产中,美国国债占有相当大的比重。如前所述,美国政府应对次贷危机的极其宽松的财政货币政策埋下了美国国债市场价值下滑与美元贬值的双重风险。那么,中国政府应如何应对,以降低次贷危机对中国外汇储备安全造成的冲击呢?

必须指出,要完全消除中国外汇储备面临的风险,是不可能完成的任务。因此,最治本的对策,是调整中国政府出口导向与引资导向的发展策略,增强人民币汇率形成机制的弹性,从源头上控制外汇储备的进一步增长。除此之外,中国政府应该在如下层面上加快外汇储备投资的多元化:首先,应控制中国外汇储备资产对美元资产的整体风险暴露。这既包括中国应该停止大规模增持美国国债,转为增持大宗商品的现货、期货或者供应商的股权,也包括中国可以适当增持欧元、日元资产或者以SDR计价的资产;其次,在美元资产的范围内,中国可以考虑在目前的市场状况下增持美国企业债与股权,因为与当前美国国债市场的泡沫相比,美国企业债市场与股票市场的泡沫是相对可控的;再次,即使中国要继续购买美国国债,中国也要有条件地增持美国国债,以减轻未来潜在的通货膨胀对国债真实购买力的侵蚀。这包括中国可以更多地购买美国财政部发行的收益率与通货膨胀率挂钩的债券(TIPs),也包括中国可以要求美国政府发行以人民币计价的国债(熊猫债券)。最后需要重申一点,中国要向美国施压、向美国提条件的最重要前提是,中国的威胁必须要变得可置信,这就意味着,中国必须从现在开始停止无条件地继续大规模购买美国国债。如果美国政府认为中国除购买美国国债之外别无选择,中国要求美国政府承诺保护美国国债的市场价值、要求美国政府发行 TIPs 或者熊猫债券的建议就只能是一厢情愿的空谈。

中国政府如何参与国际货币体系重建,关键取决于中国政府对国际货币体系演进方向的判断。周小川在 2009 年《关于改革国际货币体系的思考》一文中同样指出,任何以国别货币充当世界货币的做法,都不能最终克服特里芬难题,因为储备发行国不能平衡国内政策需要与世界经济发展需要。为解决这一难题,周小川提出要创建一种超主权储备货币来替代美元的国际货币地位,而这种超主权储备货币可以考虑由 IMF 的 SDR 来担任。如果周小川的看法反映了中国政府对国际货币体系演进方向的最终判断,那么中国政府可以从如下层面来推动超主权储备货币的创建:第一,支持 IMF 进一步增发 SDR;第二,积极认购 IMF 发行的以 SDR 计价的债券;第三,敦促 IMF 扩大 SDR 的代表性与适用范围,这包括将以人民币为代表的新兴市场国家货币纳入 SDR 的定值货币篮、积极推动在国际贸易、大宗商品定价、外汇储备记账、投资与企业记账中使用 SDR 作为计价货币、扩大 SDR 在全球贸易与投资领域的使用范围,特别是推动在私人部门的国际结算中使用 SDR 等;第四,积极支持 IMF 启动替代账户计划,并将相当规模的美元资产存入 IMF 的替代账户并改为用 SDR 计价,等等。

然而,我们认为,要创建一种超主权储备货币并最终取代美元,将是一个极其漫长且充满不确定性的过程。国际货币体系演变的更为现实的前景,是欧元与亚洲货币逐渐成长为能够与美元分庭抗礼的国际货币,即国际货币体系呈现出三足鼎立之势。如果这反映了未来国际货币体系的演变趋势,那么中国政府的任务就在于在尽可能短的时间内将人民币发展为能够在未来的亚洲货币的重要支柱;或者人民币直接成为未来的亚洲货币,或者人民币与日元等其他东亚货币组成一个亚洲货币篮。中国政府提升人民币区域地位与全球地位的具体措施将包括:第一,央行降低对外汇市场的干预,让人民币汇率更多地由市场力量决定;第二,中国政府在可控前提下加快资本账户开放的步伐;第三,积极推进人民币国际化。一方面,扩大人民币在跨境贸易中的结算功能;另一方面,扩大境内外以人民币计价的金融产品的发行数量,这又包括:允许符合条件的外国政府与企业在中国国内发行以人民币计价的债券与股票;允许中国金融机构与企业在香港等离岸市场发行以人民币计价的债券等;第四,通过更加积极地参与区域货币金融合作来提高人民币在区域货币合作中的地位,尤其是应注意在未来亚洲货币基金的份额与投票权问题上与日本的竞争;第五,中国政府应加速发展结构转型,变出口导向的发展策略为内外平衡的发展策略。我们必须看到,一个存在持续经常账户顺差的国家的货币很难真正成长为一种国际性货币,而国际储备货币发行国通常具有非常广阔的国内市场。

2. 中国如何参与 IMF 改革与国际金融监管体系改革

作为全球新兴市场国家与发展中国家的重要代表,中国政府应该在 IMF 改革问题上有更加鲜明的表态与主张。IMF 应该具有更强的代表性,应提高 IMF 贷款的及时性与灵活性,增加 IMF 的资源以增强 IMF 应对全球系统性风险的能力,应改善 IMF 的监测功能等。中国政府关于 IMF 的具体主张应包括:

在 IMF 的治理结构改革方面,IMF 按照新兴市场国家经济在全球经济中的比重,增加新兴市场国家的份额与投票权,符合世界经济的发展趋势。鉴于中国目前是全球外汇储备的最大持有国,其他国家对中国向IMF注资抱有很大希望,中国政府将抓住这一机会,要求将对IMF的注资与IMF的份额重新分配相挂钩。目前美国的份额与美国经济的相对比重是相符的,大幅让渡份额的可能性不大。针对欧洲国家不愿意出让份额的状况,一种切实可行的方案是,让欧洲国家将自己分散的份额合并成两个份额——欧元区国家与非欧元区欧洲国家,欧元区国家因此可以获得与美国相同的一票否决权。在此前提下,合并后的欧洲国家可以适度让渡富余的份额。在IMF的份额改革方面,中国与其他新兴市场大国具有共同利益,应该形成集体行动。值得赞赏的是,据新华网2009年9月5日"金砖四国呼吁重点改革国际金融机构份额分配"一文消息,在2009年9月4日召开的金砖四国财长与央行行长会议上,金砖四国提议IMF应该将7%的份额由发达国家转移给新兴市场国家与发展中国家,以保证后者在IMF中的份额与其在全球生产总值中所占份额大体持平。

在IMF的监测功能方面,随着全球经济与金融的日益全球化,IMF仅局限于双边监测,可能难以发觉或者容易低估全球体系中酝酿的系统性风险。因此,IMF应将更多的资源投入到多边监测功能上来。在对全球金融市场进行监测时,IMF应加强与国际清算银行、巴塞尔委员会以及金融稳定论坛等国际相关机构的合作。IMF在发表监测结果方面应该具有更大的独立性,从而使得监测结果对发达国家具有更强的约束力。

在IMF的贷款条件性与反应速度方面,尽管IMF目前的贷款条件性有很大的问题,但贷款条件性对于保障贷款安全以及帮助借款者进行结构调整方面具有重要意义。因此,IMF应该改变而非取消贷款条件性。IMF的贷款条件性应该与华盛顿共识脱钩,变得更从借款者的实际情况出发,其目的在于短期内有助于维护借款国宏观经济与金融市场稳定,长期内有助于增强借款者还款能力与经济发展可持续性。此外,应该提高IMF的危机反应能力,提高IMF贷款的支付速度。最近IMF提出的弹性信贷机制表明,它已经在朝这个方面努力。

在增加 IMF 的资源方面，中国政府应鼓励 IMF 增发 SDR，支持 IMF 发行以 SDR 计价的债券，支持 IMF 激活替代账户等。此外，中国政府也应该敦促 IMF 应该精简机构、提高效率、降低运营成本。

作为一个逐渐融入金融全球化、金融体系处于不断开放过程中的发展中国家，中国应积极参与国际金融监管体系改革。作为二十国集团成员与金融稳定委员会成员，中国政府应积极参与未来国际金融监管标准的制订与实施，并在标准制定的过程中发挥应有的影响力。中国政府应积极参与 BIS、巴塞尔委员会等国际金融多边组织的活动，尽快融入到全球金融监管体系中去。鉴于中国经济与资本市场的高度成长性，以及中国政府持有国际净资产规模的增加，其他国家也将非常欢迎中国更加积极地参与到全球金融监管体系改革中来。

3. 通过加速国内结构性改革来促进国际多边货币合作

人民币要尽快成长为一种国际性货币，并在区域层面与全球层面扮演更加重要的角色；中国要在 IMF 改革中发挥更加重要的作用；中国要更加积极地参加全球金融体系改革，都离不开中国经济的结构性改革。只有结构改革才能降低中国经济的对外依存度，并提高中国经济增长的可持续性。

迄今为止，中国的改革开放进程取得了伟大成就。但中国经济内部也形成了一系列结构性失衡，这些失衡可能影响到未来中国经济的可持续增长。这些失衡包括国内消费储蓄的失衡、制造业服务业发展失衡、收入分配差距拉大、地区发展不平衡、要素价格扭曲、资源浪费与环境污染等等。这里重点探讨如何缓解前两种失衡。

缓解中国国内消费储蓄失衡的具体措施包括：第一，真正提高居民收入在国民收入中的比重，这意味着必须降低政府收入与企业利润在国民收入中的比重。一方面，政府应该减税，降低居民总体税收负担，同时通过税收体系来缓解收入差距的进一步扩大；另一方面，国有企业应该向政府分红，政府再通过转移支付机制将企业红利转移给居民部门；第二，提高政府支出中社会公共产品支出的比重,例如教育、医疗、社会保障等,从而降低中国居民的谨慎性储蓄,刺激居民消费。

缓解中国国内制造业服务业发展失衡的具体措施包括:第一,改变国有企业垄断很多关键服务业部门(例如通信、邮政、医疗、交通、金融等)的现状,将这些部门尽快向民间资本开放,这既有利于扩大服务业投资、提高服务业的研发水平,同时有利于通过服务业发展解决大量就业问题;第二,政府应尽快实施各类要素价格市场化、应降低对外汇市场的干预从而允许人民币汇率升值,以降低制造业拥有的人为造就的竞争优势,促进更高资源流入服务业。

只有当中国国内的结构性改革缓解了中国经济的内外部失衡,提高中国经济增长的内生性与可持续性,中国才能真正成长为一个在全球范围内有影响力的大国,中国才能在国际货币体系重建与全球金融监管体系改革中扮演更加重要的角色,人民币才有望在国际储备货币中占有一席之地。总之,加速国内结构性改革是中国更好地参与国际多边货币合作的前提。

作者为中国社科院世界经济与政治研究所国际投资研究室主任。

参考文献:

Bergsten, Fred. "How to Solve the Problem of the Dollar," *Financial Times*, December 11, 2007.

Bergsten, Fred. "We should Listen to Beijing's Currency Idea," *Financial Times*, April 8, 2009.

Bernanke, Ben. "The Global Saving Glut and the U. S. Current Account Deficit," Remarks at the Sandridge Lecture, Virginia Association of Economics, Richmond, Virginia, 2005.

Bordo, Michael and James, Harold. "The Past and Future of IMF Reform: A Proposal", September 2008, http://michael.bordo.googlepages.com/

ThePastandFutureofIMFReform. pdf.

Cohen, Benjamin J. and Subacchi, Paola. "A One-And-A-Half Currency System", *Journal of International Affairs*, Vol. 62, No. 1, Fall/Winter 2008, pp. 151—163.

Devereux, Michael B., Shi, Kang and Xu, Juanyi. "Global Monetary Policy under a Dollar Standard", http://ihome. cuhk. edu. hk/~b114263/globaljierevision. pdf, August 2003.

Dooley, Michael P., Folkerts—Landau, David and Garber, Peter M. "An Essay on the Revived Bretton Woods System", *NBER Working Paper*, No. 9971, September 2003.

Dooley, Michael P., Folkerts—Landau, David and Garber, Peter M. "Breton Woods II Still Defines the International Monetary System", NBER Working Paper No. 14731, February 2009.

Eichengreen, Barry and Hausmann, Ricardo. "Exchange Rates and Financial Stability", *NBER Working Paper*, No. 7418, 1999.

Eichengreen, Barry. *Global Imbalances and the Lessons of Bretton Woods*, Boston: MIT Press, 2007.

Freund, Caroline L. "Current Account Adjustment in Industrialized Countries," International Discussion Paper, No. 692, US Federal Reserve System, December 2000.

Gottselig, Glen. IMF Injecting MYM283 Billion in SDRs into Global Economy, Boosting Reserves, IMF Survey Online, August 28, 2009.

Gourinchas, Pierre-Oliver and Rey, Helene. "From World Banker to World Venture Capitalist: US External Adjustment and the Exorbitant Privilege", in Clarida, R. (ed.) *G7 Current Account Imbalances: Sustainability and Adjustment*, The University of Chicago Press, pp. 11—55, 2007.

IMF. "Quotas-Updated Calculations and Data Adjustments", July 11, 2007, http://www. imf. org/external/np/pp/2007/eng/071107. pdf.

IMF. "Reform of Quota and Voice in the International Monetary Fund-Report of the Executive Board to the Board of Governors", March 28, 2008, http://www. imf. org/external/np/pp/eng/2008/032108. pdf.

IMF. "To Help Countries Face Crisis, IMF Revamps its Lending", *IMF Survey Online*, March 24, 2009a.

IMF. "Initial Lessons of the Crisis for the Global Architecture and the IMF", Prepared by the Strategy, Policy and Review Department, February 18, 2009b.

Marsh, David and Seaman, Andy. "China's Love-hate Relationship with the Dollar",

Financial Times, September 14, 2009.

Milesi-Ferretti, Gian Maria. "Fundamentals at Odds? The U. S. Current Account Deficit and The Dollar", *IMF Working Paper*, WP/08/260, November 2008.

Mundell, Robert, "A Reconsideration of the 20th Century", *American Economic Review*, June 2000, pp. 327—331.

ODI. "Closing the Deal: IMF Reform in 2007", *Briefing Paper*, No. 26, Overseas Development Institute, October 2007.

Phillips, Lauren. "IMF Reform: What happens next?" *Opinion*, No. 75, Overseas Development Institute, Semptember 2006.

UBS. "ABCs of SDRs", Foreign Exchange Note, UBS Investment Research, 25 March 2009.

黄梅波、熊爱宗:"特别提款权与国际货币体系改革",《国际金融研究》,2009年第8期。

余永定(2009):"避免美元陷阱",《财经》,第8期。

周小川(2009):"关于改革国际货币体系的思考",中国人民银行,2009年3月23日, http://www.pbc.gov.cn/detail.asp? col=4200&id=279。

国际金融新秩序下的策略选择
——超主权储备货币与 IMF 改革

李华芳

一、中美国(Chimerica)的出路

此次全球性的金融危机表明,现有的国际金融秩序难以继续维持,急需建立国际金融新秩序。随着中国经济地位的上升,中国的决策将会对新的国际金融秩序产生重要的影响。那么中国应该如何定位?

中国如何定位的问题,其中的关键是如何处理与美国的关系问题。哈佛大学经济史教授尼尔·弗格森(Niall Ferguson)于 2007 年 3 月 5 日在《洛杉矶时报》上以《买下中美国》为题撰文,首次提出了"Chimerica"(中美国、又译中美共生体)概念,并认为"中美国"这个概念是指最大消费国美国和最大储蓄国中国构成的利益共同体:美国和中国不是两个国家,而是同属于一个叫"中美国"的经济区域。在这个经济区域中,经济的运作结构是中国储蓄、美国消费;中国生产、美国提供服务;中国出口、美国进口;美国是债务国、中国是债权国,中美之间是一种共生关系。弗格森指出"这是极好的联姻",堪称是"天作之合"。在奥巴马就职前,弗格森还进一步提出,奥巴马应尽快与北京开创中美"两国峰会"。这一思想也正是现在人们热议的 G2,或称"中美共治"的直接来源。

G2思想的直接发展是由美国彼得森国际经济研究所所长弗雷德·伯格斯坦(Fred Bergsten)完成,他在2008年7/8月份出版的《外交》杂志上发表的"平等的伙伴关系"一文中首次明确提出了中美"两国集团论"(Group of Two,即"G2")。G2强调的是中美不应再纠缠于效率低下的国际社会或国际组织,而应通过两国单独的密切合作来应对金融危机。伯格斯坦明确表示,如果中美合作,会使G20、IMF、WTO等运作得更好。

但在"中美国"格局中,此次危机到底是中国还是美国要承担更多责任?

表1 中美国:经济增长时期

美 国	中 国
资本技术	劳动力
高消费(投资)	高储蓄
外贸逆差	外贸顺差
负债增加	外汇储备增加
创造品牌技术	产出实物物品
转移就业赚取利润	扩大就业获取工资
金融衍生品(次级房贷)膨胀	生产制造能力膨胀
虚拟经济扩张	实体经济扩张

不可否认,从经济增长时期里的中美国模式来看,中美两国都从"中美国"中获益,并且也成为2007年金融危机爆发之前推动全球经济增长的重要引擎。从2001年—2006年,"中美国"创造了全球近60%的经济增长。但次贷危机引致的全球性金融危机,使得"中美国"模式遭受质疑。中国的高储蓄和巨额外汇储备被认为是导致此次危机的原因之一,同样,美国的高消费模式以及金融衍生品监管方面的失当也成为众矢之的。

表 2　中美国:经济危机时期

美　　国	中　　国
虚拟经济危机—次贷危机引发金融危机	实体经济危机—生产能力过剩
次贷收缩	生产能力收缩
负债收缩(去杠杆化)	外汇储备收缩
消费收缩	出口收缩
金融业人员失业	制造业人员失业

不过以对抗性的姿态来理解"中美国"可能会陷入误区,尤其是中国的巨额外汇储备中有大量的美元资产,美元贬值将会使中国同样遭受损失。如果因为经济危机导致美元失去现有地位,中国将连带承受外汇储备缩水的损失。因此对于中国而言,需要实行的经济政策应有助于维持美元现有地位,同时需要调整目前依赖出口导向型的经济增长模式。换言之,需要一方面美国需要加强储蓄,另一方面中国需要扩大内需。而这也是中美战略与经济对话中两国达成的共识。

"中美国"模式的出路在于不管是中国还是美国,都要放弃冷战思维,避免采用对抗性策略。由于目前中国经济从表面上来看情况优于美国,因此美国在其经济恢复增长之前,都将倚重中国的经济复苏过程。所以其主动采取对抗的可能性很小,即便是在新能源和环境保护以及气候变化等领域,其提出的主张也会因为经济方面的考虑而有所限制。或者说,中国可以倚重本身的经济增长增强在这方面进行讨价还价和主张自己权利的能力,例如坚持要求美国在减排方面所应当承担的历史责任,而避免自己因为经济增长还一直强调发展中国家地位受到诟病的被动境地。

观察美国经济危机的历史不难发现,美国每一次从经济危机中走出来,基本上都伴随着技术或者金融创新。在前一次危机中,美国是凭借网络技术的兴起而获得了经济上的又一轮增长;但网络泡沫破灭之后,房地产市场的发展以及其金融衍生品(次级房贷)的发展又带动了新一轮增长。而此次次贷危机之后,奥巴马政府大力强调气候变化和新能源,最大的可能是寄希望于新能源领域能带给美国新一轮的增长动力。不管是网络技术,还是次级房贷,美国的做法是将这些创新转化为向全世界进行融资的能力,因此获得了增长的同时,也将自己的创新成果推广到全世界,并且附加在这些创新成果上的价值观也随之得到传播。而在中美战略与经济对话中,美国之所以不谈敏感的人民币汇率问题,而转而更加强调新能源和环保领域,就是这种思路下的战略。

从中不难发现,对于美国而言,其外交战略更多是实用主义导向。如何解决内部经济危机也是其外交战略的重心所在。而目前,不管在经济领域还是环保领域,都要倚重中国。在这种情况下,其采用对抗性策略的可能性已经大为减少。但有一种可能是美国将继续采用经济刺激计划,这会导致市场上美元增多从而美元贬值,进而影响到中国外汇储备中美元资产的价值。

当然对中国而言,内部结构的失衡应该作为首要考虑的问题,尤其是从出口导向型经济转向内需导向型经济。这意味着中国应该更加关心自己的问题,而任何考虑国际经济的问题也需要从中国内部的问题出发。对待美国的策略,也是如此。在美元地位问题上,中国无法找到替代性储备货币之前,或者人民币地位没有大幅度提升之前,维持美元的币值稳定,对中国是有利的。而人民币走强就会影响出口,这同样需要扩大内需,改变目前的经济结构。也就是,中国要将目标聚焦在提高人民币国际地位(目前在贸易结算上已经迈出一步)和扩大内需上。

二、中国的定位

成为世界性货币的美元,具备向全世界融资的能力,用于美国的投资和消费。即便在目前的经济条件下,国际上对美元依旧具有很强的信心。理由是美国的经济增长很大程度上是由企业家的创新以及与此配套的金融服务安排推动的,这一点不同于中国主要依靠投资和出口驱动的增长。

因此认为美元已经处于"大到不能死"(too big to die)的观点,可能是错误的。认为美元大到不能死,是基于一个假设,即目前的美元已经是低效率的,或者说币值被高估的。这一逻辑的延伸是中国应该逐步放弃美元储备。但一旦中国大举抛售美元,反而会使自己受损。事实上,探究美元成为国际储备货币背后的原因,不难发现,上述认为美元大到不能死的假设是有问题的。因为其经济制度是鼓励企业家创新的,而美国经济周期的历史也表明创新是推动其屡次走出经济低谷的重要原因。所以,只要这种经济制度的活力依旧,美元就不可能是一种低效货币,从而也能继续维持其目前的地位。

2.1 超主权储备货币(SsRC)和特别提款权(SDRs)

在这种情况下,中国该何去何从?美国的经验带来的启示是一国的经济制度越能不断鼓励创新,其货币所附着的融资能力就越强大。而应对国际金融问题策略的落脚点必须是关注内部经济制度的健康运行。对中国来说,也是如此。目前中国的最大问题是如何扩大内需,经济结构调整势在必行。但整体的融资体系并没有发展到鼓励创新的方向上来,这就决定在短期内人民币的国际化进程以及地位的提升将会受到限制。

周小川提出超主权储备货币(Super-sovereign Reserve Currency),并且建议可以进一步发挥目前IMF的特别提款权(SDRs)的作用,其基础是当下美元作为储备货币这种一家独大的格局将全球经济置于高风险的境地。因为单一美元作为世界储备货币,会遭遇"特里芬难题"(Triffin's Dilemma)。即美国更关心自己国内的经济状况,因此其货币政策将会为美国国内的经济服务,但指向美国国内经济状况的货币政策,可能与国际上对美元的期待大相径庭。目前美国国内需要扩大赤字刺激经济,而中国等美国债权国则需要美国控制赤字规模,维护美元币值。这也说明了积累大量美元储备模式背后的脆弱性,一旦货币危机爆发,债权国和债务国都将付出巨大的代价。对中国而言,其持有的巨额美元将面临贬值,对美国而言,失去中国的资金,其财政赤字将难以维持,并且成本高昂(美国被迫为国债支付更高利率)。

主权信用货币作为储备货币会导致风险,但新的国际储备货币单位是不是可以由SDRs来充当,以及人民币可以在其中起到何种作用,这对中国的决策者来说是亟待解答的问题。

从历史上来看,黄金和白银都充当过国际结算货币的角色。但是,金本位时代中央银行的功能同今天存在巨大的不同。当时,中央银行仅负责币值的稳定(如19世纪的英格兰银行),而没有以货币政策(调节货币供给)促进经济和就业增长的职能——后者是在上世纪30年代经济大萧条和凯恩斯经济学被认可之后逐步发展而来的。一旦中央银行承担起调节货币供给的职能,其必然遭遇"特里芬难题",即主权国家货币政策目标和国际货币单位稳定要求不兼容的问题就相伴而生。

如果美元作为储备货币这一制度不稳定,那么选择多种货币组成一个篮子来作为储备货币以达到分散风险,并使得储备货币更为稳定的设想是否可行呢?通常而言,多种货币组成的篮子要比一种货币更为稳定,考虑到集中的货币风险被共同分担的原因。但另一方面,多种货币组成的篮子其协调的成本将会大大增加。事实上,按照蒙代尔的设想,一个世界一种货币将有助于节省大量的交易费用,而多种货币在分散风险的同时也可能增加交易费用。这就面临一个取舍问题。

周小川所提出的扩展SDRs作为SsRC,而目前的SDRs从本质上可以看作一个由多种外汇组成的货币篮子,其组成大致为42%的美元,37%的欧元,12%的日元和9%的英镑。如果中国最担心的问题是外汇储备会否贬值的问题,那么即便中国完全按照目前SDRs篮子中的比例来配置目前的外汇储备,依旧难以消除贬值的风险。

其理由是,因为目前中国的人民币汇率依旧受到干预,在汇率干预的情况下,美元储备将按照一定汇率转换为一篮子货币组成的SDR储备。受世界各主要经济体货币和财政政策的影响,如果汇率没有弹性,SDR

的价值依然可能被高估,只是将过去集中在美国的风险转化为若干国家的风险。尽管风险可能会减小,但不会消失。而且,从分散单一储备货币风险的角度来说,即是不借助 SDRs,通过将外汇储备币种的多元化,中国就可以实现这一目标,而且可以选择比 SDRs 篮子中更多的货币。

SDRs 作为 SsRC 的设想可能重要,但实际上很难推行。原因是 SDRs 是一篮子货币,其同样受各国国内货币政策的影响,SDRs 也不是稳定的。同样 IMF 也不可能作为最后的信用担保者。如果人民币要真正发挥更大的作用,其最重要的一点是,必须有更多国家愿意接受人民币作为结算货币和储备货币,而这就意味着人民币国际化的步伐需要加快。这就是说,在人民币自由化的过程完成之前,人民币要发挥更大的国际作用是不太可能的。即便是推动 SDRs 的转型,例如要在目前的 SDRs 篮子(美元、英镑、欧元、日元)里加入人民币,也需要在人民币完全自由兑换之后才有可能。长期来看,人民币的国际化与 SsRC 相关,但在目前的条件下,SsRC 和 SDRs 的问题与人民币的关系都不大。

2.2 中国应该帮助 IMF 改革吗?

中国对国际金融新秩序的遐想与 IMF 的改革捆绑在一起,因此对于中国的决策者来说,如果中国在 IMF 的改革中获得更大的话语权,将有助于中国参与构建国际金融新秩序。但是这一想法并不确切。

首先需要清楚认识到 IMF 的职能是什么?这一机构自创设以来,其职能主要是维持全球经济的稳定。与之相区别的是世界银行,世界银行的主要职能是促进经济发展。到目前为止,IMF 的职能略有变化,主要是全球性金融监管、技术和贷款援助、以及为低收入国家提供帮助。监管实际上是一个名义上的职能,因为其监管无法深入到一个国家的经济体内部,例如对于美国的金融运行,IMF 并不能进行监管。事实上,对几乎所有国家,IMF 的监管职能也几乎是失效的,即便在对贫穷国家提供贷款和援助时附加监管的条件,受助国也几乎从来没有实质性的动作。也

国际金融新秩序下的策略选择

就是说,即便有 IMF 这样的机构存在,要凭借 IMF 对全球金融进行监管并藉此维持全球金融稳定,是不可能的。这样一来,IMF 的职能就更实质性的偏向技术和贷款援助,尤其是对贫穷国家。在这个意义上,扩大在 IMF 的话语权的意思是承担更多的责任,其回报更多是政治上的全球领导力,而在经济上的回报很低,甚至没有回报(因为不少受助国的经济条件改善期限很长,往往会拖欠还款,甚至久拖之后就被免除债务)。

其次,需要明确 IMF 到底为什么要改革?而扩大在 IMF 的投票权又有什么益处?IMF 目前的改革背景是在两个相互联系的方面,首先作为世界最大经济体的美国持有 IMF17%的投票权,尽管整个欧洲加起来的投票权超过 40%,但统一决策依旧存在困难。而美国对 IMF 的影响巨大,因此 IMF 日益成为美国手中的工具。这导致 IMF 的结构无法准确反映世界经济体的真实情况。同时在这种情形之下,随之而来的是,IMF 的工作人员由于独立性不足而无法及时对具体问题提出针对性意见,显得不够灵活,效率低下。另外,IMF 自身的运行效率也影响到它对其他各国的政策影响力,各国对于选择自己的道路有更为迫切的要求,例如俄罗斯、巴西、阿根廷等 10 个国家最近几年纷纷提前还清了 IMF 的贷款。这不仅是因为这几个国家资金充裕,更重要的是它们试图重新掌控自身的经济政策,走自己的路,不想再让 IMF 左右。这才是 IMF 亟待改革的背景。

尽管 IMF 着力于改善自身效率,以降低"昂贵的微观管理"费用,但同所有大的机构一样,IMF 自身的惯性已经造成了不少既得利益者,而改革将会触动这些利益,这是既得利益者极力反对的。另外,IMF 在致力于推动全球解决贫困问题、平衡地区发展等方面其实是美国思维垄断,更确切地说,是"哈佛—芝加哥"思维。按照以往的经验,一旦当一个国家在经济上有困难,尤其是非民主国家,IMF 乐意充当贷款者的角色但附加一系列要求受助国实行的"新政"条件,通常包括削减政府开支或提高利率等等。但如果按照 IMF 的改革意见,缺乏后期资金和政治体制改革上的配套，这个国家很可能是饮鸩止渴。而 IMF 可以通过改变受助国的政策而使自己获利。这有干涉内政的嫌疑，一个在经济上贫穷的国家依然可以选择自己的发展道路。而且在当前，这种附加条件也更多变成了名义上的条款，实际上并没有被受助国接受，因此 IMF 自身的回报率就迅速降低。

因此可以说 IMF 目前是内外交困，内部关于投票权比例重新分配的呼声不绝，而外部业务也受到新兴国家的挑战，受助国数量减少以及不接受能使 IMF 获利的附加条件等。IMF 贷款数目减少直接影响了其对全球经济政策的影响力。另外由于贷款数目减少导致 IMF 的收入锐减，所以之前 IMF 新成立了预算委员会，并邀请中国人民银行行长周小川、美国联邦储备理事会前主席格林斯潘、欧洲中央银行前总裁特里谢等 8 位声名显赫的经济界要人为预算委员会委员，该委员会旨在提供建议，协助改善 IMF 的财务状况。而聘请周小川为顾问，似乎是想倚重中国强劲的经济走势，推动 IMF 的开源之路。

内忧外患的 IMF 的改革方向实际上也很明确，那就是开源节流。在开源上新成立的预算顾问委员会被寄予厚望，而在节流上如何通过内部管理改善效率这是迫在眉睫的问题。对于中国来说，随着强劲的经济走势，中国在国际上的金融地位也越来越重要。而在全球化的竞争格局中，金融格局的平衡又是至关重要，IMF 是一个重要的国际金融组织，因此在对待 IMF 改革问题上，中国的确应该发出自己的声音。

中国将为 IMF 最新的增资计划提供 400 亿美元资金。虽然 IMF 此次增资计划的细节还没有披露，但仅就披露的 G20 领导人共识而言，发达国家主导 IMF 的格局很难改变。此次 IMF 将获得总额 5000 亿美元注资，其中欧盟、日本各贡献其中 20%，即 1000 亿美元。相比之下，中国的 400 亿美元在增量资金中占比为 8%，并无优势可言。从存量上看，中国在 IMF 中拥有 80.9 亿特别提款权（SDR）（占 IMF 现有全部 SDR 的 3.66%），按照 IMF 最近的折换率计算约合 121 亿美元，按照最乐观的假设——将中国的注资全部转为和 IMF 表决权挂钩的 SDR,中国的份额也只有 10% 左右。而且,由于此次 IMF 新发行的 SDR 规模为 2500 亿美元,5000 亿美元的增资肯定有一部分以其他形式实现(如发行债券)。这很难动摇目前 IMF 的既有利益格局。

所以中国应该明确要从 IMF 的改革中获得什么,因为扩大投票权也并不意味着人民币可以作为 SDRs 中的一种货币,或者说对于提升人民币的国际地位的帮助并不太大。并且扩大在 IMF 的投票权,就意味着承担更多的经济和政治责任,而收益却是不确定的。

三、中国在 IMF 改革中的对策

出于切实的利益考虑,我们认为中国目前在 IMF 改革中应该采用两类不同的策略,一类是长期策略,另一类是短期策略。长期策略应该关注中国任何通过 IMF 改革能获得的国际金融地位的提升,而短期策略则可以聚焦在 SDRs 问题上,以 SDRs 的转型来推动长期策略的当下实现。

从长期策略来考虑,我们认为中国应该采用如下策略:

1. 支持 IMF 改革

必须首先明确中国不仅应该将 IMF 看作是国际金融秩序的一个"战场",同时也要将 IMF 当成在更大的国际金融秩序中占据优势的"工具"。这样一来支持现有的 IMF 进行改革就要具有双重的视角。

同时要理解此次 IMF 改革的真实原因所在,这与将 IMF 当成"工具"的视角有紧密关联。因为如果是一个很差的工具,那么其利用价值就会大大降低。而 IMF 改革的背景也的确是因为 IMF 本身遭遇了内忧外患的困境。IMF 的内忧是机构庞大人员的工作效率较低,这也影响了其外部的绩效。而外患主要是说 IMF 的贷款收益下降,其对各国尤其是受助国的影响也在减小。例如俄罗斯、巴西、阿根廷等 10 个国家最近几年纷纷提前还清了 IMF 的贷款,并且并不遵循 IMF 在贷款时附加的政策改革条款,在政治影响力减小的同时,收益率也在下降。在这种背景下,

考虑到未来中国在世界金融秩序中地位的提高,如果要进一步借助IMF这个工具,就需要推动IMF效率和收益的提高。这也是中国支持IMF改革的理由所在。

2. 联合发展中国家

从将IMF当成一个国际金融秩序的"战场"角度,需要采用的策略其实就是进一步扩大中国的"发言权"。我们认为发言权与投票权之间有区别,主要是如果要扩大中国在IMF的投票权,往往意味着中国将要承担更多的责任以及付出更多的成本。但发言权的扩大有时候可以通过影响其他国家来获得。

美国的提议是发展中国家更多的投票权,推动增加中国、土耳其、墨西哥和韩国在IMF的投票权。不过美国提出了一个IMF投票权计算公式,主要根据市场汇率来测算的各国GDP数据来决定一个国家在该组织的份额比例。根据市场汇率测算的结果比较有利于发达国家。根据美国提议的结果可能是,美国的投票权比例至少能维持不变,甚至还可能略有增加,而欧洲的投票权将会减少而转给中国、土耳其、墨西哥和韩国等4个国家。

但实际上不仅是欧洲的投票权应该减少,更关键的是美国的投票权也应该减少。因此对于中国而言,联合发展中国家,尤其是经济表现还不错的韩国,变成一篮子的发展中国家投票权(类似于从欧盟角度来看)。同时要注意到的是,基本投票权部分必须加以巩固和维持,否则发展中国家的利益将会难以保证。因此中国应组织发展中国家在IMF争取基本投票权的改革,现阶段则可以进行讨论或者明确指出发展中国家基本投票权面临的风险。

而从短期策略来看,我们认为聚焦在推动SDRs转型上是一个不错的策略。这有助于制约美国在SDRs上的影响,进而限制美国在IMF的权限,而这几乎就是IMF改革的根本性议题,也是建设国际金融新秩序的根本性议题。

1. 强调SDRs重要性

由于人民币国际化的进程与中国内部的改革紧密相关,因此在人民币进一步国际化成为世界货币之前,讨论人民币进入SDRs将是不可能完成的任务。因此在SDRs的改革上,中国可以一方面强调SDRs的重要性,扩展SDRs在定价和结算方面的作用;另外一方面应该坚持在SDRs中减少美元,而增加其他可自由兑换货币的份额。在SDRs的作用得到进一步增强后,尤其是其储备方面的功能增强后,应该尽量用SDRs来替代目前的美元储备。这个过程可以与减少SDRs中美元份额同步。

2. 修正版的"布雷顿体系"

另外中国可以提出一种更具可行性的设想:"去美元化"修正版的布雷顿森林体系。即如周小川所言的那样,保持SDR的一篮子纸币定价方式,扩展其在定价、结算上的范围,SDR的发行不仅根据其在IMF的份额也可以根据其的实际资产持有量来确定。更重要的是,将黄金作为SDR的"辅币"来看待,例如100吨黄金以下(1吨黄金现在等于3300万美元)国家间支付和结算是用黄金来计算,而100吨以上则关闭黄金"支付窗口",用SDR的账户转移来操作。也就是说,将黄金支付变成一种"有限责任"的支付(1971年之前的美元兑付黄金是一种无限责任),就像商业中的大额支付不用辅币(硬币)支付一样。如此只需要每天确定SDR和黄金之间的比价即可,IMF可以监测和确定SDR对黄金的大致年贬值幅度,从而确定未来的发行数量。而对于各国来说,其内部货币汇率是自由浮动的,只不过它的参照物是黄金。在"SDR 黄金"机制下,各国不仅可以避免"金本位"带来通缩的可能性,同时也可以限制各国政府不负责任的滥发钞票的倾向。

作者为上海金融与法律研究院研究员。

第二章　宏观经济与金融全局

全球经济失衡和汇率政策

王 健

引言

2000年以来,全球经常项目不平衡迅速增长。图1显示了各国和地区经常项目从1990年以来的情况。从90年代中期开始,美国的经常项目赤字迅速增加。与之相对应的是,中国,日本,德国和主要石油输出国

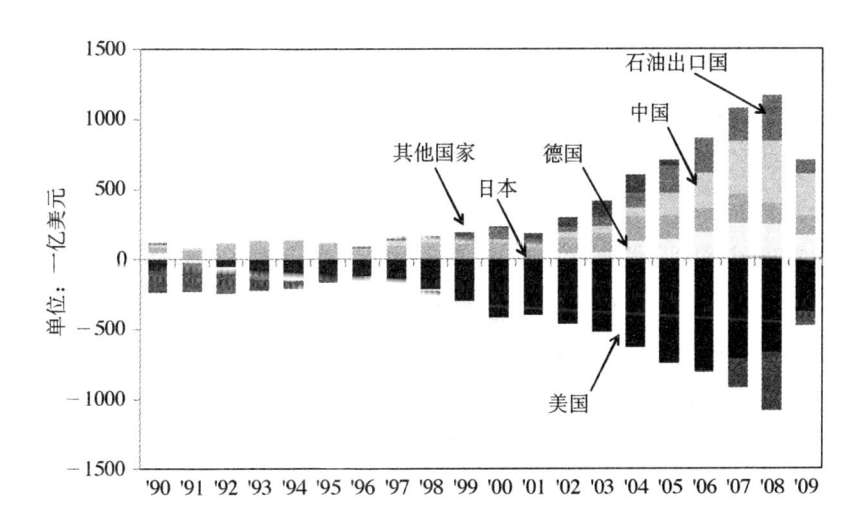

图1 全球经常项目不平衡加剧

的经常项目盈余也快速增长。全球经常项目不平衡的快速增长,引起很多人的担心,包括政府政策制定者,经济学者和私人投资者。担心的焦点在于这些不平衡是否能持续。如果不能持续,它将给全球经济带来什么样的风险。

2005年前,全球经常项目失衡主要表现在美国针对其他发达国家,比如日本和德国的贸易不平衡。这部分贸易不平衡从一定程度上反映了这些国家经济增长的差异。而从2005年后,中国和石油输出国在国际经常项目不平衡中扮演了更重要角色。石油输出国的经常项目盈余主要是由于石油等能源产品的国际价格从2005年后迅速增长的缘故。在2008到2009年的全球金融危机中,由于石油价格崩溃,全球经常项目不平衡的问题得到暂时缓解。从图1中我们可以看出,这种缓解主要是通过石油输出国经常项目顺差减少造成。随着2010年全球经济的复苏和今年经济预计进一步走强,全球经常项目不平衡的问题预计将进一步加剧。

全球经常项目不平衡的焦点目前主要在于中国的巨额顺差(和美国的逆差)。按照一般的经济理论,中国作为一个快速增长的国家应该持有经常项目逆差而不是顺差。由于中国采用固定汇率政策,不少人声称中国的经常项目顺差是由于人民币被低估引起。这种观点声称,人民币的低估造就了中国产品在国际市场上的价格优势。由于中国产品价格相对外国产品价格被不合理地压低,中国出口多,进口少,从而引起贸易顺差和经常项目顺差。按照这种思路,解决中国和全球经济失衡的一个有效方法就是让人民币升值。那么中国的贸易顺差究竟是不是人民币被低估引起的呢?如果不是由于固定汇率引起的,那么是什么原因造成的?中国的贸易顺差对中国经济以及世界经济有什么不良影响?如果有,如何减少中国的顺差,从而重新平衡世界经济呢?

本文将对以上这些问题进行讨论。一方面我们总结介绍中外主流学者和机构对这些问题的看法;另外我提出自己的一些想法。尽管中国贸易顺差是人民币被低估的言论在媒体中很有市场,这种论点自身存在很多的漏洞。汇率对贸易平衡的影响是短期的,而且作用也没有很多人想象的那么大。汇率对进出口的影响取决于很多因素,比如汇率对进出口价格的影响,以及进口产品和进口国自己生产的产品之间的替代率等。从对这些问题的现有研究结果看,我不认为汇率是造成中国贸易顺差的主要因素。

尽管很多人把中国的顺差归结为居民储蓄过高,从数据上看,中国从2005年以来迅速增长的总体储蓄率主要是由于政府和公司储蓄率上升引起的。由于企业储蓄对中国经常项目不平衡问题的重要性,对企业储蓄行为的研究最近得到了学者的重视。例如哥伦比亚大学教授魏尚进和国际货币组织经济学家Bayoumin和童晖比较了中国上市公司的储蓄行为。这方面的研究将对制定中国经常项目不平衡方面的经济政策起到重要贡献。

私营企业储蓄率过高的一个原因在于这些企业从国有银行融资困难。例如香港中文大学的宋铮,美国明尼亚波里斯联邦储备银行的Storesletten和苏黎世大学的Zillibotti发现,尽管中国私营企业的平均生产效率高于国有企业,但他们更难从银行获得资金,因而这些企业不得不通过内部储蓄来筹集资金。政府和企业储蓄率上升的另一个原因可能来自国有企业储蓄率上升。国有企业通过90年代的改革后,利润和储蓄迅速上升。在数据中我们发现,国有企业总体利润的上升并不完全由于企业总体生产效率提高。造成国企利润上升的一个重要因素是由于在改革过程中,国企放弃和退出了原来亏损的企业和行业(比如纺织),但同时仍然牢牢把持住高利润的垄断行业(比如烟草,能源等)。通过这种组成结构的调整,国企的总体利润率增加了。

国企新增加的利润主要被用来再投资和储蓄,这从一定程度上造成了中国整体消费不足和储蓄率上升。与国民储蓄率上升对应的就是国际贸易和经常项目盈余。在这种情况下,经常项目盈余反映的是中国经济中的结构性扭曲,应该通过政策来进行引导和纠正。长期而言这种扭曲会束缚中国经济的发展,同时也对世界经济造成冲击。比如中国的高储蓄从一定程度上降低了世界金融市场的长期利率,过低的长期利率对美国2000到2007年的房地产市场泡沫起到了推波助澜的作用。

长期而言,解决国企对高利润行业的垄断经营问题有利于解决中国巨额的经常项目顺差。有些行业的高额利润是由于行业特征造成,而有些行业则是因为政府的保护,比如利用国有银行的资金资源,或者政府的政策保护措施。如果在这些行业中逐步取消垄断保护,允许私营企业公平竞争,不仅可以改善整体行业的利润及储蓄行为,还可以通过竞争来提高整个行业的效率。短期而言,政府可以加大社会保障系统的建立。社会保障系统的支出可以直接减少政府储蓄从而降低整个经济的储蓄率。另外适当程度的社保系统能帮助家庭分散风险,从而也会降低家庭的储蓄率。这些政策都能帮助缓解中国经常项目顺差不断上升的问题。

本文余下部分的结构安排如下:第二部分简单介绍经常项目的定义,它和国际贸易的关系,以及贸易不平衡的经济含义是什么。第三部分讨论汇率和贸易的关系。第四部分分析造成中国贸易失衡的可能因素以及如何化解贸易失衡的问题。文章最后一部分简单总结本文的主要观点和结论。

一、贸易失衡的经济含义

在讨论全球经常项目失衡的问题前,我们先简单回顾一下经常项目的定义。一个国家的经常项目(current account)反映了一个国家在一定时期(通常为一年)的国际收支情况。如果收入大于支出,就出现盈余(顺差),反之出现赤字(逆差)。经常项目包括三个部分:1)净出口,2)国际投资及劳务收入,和3)国际间转移支付。国际间转移支付对绝大多数国家而言,数额相对很小,基本可以忽略不计。剩下两个部分中,净出口对大部分国家而言是更主要的,往往决定了一国经常项目的大小。当然也有一些个别例外的情况。比如菲律宾的净出口是负值(贸易逆差),但它的经常项目是盈余。这是因为有很多菲律宾人在国外工作,然后把收入寄回家。这部分收入属于国际投资及劳务收入。这种收入在菲律宾是很重要的一部分收入,占整个GDP的10%左右。由于菲律宾的国际投资及劳务收入大于贸易赤字,它的经常项目处于盈余状态,尽管它的贸易是赤字。中国从94年以来一直是出口大于进口,处于贸易盈余。从05年以来,中国成为国际上的债权国,每年的国际投资及劳务收入也是正值。所以05年后经常项目盈余要高于贸易盈余。但贸易盈余基本上仍然占整个经常项目盈余的80%左右。因而经常项目不平衡的问题主要就是贸易不平衡的问题。这就是为什么在我们基本上把经常项目不平衡和贸易不平衡的问题放在一起讨论。余下的讨论中,在不造成混淆的情况下,我将对这两个术语的使用不加严格区分。

首先,一个国家为什么要拥有贸易顺差或者逆差呢?如果一个国家存在贸易不平衡,是不是说明这个国家的经济一定存在什么问题呢?答案是否定的。一个国家的GDP由消费(C),投资(I),政府支出(G)和净出口(X)构成:

(1) $Y = C + I + G + X$。

等式(1)中 Y 代表一个国家的国内生产总值(GDP)。$C+I+G$ 是该国私人和政府部门的消费与投资之和,也是一个国家的总需求。当总需求($C+I+G$)小于总产出(Y),净出口为正,这个国家持有贸易顺差,反之为逆差。

进入90年代后期,美国的贸易逆差迅速增加。在2000和2004年,伯克利大学教授Obstfeld和哈佛大学教授Rogoff两次警告说,美国的经常项目赤字处于危险的边缘。一旦发生经常项目逆转,美元有面临大幅度贬值的危险。在2000年的文章中,他们估计美元有可能要贬值12—14%才能平衡美国的经常项目赤字。而在2005年的论文中,他们对美元贬值的估计上升为30%,甚至更高。

美国的贸易赤字在2004年之前主要是集中在对其他发达国家，比如德国和日本。威斯康星大学教授Engel和美联储经济学家Rogers认为这种贸易不平衡本身并没有什么问题。从上面贸易不平衡的定义我们知道，如果一个国家某年有贸易顺差，那么该国在本年度处于储蓄状态。如果是逆差，那么该国从国外借贷。像家庭和个人一样，一个国家的储蓄和借贷行为本身是个很正常的现象。很多时候这种借贷是一种优化的经济行为。举个极端的例子，比如某个人现在分文没有，但知道10年后将继承一笔巨额财产，那么这个人现在就应该举债消费，等财产到手后再还钱。这种举债行为就是一种更优的消费选择。把这个例子拓展到国家。如果一个国家经济发展速度比其他国家快，这个国家相对于其他国家会变得越来越富强。那么在这个过程中，该国应该举债消费，也就是保持贸易逆差。

Engel和Rogers正是用上述的原因来解释美国和其他发达国家之间的贸易失衡。在2005年前，日本和德国等发达国家占了美国经常项目赤字的三分之二以上。从1970年代中期以来，美国的经济增长速度明显高于其他发达国家。比如从1975年到2009年，美国平均的GDP年增长率是2.82%。同期德国的GDP年增长率为1.87%，日本的为2.33%。所以在这段时间里，美国GDP占发达国家GDP总量的比例一直在上升。也就是说，美国相对其他发达国家而言，越来越富裕。如果这种趋势能在未来一段时间持续，比如未来20年美国的增长速度继续高于其他发达国家，像我们上面的例子那样，美国在这种情况下就应该举债消费。也就是说，美国针对其他发达国家间的贸易赤字其实是一种理性的经济行为。

另外，不少发达国家，包括日本和德国，面临严重的老龄化问题。如果一个国家的老年人口比例在未来越来越大，这个国家现在就应该储蓄来支付未来退休老人的费用。相对而言，美国的老龄化问题就好很多，所以美国的储蓄倾向要比这些国家低。这也是造成美国针对这些发达国家贸易赤字的另一个原因。

从上面的例子中我们看到,国家间贸易和经常项目的不平衡反映了国与国之间储蓄和消费行为的差异。这种差异本身可能是一种理性的经济行为。因此我们不能单从一个国家是否处于贸易不平衡,或者贸易不平衡的大小来判断贸易顺差或者逆差是否合理,是否会给一个国家的经济甚至全球经济带来风险。

二、国际贸易失衡与汇率政策

从2005年以后,国际经常项目失衡的格局发生重大改变。中国和石油输出国在美国的经常项目逆差中的比例迅速增加(图1)。中国作为一个快速发展的新兴国家,其持有的巨额贸易顺差很难让人理解。中国的GDP增长速度远远高于美国等发达国家。这种情况下,中国应该向这些国家借债消费或投资(经常项目逆差),而不是借钱给这些国家。

由于中国采用固定汇率制度,人民币汇率首当其冲成为中国贸易顺差的怀疑对象。持有这种观点的人认为,人民币被低估,因此中国产品的价格也被低估,以致中国产品在国际市场上拥有不合理的竞争优势。因此,为了消除中国的经常项目顺差,人民币必须升值。尽管这种观点听起来似乎很合理,但它和经济理论及实证研究有几个明显不符的地方。

首先,这种观点成立的前提条件是汇率能影响两个国家之间产品的相对价格。汇率能否影响国际间相对价格和如何影响这些价格受很多因素的限制。想要名义汇率影响到价格就必须假定存在一定的价格粘性,也就是说价格在短期内不能调整。举个简单例子。假定人民币被低估10%,导致中国产品价格在国际市场上被低估10%。中国生产商发现自己的价格被低估后,如果可以立刻改变价格,他会立刻提价10%来抵消汇率低估对产品价格的影响(假定汇率变化对生产成本没有影响)。这种情况下,汇率变动会立刻被价格变动抵消,因而对最终价格没有任何影响。

当然,在实际生活中,价格是存在粘性的。除了少数产品的价格外,大部分价格短期内都是固定不变的。尽管对价格粘性存在的原因仍有争论，一般的实证研究发现大部分价格会在一年甚至更短时间内调整。具体研究可以参看 Bils and Klenow，Kehoe and Virgiliu 和 Nakamura and Steisson。这种情况下，汇率对价格的影响也一般在一两年左右。如果中国的贸易顺差是由于人民币低估造成，这种顺差的存在时间不会很久。图 2 显示了中国从 2000 年以来的总贸易顺差和针对美国的双边贸易顺差。中国的贸易顺差存在的年数，尤其是针对美国的顺差，远远超过可以由价格粘性和名义汇率这些因素能解释的时间范围。从这个角度看，说中国的贸易顺差是由于人民币被低估实在难以让人信服。

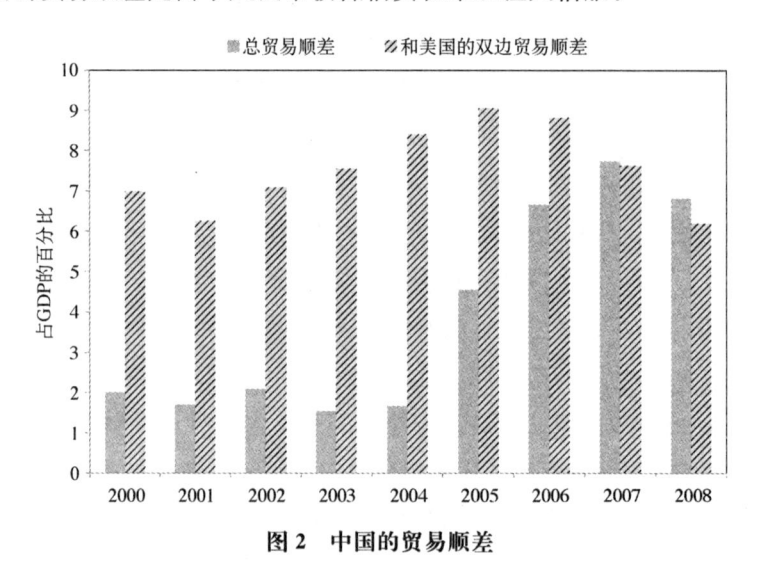

图 2　中国的贸易顺差

长期而言，所有价格都会调整，所以汇率对长期的实际价格和均衡产出不会造成影响。因此我们下面讨论的汇率与价格的关系都是指中短期而言。即使短期内（存在价格粘性期间），汇率对产品价格的影响也受很多因素影响。最直接的一个因素就是产品以何种价格定价。如果产品以出口国货币定价，汇率变动会在短期内影响到出口产品在进口国的价格。比如中国出口的一双鞋定价 600 人民币。当汇率是 1 美元兑 6 块人民币时,这双鞋的美元价格就是100美元。如果人民币升值,汇率变成了1美元等于4块人民币,而且这双鞋的人民币价格短期内是固定的,那么它的美元价格就上涨为150美元。但是大部分从中国出口到美国的产品都是以美元定价的。美国纽约联邦储备银行的两位经济学家Goldberg和Tille(Goldberg and Tille, 2008)发现,美国2003年的进口品中超过90%都是以美元定价。在上面的例子中,如果这双鞋的价格定价为100美元(以美元而不是人民币定价),而且价格短期内固定,人民币对美元的汇率变动就不会影响到这双鞋在美国市场上的价格,也不会影响到美国市场对中国产品的需求。这样人民币升值对解决中国的贸易顺差没什么效果。

实际经济中除了价格粘性外还存在其他因素使经济没有办法迅速调整到完美市场下的均衡。比如除了价格粘性外,还存在工资粘性。绝大多数情况下,工资都是以出口生产国的货币定价的。所以出口国汇率的变化会直接影响到出口厂商的生产成本。即使这种情况下,厂商为了保护自己的市场份额,往往也不会完全把汇率引起的成本变化传递到价格中。厂商往往通过改变自己的利润率来吸收一部分由于汇率变化引起的成本变化。所以实证研究往往发现进出口价格对汇率变化的反应并不敏感,只有一小部分汇率变化被最终传递到进出口价格中。例如Campa and Goldberg发现短期内只有25%的汇率变化被传递到美国的进口价格中。中期而言,汇率对美国进口价格的影响也不超过40%。而且随着80年代主要发达国家的货币政策更趋稳定,汇率对进出口价格的影响进一步降低。例如美联储两位经济学家Marazzi和Sheets发现90年代后期以来,只有不到20%的汇率变化被传递到美国的进口价格中,远低于90年代前的数据。香港金融管理局的三名经济学家发现,当人民币升值后,中国出口商会降低出口产品的人民币价格,从而吸收一部分汇率对出口价格的影响。

汇率对短期生产成本的影响也受生产方式的影响。90年代后世界经济的一个显著特点就是各个国家间分工协作的加强。一个产品往往在多个国家依次加工后才形成最后的成品。比如汽车,相机,iphone 这些产品的设计,各个零件的加工都是在多个国家进行,最后送到中国组装。也就是说,中国从很多别的国家进口中间产品来生产最后的出口品。假定人民币针对美元和其他货币都升值了,中国从其他国家进口中间产品的价格会随之降低(如果这些中间品以出口国货币定价)。也就是说,中国厂商的生产成本会随着人民币的升值而降低,因此中国厂商就没有必要把人民币汇率的变动全部传递到最终价格中。香港金融管理局的三名经济学家发现,中国的进口产品价格会在人民币升值后降低,尽管升值对 CPI 消费价格的影响很小。一种解释就是中国进口的很多产品是用于生产出口品的中间产品,因此国内最终消费品的价格受汇率影响要远小于进口价格。但进口价格的降低将直接导致生产出口产品的成本下降。加拿大哥伦比亚大学教授 Devereux 和香港金融管理局经济学家 Genberg 通过一个中美贸易模型阐述了上面的观点。他们强调,减少中美贸易不平衡最有效的政策工具应该是那些可以改变两个国家储蓄习惯的工具,比如在美国通过补助鼓励居民储蓄和在中国通过税收来减少储蓄,而不是通过人民币针对美元升值。廖薇,施康和张志伟在一个开放经济模型中发现,亚洲其他国家(例如韩国)的货币贬值,不一定会伤害到中国的出口。中国从这些国家进口很多中间产品。当这些国家的货币针对人民币贬值时,从这些国家进口的中间产品价格降低,从而降低中国出口商的生产成本。

在上面的讨论中,我们强调了汇率变动对改变进出口价格的效果是有限的,因而对进出口和贸易平衡的影响不如想象的那么大。影响汇率和贸易平衡的另外一个重要因素是两个国家产品之间的可替代性。进出口价格影响到进出口的原因是,当进口产品价格上涨时,顾客把对进口产品的消费转移到国产产品的消费。这种转移消费的大小,取决于进口品和本国产品之间的可替代性。对于给定的进出口价格变动,如果两个国家产品的替代性越高,进出口和贸易平衡受到的影响就越大,反之越小。举个简单例子。中国和美国都生产鸡蛋,而且假定鸡蛋没什么区别。这种情况下,两个国家的产品之间是完美替代品。哪个国家生产的鸡蛋便宜,消费者就会买哪个。即使很小的差别,比如1分钱,都能影响到顾客选择哪个国家的产品。在另外一种情况下,比如美国生产的鸡蛋是纯天然的,而中国生产的鸡蛋是由饲料喂养的鸡下的。由于饲料里一般都含有激素,有可能对人体有害。这种情况下,美国鸡蛋和中国鸡蛋就不再是完美替代品了。细小的价格差异和改变将不会显著影响到顾客的消费行为。

在国际宏观经济的实证研究中,我们发现两个国家产品之间的替代率在短期内是很低的。尽管两个国家间产品的长期替代率很高,但短期而言,由于各种阻力的存在,国家间产品的替代率要远远低于长期替代率。比如我在和 Charles Engel 的论文中指出,大部分国际贸易的产品为耐用品,包括耐用消费品(汽车,电视等)和生产投资品(机器设备等)。调整耐用消费品和生产资产的存量是缓慢的和有成本的。这些调整费用会降低进口品和国内产品的短期替代率。比如你现在有一辆9成新中国生产的轿车。进口轿车的降价不会让你立刻把现在的车淘汰掉买进口车。你将继续使用国产车,车辆维护时购买国产车的零配件。如果进口车的降价一直持续到未来,你在未来换车时可能会买进口车而不是国产车了。上面的例子中,进口价格的变化对你短期消费行为并没有影响,尽管会影响到你的长期消费。另外一些讨论长期和短期国际间产品替代率差异的文章包括 Ruhl(2005),Ramanarayanan(2007),Drozd and Nosal(2007),Erceg, Guerrieri, and Gust(2008)等。这些研究的一个相似之处就是存在某种阻力使进口产品和本国产品之间的短期替代率降低,尽管每个研究所侧重的阻力生成原因有所不同。

在讨论汇率与进出口价格的关系时我们已经提到,汇率对进出口价格的影响是短期的,因此,汇率对进出口的影响也是短期的。这种情况下,进口产品和本国产品间的短期替代率是我们讨论汇率对进出口影响问题所关心的变量。正如我们讨论的那样,只有很小一部分的汇率变动被传递到进出口价格上。而且由于进口品和本国产品短期替代率很低,价格变动对短期进出口的影响也是很小的。这样一来,汇率对进出口和贸易平衡的影响就更有限了。除非汇率产生巨大变动,否则对贸易平衡的影响是非常微小的。上面的这些结论和实证分析结果一致。比如 Groenewold and He 估计了中美之间贸易平衡和汇率之间的关系。根据他们的估计,人民币对美元升值 10% 只能使中美之间的贸易不平衡降低不到 10%。也就是说,在其他条件不变的情况下,人民币至少要升值 50% 以上,中美之间的贸易不平衡才能减少一半。

除了汇率对进出口的影响在实证研究中效果很小外,通过汇率变动来消除贸易不平衡的观点存在另外一个漏洞。汇率的变动会自动帮助实现贸易平衡的观点是基于 20 世纪五六十年代的开放经济模型。这些模型假定一个国家持有贸易赤字时,该国的实际汇率会贬值从而导致贸易条件恶化(出口价格相对进口价格降低)。这种情况下,该国会增加出口同时减少进口直到实现贸易平衡。这也是当时的宏观模型认为浮动汇率制优于固定汇率制的一个主要原因。当贸易条件(进口产品和出口产品的相对价格)由于价格粘性的存在,短期内没有办法通过价格调整时,浮动汇率可以帮助调整贸易条件实现贸易平衡。

但这种理论很难在数据中找到有效支持:实证研究中发现汇率的变化和一个国家的贸易平衡并没有太大联系。也就是说,即使汇率会影响到一个国家的进出口,但汇率也不一定是朝着减少贸易不平衡的方向变化的。在最近的一项研究中,威斯康星大学教授陈庚辛和哥伦比亚大学教授魏尚进比较了 171 个国家在 1971 到 2005 年间经常项目失衡的调整速度。他们把这 171 个国家的汇率制度根据马里兰大学教授 Reinhart 和哈佛教授 Rogoff 的标准分成浮动汇率制、固定汇率制和中间汇率制三类。如果汇率真的能帮助自动调整一个国家的经常项目失衡,采用浮动汇率制国家的经常项目失衡应该比其他两组国家调节得更快。陈庚辛和魏尚进在他们的实证研究中并没有发现这种关系稳定地存在数据中。

不同于20世纪五六十年代的开放经济模型,最近的研究更侧重于汇率是一种资产价格的角度,而不是自动调节贸易失衡的工具。比如威斯康星大学教授Engel和West指出,常见的实证汇率模型往往可以写成净现值资产价格模型。在这种模型中,汇率是对未来经济变量预期的净现值。这种模型可以解释为什么宏观经济变量,比如货币供给,没有办法预测样本外未来的汇率变动,尽管汇率本身是由这些变量决定的。我和Charles Engel以及Jason Wu拓展了Engel and West中对宏观经济变量的假设。我们发现这种净现值资产模型在一定条件下和长期汇率可以被宏观经济变量预测的实证发现也是一致的。

如果汇率是资产价格,那么它的变动将主要取决于对未来经济变量的预期,而不是目前的经济情况,例如目前的贸易平衡等。和其他资产价格一样,汇率还会受到一些和经济情况完全无关的因素影响,比如交易者非理性的情绪和行为。这种情况下,贸易逆差(顺差)不一定带来货币贬值(升值)。比如在我和香港中文大学教授Deokwoo Nam的论文中,我们把美国生产效率的变化归结为受两个变量影响造成。一个变量只能改变未来的生产效率。比如一个公司正在研制一种新的生产方式,这种生产方式将提高公司未来的生产效率。而另一个变量可以立刻改变现有的生产效率。比如今天突然下大雪,大家没办法上班了,生产效率立刻下降。

影响未来生产效率的变量由于含有未来生产效率的信息,所以通常也被称为信息变量(News Shock)。我们发现生产效率的信息变量对汇率变化的影响非常大,尽管它对其他宏观数据,例如消费和产出等,在经济周期内的变化影响不是特别大。图3中,蓝线是美国从1974年以来的真实汇率(取了自然对数)。红线是我们从生产率的信息变量中估算出来的汇率。尤其是从80年代后期以来,红线和蓝线吻合得非常好。这个结果显示,美元汇率的变动在这一时期主要是由于人们对未来生产效率预期的变化引起的。

我们在一个包含了信息变量的一般均衡开放经济模型中发现,当一国对未来生产效率的预期提高时,其汇率升值。而这种情况下,由于该国预计自己未来的财富会增加,也会提高自己当前的消费,从而持有贸易逆差。也就是说贸易逆差和汇率升值同时发生。这和20世纪五六十年代开放经济模型的假设完全相反。我们的结果强调了汇率和贸易平衡的关系取决于决定汇率和人们储蓄行为的变量。在不同变量的情况下,20世纪50—60年代开放宏观经济模型中关于汇率和贸易平衡的假设不一定总是存在。

图3 美国的实际真实汇率以及从生产率改变的预期中估计出的真实汇率

我们对这一节上面的内容作个简单总结。中国的贸易顺差是由于固定汇率制下人民币被低估的观点是缺乏实证依据的。至少有两个原因导致汇率对进出口和贸易平衡的影响很小。首先,汇率对进出口价格的影响很小。其次,进出口价格变化对进出口和贸易平衡的影响很小,因为短期内进口产品和本国产品之间的替代率很低。因而汇率对进出口和贸易平衡的影响就更小了。尽管20世纪五六十年代开放经济模型中假设浮动汇率能帮助自动平衡一个国家的贸易,但这个假设很难找到数据支持。作为一个金融工具,汇率的决定更像一个资产价格,主要受对未来经济情况预期的影响,而不是目前的经济状况,例如目前的贸易不平衡等。所以,即使中国采用更灵活的汇率政策,中国目前的贸易不平衡也不一定减少。

尽管浮动汇率制度不一定改善中国的贸易不平衡,更加灵活的汇率制度对中国经济长期发展仍然是有帮助的。国际金融里一个著名的定理就是"三元悖论"。也就是说,一个国家不可能同时拥有下面三个元素:固定汇率,独立的货币政策和开放的国际资本市场。例如欧元区国家采用的是固定汇率的极端形式:统一货币。为了维护这种固定汇率制度,欧元区国家选择了开放的资本市场而放弃了独立的货币政策。这些国家的货币政策由欧洲中央银行统一制定。和欧元区不同,中国选择了固定汇率(紧盯美元)和独立的货币政策(中国人民银行设定的利率可以不同于美国美联储设定的利率)。为了维护这种系统的稳定,中国放弃了自由开放的国际资本市场。在固定汇率制度下,如果资本可以在国际间自由流动,如果人民币利率高于美元利率国际资本就会流向中国套息,反之资本会流出中国。这就是中国为什么必须通过控制国际资本流动来维护经济系统的稳定性。

中国不可能象欧元区国家那样放弃独立的货币政策从而去开放国际资本市场,因为中美之间经济差别巨大,货币政策不可能总是在两个国家都是最优的。但如果中国为了继续保持固定汇率而控制国际资本的流动,国际资本与国内生产机会之间将无法实现有效配对,造成经济上的低效率。另外,由于中国目前存在巨额经常项目顺差,中央银行不得不发行货币来吸收经常项目顺差带来的资金流入,给中国正常的货币政策造成冲击。中国人民银行副行长胡晓炼2010年撰文指出,通过改变货币供应量进行的货币政策调整对控制宏观经济非常重要。由于中国的固定汇率制度和高额的经常项目顺差,人民银行对货币供应量的调整受到很大限制。继续目前的固定汇率制度可能引发恶性通胀或者房地产等金融泡沫,然而通过增发央行票据或者提高存款准备金来控制通胀会挤垮商业银行的正常运作。放弃固定汇率制度后,中国的货币政策就可以更灵活,经济抗冲击性增强。社科院张明也指出,发达国家宽松的货币政策通过外汇储备的增加导致了新兴发展中国家的流动性过剩,更灵活的外汇制度有利于减少中国受美国货币政策的影响。

因而对长期而言,中国应该逐步采取更灵活的外汇政策。这样不仅有利于中国货币政策的制定,也可以使中国能放宽对资本市场的控制,提高金融市场和整体经济的效率。然而需要强调的是,即使在灵活汇率制度下,中央银行也可能应该把汇率作为政策制定的一个重点之一。在存在价格粘性的情况下,汇率变动会引起两国产品相对价格的变化。由于汇率作为资产价格,它的变动主要受市场对未来预期(包括理性和非理性的)的影响。因此由汇率变化引起的相对价格变化往往和两个国家目前的相对竞争力无关。这就造成了相对价格无法反映相对生产力,造成了资源的非有效配置。Devereux and Engel,Engel 和 Engel 对这个问题做了详细论述。

三、解决中国及全球贸易失衡的对策

既然中国的巨额贸易顺差不应归咎于固定汇率政策,人民币升值对消除贸易不平衡帮助不大,那造成中国贸易不平衡的主要原因是什么呢?我们在第二节中提到,贸易不平衡反映的是一个国家储蓄和消费的不平衡。中国贸易顺差的表面原因是中国的储蓄率过高。一个国家的储蓄分为家庭储蓄,企业储蓄和政府储蓄三块。有人认为中国的贸易顺差主要是由于家庭储蓄增长造成的。比如魏尚进,哥伦比亚大学博士生 Du Qingyuan 和国际食品政策研究院的 Zhang Xiaobo 认为由于中国的性别不平衡(男多女少),成年男子的家庭必须提高储蓄才能使自己的孩子在婚姻市场上取得优势。在一个跨期迭代模型中,Du Wingyuan 和魏尚进发现，在一定条件下，男方家庭储蓄率的增加会大于女方家庭储蓄率的降低从而使总体储蓄率上升。在对模型的校准实验（calibration）中，他们发现性别差异可以解释中国一半以上的经常项目顺差。

Hoffmann 通过对一个净现值模型的估计来研究影响中国经常项目平衡的因素。他发现对非贸易品价格上涨的预期是造成中国经常项目顺差的一个重要因素。一种解释就是当人们预计未来非贸易品（比如医疗，住房和教育等）的价格要上涨，家庭现在就会提高储蓄来应对未来的价格上涨。这种观点存在的一个问题就是把非贸易品价格作为一个外生变量。在一个一般均衡模型中，储蓄行为的变化取决于造成非贸易品价格上涨的因素。比如在我和 Charles Engel 的模型中，当一个国家贸易品部门的生产效率提高时，非贸易品的价格相对于贸易品价格会提高。但这个国家却同时持有贸易赤字。

认为家庭储蓄上升是造成中国贸易不平衡的观点存在一个挑战。中国贸易盈余的增加反映了中国整体储蓄率的增加。图 4 比较了中国家

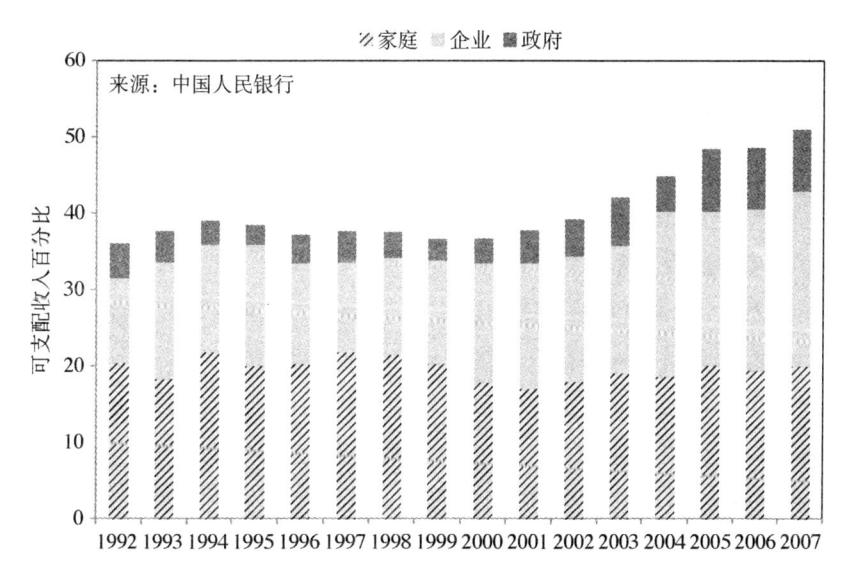

图 4 中国家庭、企业和政府储蓄率

庭,企业和政府储蓄率。从2000年以来中国总体储蓄率(家庭,企业和政府之和)迅速上升,但这种上升主要是由企业和政府储蓄率上升引起的。尽管中国的家庭储蓄率和发达国家相比,相对较高,但整体比较稳定。这很难和中国从05年以来迅速上升的贸易不平衡联系起来。从图4看,中国的贸易不平衡更应该是由于企业和政府的储蓄增加引起。李扬和殷剑锋也发现从1992到2003年中国总体储蓄率的增加主要是由于企业和政府储蓄率上升。

政府和企业储蓄率提高的一个主要原因是这两个部门的相对收入增加。从1995年以来,中国国民收入分配中,政府和企业的收入比重相对居民收入上升。李扬和殷剑锋以及白重恩和钱震杰通过对中国资金流量表的研究,详细记载了上述现象。他们发现,居民部门在全国可支配收入中的比重从1996年到2005年间下降了10个百分点以上。白重恩和钱震杰发现,政府和企业对居民收入的挤占各占大概50%。如果储蓄率和收入呈正比关系,企业和政府收入的迅速增加可能是造成这两个部门储蓄率快速增长的原因。另外,李实指出,居民劳动收入份额的下降也是中国个人收入差距扩大的一个重要原因。想要理解中国巨额的贸易顺差,就必须弄清楚政府和企业的相对收入以及储蓄率在90年代后期迅速上升的原因。李稻葵认为三个因素导致了中国劳动力及居民收入的相对下降。首先,工业化尤其是重工业从90年代后期在中国迅速发展。由于整个经济结构向资本密集型产业倾斜,导致了劳动收入占整个经济比重的下降。另外,国企改革后效率的提高和政府税收增速高于GDP增速也造成了政府和企业收入的比重相对劳动力收入比重增加。

国企改革后效率的提高对提高国企收入和储蓄率有帮助,然而另一个重要因素是国企组成结构的改变。通过比较国有和私营企业的利润率,我发现从90年代后期,中国国有企业的利润率相对私营企业利润率迅速提高。这里的企业仅仅包括工业部门,不包括金融,运输等服务部门。图5显示了两类企业从1998到2007年的利润率。利润率定义为总利润与主营业务成本的比例,数据来自中国统计年鉴。从 1998 到 2007 年,国有企业的利润率从 2% 上涨为 11%,增加了 5 倍多。而同期私营企业的利润率从 4.3% 上升到 6.5%,仅仅增加了 50% 左右。这种巨大反差很难单纯从国企改革后的效率提高这一个因素来解释。

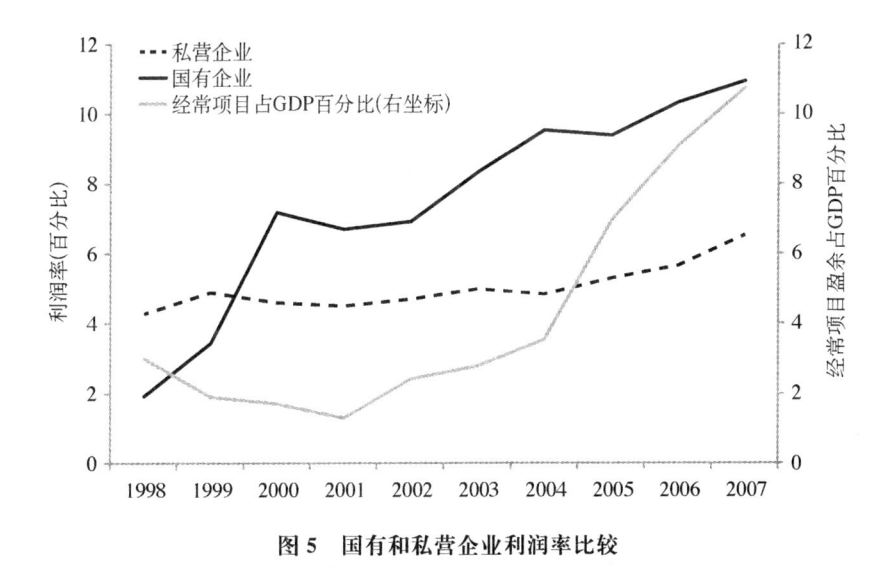

图 5　国有和私营企业利润率比较

为进一步理解这个问题,我把工业部门按照 2005—2007 年的平均利润率分成 3 组:利润率低于 5%,5%—10% 和 10% 以上。低利润部门往往是国际和国内竞争压力大的部门,例如纺织。而高利润部门往往是政府垄断或者保护的部门,例如能源,烟草等。图 6 显示了国有企业在这三组部门产出比例的变化。从 2005 到 2007 年,国有企业产出在低利润部门的比重迅速下降。比如在利润率低于 5% 的部门中,国有企业产出比重从 2005 年的 80% 左右迅速下降到 10%。而在高利润部门,国有企业仍然占主导地位。比如在利润率大于 10% 的部门,国有企业的产出比重始终维持在 85% 以上。

由于国有企业以前充当着社会福利提供者的角色,低利润行业的国有企业往往长期亏损或者处于亏损的边缘。国有企业从这些部门的退出从一定程度上提高了国有企业的总体利润率。但是由于新的社会福利系统尚未形成,高利润行业国企的利润无法通过正常渠道分配到居民用于消费。这就不难想象,这些高利润基本变成了政府和企业的储蓄用于再投资。关于国有企业利润和储蓄迅速上升的现象,国际清算银行的马国南和中国人民银行的王毅最近也提出了和我类似的观点。他们认为由于国企在过去10年改革力度加强,比如退休和住房制度的改革使国企不再承担社会福利提供者的角色,国企的运营成本大大降低,利润大幅度增加。

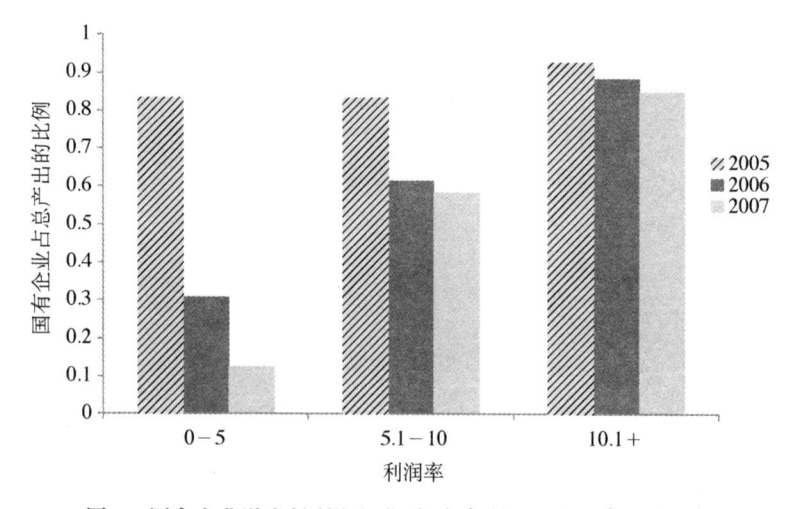

图6 国有企业退出低利润行业,但在高利润行业仍占主导地位

当然,国有企业对于中国企业整体储蓄率增加的贡献仍然需要更多的数据来衡量。比如Bayoumi,童晖和魏尚进分析了2002到2007年1557个中国上市公司的储蓄行为。他们发现中国国有上市公司的储蓄行为和私营上市公司的储蓄行为并没有明显差别。另外,他们发现中国公司的总体储蓄行为和另外51个国家的上市公司的储蓄行为没有明显差别。然而由于中国主要的国有企业,比如中石油,中石化和几大国有银行都是在2007年后才陆续上市,因而没有包括在Bayoumi,童晖和魏尚进的分析当中,还不清楚这些公司的储蓄行为和其他上市的国有公司是否一致。如果中国国有企业能对外更透明地公布它们的财务数据,这将对研究中国企业的储蓄行为和中国的经常项目不平衡有很大帮助。

解决中国经常项目不平衡的根本问题在于降低中国的整体储蓄率,包括居民,企业和政府的储蓄率。尽管居民储蓄率和企业及政府储蓄率相比,没有显著上升,因而对2005年以来中国经常项目顺差上升贡献不大,但居民储蓄率总体水平和发达国家比,仍然偏高。如果居民储蓄率能在某些政策帮助下降低,将会帮助中国的经常项目平衡。国际货币基金组织经济学家Chamon和康奈尔大学教授Prasad认为中国居民的高储蓄率是由于居民住房,教育以及医疗费用的提高,加上中国的金融市场仍不健全,所以居民不得不提高储蓄来应对这些消费。Chamon, Liu, and Prasad认为中国居民储蓄率偏高的另外一个重要因素是居民收入的不确定因素增加,所以居民提高储蓄防范风险。这两个现象都和中国经济在改革过程中旧的社会福利系统被打破,而新的系统仍然在建立过程当中有关。适度的社会保障系统(比如失业保险,医疗保险等)能够帮助居民之间分散风险,从而降低居民的储蓄率。而政府在建立社会保障系统的花费也能直接降低政府储蓄,是短期内降低整体储蓄率的有效途径。

几个最新的研究都强调了金融市场改革对降低中国经常项目顺差的重要性。香港中文大学的宋铮,美国明尼亚波里斯联邦储备银行的Storesletten和苏黎世大学的Zillibotti指出,尽管中国私营企业的平均生产效率高于国有企业,但他们更难从银行获得资金。私营企业的投资主要通过自有资金的积累,而国有银行的贷款主要集中在国有企业。随着国有企业相对私营企业在整个经济中的比重下降,大部分的国内储蓄在中国的投资渠道减少,从而被投资到海外资产,形成经常项目顺差。美国圣路易斯联邦储备银行的文一最近也强调,由于金融市场的低效率无法帮助防范家庭收入风险,居民不得不提高预防性储蓄(precautionary savings),从而提高了居民整体储蓄率。因此,金融市场的发展,比如建立信用制度,使家庭和私营企业能更容易地从银行或其他金融机构获得贷款可以开阔国内的投资渠道,也可以降低家庭的预防性储蓄。如果居民可以通过贷款支付自己住房和子女教育的费用,也将帮助降低家庭的整体储蓄率。另外,聂日明和龚于指出,利率作为一个非常重要的要素价格,通过金融市场改革使利率市场化将有助于生产要素在经济中的有效配置和提高宏观政策调控的有效性。

如何改变或者应不应该改变企业储蓄行为的问题更为复杂。正如李稻葵观点中的那样,企业收入相对居民收入上升可能是由于工业化过程中产业结构调整的结果。如果这种产业结构调整是市场导向的,或者是提高经济整体效率的,就没有必要强行出台政策来改变企业的储蓄行为。伦敦经济学院的金刻羽指出,如果一个国家的相对优势是劳动力密集型产品,当这个国家的劳动生产率提高时,这个国家有可能会持有经常项目顺差。因为劳动效率的提高可以进一步深化国际分工。这样资本就从生产劳动密集型产品的国家流向生产资本密集型产品的国家。如果中国的顺差是由于这种国际间分工加强引起,就没有必要通过政策强行降低经常项目顺差。聂日明和龚于讨论了在全球分工背景下,中国劳动力转移的问题。奥克拉荷马大学的鞠建东,香港中文大学的施康和哥伦比亚大学的魏尚进在一个和金刻羽类似的模型中强调,如果一个国家的生产要素市场,比如劳动力市场,调节缓慢,经常项目不平衡的调整也将非常缓慢。

相反,如果企业收入和储蓄的增加主要是由于行业垄断造成的利润率大幅度上涨,打破行业垄断,引入竞争机制不仅可以改变企业过高的储蓄率,也能增加垄断行业的总体效率。例如刘瑞明和石磊强调,国有企业不仅自身存在效率损失,由于软预算约束的存在,国有企业的低效率也拖累了私营企业的发展。这种情况下,政策的介入就是应该的。但像我们上面说过的那样,目前就中国企业的储蓄率是否偏高,储蓄率为什么上升仍然存在很多争论。对中国企业储蓄的研究将对中国今后的政策制定,尤其是在削减经常项目盈余方面的政策起到重大指导作用。

四、结论

一种流行观点认为中国的经常项目不平衡是中国的固定汇率制度造成,人民币升值能解决中国的贸易失衡。然而实证经济研究中往往发现汇率对贸易和经常项目平衡的影响很小。首先,只有一部分汇率变化会被传递到进出口价格中。其次,由于进口品和本国产品间短期替代率往往很低,进出口价格变动对进出口的影响也很有限。因此从汇率变化到进出口的效果经过这两次缩小后,就非常微小了。基于这些研究,人民币升值对中国经常项目不平衡的调节作用很可能非常有限。

尽管更灵活的汇率制度对解决中国的经常项目不平衡可能没有很大效果,但更灵活的汇率制度可帮助中国维持货币政策的有效性。另外,在浮动汇率制下,中国也不必继续采用目前严格的国际资本流动限制,从而增加资本市场的效率。但开放国际资本市场的效果取决于一个国家国内金融市场的质量如何。国际货币基金组织经济学家 Kose,康奈尔大学教授 Prasad,哈佛大学教授 Rogoff 和哥伦比亚大学教授魏尚进的研究中,发现一个国家金融部门的效率和宏观经济管理能力等要素,是决定一个国家是否能从开放国际资本市场中获益的重要条件。

因此金融市场改革,提高金融市场效率是中国向更灵活汇率制度过渡的重要一步。金融市场的改革也能帮助缓解中国目前的经常项目失衡。中国的贸易盈余是国民总体储蓄率上升的结果。提高金融市场效率,使私营企业能更容易地从金融市场融资,从而降低这些企业自有资金的储蓄率。金融市场的发展也可以帮助家庭更好地分散风险,降低储蓄率。目前过于强调汇率对改变中国经常项目失衡的作用,强调人民币要升值,将会对人民币产生巨大压力,从而阻碍中国对金融市场的改革,给中国向更灵活的汇率制度过渡增加难度。

另外,建立适当的社会保障系统能降低政府和家庭的储蓄率,从而缓解中国经常项目失衡问题。中国政府已经认识到了整体经济储蓄过高,消费不足的弊端。在第十二个五年计划中,拉动内需被列为最重要的任务之一。2010年中国也通过了社会保险法,为社会安全系统的建立打下法律基础。长期而言,解决中国经常项目不平衡的另一个重要条件就是消除中国经济内部的扭曲。例如在目前由于政府保护造成的高利润行业中,打破垄断,引入竞争机制。这些变化能改变国有企业的储蓄行为,有利于降低中国的总体储蓄率和经常项目顺差。

作者为美国达拉斯联邦储备银行高级经济学家。

参考文献:

白重恩、钱震杰,2009a,《谁在挤占居民的收入——中国国民收入分配格局分析》,《中国社会科学》2009年第5期。
白重恩、钱震杰,2009b,《国民收入的要素分配:统计数据背后的故事》,《经济研究》2009年第3期。
李扬、殷剑峰,2007,《中国高储蓄率问题探究——1992—2003年中国资金流量表的分析》,《经济研究》2007年第6期。
刘瑞明.石磊.2010《国有企业的双重效率损失与经济增长》,《经济研究》第1期
刘瑞明.石磊.2010《国有企业的双重效率损失与经济增长》,《经济研究》第1期
李稻葵,2007,《重视GDP中劳动收入比重的下降》,《新财富》2007年9月20日。
聂日明,龚于,2009,《利率市场化,知不易行更艰难》,《陆家嘴评论》2009年8月。
聂日明,龚于,2010,《刘易斯拐点?:从富士康到中国模式》,《陆家嘴评论》2010年6月。
张明,2007,《流动性过剩的测量、根源和风险涵义》,《世界经济》2007年第一期。
Bayoumi, Tamim, Hui Tong, and Shangjin Wei, 2010, "The Chinese Corporate Savings Puzzle: A Firm-Level Cross-Country Perspective," NBER Working Paper, No. 16432.
Bils, Mark and Peter J. Klenow, 2004, "Some Evidence on the Importance of Sticky Prices," Journal of Political Economy, 112, 947 – 985.
Campa, Jose and Linda Goldberg, 2005, "Exchange Rate Pass-Through into Import Prices," Review of Economics and Statistics, 87(4), 679 – 690.
Chamon, Marcos and Eswar Prasad, 2010, "Why Are Saving Rates of Urban

Households in China Rising?" American Economic Journal: Macroeconomic, 2:1, 93–130.

Chamon, Marcos, Kai Liu, and Eswar Prasad, 2010, "Income Uncertainty and Household Savings in China," Working paper.

Chinn, Menzie, and Shang-Jin Wei, 2008, "A Faith-Based Initiative: Does a Flexible Exchange Rate Regime Really Facilitate Current Account Adjustment?" NBER Working Paper Series, no. 14420.

Cui, Li, Chang Shu, and Jian Chang, 2009, "Exchange Rate Pass-through and Currency Invoicing in China's Exports," China Economic Issues, Hong Kong Monetary Authority, July 2009.

Devereux, Michael B. and Charles Engel, 2003, "Monetary Policy in the Open Economy Revisited: Price Setting and Exchange-Rate Flexibility," Review of Economic Studies, 70(4), 765–83.

Drozd, L. and J. Nosal, 2007, "Understanding International Prices: Customers as Capital," University of Minnesota working paper.

Du, Qingyuan and Shangjin Wei, 2010, "A Sexually Unbalanced Model of Current Account Imbalances," NBER Working Paper No. 16000.

Engel, Charles, forthcoming, "Currency Misalignments and Optimal Monetary Policy: A Reexamination," American Economic Review.

Engel, Charles, 2009, "Exchange Rate Policies," Staff Papers, No. 8, Federal Reserve Bank of Dallas.

Engel, Charles and John Rogers, 2006, "The U.S. Current Account Deficit and the Expected Share of World Output," Journal of Monetary Economics, 53(5), 1063–93.

Engel, Charles and Jian Wang, 2011, "International Trade in Durable Goods: Understanding Volatility, Comovement, and Elasticities," Journal of International Economics 83(1), 37–52.

Engel, Charles and Kenneth D. West, 2005, "Exchange Rates and Fundamentals," Journal of Political Economy, 113(3), 485–517.

Engel, Charles, Jian Wang and Jason Wu, 2009, "Long-Horizon Forecasts of Asset Prices when the Discount Factor is close to Unity," Globalization and Monetary Policy Institute Working Paper No. 36, Federal Reserve Bank of Dallas.

Erceg, C., L. Guerrieri, and C. Gust, 2008, "Trade adjustment and the composition of trade," Journal of Economic Dynamics and Control, 32(8), 2622–2650.

Goldberg, Linda and Cetric Tille, 2008, "Vehicle Currency Use in International

Trade," Journal of International Economics, 76(2),177-192.

Groenewold, Nicolaas and Lei He, 2007, "The US-China Imbalance: Will the Revaluing RMB Help (Much)?" Economics Letters, 96,127-132.

Hoffmann, Mathias, 2010, "What Drives China's Current Account?" Working Paper, University of Zurich.

Ju, Jiandong, Kang Shi, and Shangjin Wei, "Sticky Current Accounts versus Sticky Factor Markets: Theory and Evidence on the Substitutability between Intra-temporal and Intertemporal Trades," Working Paper.

Jin, Keyu, 2011, "Industrial Structure and Capital Flows," Working Paper, London School of Economics.

Kehoe, Patrick, and Virgiliu Midrigan, 2007, "Sales, Clustering of Price Changes, and the Real Effects of Monetary Policy," Working Paper, University of Minnesota.

Guonan Ma and Wang Yi, 2010, "China's high saving rate: myth and reality," Bank for International Settlement Working paper, No 312.

Liao, Wei, Kang Shi, and Zhiwei Zhang, 2010, "Vertical Trade and China's Export Dynamics," Hong Kong Institute for Monetary Research Working Paper No. 10/2010.

Marazzi, Mario and Nathan Sheets, 2007, "Declining Exchange Rate Pass-Through to U. S. Import Prices: The Potential Role of Global Factors," Journal of International Money and Finance, vol. 26, no. 6,924-47.

Nam, Deokwoo and Jian Wang, 2010a, "Understanding the Effect of Productivity Changes on International Relative Prices: the Role of News Shocks," Globalization and Monetary Policy Institute Working Paper No. 61, Federal Reserve Bank of Dallas.

Nam, Deokwoo and Jian Wang, 2010a, "The Effects of News About Future Productivity on International Relative Prices: An Empirical Investigation," Globalizaton and Monetary Policy Insitute Working Paper No. 64, Federal Reserve Bank of Dallas.

Steisson, Jon and Emi Nakamura, 2008. "Five Facts About Prices: A Reevaluation of Menu Cost Models," Quarterly Journal of Economics, 123(4),1415-1464.

Obstfeld, M. and K. Rogoff, 2000, "Perspectives on OECD Capital Market Integration: Implications for U. S. Current Account Adjustment," in Federal Reserve Bank of Kansas City, Global Economic Integration: Opportunities and Challenges, March 2000,169-208.

Obstfeld, M., and K. Rogoff, 2004. "The unsustainable US current account revisited," NBER Working Paper, No. 10869.

Ramanarayanan, Ananth, 2007, "International Trade Dynamics with Intermediate Inputs," University of Minnesota working paper.

Reinhart, Carmen M. and Kenneth S. Rogoff, 2004, "The Modern History of Exchange Rate Arrangements: A Reinterpretation," Quarterly Journal of Economics, 119(1), 1-48.

Ruhl, Kim, 2005. "Solving the Elasticity Puzzle in International Economics," University of Texas-Austin working paper.

Shu, Chang, Xiaojing Su, and Nathan Chow, 2008, "Exchange Rate Pass-through in Mainland China," China Economic Issues, Hong Kong Monetary Authority, April 2008.

Song, Zheng, Kjetil Storesletten, and Fabrizio Zilibotti, 2011, "Growing Like China," American Economic Review, 101, 202-241.

Wei, Shangjin and Xiaobo Zhang, 2009, "The Competitive Saving Motive: Evidence from Rising Sex Ratios and Saving Rates in China," NBER Working Papers No. 15093.

Wen, Yi, 2011, "Making Sense of China. s Excessive Foreign Reserves," Federal Reserve Bank of St. Louis Working Paper 2011-006A.

人民币跨境流通渠道宜分三类进行管理

徐奇渊　何　帆

自 2009 年 7 月推出人民币跨境贸易结算试点,以及 2010 年 7 月试点业务范围、空间范围进一步扩大之后,人民币跨境结算的数量迅速上升。从 2009 年试点开始以来到 2012 年 3 月,人民币跨境贸易结算总量已经超过了 3 万亿人民币。自 2011 年开始试点以来到 2012 年 3 月,人民币对外直接投资和人民币外商直接投资也已分别达到 230 亿、1377 亿。到目前为止,人民币跨境业务已经完全覆盖了经常项下的所有业务内容,并且也覆盖了资本与金融项下的多个类别。随着人民币跨境流通渠道的扩大,以及其金额的迅速上升,人民币跨境流通将成为货币当局越来越不可忽视的国际资本流动形式。在发达国家普遍实行宽松货币政策、国际资本流动冲击加剧的背景下,人民币的各种跨境流通渠道开放,将可能使货币当局面临更为复杂的经济环境。

为此,本文将分析和梳理各个流通渠道对国内宏观经济所可能产生的影响。具体结构如下:第一部分:分析人民币跨境流通业务的最新进展;在此基础上,第二部分将尝试分析人民币跨境流通业务的政策出发点及其定位;此外,人民币跨境流通对国内经济的影响已经有很多讨论,本文第三部分将对现有的观点进行梳理;然后,本文将对人民币跨境流通的主要渠道进行分析;本文的第四、五部分分别对人民币流出、回流渠道进行了剖析;第六部分是总结和政策建议。

一、人民币跨境流通业务的最新进展

回顾人民币国际化的进程:2009 年是贸易结算启动年,2010 年时范围扩大到了整个经常项目,2012 年的重要突破是资本金融项下的长期内容——直接投资,而 2011 年底以来的进展主要是在证券投资及其他短期资本流动内容。从国际收支平衡表的框架来看,目前已获准的人民币跨境流动渠道如下表所示,可以总结为:

表1 人民币跨境流通渠道的主要进展

	借方	贷方	
——经常项目			
贸易项	进口(2009)	出口(2009)	
其他内容*	其他内容(2010)		
——资本与金融账户			
直接投资	对外直接投资 ODI(2011)	外商直接投资 FDI(2011)	
证券投资	熊猫债券(2005) 人民币 QDII(2012)	债券	发行点心债券(2007) 境内银行间债券(2010) 人民币 QFII(2011)
		股票、基金:人民币 QFII(2011)	
贷款	跨境双向人民币贷款(2012)		

*. 经常项下人民币的跨境流通实际上早已开始,早期主要通过游客携带的渠道实现;在 2004 年 2 月中国人民银行批准香港人民币业务后,人民币亦可通过有限制的汇兑方式实现跨境流通。参见(管奇渊,刘力臻,2009)。

(1)经常项目下:2009 年 7 月 2 日,国务院六部委发布跨境人民币结算试点管理办法,中国跨境贸易人民币试点正式启动。2010 年 6 月 22 日,国务院六部委发布了《关于扩大跨境贸易人民币结算试点有关问题的通知》,将试点业务范围扩展到货物贸易之外的整个经常项目结算。实际上,目前人民币已经实现了在经常项目下的自由可兑换。与收支结构类似,2011年商品贸易涉及的人民币结算,在经常项的占比约占75%。从试点以来开始算,截至到2012年1季度,人民币跨境贸易结算累计金额已经突破了3万亿(如图1)。由于经常项目的人民币结算中,贸易结算完全占据主要比例;而且经常项其他内容的分析也类似于贸易项,因此后文将重点分析进、出口贸易的人民币结算。

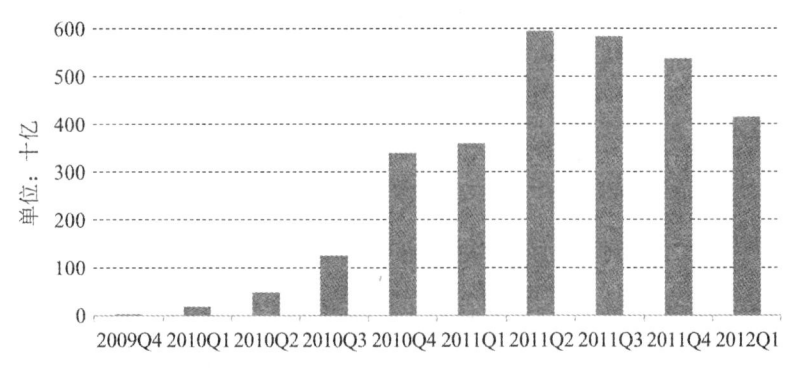

图1 跨境贸易人民币结算金额累计已经超过3万亿人民币

资料来源:中国人民银行。

(2) 资本与金融项下的直接投资方面,2011年1月人民银行发布的《境外直接投资人民币结算试点管理办法》,开启了人民币ODI的渠道。而2011年9月、10月,商务部和人民银行分别发布的《关于跨境人民币直接投资有关问题的通知》、《外商直接投资人民币结算业务管理办法》则打开了人民币FDI的渠道。从开始试点到2011年末,人民币对外直接投资达到201.5亿元,人民币外商直接投资达到907.2亿元。

(3) 资本与金融项下的证券投资。人民币的流出渠道有两种情况:第一,境外机构在境内发行人民币债券,即熊猫债券。自2005年以来,亚洲开发银行、世界银行等机构在中国发行了熊猫债券。第二,人民币QDII,即人民币境内合格投资者,以2007年首款人民币QDII理财产品诞生为开端。但是,由于人民币汇率处于持续升值过程之中,并且境内人民币债券收益率也较高,因此上述两种业务,尤其是熊猫债券的发展相对较为缓慢。因此本文只对人民币 QDII 进行分析。

关于境外人民币的回流渠道有以下几种情况：

（1）境内机构在香港发行点心债券（dim sum bond），并使人民币回流。实际上境外机构也可以在香港发行点心债，而且获取人民币之后也可存放在境外。不过数据显示，香港点心债券发行者中 80% 左右来自内地，而且发行债券所得融资约有 95% 都是回流内地的。因此，本文将主要分析境内机构在港发行点心债券，并且回流内地的情况。近年来点心债券市场发展迅猛：从 2007 年开始到 2009 年，香港的点心债券发行量始终维持在 100 多亿元的量级，之后条件逐步放宽，2010 年上升到 357 亿，2011 年更是超过了 1000 亿（如图 2）。

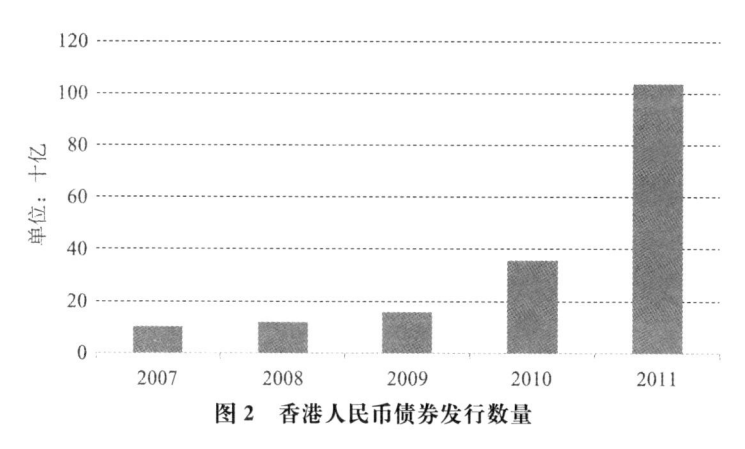

图 2　香港人民币债券发行数量

数据来源：Bloomberg。

（2）境外机构投资于境内证券市场，包括债券、股票、基金等。从 2011 年初开始，人民银行先后批准 13 家境外机构可以投资于境内银行债券市场，主要集中于央票、政策性金融债以及国债。2012 年初，人民银行发布了《基金管理公司、证券公司人民币合格境外机构投资者境内证券投资试点办法》，批准了人民币 QFII 可以投资境内的银行间债券市场、股票、基金等领域，并且在之后的 2012 年 4 月初对人民币 QFII 新增了 500 亿的额度。

（3）跨境双向人民币贷款。2012年，深圳市政府通过了《关于加强改善金融服务支持实体经济发展的若干意见》，其中提出了深、港两地的人民币跨境贷款。该政策还有待国家层面进一步批准，本文也将对其进行分析。不过由于以下两个原因，估计境外机构缺乏从境内获取人民币贷款的动力：其一，境内人民币利率大大高于离岸市场，而且人民币利率也大大高于美元、日元等货币；其二，人民币仍然存在一定程度的升值预期。由于上述条件还将持续存在，因此下文只分析境内机构从境外获取人民币贷款的情况。

除了上述渠道之外，还需要说明的是：人民币通过存款准备金渠道回流。香港商业银行，将人民币存款准备金存放到清算行中银香港，再由中银香港将其转存到中国人民银行深圳中心支行。据中银香港统计，2010年底转存于人行深圳中心支行的人民币资金相当于香港人民币存款总额的88.7%。这一比重虽然比2009年下降数个百分点，但仍然显示出这一渠道是当前人民币回流内地的最重要途径。不过，由于这部分资金直接回流到央行系统中，从而离开了市场，并不形成新的货币供给，因此不再进行专门分析。

二、理解人民币跨境流通业务的政策定位

货币国际化以可兑换为前提，这意味着必须实现资本账户的自由化。有学者指出由于中国金融体系的脆弱性，资本账户完全自由化并不适合中国。因此，人民币国际化的政策在推行之初便面临如下两个重要问题：第一，境外居民如何获得人民币资金？第二，境外居民如何才能运用已经获得的人民币进行投资？

对于第一个问题，离岸人民币资金从哪里获得？德意志银行的马骏认为，香港人民币市场要具有价格发现的能力，需要这个市场达到一定的规模，具体至少要达到3000亿美元，即2万亿人民币左右的数量。那么这些人民币资金从哪里来呢？由于在跨境结算中，绝大部分人民币结算

都发生在进口项下;因此在事实上,人民币跨境贸易结算就起到了人民币资金输出的主渠道作用。从图可以看到,在 2009 年推行人民币跨境结算,并且在 2010 年人民币跨境结算真正发展起来之后,香港的人民币存款数量也出现井喷式的增长。且不论这种人民币输出结构是否合理,但可以确定的事实是:目前解决离岸人民币资金来源问题,主要是通过经常项目、尤其是贸易项下人民币跨境结算实现的。

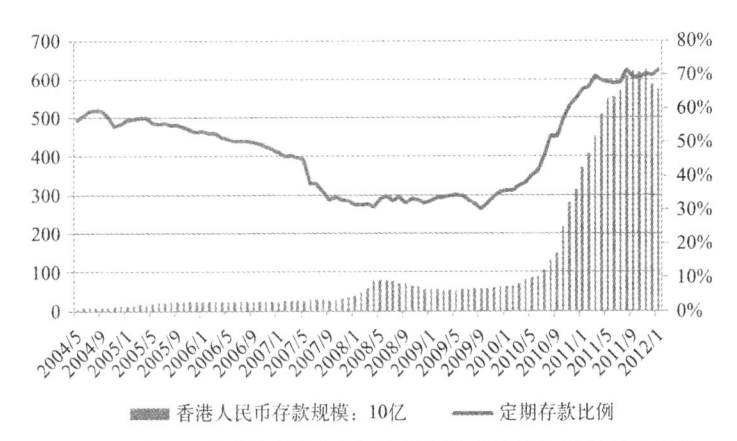

图 3　伴随人民币跨境业务发展,香港人民币存款市场井喷式增长

数据来源:HKMA

对于第二个问题,李稻葵、刘霖林提出了双轨制推进人民币国际化的建议,即:在国内金融体系逐步对外开放的同时,在香港建立人民币的离岸市场。由于香港与内地的特殊关系,所以在香港发展人民币离岸市场也被认为是风险可控的,香港人民币离岸市场的每一步发展都是在内地与香港货币当局紧密合作下进行。随着香港离岸人民币市场的发展,我们看到了人民币资金的各种运用方式:2004 年开通个人人民币存款、汇兑业务,2007 年开始发行点心债券,2010 年 8 月建立了香港人民币外汇市场,以及 2011 年初的首例人民币 IPO 等等。以上人民币产品的提供,在香港离岸市场构建了一个人民币资产池,并在一定程度上解决了境外人民币资金运用的问题。

但实际上,离岸人民币资金使用的问题并没有就此得到完全解决。从图3来看,香港人民币存款中的定期存款比例,自2010年开始出现大幅上升,达到当前70%多的水平。在香港人民币定期存款收益率极低的背景下,香港银行人民币定期存款规模依然不断上升,这凸显了迄今为止香港人民币金融市场的投资选择依然匮乏的事实。由于离岸人民币资金的使用问题并没有得到完全解决,导致离岸人民币资产流动性不足的现象没有改观,并使境外居民获取人民币资金的热情受到影响,在长期也将制约人民币国际化的推进。如前所述,由于经常项目只能起到人民币输出的作用,而无法扮演作为人民币回流的角色;在此背景下,官方开启了资本与金融项下人民币回流渠道的试点。例如表1中所列出的:境内机构在香港人民币债券发行数量的猛增(2010年以来),境外机构参与境内银行间债券市场(2010),人民币外商直接投资(2011),人民币 QFII(2011),以及将有可能推出的人民币跨境贷款(2012)等等。

综上可得:(1)目前人民币跨境渠道当中的经常项目和资本与金融项目,在事实上分别起到了人民币输出、人民币回流的作用,在资本项目有限可兑换的大背景下对人民币国际化起到了推动作用——尽管对其发展的基础及其可持续性仍是存在争议的。(2)与试点初期相比,人民币跨境流通数量大为增加,仅经常项下2011年人民币跨境流量就超过了2万亿;人民币FDI在2011年10月开始试点之后的短短几个月中,也超过了900亿,而且预计在今年将达到数千亿的规模。与此同时,境外投资者参与金融市场的交易,对于开放金融市场准入、丰富投资者的构成、更充分地发现市场价格也都起到了一定的作用。由此可见,我们在理解人民币跨境结算试点的同时,也需要关注人民币跨境流通数量迅速上升对国内宏观经济可能产生的影响。本文第三部分将介绍这方面的一些讨论。

三、关于人民币跨境流通对国内经济影响的讨论

由于人民币跨境结算试点的规模迅速放大,试点业务范围也在不断

扩大,因此其对内地可能带来的潜在风险也在逐步显现,相关讨论也渐成热点。主要论点集中于以下几个方面:

第一,人民币升值预期的背景及其可持续性,以及伴随的热钱流入等问题。当前人民币跨境结算快速发展的重要背景是单边升值预期,为了进一步推进人民币国际化,中国政府将可能进一步开放资本项目,尤其是开启境外人民币的回流投资趋势,这在当前的国际环境下可能招致更大规模的短期国际资本流入。而且,一旦人民币升值预期不再,则人民币跨境结算的增长势头可能出现停顿;届时,已经形成的人民币资产规模将在香港市场占据实质意义的比例,则这种逆动可能引发香港金融市场的不稳定。有学者认为由于香港人民币存款具有以下特点,因此基本可以被看作热钱:(1)主要持有者不是居民,而是企业;(2)持有的动机出于升值预期、利差的考虑,具有投机性;(3)在香港的人民币,都是等待机会回流境内的。不过,又有学者认为,正是因为香港人民币存款60%由企业持有,且这些企业都是跨境结算的参与方,因此这说明绝大部分的人民币跨境结算都是有真实贸易背景作支撑的,并不能完全看成是热钱。但经济学家Garber的分析表明,在升值预期的激励下,即使具有真实交易基础的人民币币结算也可能具有投机属性,并对国内经济产生影响。

第二,人民币国际化将导致外汇储备进一步增加。根据国际投资头寸表,社科院张斌认为:境外主体持有更大规模的本币资产,意味着中国政府面临更大规模的人民币负债,同时资产方将对应更大规模的外汇资产,即外储的增加。社科院张明也指出:2011年1季度,跛足的人民币跨境结算贡献了408亿美元的外储增量。但德意志银行的马骏认为,由于CNH(离岸人民币)具有货币创造乘数、以及过程的渐进性,离岸市场发展对外储影响可控;且外储增加的同时,对应的一部分人民币并不回流,因此外储增量并不需要全部对冲。不过这一分析可能需要修正:(1)仅分析了货币供给,未涉及货币需求和资产价格;(2)假设CNH货币创造乘数为2,而Garber估算只有1.07。这意味着相同规模的CNH市场将对外储将产生更大冲击,因此低估了离岸市场对内地货币政策的影响。

第三,离岸市场套利对在岸市场形成冲击。Garber分析了离岸、在岸市场的套汇交易机制,结果发现由于存在离岸人民币市场,央行外储多元化战略将在外汇市场面临更大的冲销压力。社科院余永定则同时考虑了套汇和套利交易,进行分析并指出:由于同时存在CNH和CNY两个市场、两个汇率,且资金可以相对自由地跨境流动,套利、套汇活动大行其道;随着国际金融环境变化,CNH和CNY的汇差发生逆转,结果导致套汇、套利方向逆转。然后在此基础上提出了减少央行干预,扩大汇率双向浮动的政策建议。在此基础上,我们之前对人民币离岸、在岸市场的交易主体、套利机制做了进一步的梳理,并分析了离岸市场发展对于加剧短期资本流动所产生的影响。

本文试图在以下方面做出新的分析:其一,以往也有区分跨境流通渠道的研究,但是这些研究都集中于货币供给的分析,本文则将结合货币的供求进行分析。其二,现有文献也有涉及离岸市场对在岸市场的影响分析,但是多集中于分析对外汇储备或汇率等变量的分析,本文则将试图对包括利率、资产价格,以及外汇储备在内的变量一起进行分析。其三,随着人民币国际化业务的快速发展,人民币跨境流通渠道继续扩展,本文也将试图覆盖主要的流通渠道,并对各个渠道的不同影响进行梳理,以便为货币当局提供政策参考。

本文将着眼于分析人民币跨境流通渠道对货币政策产生的影响,分析内容涉及货币数量、利率、汇率、外汇储备、资产价格等内容。与已有研究的不同在于:(1)对于目前人民币跨境流通渠道进行逐一的考察,分析其影响机制;(2)不但考察货币供给量的变化,同时也考察货币需求的变化,并考察利率、资产价格、外汇储备等方面的伴随变化。

四、人民币跨境流出渠道的分析

这里将分析各个渠道引起境内货币数量的变化,然后再结合货币需求的变化,分析外汇储备、资产价格、利率可能发生的变化。作为一个分析的标杆,在此假设央行对外汇市场进行完全的干预,从而使人民币汇率维持稳定。

(一)进口贸易环节的人民币结算

如前文分析,进口贸易结算渠道,是人民币流向境外的主要渠道。这里要分析的是:使用人民币替代美元支付进口带来的影响。

基准情形1:假设境内企业完全使用美元支付进、出口,由于国际收支顺差,市场上有外汇超额供给100亿美元(这里还假设美元是唯一的外汇币种)。货币当局为了保持汇率稳定,将购入这100亿美元,同时投放基础货币650亿人民币——央行通过外汇市场干预投放的基础货币,可以通过提高存准率、发行央票进行冲销。这里对冲销环节不再展开分析。因此,通过外汇市场干预投放的基础货币数量多少,也可理解为央行冲销干预的压力大小(假设1美元=6.5人民币,下同)。此时,外汇市场实现供求平衡。

对照情形1:在人民币跨境结算背景下,企业用人民币替代了20亿美元的进口支付,这时外汇市场上超额供给有120亿美元。货币当局为了保持固定汇率,购入120亿美元并投放基础货币780亿人民币(120亿美元*6.5人民币/美元)。其中的130亿人民币,通过进口支付流出大陆(20亿美元*6.5人民币/美元),这意味着基础货币只增加了650亿。

从货币供给角度看(作为一个初步的分析,这里的货币供给只考察基础货币,而假定货币乘数不变。下同),上述替代行为并不改变货币供给行为,其结果与基准情况1相同。从货币需求角度看,市场对人民币的交易性需求增加,而对美元的交易性需求减少。可见,货币供给增量不变,而需求相对则有所增加,因此对照情形1的均衡利率将有所上升。但是由于这些变化是有真实交易作为支撑的,因此市场出清利率上升幅度相对较为缓慢、有限。另外,从央行资产负债表来看,替代行为使得货币当局的外汇资产(外汇储备)多增加了20亿美元。由于其他行为并不改变央行资产负债表的总规模,由此结构发生了改变:外汇资产比重更高,而本币资产比重更低。上述分析可总结在表2中:

表2 流出情况:进口贸易

	基准情形 美元结算	对照情形 人民币结算	比较	小结
货币供给: 基础货币	+650亿人民币	+650亿人民币	增量相同	货币供给增量不变,货币需求则有增加,对照情形利率高于基准情形,但变化有限。
货币需求	Md	Md+	人民币交易 需求上升	
货币当局资 产负债表	+100亿美元 资产	+120亿美元 资产,−20亿 美元等值的 人民币资产	外汇储备多增 20亿美元	外储增加20亿美元,央行资产结构中的外汇资产比重上升。

(二)人民币对外直接投资和人民币QDII

首先,以人民币对外直接投资为例进行分析。

基准情形2:假设如果用美元进行对外直接投资(ODI),金额为20亿美元。这时候由于国际收支总体的顺差,市场上有外汇超额供给100亿美元,央行为维持固定汇率,购买了这些美元,使基础货币增加了650亿人民币。

对照情况2:境内企业改用人民币替代美元进行ODI,对应金额为130亿人民币。此时外汇市场的美元超额供给变成120亿美元。为维持汇率稳定,央行被动购入这些美元,同时投放了780亿人民币,但扣除流出的130亿人民币之后,基础货币增加仍为650亿人民币。与此同时,外汇储备增加了120亿美元。

可见,上述两种情形中,货币供给增量相同。而货币需求方面,由于人民币替代了美元在ODI环节的功能,因此对美元的货币需求下降,而对人民币的货币需求有所上升,因此对照情形的均衡利率将有所上升。

不过基于同样的原因,利率上升幅度相对较为缓慢和有限。另外,对照情形中,央行的外汇储备多增加了 20 亿美元,同时央行的外汇资产比重上升。上述分析与表 2 内容完全一致。实际上也可以发现,如果假设人民币 QDII 是对原来以美元进行 QDII 的替代,则对人民币 QDII 的分析结果将与人民币 ODI 的分析结果相同。

五、人民币跨境回流渠道的分析

(一)出口贸易方面人民币结算的影响

基准情况 3:出口货物用美元结算、收款,此时市场上有外汇超额供给 100 亿美元,货币当局为了保持汇率稳定,购入这 100 亿美元并投放基础货币 650 亿人民币。假设此时外汇市场实现供求平衡。

对照情况 3:用人民币替代美元做出口结算,境内出口企业收到 130 亿人民币。此时外汇市场的美元超额供给是 80 亿美元,货币当局为了维持汇率稳定,需要在外汇市场购买这 80 亿美元,同时投放了 520 亿人民币,但由于通过出口渠道从境外回流了 130 亿人民币,因此基础货币还是增加了 650 亿人民币。

从货币供给角度看,两种情形的基础货币增量相同,均为 650 亿人民币。从货币需求角度看,用人民币替代美元进行出口结算也不会改变人民币的货币需求。因此,两种情形中均衡利率水平相同。此外,外汇储备增量减少了 20 亿美元,央行资产中的外汇资产比重下降。上述分析可总结在下表中:

表3 回流情况:出口贸易

	基准情况 美元结算	对照情况 人民币结算	比较	小结
货币供给: 基础货币	+650 亿人民币	+650 亿人民币	增量相同	两种情形的市场均衡利率水平相同
货币需求	Md	Md	人民币交易需求不变	

（续表）

	基准情况 美元结算	对照情况 人民币结算	比较	小结
货币当局资产负债表	+100亿美元外汇资产（外储）	+80亿美元外汇储备+20亿人民币资产	外汇储备少增加20亿美元	央行资产结构中的外汇资产比重下降

（二）人民币FDI

基准情形4：国外企业用美元进行FDI投资，金额20亿美元。此时市场上美元超额供给为100亿美元，为维持汇率稳定，央行购入100亿美元，同时基础货币增加650亿人民币。

对照情况4：国外企业使用人民币替代美元进行FDI投资，金额为130亿人民币。此时外汇市场的超额供给变成80亿美元，为保持汇率稳定，央行需购入80亿美元，同时也投放了基础货币520亿人民币。再加上从境外回流的130亿人民币，基础货币增量还是650亿。另外，这时外汇储备增加了80亿美元，比基准情形4少增加20亿美元。

从货币供给来看，以上两种情况的增量相同，均为650亿人民币。货币需求方面，在产能闲置的情况下，FDI投资将通过乘数效应使国内产出增加，并使货币需求中的交易需求上升。但是这种货币需求上升，与FDI环节中的结算货币选择无关，即不论使用哪种货币结算，均会有此货币需求的上升。所以，两种情形中的市场均衡利率将保持不变。

表4　回流情况：人民币FDI

	基准情况 美元FDI	对照情况 人民币FDI	比较	小结
货币供给：基础货币	+650亿人民币	+650亿人民币	增量相同	两个情形中的市场均衡利率保持不变
货币需求	上升	上升	增量相同	

(续表)

	基准情况 美元结算	对照情况 人民币结算	比较	小结
货币当局资产负债表	+100亿美元外汇储备	+80亿美元外汇储备	外汇储备少增加20亿美元	央行外汇资产比重下降

(三)境内机构在香港发行人民币债券然后资金回流境内

这里基准情形可能有两种选择:(1)在香港发行美元债券,然后资金回流内地;(2)在境内发行人民币债券。我们将选择后者作为基准情形,这是因为:第一,在目前单边升值预期的情况下,在香港发行人民币债券,难以成为发行美元债券的替代选择,因此前者不能成为基准情形;第二,境内机构之所以在香港发行人民币债券,其动机主要是看到了香港发行人民币债券的成本大大低于境内,因此宜将后者作为基准情形。

基准情形5:境内企业在境内发行人民币债券10亿,货币供给量并不受影响。同时,由于国际收支顺差外汇市场上有美元的超额供给100亿,货币当局为了保持汇率稳定,购入这100亿美元并投放基础货币650亿人民币。

对照情形5:境内企业在香港发行人民币债券10亿,资金回流内地之后基础货币增加了10亿人民币。此时,外汇市场上的供求不受影响,央行进行相同的干预,导致外汇储备同样增加了100亿美元,因此央行通过这一渠道投放了基础货币650亿。再加上从境外回流的10亿人民币,基础货币增加了660亿人民币。

从货币供给看,对照情形5的增量要大于基准情形5,即货币供给增量将会上升。从货币需求来看,刚开始对照情形5的货币需求将与基准情形5相同。但是有以下两个机制将导致对照情形5的利率下降:第一,对照情形5的货币供给增量大于基准情形5,在货币需求不变的情况下,利率也将下降;第二,香港的人民币债券利率显著低于境内,所以这一渠道的放开,将通过货币数量的增加,使国内债券市场的利率被压低。在利率下降的情况下,债券价格上升。此时,凯恩斯货币需求函数中的投机需求将会上升,最终实现货币供求新的平衡。因此,在最终均衡状态下,由于利率下降,对照情形 5 的货币需求将大于基准情形 5。上述分析可总结于下表:

表 5　回流情况:境内机构在香港发行人民币债券然后回流

	基准情况:境内发行人民币债券	对照情况:在香港发行人民币债券	比较	小结
货币供给:基础货币	+650 亿人民币	+660 亿人民币	增量上升	利率下降,债券价格上升。货币的投机需求上升,并对实体经济产生间接影响
货币需求	Md	Md+	利率下降,引起货币需求上升	
货币当局资产负债表	+100 亿美元外汇储备	+100 亿美元外汇储备	增量相同	没有变化

(四)流入渠道的分析:人民币 QFII 和境外机构将人民币投资于境内银行间债券市场

人民币 QFII 的投资范围,除了包括境内的银行间债券市场,还包括股票、基金以及其他固定收益类资产。因此,这其中包括了之前央行批准的 13 家境外机构可以使用人民币投资于境内银行间债券市场的业务。这里先以境外人民币回流,投资于境内银行间债券市场为例进行分析。由于开放境内银行债券市场之前,境外机构不能投资于这个市场,因此就直接分析该政策带来的影响。

对比情况 6:假设某境外机构使用境外人民币,从境内商业银行购买了 10 亿人民币的国债,则商业银行持有的国债减少,同时商业银行持有的现金、准备金增加。这实际上类似于一个贴现的过程,境内基础货币由此增加 10 亿人民币。由于始终不涉及外汇,因此市场的供求不变。

由于境内银行间债券市场的需求上升,债券价格提高,债券收益率下降;而且由于境外人民币的收益率较低,因此将进一步拉低境内的债券收益率。此时,凯恩斯货币需求函数中的投机货币需求上升。进一步的分析表明,人民币 QFII 对其他证券市场的投资也将有类似的效果。下表归纳了这些分析。

表6 回流情况:境外机构将人民币投资于境内银行间债券市场

	对照情况	小结
货币供给:基础货币	+10亿人民币	均衡利率下降,债券、股票等资产价格上升,货币需求中的投机需求上升,并对实体经济产生间接影响
货币需求	货币需求上升,尤其是投机动机的需求上升	
货币当局资产负债表	不变	不变

(五) 境内机构从境外获得人民币贷款

基准情形 7:境内企业从境内商业银行获得贷款 10 亿元人民币。

对照情况 7:境内企业从境外商业银行获得贷款 10 亿元人民币。

首先,在此过程中,外汇市场的供求不受影响,而同时境内的货币需求也没有变化。其次,从货币供给来看则情况有所改变:对照情形中,由于境外的 10 亿人民币回流,基础货币有相应的增加。由于货币需求不变,而货币供给增大,因此国内利率下降,直接对贷款需求产生影响,并间接影响金融市场的资产价格。这一结果在方向上类似于人民币 QFII 的情况。

表7 人民币跨境流通各个渠道影响的总结

	人民币流出	人民币回流
	进口贸易 人民币 ODI 人民币 QDII	出口贸易 人民币 FDI	境内机构在香港发人民币债 允许境外机构投资境内银行间债券市场 人民币 QFII 境内机构从境外获得人民币贷款

(续表)

货币供求	利率有所上升但变化有限	利率不变	利率下降,债券、股票等资产价格上升,货币需求的投机需求上升,并对实体经济产生间接影响
外汇储备	增量有增加	增量有下降	无影响
其他	央行外汇资产比例上升	央行外汇资产比例下降	收益率下降,债券价格上升

六、总结及政策建议

结合本文第一、二部分的分析,可以看到人民币跨境流通渠道的放开,特别是针对资本项下的短期资本流动,货币当局采取的管理方式有以下几个要素:获得准入的参与者范围(谁来交易),准入市场的限制(交易对象),人民币的资金规模(交易多少),以及最终的审批权限。基于上述几个要素的逐步放开,体现了人民币跨境流通试点政策的渐进性。从目前的情况来看,人民币已经在经常项下实现了自由可兑换,并且同时也覆盖了资本与金融项下的多个重要投向:例如,直接投资、债券市场、股票市场,以及待通过的贷款业务等等。

但是本文通过第四、五部分的分析发现,不同流通渠道对国内经济的影响机制及结果可能迥异,甚至同为人民币回流渠道的人民币 FDI 和人民币 QFII,其影响也有显著的差异。从理论上来说,资本账户开放的一般原则是"先流入后流出、先长期后短期、先直接后间接、先机构后个人"。但这一原则是否同样适用于人民币跨境流通渠道的放开呢?由于人民币汇率制度改革目前尚未完全到位;而且,从利率平价、购买力平价来看,中短期内人民币汇率水平可能依然明显低于均衡汇率水平,上述原则可能未必适用于人民币跨境流通渠道的放开路径。例如,前文分析中已经显示:在上述背景下,某些回流渠道的放开,将可能对国内宏观经济环境产生重要影响。因此,我们需要基于各种渠道对宏观经济的不同影响,采取不同的管理措施。

按照人民币跨境流通的渠道细分,我们逐一分析了其对内地货币供求、外汇储备数量的影响。在此,将前面分析的所有内容总结如下文(同时参见表7),就其影响角度而言,所有的人民币跨境流通渠道可以分为以下三类:

第一类:出口贸易、人民币 FDI,这两个渠道的人民币跨境流通,不会对国内货币供求产生影响,与此同时,还将使外汇储备的增量有所减少,从而使央行外汇资产的比例有所下降。因此,这类人民币跨境流通是政策应当积极鼓励的。当然,这一判断是建立在真实性交易的基础之上的。所以在积极推动这两类交易的同时,尤其要注意真实性的审核。

第二类是进口贸易、人民币 ODI、人民币 QDII。这类交易对境内的货币供求影响有限,但是却会带来外汇储备更多的增加。对于这一结论需要从两个角度来看:首先,这一结论与分析的假设有关,即央行为了维持汇率的稳定,在外汇市场上进行被动干预。如果这一假设不成立,也即央行允许人民币汇率在更大程度上由外汇市场供求决定,则这类人民币跨境流通,并不会带来外汇储备的增加。从这个角度来看,应加快人民币汇率制度改革,增强人民币汇率的弹性,使人民币汇率在更大程度上由市场供求来决定。其次,如果人民币汇率的相对稳定仍然是货币当局的重要目标,则上述渠道的人民币跨境流通将带来外汇储备的增加,货币当局需要考虑由于外汇储备规模进一步增加带来的成本和风险。

第三类包括:境内机构在香港发人民币债券、境内机构从境外获得人民币贷款、允许境外机构投资境内银行间债券市场,以及包括投向银行间债券等领域的人民币 QFII。这类人民币跨境流通,不会对央行构成外汇资产增加的压力;但是会对货币市场供求产生影响。具体机制是:通过境外人民币的低利率向境内传导、以及直接增加境内货币供给这两个机制,将导致境内金融资产的价格上升,收益率下降,同时直接导致货币需求函数中的投机动机上升,并对实体经济产生进一步的间接影响。可见,如果这些渠道回流的人民币数量可观,则将对境内的货币、金融环境产生一定影响。因此需要货币当局密切关注,短期中应当仍然保持额度限制,并以谨慎的态度渐进放开。

徐奇渊为中国社会科学院世界经济与政治研究所副研究员。

何帆为中国社会科学院世界经济与政治研究所研究员。

参考文献

Gao Haihong and Yu Yongding, Internationalisation of the renminbi, BoK-BIS Seminar on Currency Internationalization, Seoul, March, 2011.

Li Gangqiu, RMB Internationalisation roundtable workshop in HK, HKMA, 23 May 2011

Peter Garber. "What Currently Drives CNH Market Equilibrium?", for the Council on Foreign Relations/China Development Research Foundation workshop on the Internationalization of the Renminbi, Beijing, Oct 31 – Nov 1, 2011.

Robert McCauley, 2011, "Renminbi Internationalization and China's Financial Development Model", for the Council on Foreign Relations/China Development Research Foundation workshop on the Internationalization of the Renminbi, Oct 31 – Nov 1, Beijing.

冯孝忠:《人民币国际化四点隐忧》,《苹果日报》,2010 年 11 月 18 日

何东:RMB Internationalisation roundtable workshop in HK, HKMA, 23 May 2011

何帆、张斌、张明、徐奇渊、郑联盛,《香港离岸人民币金融市场的现状、前景、问题与风险》,《国际经济评论》,2011 年第 3 期。

李稻葵、刘霖林:《双轨制推进人民币国际化》,《中国金融》,2008 年第 10 期。

马骏:《人民币离岸市场发展对境内货币和金融的影响》,载于《人民币国际化:缘起与发展》,博源基金会编,北京:社会科学文献出版社,2011 年

王庆:RMB Internationalisation roundtable workshop in HK, HKMA, 23 May 2011

徐奇渊、刘力臻:《人民币国际化进程中的汇率问题研究》,北京:中国金融出版社, 2009 年

殷剑锋:《人民币国际化:"贸易结算＋离岸市场",还是"资本输出＋跨国企业"? ——

以日元国际化的教训为例》,《国际经济评论》,2011 年第 4 期

余永定:《从当前的人民币汇率波动看人民币国际化》,中国社会科学院国际金融研究中心,Policy Brief No.2012.006,2012

张斌、徐奇渊:《汇率与资本项目管制下的人民币国际化》,中国社会科学院世界经济预测与政策模拟实验室,CEEM Working Paper 2012.002

张斌:《香港离岸人民币市场发展的困惑》,RCIF Policy Brief 2011.069,2011

张明,《人民币汇率已经达到均衡水平了吗》,中国社会科学院国际金融研究中心,RCIF Policy Brief No.2012.023

张明:《人民币国际化:基于在岸与离岸的两种视角》,中国社会科学院国际金融研究中心,Working Paper,No.2011W09,2011 年

张颖:《逐步优化回流渠道,激活人民币离岸市场》,中银香港《财经评述》第 32 号,2011 年

中国利率市场化
——知不易行更难

聂日明

2009年7月结束,除了少数国家外,全球大部分新兴市场都加入了不降息的新兴经济体行列,防范通胀和金融风险的举措逐渐频繁。在中国国内,收紧二套房贷款的风声甚嚣尘上,银监会近期更申明将坚持其二套房贷政策不动摇,上海等地方政府已经着手开始实行相关政策。除了首付比例的区别外,贷款利率是否执行不得低于同期同档次基准利率的1.1倍也是人们的关注焦点,因为这些变动无论对于真实需求还是投机需求都有重大影响。

事实上,在过去的几年内,在不同的经济调控需求下,以基准贷款利率为核心的个人房贷利率频频被政府在宏观调控中使用,客观上也促成房地产市场的起起落落。利率调整成为资本市场和房地产市场最为敏感的政策变动。

利率市场化(亦或自由化)是我国市场经济改革中的一个长期战略。自改革开放后价格自由化启动以来,利率自由化作为国民经济中最为重要的要素价格之一改革动作缓慢,步步谨小慎微,已然成为当前市场经济中最为难啃的骨头之一。

利率如何不自由?

理论中的利率与利率市场化

利率又称利息率,从表面上来看,表示一定时期资本金的利息量与资本金本身的比率,其计算公式是:利息率＝利息量/本金/时间＊100％。古典经济学派认为利率是资金的使用价格,凯恩斯认为利率是"使用资金的代价",马克思认为,利率是剩余价值的一部分,是借贷资本参与剩余价值分配的一种表现形式。利率包括在涉及资金的各个方面,包括央行向金融机构的资金提供、金融机构向非金融机构的贷款、金融机构之间的拆借等。利率的高低,决定着资金所有者在一定时期内获得收益,也决定了资金使用者使用资金的代价,是要素市场最重要的价格指标之一,是初次分配体系重要的影响因子之一。

从宏观方面来看,利率是资金的价格,是资源配置的一个重要指标,是货币政策传导机制的主要枢纽。所谓利率市场化,指的是金融机构在货币市场经营融资的利率水平由市场供求来决定,包括利率决定机制、利率传导机制、利率结构和利率管理等多个方面的市场化。实际上就是将利率的决策权交给金融机构,由金融机构自己根据资金状况和对金融市场动向的判断来自主调节利率水平。

与利率市场化相近的概念是利率自由化,从字面意思来分析,利率市场化强调利率由市场决定,而自由化更多则是从放松政府对利率的管制着眼的。在大多数情况,两者在使用并不区分其区别。从更宏观的制度变迁视角来看,利率自由化是金融自由化的一个组成部分。金融自由化改革有很多具体议程,包括恢复宏观经济平衡、减少信贷数量控制、增加利率弹性、构建金融基础设施、促进金融机构的多样化和金融市场的发展、鼓励竞争、减少对外资的控制以及汇率自由化等改革措施之间的次序安排。利率自由化只是其中的一部分。就最终目的而言,是要形成市场化的融资风险定价机制,由市场上资金供需方自主决定利率水平;宏观意义上,就是要建立起一个以货币市场利率为基准,中央银行通过各种市场化的政策工具调控货币市场利率,并通过它来对利率水平和结构施以有效影响的体系。

对比中美利率体系

美国的利率是市场化较为彻底的,同时也是全球金融市场最重要的参照指标一。现也将其利率体系罗列如下:

表1 美国当前利率体系

分类	利率名	注释
官方利率	联邦基金利率(即同业拆借利率)	90年代后期开始,联邦基金利率逐步成为货币政策的主要调控工具。
	再贴现率	再贴现窗口只是发挥最后贷款人的作用,再贴现率是根据联邦基金利率的调整而调整。
债券市场利率	二级市场国债利率	包括短期国债利率,期限为4周、3个月、6个月、1年、2年、3年、5年、7年、10年、20年,从市场上进行交易的债券得到债券期限结构曲线,然后用插值法得到对应某固定期限的名义国债利率;通货膨胀指数化长期债券平均利率,期限在10年以上;利率互换,期限为1年、2年、3年、4年、5年、7年、10年、30年。
	州及地方债券利率	
	一般抵押债券利率	
存贷利率及其他	1. 商业票据利率,分为金融票据和非金融票据,期限为1个月、2个月、3个月。	
	2. 可转让大额存单利率,期限为1个月、3个月、6个月。	
	3. 欧洲美元存款利率,期限为1个月、3个月、6个月。	
	4. 银行优惠贷款利率,银行用来确定短期商业贷款的基础利率之一。*	

资料来源:田彦,2005,美国利率体系及其定价基准,《银行家》第12期。*注:美国是自由利率,所以企业贷款没有统一的利率,一般企业贷款利率在银行优惠贷款利率基础上,根据不同的企业、资信等级、担保方式、期限情况、银行自身状况等多种因素加以确定。

中国的利率因为管制较多,比较复杂。在改革开放之初,中国央行统一制定的各银行和非银行金融机构对非金融部门和个人的各种存贷款利率档次约100多种,加上金融系统内部各金融机构之间的往来利率、中央银行贷款利率、存款准备金和备付金利率、联行往来在途占压资金利率以及各种债券利率等,共有各种形式和期限的利率约 200 多种。

表 2 中国当前利率体系

分类	利率名	注释
中央银行利率	存款准备金率	
	再贷款率	再贷款一直是央行货币政策工具中最为倚赖的工具再贴现率
银行存贷款利率(由中国人民银行统一确定)	存款利率	九大类,三十四种档次(按来源和期限)
	贷款利率	十大类,三十五种档次(按贷款用途、投向和期限分)
		主要是根据贷用途划分种类,种类项下又根据期限设置档次,流动资金贷款利率由 3 个月、6 个月和 1 年三档;基建贷款利率设有 1 年、1~3 年、3~5 年和 5 年以上四档;其他贷款利率种类也参照两种贷了利率的期限档次设置。*
银行间同业拆借市场利率	CHIBOR	1996 年,全国统一的银行间拆借市场正式建立
	SHIBOR	2007 年,上海银行间拆借利率正式上线
债券市场利率	国债利率	
	企业债利率	
	金融债利率	
	债券回购利率	

资料来源:根据刘利等人研究及公开资料整理。刘利,2001,利率市场化问题研究,经济科学出版社。

* 注:国外银行根据贷款期限划分种类,并考虑贷款流动性和风险,如短期贷款和中长期贷款、抵押贷款和同业拆借贷款等。

概括来看,1996 年以来,同业拆借利率,国债、政策性金融发行利率和回购利率等 6 个品种的批发性市场利率被放开了,同时放开人民银行及金融机构的存贷款管制利率品种69个,外币存贷款管制利率品种48个。截至2008年,放开的本外币管制利率累计达123品种,而管制利率相应减少到24个品种。

表3 中国央行利率管制情况

利 率	期限档次	管理数量(种)
金融机构人民币存款利率		
1. 活期		
2. 整存整取	含6个期限档次	
3. 零存整取、整存零取、存本取息	含3个期限档次	
4. 定活两便		
5. 通知存款	含2个期限档次	
6. 协定存款	上限管理	
7. 个人住房公积金存款	含2个期限档次	
小计		7
金融机构人民币贷款		
8. 商业性贷款	含5个期限档次	
9. 个人住房公积金贷款	含2个期限档次	
10. 贴现		
11. 罚息水平	在贷款利率基础上加收30%—50%	
12. 人民币信用卡透支		
小计		5
优惠贷款利率		
13. 中国进出口银行出口卖方信贷		
船舶		
成套和高技术含量		
低技术含量和一般产品		
14. 民族贸易和民族用品生产贷款		
15. 扶贫贴息贷款(含牧区)		

(续表)

利　　率	期限档次	管理数量(种)
16. 老少边穷发展经济贷款		
17. 贫困县办工业贷款		
18. 民政部门福利工厂贷款		
小计		8
小额外币存款利率		
19. 美元	含6个期限档次	
20. 欧元	含6个期限档次	
21. 日元	含6个期限档次	
22. 港币	含6个期限档次	
小计		4
总计		24

资料来源：易纲，2009，中国改革开放三十年的利率市场化进程，《金融研究》第1期。

就公开媒体的报道频率而言，中美利率体系有很多需要辨析之处。美联储频繁调整的是美国联邦基金利率(Federal Funds Rate)，它是美国同业拆借市场的利率，是一家存托机构利用手上的资金向另一家存托机构借出隔夜贷款利率，是美国最重要货币政策工具。这一利率的变动能够敏感地反映银行之间资金的稀缺程度，美联储盯准并调节这一利率就能直接影响商业银行的资金成本，并将这一信息传递给工商企业，进而影响消费、投资和国民经济的各个方面。再贴现率也是由美联储控制的，其方式倾向于市场调节，效果稍慢。对普遍储蓄和贷款的利率，美国货币当局并不管制。其利率的高低受到市场、联邦基金利率等多个方面的影响。

中国的利率体系中，央行可以直接调节金融机构与储蓄者、贷款者之间的存贷款利率，最重要的指标包括一年期的存贷款利率与活期储蓄利率等。而美国联邦基金利率等同业拆借利率,在中国形成较晚,并且由于货币政策效应的传导渠道不够畅通,在实际经济活动中的运用便捷性和有效性大打折扣。

利率管制与反资源禀赋

为什么中国要对利率实施管制?一般来说,利率在国家宏观经济中的地位举足轻重,是应对宏观经济周期最为有效的货币政策之一。最明显的政策操作目标是"通胀目标制",央行实施反经济周期的货币政策,以抵消周期所带来的不利影响。对中国来说,当存利率高于同期物价指数,就可以保证存款人的实际利息收益为正值;相反,如果利率低于物价指数,存款人的实际利息收益就会变成负值。因此,利率水平的高低不仅要看名义利率的水平,更重要的是还要看实际利率是正还是负。

这只是一般意义上的利率管制的原因。中国利率管制更多的是出于建国以后发展战略的原因。麦金农和肖在20世纪70年代研究发展中国家的金融问题时,发现发展中国家存在着明显的金融抑制现象。政府一般对利率实行严格的管制。在利率管制下,发展中国家普遍存在的通货膨胀使实际利率往往为负或者维持在很低的水平。中国传统金融抑制的主要政策,就是人为地压低利率,从而使资金价格不能反映其稀缺性,让企业可以以更低的价格获得资本的使用权,以提高企业利润、加快建设进程。

具体来看,管制利率的好处体现在两个方面:其一是降低国有大中型企业的利息负担。国有大中型企业生产发展的资金大部分依赖银行贷款,利率水平的变动对企业成本和利润有着直接的重要的影响,并且这些企业的政策游说能力非凡,直接影响到利率政策的制定。例如,1996年至1999年,央行先后七次降低贷款利率,据不完统计,累计减少国有企业利息支出2600多亿元。

其次则是维护银行业的利益,尤其是银行事关金融体系的稳定,存贷款利差是银行收入的主要来源,因此中国长期维持了相对利率市场化国家更高的存贷差,以帮助银行脱贫解困,这在1998年以后的银行业改革中体现的格外明显。

表4　利率管制下的中国银行业收益

	2007	2008
中美存贷利差的差值	0.82%	1.5%
当年月度贷款余额均数	24.98万亿元	28.69万亿元
利率控制的租值(估)	2048亿元	4303.5亿元
银行业利润总额	4467.3亿元	5834亿元
银行业净利息收入(实)	2810亿元	3571亿元

资料来源:聂日明、龚于,2009,银行改革:一项未完成的设计,《陆家嘴评论》第1期,总第6期。

注:未考虑中国利率自由化带来的企业贷款行为和储户存款行为的变化等,中美存贷利差的计算详见该文。补充了2008年的数据。

林毅夫将这一现象总结为,在资本稀缺的农业经济体中,当选定重工业优先发展战略后,就会形成扭曲价格的宏观环境,以及以计划为手段的资源配置机制和缺乏自主权的微观经营机制。其中宏观政策环境的扭曲主要体现在人为压低要素价格,如低生活必需品价格与低工资以维持劳动力的成本,低利率以压低资金的成本,低汇率等以压低科技等投入品的价格。从某种程度上来说,传统的利率政策是贷款者对存款者的掠夺,其性质与工农产品剪刀差并不二致。国有所有制在经济中持续地保持了优势地位,因此改革开放三十年,利率政策尽管屡有举措,但大的管制格局仍未有变化。

利率为何可以不自由?

在了解了利率为什么要管制以后,我们还需要了解,利率为什么可以被管制住,即储蓄者愿意以较低的利率到银行存款→银行愿意以低利率贷款给企业这一链条是如何发生的？理解这一进程,有助于我们进一步分析利率管制的成本以及如何打破这种管制。

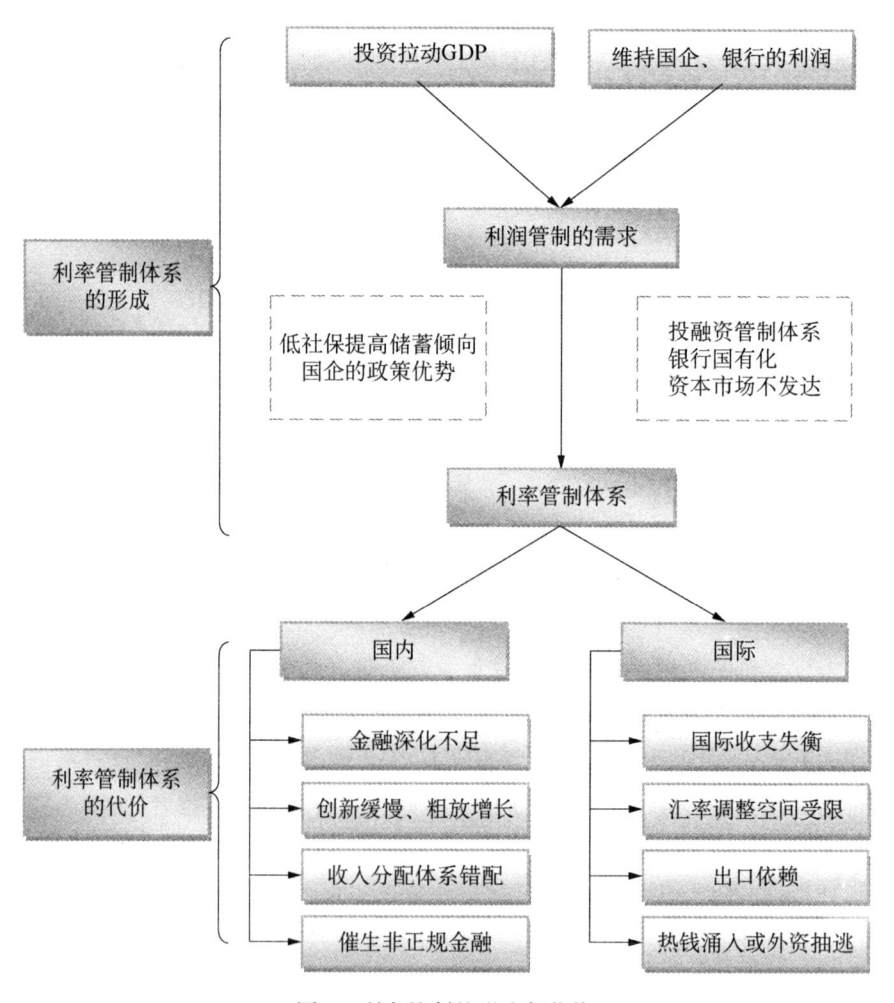

```
利率管制体系的形成:
  投资拉动GDP ─┐
              ├→ 利润管制的需求
  维持国企、银行的利润 ─┘
       │
       ├── 低社保提高储蓄倾向、国企的政策优势
       ├── 投融资管制体系、银行国有化、资本市场不发达
       ↓
    利率管制体系
       ├── 国内
       └── 国际

利率管制体系的代价:
  国内:
    金融深化不足
    创新缓慢、粗放增长
    收入分配体系错配
    催生非正规金融
  国际:
    国际收支失衡
    汇率调整空间受限
    出口依赖
    热钱涌入或外资抽逃
```

图 1 利率管制的形成与代价

储蓄：低福利、低社会保障与资本市场不发达、银行国有化

与美国相比，中国是发展中国家、新兴市场，就资源禀赋而言，中国是资金稀缺而劳动力富余，因此利率应高于美国，而劳动力低于美国。资本由于其稀缺性，相对回报率要高一些，因此存款利率要相对较高，资金的所有者才会愿意将钱存在银行里。

但中国的存款利率长期低水平均衡，并且储户仍然有意愿将钱存在银行内。为什么这会发生？这是由于两方面原因，一方面中国长期以来实施的低福利的劳动力政策和低社会保障的制度安排，使得居民在应对医疗、住房、养老、子女教育等方面时，不得不储蓄大量的存款对应对不确定的明天。这是中国储蓄率居高不下的重要原因。也就是说，居民将钱存在银行内，并不是为了银行的利息收入，而是为了在明天不确定的支出做准备。事实上因病致贫、赚钱买房、存钱养老已经成为社会上的现象。从这一点来说，在过去的三十年发展进程中，政府主动的采取低福利、低社保的发展模式，固然是因为财政不足或者发展精力有限，更重要的原因则是，这种模式可以逼迫居民产生储蓄冲动，提高储蓄率，继而降低资金要素的成本。从而用更高比例的投资来更快的发展经济。

即使如此，居民也未必有意愿以如此之低的收益将钱存在银行内，在多元化的资本市场中，居民可以进行直接投资于企业，可以炒股票、买企业债券。但实际上，在中国并不可行。首先中国的金融体系是封闭的，也就是说，中国境内居民要投资于国外是非常困难。其次，中国的资本市场相当的不发达。尽管证券市场近些年来发展迅速，但主要以股票为主，企业债市场份额很小，融资市场仍然以银行为主，居民并没有太多的投资选择。并且更为重要的是中国当前银行业以国有企业为主，这意味着政府对银行业的存款利率有相当高的决定权，缺乏竞争的银行业，不可能自己拼搏厮杀，通过抬高利率以获得储户的存款。而对于储户来说则很不幸，存款的银行没有更多的选择，只能被动的接受。

表 5　融资市场概况

年份	股票筹资额	金融机构贷款	M2	股票筹资/M2	金融机构贷款/M2	贷款/股票筹资
1998	889.29	86524.1	104498.5	0.85%	82.80%	97.30
1999	944.34	93734.3	119897.9	0.79%	78.18%	99.26
2000	2103.02	99371.1	134610.4	1.56%	73.82%	47.25
2001	1168.12	112314.7	158301.9	0.74%	70.95%	96.15
2002	961.76	131293.9	185007	0.52%	70.97%	136.51
2003	1357.78	158996.2	221222.8	0.61%	71.87%	117.10
2004	1510.9	178197.8	254107	0.59%	70.13%	117.94
2005	1887.11	194690.4	298755.7	0.63%	65.17%	103.17
2006	5576.42	225347.2	345603.6	1.61%	65.20%	40.41
2007	8431.86	261690.9	403442.2	2.09%	64.86%	31.04
2008	3577.68	303394.6	475166.6	0.75%	63.85%	84.80

数据来源：中国证监会、中国国家统计年鉴。单位：亿元。

注：1. 股票筹资包括了包括发行筹资、配股筹资、可转债等。

2. 根据数据的可获得性，本表采用了各类融资额与 M2 之间的对比。据公开媒体报道，截至 2008 年末，中国以银行为主的间接融资总额约占全社会融资总额的 80%—90%。招商银行行长马蔚华等表示，受证券市场等直接融资市场的影响，未来 5 到 10 年，以银行为主导的间接融资在社会融资体系中的占比将从现在的 80% 强下降到 50% 左右。这也是国际发达国家的融资市场的趋势。

贷款：银行国有化与国有企业软预算约束

尽管在社会与经济政策的迫使下，以国有制为主的银行业低成本获得了存款，但银行为何以低利率贷给了企业？以 2000 年到 2008 年为例，中美一年期贷款利率分别为 5.90% 和 6.29%，美国较中国要高 0.39%。

中国的银行业以国有企业为主，而获得贷款的大多数是国有所有制的企业，中小企业以及民营企业很难获得贷款。以 2008 年为例，根据银监会 2008 年年报的统计，全年贷款余额为 32 万亿元，中小企业仅获得 10

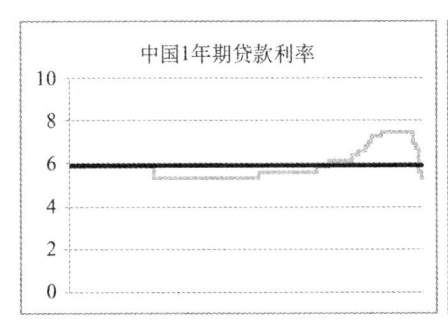

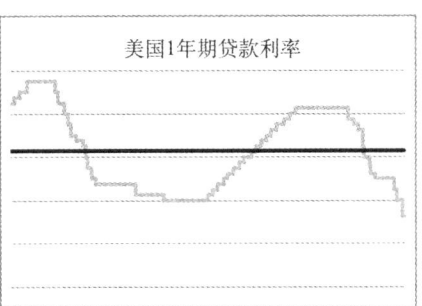

图 2　中美一年期贷款利率对比

数据来源：中国人民银行，美联储。时间从 2000 年 1 月 1 日到 2008 年 12 月 31 日，横线代表该时间段内的平均利率。

注：美国 1 年期贷款利率是指 1 年期最优贷款利率。

万亿余元，不足三分之一。而中国目前的中小企业占国内经济总量的 59%、总销售收入的 60%、税收的 48.2% 和就业的 75%。据林毅夫估计，在超过 400 万家中小企业中，只有 2% 可以得到正式的贷款。沈明高援引世界银行的调查认为，中国的中小企业贷款情况劣于其他东亚国家。中国的中小企业只有 12% 的资金来自贷款，低于印度、马来西亚（21%）和印度尼西亚（24%）。在这种情况下，民营企业和中小企业采用了大量的高成本的融资方式，比如基于人际关系的民间借贷、以高利贷为主的地下钱庄等。其利率要数倍于央行公布的贷款利率。吊诡的地方在于为什么银行业一方面以低利率将资金贷给国有企业，而愿意出更高价格（利率）贷款的中小企业确得不到贷款。如果再考虑到 1998 年高信贷增长期后，银行快速增长的坏账（2008 年的统计，中小企业贷款的坏账率在 6% 左右），实在是很难理解银行业的信贷发放原则。

但如果考虑到更广泛的因素，银行业的行为或许就不难理解。首先，相比国有企业的规模庞大、管理制度的齐全、收入及现金流稳定等特点，各国的中小企业因为处于创业阶段或企业发展的初级阶段，大多弊病丛生，如管理水平差、财务制度不健全、信誉度低、缺乏可用于担保抵押的财产。他们向银行的间接融资相对大企业原本就不具有优势。其次,国有企业往往有政府的隐性还贷担保,即国有企业的软预算约束。在软预算约束的状态下,不仅国有企业对利润产出及经营绩效缺乏进取心,为其提供融资的机构也会有一个预期,即贷款给国有企业是安全的,即使出现问题,政府也会出面托底。事实上,这种情况也比比皆是,政府采用注资、坏账核销、重组等方式处理了大量的国有企业债务,其中大量的债权持有人都是银行。其三,更为重要的或许是银行决策层从政治角度来思考问题,比如配合政府工作、领会政府的工作精神等,1998年开始的"银政"合作和"银校"合作等事例并不久远。这种机制在银行决策层,"不求无功,但求无过"的心理下,求安稳、合规成为主要的经营诉求,而向民营企业、中小企业贷款以或得更高的利率收益则非其所愿。

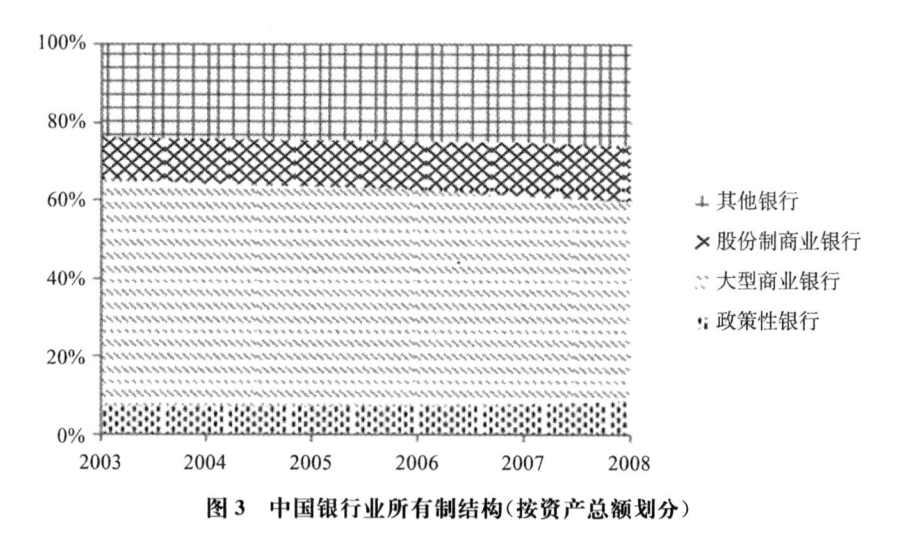

图3 中国银行业所有制结构(按资产总额划分)

资料来源:中国银监会2008年年报。

投融资体制的计划性并且改革缓慢

利率为什么不自由?把视角放宽到整体宏观经济体制上来,或许更提纲挈领。首先,中国大额的投资需要经过政府批准,这意味着大额资金需求是由政府控制的。在这一方面,民营企业受到相当大的歧视,有发展需求的企业,在没有得到投资额度之前,根本不可能扩大投资,非国有企业实际可以实现的大额资金需求与其意愿相比要小的多,没有投资额度,自然也就没有融资的需求。

另一方面,融资体制不畅,在金融市场成熟的国家,面向创业或成长型的企业有大量的直接融资,如创业投资基金、"天使投资"等专门投资于创业型公司的股权投资基金,有私募基金、并购基金专门用于成长型企业的融资等。但在中国这些金融机构进展缓慢,资金需求只能通过间接融资市场满足,使得企业只能向储户→银行→企业这一链条融资,而无法通过资金所有者→资金使用者这一链条。所有这些均直指多层次的资本市场建设还不完善,致使银行贷款成为企业和个人融资的主要途径。

因此,首先管制融资需求,其次管制融资渠道(链条),最终使得资金的上下游同时受控于政府,完成了利率管制的过程。

利率为何要市场化?

在新中国成立早期,我国经济发展面临着各方面的匮乏,其中首当其冲的就是资本的原始积累的问题,在没有考虑向未来融资和向外部融资的背景条件下,资本的积累只有通过经济体内部的畸形再分配来迅速完成。如果说以价格剪刀差为代表的资本积累制度在早期还有一定的合理性,那么当前的经济社会发展早已经是一个新的阶段,利率管制带来的价格扭曲已经严重影响到经济的正常发展,也带来了相当多的社会问题。这些问题,在近些年来,频现报端,引起了社会各个方面的热议,价格剪刀差的代价越来越为人所熟知,利率由市场决定,也越来越成为共识。

利率管制导致金融深化不足

受二战后兴起的发展经济学影响,麦金农和肖放弃了以成熟市场经济国家金融体系为对象的研究方法,转而研究发展中国家的金融问题。

麦金农和肖发现,发展中国家存在着明显的金融抑制现象。这主要体现在两个方面:在国内对利率实行严格的管制、在国际上对外汇市场进行干预或严格管制。在这种政策下,发展中国家普遍存在的通货膨胀使实际利率往往为负或长期处于低水平均衡。负(低)实际利率一方面损害了储蓄者的利益,削弱了金融体系集聚金融资源的能力,使金融体系发展陷于停滞甚至倒退的局面;另一方面向借款人提供了补贴,刺激后者对金融资源的过度需求,造成金融资源供小于求的局面,从而不得不实行信贷配给。而配给的过程中,政府往往实行有倾向性的分配方案,如偏向国企,继而损害了金融体系在配置资源中的功能。

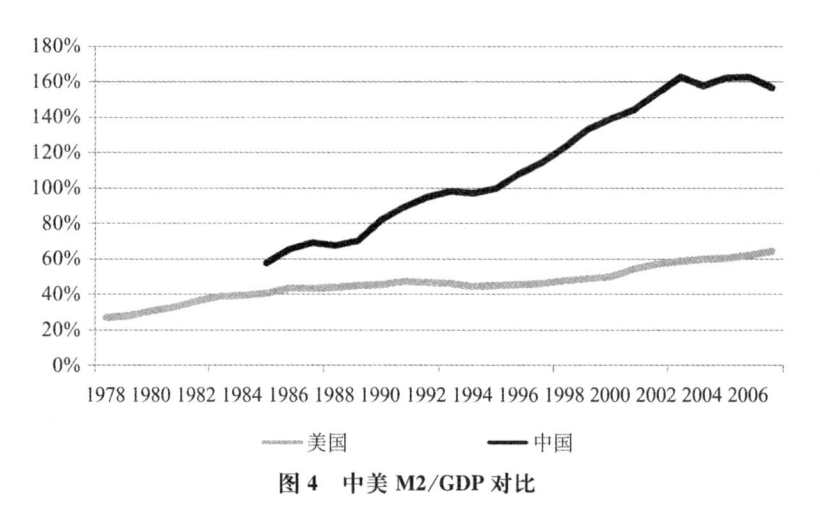

图 4 中美 M2/GDP 对比

数据来源:中国统计局、中国人民银行;美联储、National Economic Accounts of USA。

国外的研究普遍以 M2/GDP 测度金融深化的程度,这一指标反映了金融机构提供流动性的能力,从而使市场主体能以不同的形式保有储蓄,因此是金融市场结构调整的指标。例如苏丹、津巴布韦等国的金融自由化进程中体现的很明显。但中美两国的 M2/GDP 则呈相反的趋势。这是因为 M2/GDP 的比例作为传统的金融深化指标,两者只在成熟金融系统中呈正相关趋势,在一个借贷受限制的不成熟市场中,两者往往反而是负相关趋势。因此经常出现的现象是 M2/GDP 畸高可能是金融市场不发达的讯号,而高度成熟的金融市场这一比例反而较低,因为后者通常持有与之经济相适应的货币量,并且发达国家的金融市场发达,比较不依赖银行来筹款,而是直接到股票或债券市场筹集资金,M2 的功能及其需求就减少。这种现象在 2009 年上半年显示的格外明显,最近一次公布的 M2,中国的近 55 万亿人民币,美国为 8.3 万亿美元,考虑到 2008 年美国 GDP 是中国的 3 倍多,中国的 M2/GDP 约为美国的 3 倍。

金融深化不足的成本是很明显的。首先是效率损失。利率限制使得储蓄资源的投入与使用既不反映市场回报,也不反映市场风险,其结果是使经济增长的环境受到扭曲。此外,高储蓄率提高了金融中介的成本,降低了金融中介的效率,严重影响了金融市场的市场化发展。其次,从政策传导的角度来看,这一事实进一步影响了政策改革的走向,即,只有在货币当局对存贷款实行利率管制的条件下,调整存贷款利率才能成为货币政策的工具。当利率体制完全放开的时候,中央银行并不能直接决定商业银行的存贷款利率,只能通过货币政策操作影响市场利率水平,从而间接影响商业银行的存贷款利率,这需要非常成熟的金融市场和货币政策传导机制。而中国的利率市场以及整个金融市场根本达不到这一点。

非正规金融兴起:管制过度导致管制不足

由于中国的利率水平严重低估,储户的收益率被压制,储户更有意愿寻找银行之外的投资渠道;同时较低的利率使得企业倾向于过度贷款,供小于求的融资环境使得无法从正规渠道获得贷款的企业倾向于从非正规渠道融资;这一供需配给催生了庞大的非正规金融市场(法外的或非法的)。可以说,非正规金融是利率管制的结果,也是中国最早的利率市场化的领域。从历史上看,同业拆借和债券回购,曾经是其最主要的形式;其交易规模,则长期维持在相当于当年新增信贷规模之 20%—40% 的水平。从这一方面来说,利率市场化的进程也走了一条双轨制的道路,只是官方对此的态度一直不明朗,其行为也在法外和非法之间游走。

可以说,这些非正规的融资交易中形成的利率基本上是市场化的,只不过在总体上对资金的可得性和资金价格实行严格管制的大环境下,这种市场利率还包括了绕过管制所承担的风险。涵盖这些因素,因而在一定程度上非正规金融的利率几近于高利贷(法定利率的 4 倍以上)。由此可见中国利率管制所抑制的需求是多么的猛烈。正是因为这些原因,再加上官方不鼓励的态度,非正规金融中,存在大量的非法行为,或成为金融犯罪的渊薮,例如非法集资、地下钱庄的高利贷行为、洗钱等。

但李扬认为,我们无论如何还是不能忽视非正规金融活动及其定价机制对于推动中国利率市场化的作用。这是因为:其一,在整个 1990 年代,非正规金融构成我国非国有企业发展的主要资金来源。其二,它使得我国相当多的企业,特别是非国有企业,很早就接受了动荡不居而且经常高悬的市场利率的洗礼。有了这一经历,我们可以认为:发展经济学家普遍担心的利率市场化之后利率水平的变动会对实体经济部门产生不利影响的情况,基本上不会在中国出现。其三,随着非正规金融逐渐被正规金融体系吸收,利率市场化的成果也被带入正规金融体系之中。现在,拆借利率和债券回购利率已经成为中国最为市场化的利率,而且,伴随着拆借市场和回购市场的规模及影响面的扩大,利率市场化的成果也被逐渐扩散到整个金融体系之中。

虽然非正规金融的兴起有其合理性,但由于制度安排没有跟进(也无法跟进,这与利率管制的政策需求背道而驰),使得金融政策影响的广泛性与有效性都受到严重的挑战。例如 2006 年,中国持续的货币单边升值和资产价格上扬,使国内热钱涌动,由于很多资金的流通并不通过正规的金融渠道,这使得央行等部门出台的货币政策和调控政策落在虚处,无法起到应有的效果,是很明显的管制不足的现象。而这一现象的出现,正是因为整体上对金融市场管制过度造成的。

中国利率市场化

冰火两重天:民企和国企的不同遭遇

在以银行信贷为主的融资渠道中,利率非市场化机制在两方面对企业造成了冲击:利率高低和信贷可得性,前者是关系到信贷成本,后者是能否进入信贷市场,在利率管制下,这是一个问题的两个层面。由于国有企业和非国有企业所有制和效率的差别,信贷扭曲造成了多大的效率损失?

首先在利率差别上,在第一部分利息体系的介绍中,我们知道我国银行贷款是根据用途划分利率档次的,为了执行国家偏好的产业和发展模式,国有企业从央行制定的差别利率中享受了低息贷款的优惠:根据央行对不同企业贷款利率幅度的规定,在1996年之前,非国有企业的运营资本贷款的利息率规定要高于国有企业同类贷款的20%;直到2004年,贷款利率浮动上限不再根据企业所有制性质、规模大小分别制定。另外一方面,从整体资金的供需来看,资金在改革开放发展过程中一直扮演的是比较稀缺的角色支持国企的发展。而我国的经济发展模式的一个重要特点便是投资驱动型,为了维持投资的高速增长,我国的贷款基准利率是相对比较低的,相较于市场化机制下的均衡利率水平,能取得贷款的企业有着过多的贷款需求,因为这部分低于均衡水平的贷款相当于是一种租。

其次是信贷可得性问题。在我国的经济体系中,国有经济一直是被优先发展的对象,同时承有软预算约束的隐形担保,加上与利率非市场化相对应的缺乏独立性的银行系统,国有经济一直享受着着贷款上高度的可得性。

国企在获得银行贷款后,它有两种选择,一种是利用这些资金安排投资生产,在这个过程中,这部分租值就转化为了企业利润中的超额部分;另外一种选择是将贷款转贷给有资金需求的企业,从中获取的利息同样转化为利润,实际利率与均衡利率之间的套利空间反过来也会激发国有企业获得贷款的积极性,因此非国有企业获得贷款的难度就更高了。

一方面是由于上述超额利润的提前支取,另外一方面是国有企业经营管理中固有的委托代理难题,国企经营的效率改善是一个大难题,西班牙对外银行中国区首席经济学家刘利刚基于一些实证研究的结果指出:国有企业的高利润和它支付比市场要低的利息有很大关系。模拟测算的结果是,如果让国有企业支付和私有企业一样的高额利息,那么大概一半的国有企业利润就没有了。这样的结果只是说明了资金流入国企,国企只能在低效经营下保证稳定的利润,实质是资金在实体部门中的扭曲和低效配置。下表以国有及国有控股工业企业的增加值情况为例,可以看到,虽然国有及国有控股工业企业的增加值的绝对额自1998年开始有了飞速的进步,但其在工业增加值中的份额却始终维持在较低的水平,说明同期非国有工业企业的业绩表现更为有效。如果国企享受到的资源能公平地对非国企开放,那么整体经济效率能得到很大的提高。如果再考虑到非国有企业对于新增就业的高份额贡献率,其对经济的乘数效应将是极令人期待的。

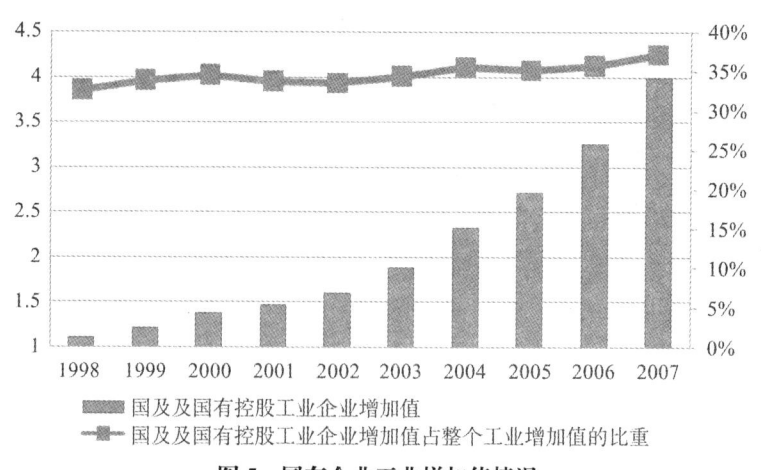

图5 国有企业工业增加值情况

资料来源:国研网、中国统计局。

上述贷款资金配给对私营经济的不公平往往在历次的宏观调控中显

现。在市场繁荣期的时候,央行信贷扩张,原先无法获得贷款的企业可以在扩张的信贷过程中获得贷款,以进行投资生产,当经济过热央行实行紧缩政策时,私营经济只能从非正规金融体系中获取资金,而往往高息又会击垮其资金链的正常运转直至出局,成为了宏观调控的牺牲者。

局部市场化的利率体系也可能加剧资金配置的非效率性和非公平性,比如在信贷的地域结构上,渣打银行首席经济学家王志浩指出,通过银行间同业拆借体系,拥有国有部门的身份能获取更多的信贷资源,体现为拥有大型国有企业的省份的银行贷款数量可以超过其存款,支持持续大于1的贷存款比率。

另外,以银行为例,银行业在高额存贷差模式下,核心竞争力并没有发展起来,虽然以工行为代表的国有大型商业银行的市值在世界排名靠前,但就银行经营的效率指标,如净利润率、贷款周转率、不良贷款率等,我国银行与外资银行存在较大的差距,而用市值衡量的银行价值,考虑到我国股票市场的运营,更多是对国有商业银行垄断地位的肯定和投机的预期。

对整个经济体而言,银行的这种租值是建立在广大存款者利益损失的基础上,而租值的稳定性,使得银行系统缺乏竞争,缺乏追求新利润点的动力,同时对利率的风险定价能力极为不成熟,而这些都是银行竞争力的体现。当融资系统的中枢—银行本身非市场化经营时,其后的信贷传输必然问题多多。

上海交大潘英丽教授就指出,"我个人认为存款利率压得低,是让存款人给银行一种政策性的补贴。当然补贴有它的合理性,但2006年银行的盈利已经是2004年的10倍了,而且资本充足率也基本上达到10%以上,特别重要的一点是我们现在人民币的业务已经对外资银行开放了,那么是不是要用中国老百姓的钱给外资银行也来个补贴呢?"

粗放增长、创新不足:国内企业与国家发展的痼疾

中国经济何以出现奇迹?有的经济学家将其归结为倒逼式的经济改

革,有的归结为产权界定,也有的归结为财政分权式的地区竞争模式。但保罗·克鲁格曼在1997年的文章中认为中国根本不是一个"谜",中国的增长完全可以用新古典理论来解释,这种增长来自于中国的高储蓄、高投资,尽管全要素生产率的增长很少。这就是上文所提到的,高储蓄的本质实际上就是,一方面通过低质量的社会保障、福利等制度安排,迫使居民必须存钱等应对不确定的明天,同时通过垄断的金融体系低价吸纳居民存款,低价分配等各企业。

袁剑进一步指出,以侵蚀社会其他利益主体获得利益并非仅仅只有国有银行,也绝非只有大型垄断国有企业,而是遍及几乎所有的企业。容易理解,其他类型的企业并没有央企以及国有银行那样得天独厚的条件,他们获取经济增长之外的超额利益的办法,往往是通过转嫁环境成本,获得廉价土地,争取税收优惠、直至直接剥夺劳动者的办法来实现的。这种情况,中国的房地产企业、血汗工厂中随处可见。

以高投资拉动的经济增长成为近十几年来GDP飞速发展的法宝,久而久之形成了政策依赖,尤其是在经济处于下坡路的时候,政府尤为依赖投资带来的好处。但回过头来看,中国当前经济增长中的大量的问题,都是源于高投资的负面作用。政府解决这一问题,却又使用了投资这一工具,这只会让混乱的局面"乱上加乱"。这一政策的立足基础,正是利率管制。

从企业的角度来看,当以压低要素价格以获取高额利润屡屡生效的时候,它也很难有动力去提高技术标准、改进服务水平和管理效率。这种状态在国有企业中广泛存在。而民营企业虽然没有享受国有企业相当的政策优惠,但也极大的享受了中国式经济增长中的诸多优势,比如低廉的要素价格(劳动力等)。纵观三十年中国企业史,民营企业每一阶段的发展壮大均是冲破制度的障碍,制度创新成了当前民营企业的主要竞争力。但在技术创新和管理创新上,其优势尚且不如国有企业。

错位的收入分配体系

收入分配体系错配,已经是当前经济发展中的核心问题。这存在两个阶段的问题:第一,初次分配不合理,即要素分配;第二,再次分配不合理,即社会保障等福利体系的制度安排。

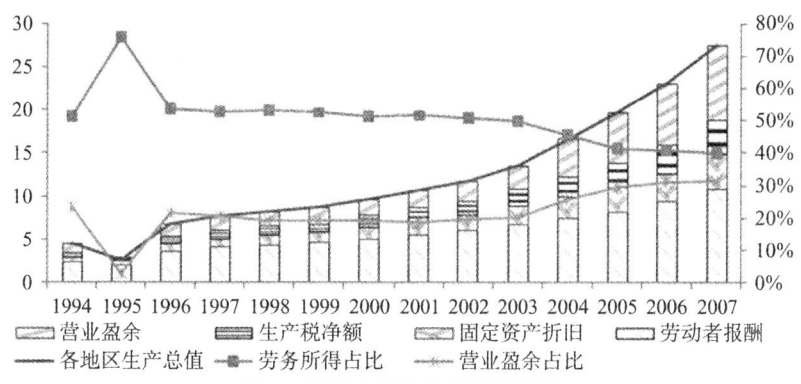

图 6　要素分配与中国经济增长

数据来源:根据国家统计局编制的《中国统计年鉴》1996年—2007年整理。其中2004年的数据因为缺失,因此采用了2003年与2005年的算术平均值替代。

说明:本图为各地区按收入法(或称各地区生产总值项目结构)计算GDP的合并数字。左侧计量单位为万亿;各地区生产总值＝劳动者报酬＋固定资产折旧＋生产税净额＋营业盈余;各年度按当年价格计算,未扣除价格变动因素。

从上图可以看出,按收入法计算的国内GDP等于所有生产要素带来的报酬之和。近些年的经济数据来看,资本、土地、固定资产等因素产生的价值增长较快。同时,流动性过剩使得资金价格低廉,低利率形成了较低利息收入。劳动力要素产生的报酬(工资等)则相对较慢,工资和居民收入增长长期慢于GDP增长(与营业收入的快速增长截然相反)。从数据上来看,劳动报酬占GDP的比值,自1995年以来,逐年下滑。到2008年,逐渐降至40%以下。与之对应的就是企业利润在上升,资本回报占国民收入的比重,由以前的20%上升到现在30%以上。这表明,广大国民未能充分分享宏观经济成长的成果,国民收入初次分配不合理的格局已延续了相当一个时期。

再次分配方面,存在双重损失。第一重,低利率储蓄带来的机会损失,居民原本可以用这些钱来消费,在利率市场化或资本市场发达的环境中,可以获得更高的收益,但如上文所述,为了维持利率管制的局面,保持高投资增长的趋势,政府必须增加居民的储蓄倾向,人们必须为了将来的预期支出和巨大的不确定性保留足够的储蓄,忍受一定的储蓄损失至少不会抹杀跨期消费的可能性,在没有其他保值增值的路径下,中国有着众多的普通存款者接受这种非自愿储蓄,为银行系统提供充沛的资金来源。当然,从效率上分析,这样非自愿储蓄机制存在着多重帕累托改进的空间。上图显示的是改革开放以来我国投资率和储蓄率的对比,可以看到在大部分时间,我国的储蓄率是高于投资率的。这种利率管制的政策的维持,使得在再次分配的过程中,政府不可能有所作为。

图7 投资率与储蓄率

数据来源:中国统计局。

第二重,对于宏观经济来说,高储蓄率的背后是低消费,作为经济增长最为重要的一驾马车,迟迟无法启动,其原因正在于此。这是另外一个大问题。

国际收支失衡与汇率市场化的压力

从宏观层面上来看,大约从 2002 年开始,国际上关于经济不平衡的议论进入了一个新高潮,中国早已成为这一轮失衡的一个主角。在 2004

年的世界论坛上,全球经济失衡已经被概括为:美国等国家进口无度,中国等国家出口过多。从事实上来看,1998年,中国尚未加入WTO,出口占GDP的比重仅为20%左右,但到2007年,这一比重已达44%,高于美国(仅为7%左右)、日本,与德国相当。是中国经济增长三架马车的主要动力,中国可以说是彻底的外向型经济,这一期间,中国GDP长期保持了12%左右的增长速度。从另一角度来看,美国1990年代以来的低通胀、高增长,低储蓄率、高消费的依托正是中国,因为中国为美国提供了源源不断的廉价商品,抑制了美国通胀的发生。而中国依托这一强大的外需,快速的转移了农村的劳动力,解决失业、收入增长、财政不足、社会稳定等问题。

但天下没有免费的午餐,国际收支失衡的收益固然闪亮,代价也是显著的:

1. 内部失衡。出于经济增长的需求,以外需拉动(扩大出口)经济成为近十几年来政府经济工作的重心之一。在这一过程中,为了拉动外需,一方面,压低要素价格、提高投资率,另一方面,则低估人民币汇率,使得

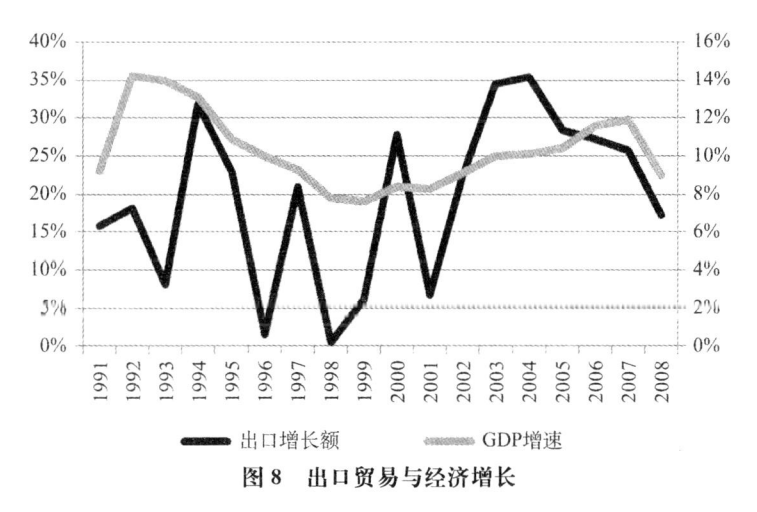

图8 出口贸易与经济增长

数据来源:国家统计局。

中国商品在国际上具有价格优势,除此以外还包括大量的出口退税等。这种策略形成了内部失衡,主要是指服务业发展相对于制造业发展的滞后。由于服务业产品主要由本国居民消费,而本国制造业产品则既可以出口由别国居民消费,也可以进口别国制造业产品由本国居民消费。

在这种前提下,人民币汇率实际上是中国服务业产品相对于制造业产品的价格。由于人民币汇率低于均衡汇率水平,造成中国服务业产品价格相对于制造业产品的价格偏高,这自然会导致更多资源流向制造业部门,从而导致制造业相对发达、服务业相对滞后的产业格局。由于服务业产品主要由本国居民消费,而制造业产品由本国居民和外国居民共同消费,服务业发展滞后无疑有损于本国居民的福利。

2. 外部失衡。在近十年,尤其是 2004 年以后,中国同时存在经常账户和资本账户的"双顺差",称之为外部失衡。当外部失衡累积到一定程度无法排解,国际压力及中国经济基本面就必然要求人民币升值,这种情况在 2005 年 8 月推动了中国的汇改,但远期汇率取决于内外部的预期,单边升值以及自我实现的预期使得热钱更快涌入中国套利。基于中

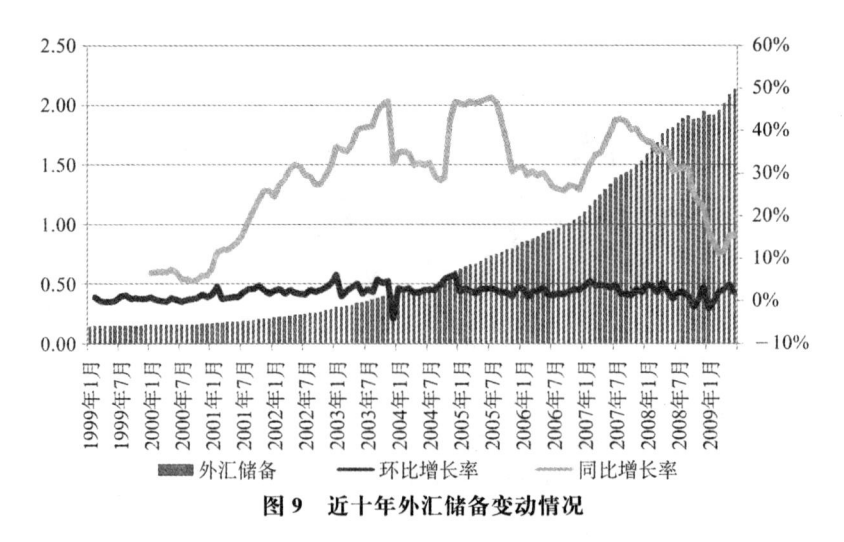

图 9　近十年外汇储备变动情况

资料来源:国家外汇管理局。左轴单位为万亿美元。

国资本账户管制的现实,央行不得不回收大量的外币,同时发放基础货币以对冲增加的外储。这形成了2006年以来中国金融体系流动性泛滥,货币市场利率处于低位,房地产、股票等资产泡沫开始急剧膨胀。

长期的外部失衡,在国外引发了数目庞大的反倾销调查(如家电、服装)和食品安全危机(毒玩具、添加三聚氰胺的食品)等,中国品牌的国际形象岌岌可危。这一方面是因为中国在保持快速出口增长的同时,没有把好质量关,另一方面也是中国的出口对象国应对中国出口增长的一种自然反应。

更大的风险在于金融压抑使得金融市场发展极其滞后,但外部失衡引发的泛滥的流动性对中国的股市、房地产等行业存在严重的冲击。并且一旦外部对人民币升值的预期结束,境外资本大量抽逃,可能引发的房地产和资本市场泡沫的破灭,对中国银行业甚至实体经济采用不利的冲击,将使中国经济出现硬着陆的风险,中国面临的将是长期而痛苦的通货紧缩过程。这种金融风险中国承受不起。

3. 汇率自由化的外部压力。自2005年起,中国就面临人民币升值的压力,虽然近几年中国在汇率形成机制上屡有改善,但仍未能从根本上改革中国内外失衡的格局。

首先利率是资金使用的价格,汇率是不同货币之间的比价。我国事实上实行的严格管理的有浮动的汇率制度,我国货币当局通过在外汇市场的公开市场业务直接调整汇率,进而通过本币市场与外币市场上的资金供求的变化而影响到汇率,这种情况下,无论干预是冲销方式还是非冲销方式,利率都将受到来自外汇市场干预的影响,这对中国当前的利率形成机制构成了严重挑战。中国社科院金融研究所李扬认为,汇率和利率的改革必须统一配套,因为一国货币的对外与对内价格必须统一,特别是其形成机制必须一致。如果利率没有市场化,汇率制度的下一步市场化改革也难以推动。

其次,我国的融资结构是结构性矛盾的,资本过剩与资本稀缺并存,也就是说大量储蓄处于闲置状态,同时大量的融资需求又得不到满足。在改革开放过程中,由于对外资的偏好,流入我国的 FDI 更易形成投资,对国内信贷形成了一定程度的替代作用,从而使本国金融市场上的闲置储蓄数量增多,拉低利率,加剧国内金融市场的结构性矛盾,同时也因为在总体上增加了资金供给,更加降低了利率,相对于众多得不到贷款的中小企业而言,国企在信贷方面就能获取更多的租值。

宏观调控的难度与日俱增

在利率管制的条件下,货币当局的宏观调控就表现为对各种利率拥有审批权、调整权和管制权;在市场决定利率的条件下,调控表现为货币当局拥有足够且有效的市场手段,能通过其自身在公开市场上的资产交易活动去影响基准利率的走势,进而达到调控利率水平及其结构的目的。

从表面来看,在行政性控制利率的情况下,货币当局将大部分的利率相关变量掌握手中,貌似进行相应的调控应该是有"药到病除"的效果才是,但从经济体实际的运行状况而言,货币当局首先应该关注的通胀问题就没有得到很好的解决,1989—1991 年和 1993—1994 年期间的高通胀让人记忆犹新,也加剧了中国民众对通胀预期的恐慌心理,而像今年一直在反复提及的流动性泛滥问题,已经为未来的通胀打开了大门。

这其中的问题之一是在现行的利率体制下央行缺乏独立性,根据《中国人民银行法》规定,"中国人民银行就年度货币供应量、利率、汇率和国务院规定的其他重要事项作出决定,报国务院批准后执行"。在与国务院相关政策"打架"的过程中,央行最后出台的政策往往会跟随政府的行政指示,一旦政策误判,会极大地放大经济波动的幅度。机械的非市场的调控方法对实体经济造成的效率损失极大,造成一次次金融"硬着陆"。

其次是现阶段的利率体制下,央行也缺乏完善的调控能力。在过去的十几年间,中央银行的利率体系在不断完善 1998 年以前,中央银行的调控基本上是实行贷款规模管制,1998年以后,央行着力将准备金率、再贴现率和公开市场操作作为主要政策调控手段,同时03年单独设立了超额准备金的利率,实行了再贷款浮息制度,但仅以目前流动性泛滥的信贷为例来看实际的货币调控机制,基本还是货币当局直接硬性调节为主,社科院金融研究所所长李扬指出了其中的问题,"第一是目前央行还是比较多地依靠再贷款,再贷款的利率肯定不是市场化的,尤其是现在的有些再贷款是用来解决政治问题、挤兑问题、不良资产问题,这一部分越大,一个市场化的利率对于中央银行的宏观调控越是不利。1998年以后,再贷款的部分在增大,这是一个很大的障碍。第二是公开市场操作,它应当主要依靠政府债券,而我国则主要依靠金融机构债券,这也是一个很大的问题。"

利率怎样市场化?

利率市场化历史

事实上,利率市场化是我国市场经济改革中的一个长期战略,依循着渐进式改革的路径,我国利率的市场化是由外围到核心一步步前进的进行时过程。1993年,党的十四届三中全会《关于建立社会主义市场经济体制若干问题的决定》提出了利率市场化改革的基本设想,2002年,党的十六大报告指出,"稳步推进利率市场化改革,优化金融资源配置。"2003年,党的十六届三中全会《关于完善社会主义市场经济体制若干问题的决定》对利率市场化改革进行了纲领性的论述,"稳步推进利率市场化,建立健全由市场供求决定的利率形成体制,中央银行通过运用货币政策工具引导市场利率。"

从总体的实践来看,我国利率市场化改革的思路是:先开放货币市场利率和债券市场利率,再逐步推进存、贷款利率的市场化;存、贷款利率市场化将按照"先外币、后本币;先贷款、后存款;先长期、大额,后短期、小额"的顺序进行。

下表列出了我国在利率市场化过程中的一些的重大政策：

表6 利率市场化进程中的重大政策

时间	政策内容
1996年6月	取消按同档次存贷款利率加成的利率确定办法,放开银行间同行业拆借利率。
1997年6月	银行间债券市场正式启动,同时放开了债券市场的债券回购和现券交易利率。
1998年3月	改革再贴现利率及贴现利率的生成机制,放开了贴现及转贴现利率。
1998年9月	成功实现国债在银行间债券市场利率招投标发行。
1998年10月	金融机构对小企业的贷款利率上浮幅度由10%扩大了了20%,农村信用社贷款利率上浮幅度由40%扩大到50%,大中型企业贷款利率最高上浮幅度10%不变。
1999年10月	对保险公司大额定期存款利率实行协议利率。
2000年9月	外币贷款利率和300万美元以上大额外币存款利率放开。
2003年7月	小额外币存款利率管制币种由7种减少为4种。
2003年8月	农村信用社改革试点地区信用社的贷款利率浮动上限扩大到基准利率的2倍。
2003年11月	小额外币存款利率下限放开。
2004年1月	商业银行、城市信用社的贷款利率浮动区间扩大到了[0.9,1.7],农村信用社贷款利率的浮动区间扩大到了[0.9,2],贷款利率浮动区间不再根据企业所有制性质、规模大小分别制定。
2004年10月	基本取消了金融机构人民币贷款利率上限,仅对城乡信用社贷款利率实行基准利率2.3倍的上限管理。
2004年11月	1年期以上小额外币存款利率全部放开。
2007年1月	上海银行间同业拆放利率Shibor正式运行。

资料来源:结合中国人民银行发布的公告和"易纲,2009,中国改革开放三十年的利率市场化进程,《金融研究》第1期"整理。

从总体来看,易纲总结近三十年利率市场化的努力主要体现在三大方面：

1. 存贷款利率方面。在针对不同所有制的企业，区别对待，逐步放开金融机构的存贷款定价权力的改革策略上，到2004年10月，央行在利率市场化的报告称，已经实现了"贷款利率管下限，存款利率管上限"的阶段性目标。对于外币的存贷款市场化步伐更快。在管制方式上，逐步简化、放开管制利率的品种和数量。据央行副行长易纲统计，1996年以来，放开央行及金融机构的存贷款利率管制品种69个，放开外币存贷款管制利率品种48个。截至2008年，放开的本外币管制利率累计达123个品种，管制利率减少到24个品种。在放开管制利率的同时，央行不断的培育金融机构的利率定价体系，以促进金融机构自主定价机制的建设。

2. 市场利率体系方面。在存贷款利率之间，资金的批发市场更早一步开始市场化。建立了银行间同业拆借市场利率，在这一基础上，债券市场利率逐步放开。同时建立并逐步完善金融市场基准利率体系SHIBOR。

3. 完善中央银行的利率体系。主要体现在再贷款浮息、优化央行存款利率结构等。

利率市场化策略与效果演进

利率改革进行至今，就社会各界和决策层的共识来看，是否市场化已经不是问题，问题在于如何市场化？李扬认为利率市场化改革涉及的范围是总体的金融体系，所有在间接融资和直接融资交易中所使用的利率都应当被包括在内。由于"利率"是一个复杂的体系，利率的市场化改革自然就是一个相当复杂的系统工程，而不仅仅是一个自由化或者说放松管制的过程。这项改革至少包括如下四个要点：

第一，利率市场化的实质是变革融资活动的风险定价机制，要达到的目标，是使得利率的水平及其风险结构和期限结构由资金供求双方在市场上通过竞争来决定。

第二,由于融资活动多种多样而且种类日趋增多,"一步到位"且"包打天下"的利率市场化方案是很难找到的。融资定价机制的变革必然表现为从一个(或几个)融资领域到另一个(或几个)融资领域逐步推进的过程。因此,在一个相当长时期中,利率的"双轨"并存不可避免。

第三,在多样化的利率体系中,各种利率都是彼此联系、相互影响的。在这个体系中,必然会有一种或少数几种利率对于利率体系的总体变动产生决定性影响。这种利率形成整个市场的"基准"。就其影响面、风险度和市场性的综合特征而言,这种基准比较容易在货币市场上形成。因此,通过促进货币市场的发展来促成基准利率形成,是利率市场化改革不可或缺的重要内容之一。

第四,宏观经济理论以及各国宏观经济调控的实践已经证明:由市场放任自流决定的利率水平并不能自动保证国民经济达成稳定增长和充分就业,因此,在任何情况下,货币当局都必须保持对利率的调控权。在行政性控制利率的条件下,这种调控权表现为货币当局对各种利率拥有审批权、调整权和管制权;在市场决定利率的条件下,这种调控则表现为货币当局拥有足够且有效的市场手段,能够通过其自身在公开市场上的资产交易活动去影响基准利率的走势,进而达到调控利率水平及其结构的目的。

从策略上来看,选择何种路径来推进利率的进一步市场化是至关重要的,我们从两个极端路径来考查市场化的后果。

快速的利率市场化

从理论和苏东转轨的经验来看,快速的利率自由化会导致利率水平骤然走高,从而导致企业的融资成本快速上升,尤其是制造业等资金饥渴型行业,继而引起制造业产量迅速下降。经济学理论认为这部分下降是由于工业生产相当于服务业发展过度,利率自由化过程使得工业生产收缩是正常的,并且这一下降会伴随着福利的增加,国民产出的结构的扭曲得到纠正。

但苏东的经验表明,这一下降是如此的巨大,其损失很有可能远大于纠正扭曲所带来的福利。在现在,很难作为改革的策略选择。在这里,我们不妨做一个沙盘推演。

国企等各种容易获得信贷的企业:利率突然放开,在中国当下的情形,必然导致利率暴涨。以国有企业为例,2007年国企利润为1.4万亿余元;同期银行业贷款余额近28万亿元,其中约70%左右贷给国有企业,即国有拥有信贷约20万亿元,这意味着,贷款利率每上涨1%,就将侵蚀国企15%的利润,上涨超过7%,国企利润即告负。对政府主导的大型综合投资项目影响很大。政府主导的大型投资项目,使用贷款数额巨大,和大型国有企业使用过多贷款造成负债付息负担过重的情况相似,数额大、时期长、利息支出比重高。大型项目投资主体的贷款约束,比国有企业的经营信贷约束还要软。这种投资项目实际上常常对贷款偿还问题论证不实。有的项目一开始就是建立在贷款本息难以偿还的"荒漠"之上。项目上马之后,不是向有关部门申请给予还贷豁免或利息减免等特殊待遇,就是极力推迟还贷付息。这类项目投资融资及偿贷付息的前景很不确定,财务基础极其脆弱。加息调控措施加重了这些项目的偿债压力,无疑给这些项目以沉重一击。

除此以外,还需要考虑到,利率上涨以后,以前难以获得贷款的企业在获得贷款以后,将对国企(以及容易获得信贷的企业)形成强有力的竞争,将近一步削减国有的利润,实际上利率上涨3%的时候,国企就要陷入亏损。贷款利率提高对以前容易获得贷款的民营企业和三资企业的投资经营活动影响也很大。由于民营企业贷款利率和财务费用占企业管理费的比重高于国有企业,因此利率提高对民营企业的影响强度明显大于国有企业。

证券市场:利率的变动是资产定价最重要的因素,与资产价格有明显的负相关关系。而利率快速上涨,也就意味着资产价格快速下跌。以中国近几年来资本市场大起大落的情绪来看,如此快速的利率上涨,证券市场的价格必然是暴跌。由于信贷市场与证券市场有一定的竞争关系,即由于利率上涨,资金所有者更有意愿将钱存在银行内,大量的资金将从证券市场中退出回流到银行,这对证券市场的打击是致命的。

房地产市场:房地产市场的繁荣在金融层面上来源于两个方面:第一是开发商对信贷资金的依赖;第二购房者对商品房分期付款的依赖。两者不仅依赖于银行业的信贷资金,更使用了杠杆,比如住房贷款30%的首付意味着杠杆率为3倍。所以,可以推演,贷款利率的提高,将提高开发商的成本,成本上升对房价上涨有推动作用;而贷款成本的提高,会打压购房者买房的积极性,需求降低,两者错位的结果就是房地产市场的大幅萎缩。事实上,抛开利率自由化不谈,以央行现在的货币政策就可以让房地产市场大起大落,可想如果利率自由化之后,其崩溃也在不远。

GDP与经济增长方面:如前文所述,国有企业、大型企业、证券市场和房地产市场已经是当前经济增长中的亮点,对经济的拉动作用不可小视。首先,制造业等工业行业过于依赖资金等要素的低成本、大批量的投入(即所谓的粗放型增长),利率的提高,将极大的下挫制造业的要素投入,降低投资率,从而让各工业行业利润缩减。同时利率上调将抬高中国商品的价格,使得出口优势不复存在。经济增长的三驾马车中的两辆受到影响,这对GDP的负面作用是显著的。虽然中国可能不会出现苏东转型时的产量大幅下滑,但中国近十几年的成就肯定是大幅缩水。

储户存款:有观点认为从利息不对称的角度,认为利率市场化下的银行业,会面临极大的道德风险和逆向选择,在存款利率放开的时候,没有经过市场化洗理的金融机构会竞相以更高的利率吸引存款,但其风险控制能力等又无法及时配套,很有可能会出现存款兑付危机,继而对整体的金融稳定形成冲击。

慢速利率市场化

利率水平变动缓慢甚至不变,利率的形成机制仍未市场化。这种情况在上文已做叙述,僵化的利率体系势必扭曲整个经济结构,从而引发系统性的社会危机,置问题于无法解决的境地。即使是慢速的市场化,仍然也会存在问题。以存贷款利率管制为例,其调整的最大阻力正是来自国有企业、地方政府和银行类金融机构。类如在1998年10月的利率浮动机制变革中,金融机构对小企业的贷款利率上浮幅度从10%升到20%,但对大中型企业的上浮幅度仍不超过10%。为了支持中小企业的发展,1999年贷款利率浮动区间再次扩大后,国务院不得不确定512家大型国有企业的贷款利率不上浮。再往前看,1996年,为了减轻国有企业的利息支出负担,贷款利率的上浮幅度由20%缩小到10%。银行业也存在这种情况,所谓的"存款利率管上限、贷款利率管下限"正是为了维持银行业的利润。

由此可见,利率市场化的进展速度必须适宜,才能够尽可能低的造成对实体和虚拟经济的冲击,同时改革的收益又足以打破旧有体制对改革的阻碍。这本身就是一个代价的衡量,两害相权取其轻的过程。也就是说,利率市场化的进程,必须要考虑到政治约束,因为任何一种改革策略都会存在分配效应。因此市场化进一步深化的时候,必须事先制订对受损者可信的补偿方案。同时要保证市场化开展以后,所得的收益可以保证市场化的进一步深入。并且其不确定性也远非理论上可以穷尽的,这本身需要极大的政治智慧。

未来利率市场化的进路
宏观体制与制度环境

过往转型的经验告诉我们,制度变迁与产权制度及实施效率、宏观经济稳定性等紧密相连。对于利率市场化来说,同样如此,其变迁的过程远不是放松对利率管制就可以概括的。

1. 完善国有企业的公司治理机制。迄今为止,国有企业依然是我国银行信贷资金的最主要的使用者。问题的严重性正是在于:国有企业的公司治理结构依然未尽完善,其行为的非市场化倾向依然十分突出,预算约束软化的问题并未从根本上得到解决;基于此,它们的经济行为仍然是缺乏利率弹性的。换言之,在可得性和成本这两大决定筹资行为的最主要因素中,国企通常会将可得性置于首位,而忽视利率水平的高低,因为再多的亏损也会有政讨债来托底。显然,高比例的非市场化部门的存在以及它们的经济行为缺乏利率弹性,会使利率市场化的过程蕴涵较大风险。从轻来说,完善国有企业治理机制,理顺委托——代理链条,让国有企业的预算硬起来;从重来说,缩减国有部门,或将国有企业完全的推向市场,政府不给国有企业任何援助或政策优惠的预期,才是激励国有企业完善公司治理机制的唯一动力。

2. 建立健康和富有竞争力的银行部门。首先中国银行业的治理结构是很不完善的。其问题与国有企业是相同的。这使得在利率市场化的条件下,银行由于无须对自己的经营成果真正负责任,会不计成本地以"有奖储蓄"、"高息揽储"形式展开"利率大战",便成为这些银行的行为常态。在这种治理结构下,利率市场化可能导致不良的经济后果。

其次,正如上文所说,目前银行业的利润主要来源之一是异常的存贷利差空间。国际经验显示,利率市场化将引致金融机构在争夺客户方面展开激烈的价格竞争;最有可能出现的局面是存款利率上浮和贷款利率下浮。这意味着银行存贷款的息差将大大收窄。这将大大压缩我国银行业的利润空间。到2008年年末,已有三家国商行完成改制,但国有银行不良贷款率的下降主要体现了政府财务重组的成效而非真正的信贷资产质量的改善,随着2009年宏观经济的下滑,中国银行业不良资产的规模和比率可能会出现反弹。

其三,李扬认为,我国的银行业还没有做好准备去应付真正的利率风险。调查研究显示,虽然重新定价风险、内含选择权风险、基本点风险和收益曲线风险等市场经济条件下的主要利率风险在我国均已出现,但是,由于治理结构不完善、信用风险仍然占据主导地位、以及缺乏有效的防范风险工具等多方面的原因,管理利率风险问题至今尚未列入银行管理者的主要议事日程。

3. 完善金融机构的退出约束机制。国有部门的市场化或治理机制的改革会促进金融机构之间的竞争,会也促进金融机构治理机制的完善。但金融机构的退出,尤其是从事零售业务的银行部门,其退出机制的设计是当前的难点。这一要素在2008年美国次贷危机的引发下,格外引人注目,零售业务的外部性可能会导致整体金融体系的崩溃。

4. 地方政府融资机制的建立。在中国目前的情况下,各级政府,尤其是地方政府,是信贷资金的主要需求者之一。这些需求来自于地方政府的投资、基础设施建设诸如桥梁、道路、市政等各种基础设施,还包括"形象工程"。其行为同国企一样,可以预想,在未来相当长的一段时间内,地方政府仍有大量的资金需求,并且地方政府不可能像国有企业一样硬化预算约束,这需要设计新的地方政府融资机制,以满足未来一段时间内地方政府的需求。李扬等学者则认为只要公共财政的框架没有确立,各级政府对信贷资金的渴求,也会成为约束利率市场化进程深入的不利因素。

5. 宏观货币政策的调控与传导机制。即,当利率市场化之后,由于央行不能直接操作商业银行的存贷款利率,央行通过何种有效的货币政策中介目标来传导货币政策。这需要寻找有效的货币政策中介目标以及基准利率。

融资结构改革:资本市场倒逼信贷市场

从上文对利率市场化历史的叙述,我们可以看出,目前包括国债市场,金融债券市场和企业债券市场等在内的我国的全部金融市场的利率已经基本实现了市场化;包括银行同业拆借市场,银行间债券市场,贴现、转贴现和再贴现市场等在内的货币市场,其利率也已基本实现市场化;外币市场利率的市场化已经基本到位;存款金融机构贷款的利率浮动幅度,已经逐渐达到了基本上对银行的利率选择不构成严格约束的程度。余下尚未被市场化浪潮真正触及的,主要就是银行(特别是国有商业银行)的存款利率了。因此,进一步扩大银行贷款的利率浮动范围并最终实现贷款定价的自主化,逐步推动银行存款利率的市场化并最终实现自由浮动,构成今后利率市场化的主要内容。

换而言之,也就是资本市场的利率已经基本上市场化了,而信贷市场则是未来利率市场化的重心之一。因此第一步应该打通资本市场和信贷市场的利率差。这一打通要通过资本市场的扩容来完成,因此总体的思路首先便是增加金融市场中可交易的品种,使得社会金融资产多样化,逐步降低企业对银行贷款的依赖。第二是促使非存贷款产品利率的自由化,如果量足够大,影响足够大,市场化就是水到渠成的事。第三是通过非存贷款的利率市场化,并形成与银行存贷款的竞争,促使银行利率调整。因为当企业有两种选择的时候,任何一个资金供应者都会想法去满足企业的要求,就会形成竞争了。第四是放开贷款利率,进而放开存款利率。同时在这一进程中,不断改善宏观体制与制度环境,使之与利率市场化的要求一致。

而资本市场中可替代信贷市场的金融品种选择也有相当多的选择。目前对资产需求最多的是两个部门,即企业部门和政府部门。而以往企业向银行贷款,中央政府通过国债融资,但地方政府只能通过属下的国有企业向银行贷款以融资。目前来看,信贷市场的利率水平(或收益水平)要远低于资本市场,以2009年上半年为例,银行部门贷款数额剧增,流向居民部门的新增贷款为1.06万亿元,流向非金融性公司与其他部门的贷款为6.31万亿元。而根据国务院发展研究中心研究员魏加宁的估计,在2009年上半年,大约20%的信贷资金流入股市。这意味着仅在今年1—5月,就有大约1.16万亿的信贷资金流入到股市。信贷资金入市这一现象足以说明资本市场与信贷市场的利率水平差。

因此,如何利用资本市场为政府及企业融资,是资本市场扩容的重心。在成熟的资本市场中,公司债券、政府债券、股票都是基础性债券,以美国为例,其国内债券市场发达,截至2008年12月,其债券余额为24.6万亿美元,占全球国内债券市场总额的40%以上;其国际债券市场为6

万多亿美元,约占全球的25%;两者合计约30万亿美元。其中美国国债约10万亿美元(到当前已经升至12万亿),其余多为公司债和金融债。而同期,美国信贷与租赁市场净余额合计6.7万亿美元。与美国相对,中国债券市场余额为16万亿人民币,其中政府债5.5万余亿,央票4.4万亿,金融债4.2万亿,企业债(含各种企业债务融资工具)2万亿;而同期人民币贷款余额为37万亿,债务融资远低于美国。

在此看来,需要从两个层面启动债券市场的发展,首先是快速的完善企业的债务融资体系,放开企业债的管制;其次,允许地方政府发债,解决地方政府的融资困境。

企业债:目前中国的企业债区分为两种:公司债和企业债。前者要求发债主体是股份有限公司和有限责任公司,需要经过中国证券监督管理委员会核准。后者实际发债主体主要是中央政府部门所属机构、国有独资企业或国有控股企业等大型国有机构,而且均有大型银行、大型国有集团等对债券进行担保,由国家发展与改革委员会负责审批,这也使得企业债具有"国家信用"的准政府债券。

很明显这种情况与中国企业融资的需求完全不符合,不管是前者还是后者,均倾向于国有企业,使得资本市场这一原本有利于中小企业的直接融资工具的作用没有发挥出来。

地方政府债:由于中国实行事实上的财政联邦主义,地方财政有相当大的独立性。但出于对地方政府预算约束、治理机制等方面的疑虑,地方债迟迟未成启动,但不放开地方债不代表地方就没有债务,事实上地方政府通过早先的信托公司、下属的国有企业信贷、银政合作等机制已经积累了大量的债务,有相关专家对中国总体的债务规模进行过粗略统计,我国全部地方政府债务至少在1万亿元以上。与其法外或非法生存,不如允许地方政府公开发债,将隐性债务显性化。这包括允许地方政府公开、规范地发行地方债,就可以做到中央政府与地方政府二者"双赢"的局面。中央政府,完全可以把"允许地方政府公开、规范地发行地方债"这件事作为一张"王牌",作为一个重要的"筹码",以此来达到清理地方债务、公开地方政务、增加地方财政透明度的目的。

对于发债的监管,则需要中央政府在以下方面致力:组织大规模债务登记调查,编制地方资产负债表;区别不同类型债务,有针对性地研究应对之策;细化地方政府事权,进一步明晰各级政府事权界限;加快地方政府职能转换,以减轻地方政府的债务负担;精简地方政府行政机构,重新调整地方行政区划;建立信息披露制度,增加地方财政与地方债务的透明度;建立统一监控体制,分级管理各级地方政府债务;建立预警体系,建立对地方政府的信用评级制度;完善行政管理体制,改革地方政府的干部人事制度;组织清欠工作,削减债务规模、打开债务链;地方政府公开发债渠道,规范地方政府融资偿债制度。

允许地方政府发债,不仅解决了地方政府的融资问题。允许地方政府发债,就是直接把地方政府推向了金融市场的前沿,在一定条件下使得地方政府不得不需要维护和培育自身的信用,因为只有财政比较规范、透明,建设项目好、效益高的地方政府,它的债券才容易发得出去,而且发债成本也会比较低。那些透明、善治且财力丰厚的地方政府发行的公债显然更容易得到民众的青睐,因此发债在某种程度上可以作为衡量地方政府治理水准和公共信用的一个透明指标。这种市场的监督在某种程度上又可以促进地方政府之间的竞争和政府服务理念的创新。在市场的压力下,地方政府为了保证下次发行成功,在债券募集资金的使用方面会慎之又慎,确保资金主要用于基础设施等公共产品领域而不是风险较大的竞争领域,促使地方政府从一般竞争性领域退出,而只在市场失灵领域发挥作用,即只提供公共产品和公共服务。

作者为上海金融与法律研究院研究员。

利率市场化的国际经验及启示

祝红梅

20世纪70年代以来,很多国家相继进行了利率市场化改革,目的是使利率能够正确、灵活、及时地反映资金供求状况,有效调节金融资源在全社会范围内的配置。这些国家的改革有成功的经验,也有失败的教训,对于我国的利率市场化改革很有借鉴意义。关于利率市场化国际经验的研究,以美国、日本和一些发展中国家居多,对其他国家关注较少。本文以英国、法国、德国和澳大利亚为研究对象,考察这些国家实行利率市场化改革的背景、过程及改革后经济金融运行情况的变化,以期为我国的相关改革提供借鉴和参考。

一、英国

1. 背景及措施

第一次世界大战之后,英国的商业银行一直以利率协定的形式维持着利率的一致性。以英格兰银行的再贴现率为基础,商业银行对存贷款利率和同业拆借利率执行以下协定:(1)存款利率协定。支票存款不支付利息,通知存款利率低于再贴现率2个百分点;(2)贷款利率协定。贷款和透支利率比再贴现率高0.5—1.0个百分点;(3)拆借利率协定。拆借利率比存款利率稍高,但最低利率应比再贴现率低1个百分点。

20世纪60年代末和70年代初,英国的通货膨胀加剧,实际利率处于"负利率"状态(参见图1)。因为公众对通货膨胀上升的预期,货币当局有关控制利率水平的操作难以达到预期的目标,为此英国货币当局开始转向以货币供应量为货币政策中介目标。同时,随着国际资本的频繁流动和欧洲美元市场的不断扩大,缺乏弹性的利率协定导致国内资本的外流,扰乱了国内的金融秩序。

为了提高货币政策有效性,促进金融机构间的自由竞争,提高经营效率,抑制国际短期资本的过度流动,维持英镑币值的稳定,1971年5月,英格兰银行公布了一份"竞争与信用管制"(Competition and Credit Control)报告,提出了金融改革方案,于同年9月开始实施。其中一项重要的改革内容就是废止了银行间利率协议,银行可自行决定利率。利率市场化实施一两年后,英国的经济又经历了高通货膨胀、经济衰退及英镑贬值的压力,英国政府再次对利率进行干涉。1973年9月,财政大臣要求银行不得对1万英镑以下的存款付高于9.5%的利率,这种限制一直持续到1975年2月。1979年,英国取消了对外交易的外汇管制,实现国

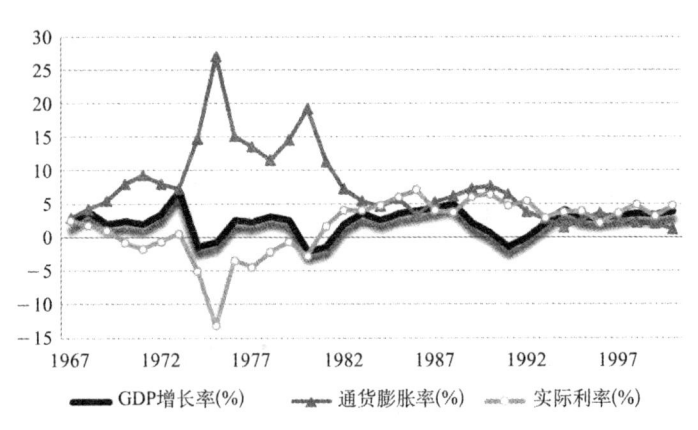

图1 英国利率市场化前后的宏观经济环境

注:通货膨胀率指标为GDP平减指数,下同。
资料来源:世界银行数据库,下文中的数据除特殊说明外,均来自世界银行数据库。

际金融交易自由化。1981年,英格兰银行取消最低贷款利率,利率完全实现自由化。

英国利率市场化的特点,一是"一步完成"。1971年,一举废止利率协定,而不象其他国家那样采取循序渐进的方式。二是利率市场化改革与金融其他方面的改革同时进行,如废除对银行的贷款限额管理,对全体银行实行统一的最低流动性比率及其他方面的要求等等。这些措施的同时实行,使得利率市场化改革更能实现预期目标。

2. 改革后的金融运行情况

20世纪80年代以来,英国的宏观经济环境趋于稳定,通货膨胀率逐渐走低,加上利率市场化后金融机构可以根据市场状况自主确定利率水平,70年代中后期实际利率长期为负的情况得到扭转(参见图1)。

1971年利率协定废止后,银行存贷款利率变动更有弹性。存贷款利率经历了短暂的上升之后在70年代中后期开始出现较大的波动(参见图2)。在1971年和1981年两个利率市场化关键年份之后的几年,存贷利差都出现了明显的下降,之后逐渐趋于稳定。

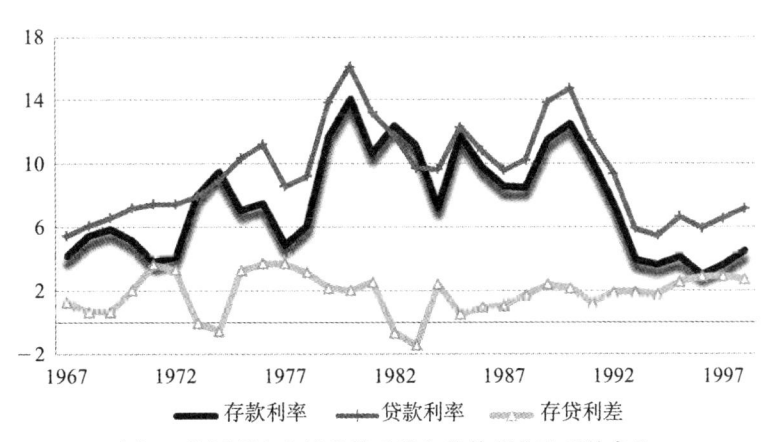

图2 英国利率市场化前后的存贷款利率及利差变化

资料来源:英言:《80年代以来英国金融业的发展与变革》,《国际金融研究》1997年第5期。

在利率市场化改革后,1986年英国又对金融业进行了以金融服务自由化为核心内容的改革,改变了金融分业经营的体制,商业银行纷纷进入证券、保险、信托等业务领域,开始综合化经营。银行的资产和收入结构也发生了明显改变(参见表1)。

表1 英国银行业资产结构和收入结构变化

年份	1988	1992	1994	1996
贷款/资产	64.6	59.4	51.9	51.7
证券/资产	7.6	13.9	15.6	20.0
非利息收入/总收入	32.3	42.3	44.5	46.0

二、法国

1. 背景及措施

历史上法国经历了较长期的利率管制。1941年德国纳粹占领下的维希政府通过制定银行法对存贷款利率做出限制。"二战"以后,为迅速恢复经济,需要大量资金,法国政府加强了信贷管制政策,由国家信贷委员会规定银行存贷款的最高利率,将其限制在较低的水平上,使其能够满足经济发展中所需的大量资金需求。法国的实际利率在很长一段时期内都处于负利率状态(参见图3)。低利率政策在一定程度上对刺激投资,

图3 法国利率市场化前后的宏观经济环境

加快经济增长起到了较大的促进作用。

20世纪60年代后期,美国、日本、英国、德国等国家经济快速增长,法国面临强大的外部竞争压力。长时期的利率管制使法国金融市场严重滞后,无法满足振兴经济的需求。为提升国际经济竞争力,实现强化工业企业的目标,法国政府在20世纪60年代开始了以利率市场化为突破口的金融改革。60年代中期先取消了银行业务分工界限,所有商业银行都可以根据自己的资金力量,经营各项业务,不仅可以兼办长短期贷款和汇兑结算,而且可以经营股票、投资、租赁、咨询等业务。

法国的利率市场化改革主要分为两个阶段,第一阶段的主要内容是:逐步放松存款利率管制,强化银行吸收资金的能力。具体分为四个步骤进行:(1)自1965年4月起,取消了六年以上定期存款利率上限;(2)1967年7月起,取消了超过二年期的25万法郎以上的存款利率限制;(3)1969、1976、1979年三次修改对存款利率的限制;(4)1970年代末,除对六个月以内定期存款和一年以内50万法郎以下定期存款利率规定上限外,其他存款利率已全部放开。

第二阶段是伴随80年代以后出现的世界性的金融自由化浪潮而进行的。随着法国金融市场的日趋活跃,过去那些严格控制的措施日益不能满足金融市场的需要。加之美国、日本、英国金融改革的影响,法国各金融机构强烈要求政府放松限制,进一步推进金融改革。1984年,法国颁布新的《银行法》,1985年12月废止控制金融机构贷款增加额做法,对活期存款不计利息,以后又逐步取消了外汇管制和对内资银行向非居民发放法郎贷款的限制,取消特殊贷款贴息,允许银行发行自由利率的大额存单(CD),利率自由化全面推开。

法国的利率市场化有三个特点,一是利率市场化体现出较强的循序渐进性,先后经历了大约30年时间;二是法国利率市场化具有较强的协调性,与金融衍生品发展、外汇体制改革和金融创新发展共同发展;三是法国利率市场化是政府大力推动的结果,以满足阶段性经济发展目标为特点。

2. 改革后的金融运行情况

20世纪80年代初,法国经历了一段高通胀时期,这时由于已经实行了利率市场化改革,金融机构定价灵活性增强,没有出现60—70年代的实际利率为负的情况(参见图3)。利率市场化改革后,金融机构之间的业务竞争加剧,利差一开始出现缩小趋势,之后逐步稳定(参见图4)

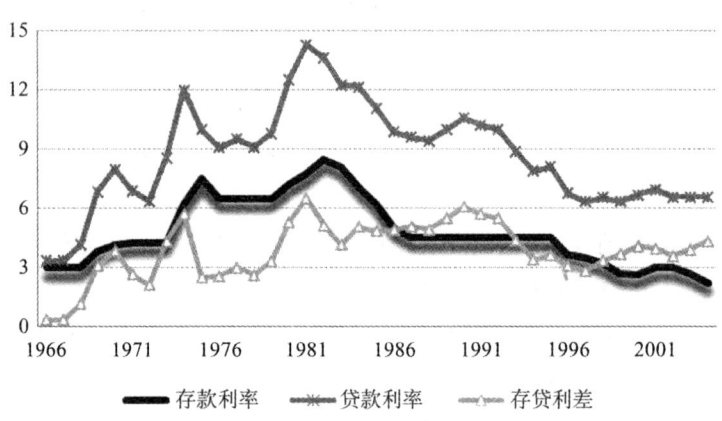

图4 法国利率市场化前后的存贷款利率及利差变化

随着金融改革和市场的发展,法国金融市场上出现了多种新金融工具(参见表2)和新的金融组织形式。1981年末和1982年初,法国出现了类似美国货币市场共同基金的两种新型组织:短期共同基金(Short-term Mutual Funds)和短期开放式单位信托(Short-term Open-ended Unit Trusts)。它们的功能基本相同,即把收集到的股金(性质上相当于银行存款)专门投资于各种短期证券,为客户提供远高于银行存款利息的收益,使储蓄者以小额资金也能得到证券市场上的较高收益,并且能分摊风险。这两种机构的股份具有很高的流动性,短期开放式单位信托的股金可以随时提取,短期共同基金股份则每月至少可以提取两次,参加这两种组织的客户还可以享受财政当局所规定的税收优惠。由于具有这些特点,这两种新型金融机构发展迅速,并把相当一部分银行存款吸引到自己的帐户上来。1982—1985 年间,它们的资产净额从 344 亿法郎增加到 2949 亿法郎。

表 2　20 世纪 80 年代法国部分金融创新工具

时间	金融工具	主要特点
1982 年 6 月	人民储蓄册	按消费价格指数调整利息率的活期存款
1983 年 1 月	工业发展帐户	所筹集的资金专门用于对中小企业的优惠利率贷款
1983 年初	附认购证债券	债权持有人可按一定比例在指定时间按确定价格购买发债企业的股票
1984 年 3 月	企业储蓄册	为创建新企业或购买企业提供资金。存款的年利率为 4.5%,存款期超过两年者可以保证按优惠利率取得贷款
1985 年 3 月	存款证	有最低面额和期限的规定
1985 年 12 月	商业票据	信誉可靠的公司企业发行的期限为 10 天至 2 年的票据

资料来源:谷雁翔《法国金融市场的新发展》,《南开经济研究》1987 年第 5 期。

利率市场化改革完成后,法国社会的融资结构有所变化。过去,长期证券市场长久处于无足轻重的地位。在 80 年代末期,法国银行部门提供的信用与 GDP 的比值大约在 100% 左右,上市公司市值与 GDP 的比值只有 30% 左右。到 2000 年,上述两个比值分别为 104% 和 109%。

三、德国

1. 背景及措施

为克服 1929 年爆发的经济金融危机,制止金融机构竞相提高存款利率,防止资金外流,德国从 1932 年开始实施利率管制。最初是以银行间利率协定的形式,后来转变为行政命令方式。利率管制的范围比较广泛,除存贷款利率,票据贴现率和各种手续费等均受到管制。银行各类贷款利率一般围绕中央银行贴现率的变动而变动。德国央行通过再贴现率的变动影响利率水平和结构，进而影响整个经济的信用水平，有效地控制了整个经济活动，取得很好的经济效果，成为战后经济恢复最快的国家之一。1958年，德国恢复了马克的自由兑换，第二年又实行了资本账户的自由化。资金的自由流动使得国外的利率变动对国内的影响增强。德国国内的私人和企业为寻求高利息，纷纷将存款转向欧洲货币市场，而德国央行提高利率水平的紧缩政策也因外资的大量流入而难以实现。外来的冲击使各项金融政策的效力大打折扣。另一方面，在国内，银行为防止存款外流纷纷绕开利率管制，用其他优惠条件争取存款，形成事实上的高利率状态，使利率管制形同虚设。在内外形势的相互作用下，要求解除利率管制的呼声越来越高。

1962年，德国政府和金融当局修改信用制度法，调整了利率限制对象，从而迈出了利率市场化的第一步。1965年3月，解除了对2.5年以上的定期存款利率的管制。1966年7月，对超过100万马克，期限在3个半月以上的大额存款利率取消限制。1967年4月，全面放松利率管制。在形式上全面实施利率的自由化后，为避免自由化引起的混乱，德国央行并没有完全放开对利率的管理。在1967年4月废除利率管制的同时，规定对于一般大众为对象的利率（即存款利率）实施标准利率制，规定由各金融业同业组织相互协商，制定存款的标准利率，或称指导利率，并向其所属的金融机构建议。这种做法的目的一方面在于使各种金融机构对市场的利率水平形成共同的认识，另一方面也是为了防止金融机构间的过度竞争。因此，尽管这时德国的利率形式上已经完全自由化，但实际上仍然存在着一定的管制。但由于标准利率制仅限于提出建议，并没有强制力，这种约束与过去的利率管制有很大的区别，并逐渐失去效力。1967年7月，定期存款的标准利率制被废止。储蓄存款的标准利率制到1973年10月被废止。至此，德国在形式上和实质上都实现了利率自由化。

德国利率市场化的一个明显特点是改革过程中没有伴随着明显的金

融创新。主要原因在于:德国实行利率自由化之时,正值低通货膨胀时期,一般大众寻求更高利率的存款金融工具的内在要求不强烈。并且,德国传统上实行的是"全能银行制",银行可同时经营长短期金融业务及证券业务,逃避分业监管创新金融工具的必要性不大。

2. 改革后的金融运行情况

利率市场化改革后,德国的实际利率水平经历了一个较明显的上升过程(参见图5)。存款利率和贷款利率都出现先上升、后下降的走势,存贷款利差先收窄、后又有所增大(参见图6)。

图5 德国利率市场化前后的宏观经济环境

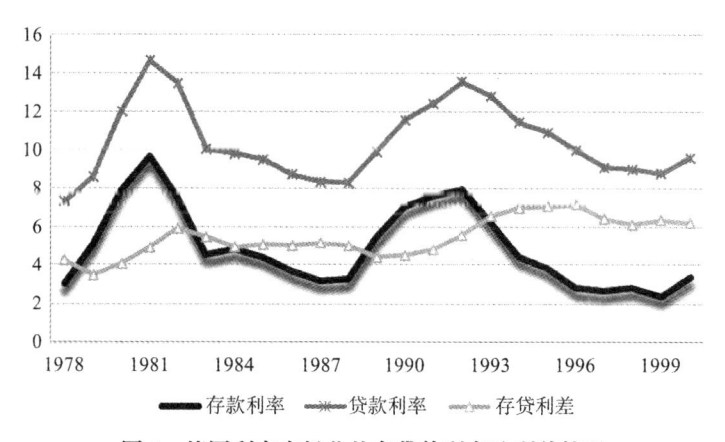

图6 德国利率市场化的存贷款利率及利差情况

德国的社会融资结构体系以间接融资为主,利率市场化改革后,直接融资规模有所扩大,但银行贷款在非金融部门融资中仍居主导地位。1970年,德国非金融部门负债中有55.2%是银行贷款,到1995年这一比例仍高达52.8%。企业融资结构虽然没有明显改变,但随着利率市场化的推进和上世纪80年代金融自由化和创新浪潮的影响,金融产品尤其是证券化产品的增加丰富了居民的投资选择,德国住户部门的金融资产结构发生了显著变化。银行资产占比从60年代的56.5%下降到90年代的32.8%,主要原因是储蓄存款转变为保险资产和证券资产。

四、澳大利亚

1. 背景和措施

20世纪30年代,受世界经济萧条和"二战"影响,澳大利亚经历了非常严重的经济衰退期,期间金融体系也暴露出很多问题。澳大利亚政府出于防止储蓄资金外流、对优先发展产业实行信贷倾斜和加强对银行的监管以限制风险等考虑,对金融业实行全面的严格管制。主要的措施包括:银行存贷款利率实行严格控制;对银行的贷款总量和投向采取限制性的管理控制;金融机构实行严格的专业分工;实行汇率管制,严格控制外汇。

到了20世纪70年代,金融管制的弊端日益暴露。首先是银行的主体地位受到冲击。银行在利率、贷款额度和投向、资本构成及新设机构方面受到各种限制,发展缓慢,而非银行金融机构因不受管制的竞争优势迅速崛起。银行在金融体系中的地位大大削弱,银行在金融机构总资产中的份额从1955年的64%下降到1980年的42%,而同期非银行金融机构的份额从10%上升到30%(参见图7)。其次,管制限制了竞争,金融体系效率低下,缺乏创新,有效的融资需求得不到满足。最后是外部环境变化的冲击。20世纪七八十年代,美、日、英、法、德等主要发达国家纷纷兴起金融自由化浪潮,很多发展中国家也纷纷放松金融管制。随着国际金融市场一体化程度不断提高,澳大利亚对金融的严格管制促使国内企业转向国际市场寻求它们所需要的金融服务。这不但使澳大利亚金融管制的效果大打折扣,而且直接削弱了澳大利亚金融机构的国际竞争力。

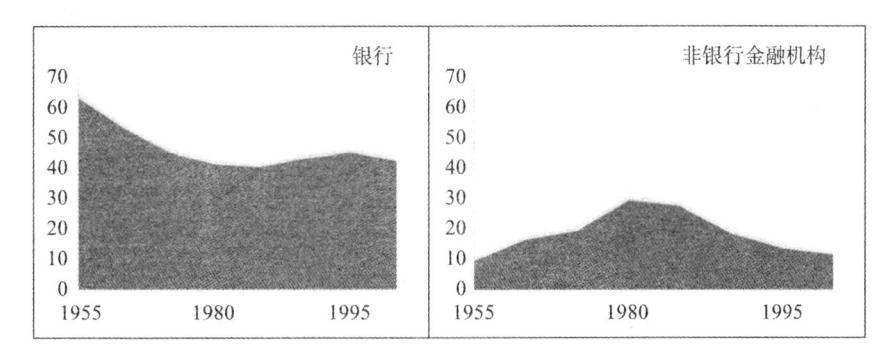

图7 澳大利亚银行与非银行金融机构在金融机构总资产的占比(%)

资料来源:Reserve Bank of Australia

对于进行以放松管制为主要内容的金融改革,当时澳大利亚有激烈的争论。有人担心改革会导致政府丧失对金融系统的控制力,认为金融管制带来的问题应该通过更严格的管制措施来解决。例如,将管制措施扩展到非银行金融机构。最终,改革派占了上风,澳大利亚从20世纪70年代初开始了金融自由化改革。

1973年,政府取消了对银行大额存款的利率控制,进行了改革的初步尝试。1979年澳大利亚政府成立了坎贝尔调查委员会,对金融管制的效率进行调查,1981年公布了坎贝尔报告(Campbell Report),建议实行浮动汇率,取消对贷款数量的限制,降低银行储备金以及引进外资提高竞争等。报告的大部分建议被政府采纳。80年代改革全面提速,改革的主要内容包括:

一、取消对银行的直接控制。从1981年到1985年,澳大利亚相继取消对金融机构存贷利率、存款期限和借贷数量的限制。同时扩大银行的业务范围,取消金融机构在业务分工方面的限制,允许银行间业务交叉并相互竞争。

二、放开国债利率。澳大利亚的国债市场一直是政府定价,1979年和1982年先后在短期和长期国债发行市场实行招标制。

三、取消外汇管制,实现澳元自由兑换。1983年12月,澳大利亚放开澳元官方定价,允许澳元自由浮动,同时允许资金在境内外自由流动。

四、开放金融市场,允许外资银行进入。1985年,澳大利亚政府批准包括中国银行在内的16家外国银行在澳设立分行或分支机构。

五、改革证券市场,取消对股票市场佣金率和经纪人准入的限制。1984年,澳大利亚将股票市场实行了100年之久的固定比率佣金制改变为可以协商的佣金制。1985年,澳政府允许外国投资者拥有澳证券经纪公司低于50%的股份。

2. 改革后的经济金融运行情况

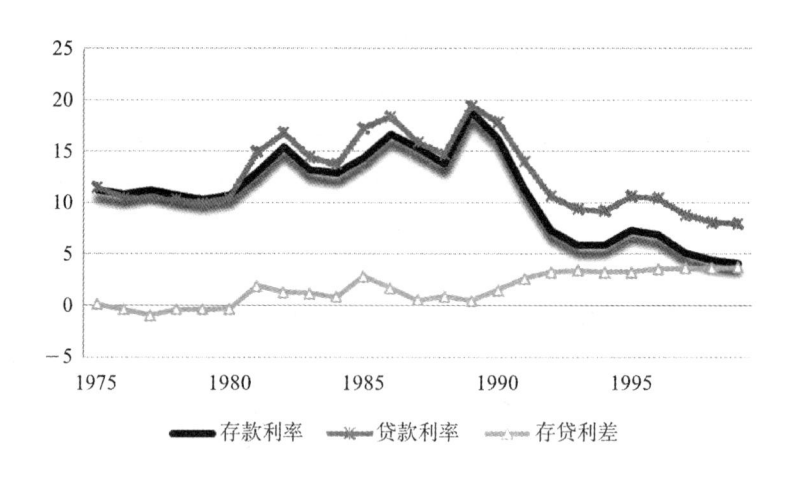

图8 澳大利亚利率市场化前后的利率情况

放松管制后,银行的约束减少,竞争能力增强,迅速扩张。20世纪70年代,银行信贷与GDP的平均比例为43%,80年代上升为52%,到90年代进一步增加到 81%。银行重获在金融体系中的主导地位,而信用联盟(Credit Union)、建筑协会(Building Societies)等非银行机构则因为不再具有不受管制的竞争优势而出现萎缩(参见图 7)。与美国、日本等国家利率市场化后存贷利差明显缩小的情况不同,澳大利亚放开利率管制后存贷款利差呈现一种相对稳定的缓慢扩大趋势,1975—1985 年的平均存贷利差为 0.56,1986—1990 年为 1.07,1991—2000 年为 3.5(参见图 8)。80 年代初期,银行业的盈利性因为竞争力的增强和业务扩张而维持了稳定的上升趋势,1985 年向外资银行开放后有所下降(参见图 9)。

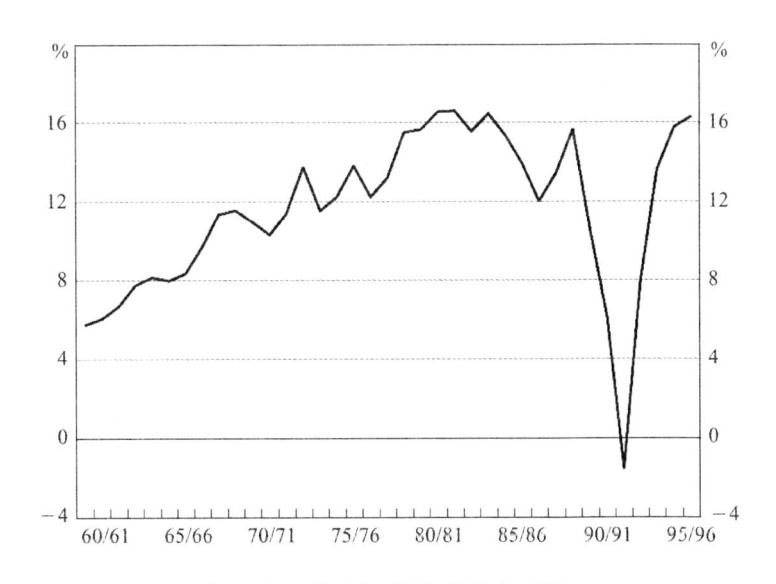

图 9 澳大利亚主要银行的资本回报率

资料来源:Reserve Bank of Australia

改革之后,澳大利亚金融市场迅速发展。1985—1999 年间,主要产品的交易量增长率都超过 20%,约为同期 GDP 名义增长率的 3 倍,金融衍生产品市场发展尤为迅速(参见表 3)。

表3　澳大利亚金融市场日均交易量(百万澳元,%)

	1985年	1999年	平均年增长率
外汇	5000	77000	22
债券市场			
现券	1000ᵃ	4000	14
远期合约	100	7000	35
货币市场			
现券	600ᵃ	7000	20
远期合约	1000	30000	26
回购协议	200ᵃ	15000	38
资本市场	100	2000	21
期货			
名义GDP	230000	600000	7

注:a 估计值,GDP为全年值
资料来源:Reserve Bank of Australia Bulletin,March 2003.

　　澳大利亚金融改革进程中的负面影响也是存在的。金融自由化导致信用扩张,股票市场过度繁荣,债务增加,其结果导致了1987年10月的股票市场大崩溃,并进一步引发了金融危机,1990—1991年,澳大利亚经历了一次严重的经济衰退(参见图10)。

　　20世纪80年代末的金融动荡促使澳大利亚各界对金融自由化改革进行反思。1996年6月,澳大利亚政府成立了"金融体系调查组"("FSI"),这是政府在继坎贝尔报告之后再次调查澳大利亚的金融制度。调查组在1997年提交了维利斯报告,对澳大利亚的金融监管体系提出了改革建议。澳政府采纳了建议,并于1998—2003年间进行了一系列改革。其中澳大利亚审慎监管局(APRA)的设立是最重要内容。

　　APRA是响应维利斯建议于1998年7月1日成立,把对各类金融业务的监管权集中于APRA,将分业监管改为集中监管,以适应现代金融市

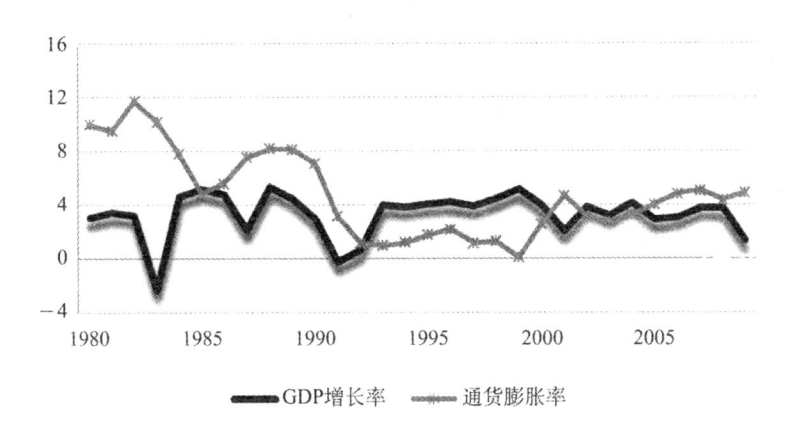

图 10 澳大利亚利率市场化改革后的宏观经济运行情况

场发展的需要。APRA 的权力来源于 1998 年的澳大利亚审慎监管局法以及银行法、保险法、人寿保险法、基金监管法等。在澳洲地域内,所有接受储蓄的机构都归属于澳大利亚审慎监管局监管。澳大利亚的金融监管体制改革顺应了金融业发展的趋势,维护了金融系统的稳健运行,也为经济发展提供了保障。20 世纪 90 年代中后期以来,澳大利亚保持了高增长、低通胀的良好态势(参见图 10)。

澳大利亚金融改革的重要启示是在行政上放松对金融业直接管制的同时,必须加强以控制风险为主要内容的金融监管。

五、经验及启示

1. 商业银行存款利率是利率市场化改革的难点

从时间顺序上看,大多数国家(地区)最终完全放开存款利率都是在改革的最后阶段才实现的。就改革的整个进程而言,存款利率市场化占据了整个利率市场化过程的大部分时间(参见表 4),因此,可以说,存款利率市场化成为利率市场化改革的难点是各国普遍发生的共同现象。

贷款利率先于存款利率实现市场化是一种国际性的普遍经验。究其

表4 部分国家(地区)存款利率市场化经历时间

国家	利率市场化改革持续时间	存款利率市场化持续时间	利率市场化最终步骤
美国	1970—1986年	1970—1986年	取消存折储蓄账户的利率上限
法国	1965—1985年	1965—1985年	允许发行自由利率大额CD
德国	1967—1973年	1967—1973年	废除储蓄存款的标准利率
日本	1977—1994年	1984—1994年	定期存款利率市场化
韩国	1981—1989年(1);1991—1997年(2)	1984—1989年(1);1991—1997年(2)	活期存款利率放开
印度	1992—2011年	1992—2011年	存款利率放开
台湾	1975—1989年	1980—1989年	取消存贷款利率上下限
香港	1994—2001年	1994—2001年	放开储蓄和活期存款利率

原因,一是贷款利率主要涉及金融机构和企业,在个人信贷在社会信贷总量中占比尚不大的情况下,对个人利益的影响不大。与个人相比,金融机构和企业在金融意识、利率敏感度和承受能力上更能适应更大利率市场化。二是商业银行的存款构成一国货币供应量的最重要部分,存款利率的变动将直接或间接影响货币供应量。因此,对于银行存款利率的市场化,各国(地区)大都采取了谨慎的态度,将其放在整个改革的最后一个环节。2012年6月8日,中国人民银行将金融机构存款利率浮动区间调整为基准利率的1.1倍,利率市场化改革迈出了新的一步。

2. 配套改革形成完善的市场化基础

利率市场化改革实际上是金融自由化改革的一部分,不只是简单的利率放开问题。英国、法国、澳大利亚的利率市场化改革都是其金融改革"一揽子计划"的一部分,在改革利率形成机制的同时,取消对金融机构的分工限制和信贷限制,放松外汇管制,鼓励金融创新,促进金融市场发展,健全利率调控和传导机制等等,这些配套改革为利率市场化提供了较完善的市场基础,有助于实现预期目标。

3. 渐进方式逐步推进

法国的利率市场化经历了大约30年时间,英国、德国利率市场化改革进程比较短暂,但并没有立即放弃对于利率的管理。如德国央行1967年废除利率管制,但储蓄存款利率实行标准利率制,直到1973年10月废止这一制度才在真正意义上实现利率市场化。英国1971年废除"利率协定",但采取最低贷款利率控制短期利率方式减缓改革的冲击,直到1981年才完全实现利率自由化。期间,在通货膨胀比较严重的1973—1975年还对大额存款利率规定最高限制。

4. 提供法律制度保障

德国利率市场化改革时修改了《信用制度法》,法国则颁布了新的《银行法》,对改革做出了明确规定,提供了法律制度保障,对于金融机构的监管有法可依,有助于减轻改革带来的冲击。相比之下,英国的利率市场化改革没有立法,是英格兰银行与金融机构以"绅士协定"的方式进行的,一定程度上影响了英国的利率市场化改革效果。

5. 加强改革过程中的风险防范

从英、法、德的实践来看,利率市场化改革初期,利率水平有所上升,存贷利差呈缩小趋势。1971—1980年的10年间,英国和法国实际利率为负的年份数分别为9年和6年,实现利率市场化后的1981—2000年的20年间,两国都没有出现实际利率为负的情况。1971—1980年间,英国的平均存贷利差为2.47个百分点,到1981—1990年间下降到1.19个百分点。法国的平均存贷利差从80年代的5.22下降到90年代的3.96个百分点。

利率管制在一定程度上保护了利率定价能力和风险管理能力较弱的中小金融机构。取消利率管制后,金融机构运用利率手段竞争日益激烈,一些金融机构常以高存款利率,低贷款利率吸引客户,导致成本上升,收益减小,出现经营困难。英、法、德三国的利率市场化过程中都出现过不同程度的银行倒闭增加的情况。从"二战"到1984年间,法国没有一家银行倒闭,但1985年以后,倒闭银行急剧增加,甚至一些大银行也遇到很多问题。澳大利亚金融改革期间也曾出现股市崩溃和经济衰退。因此,利率市场化改革应做好预期风险防范,加强监管和风险监测,做好风险预案。

作者为中国人民银行金融研究所研究员。

参考文献:
谷雁翔:《法国金融市场的新发展》,《南开经济研究》1987年第5期。
英言:《80年代以来英国金融业的发展与变革》,《国际金融研究》1997年第5期。
刘利:《利率市场化问题研究》,经济科学出版社2001年。
李社环:2000,《利率市场化》,上海财经大学出版社。
郑德力:《德意志联邦银行:联邦德国的中央银行制度及货币政策》,(译),中国金融出版社1990年。
金建栋:《法国金融掠影之三》,《中国金融》1989年第8期。
Deutsche Bundesbank Monthly Report,March 1998.

第三章 深化金融市场

"垃圾债券"并不垃圾
——鸟瞰美国高收益债券市场

王 闻

从去年底以来,证监会、上交所和市场人士开始对垃圾债券(junk bonds)展开了广泛的讨论。现在,这种新型金融工具已经离中国市场越来越近了。

垃圾债券是一种相对贬义的叫法,它还有其它几种比较中性和褒义的叫法,比如高收益债券(high-yield bonds)、低/非投资级债券(non or below-investment-grade bond)和投机债券(speculative bonds)等。这些债券通常具有更高的违约风险,或者是其它负面的信用事件,因此为了吸引投资者,它们的收益率就需要高于高收益等级的债券。

垃圾债券这个术语可以追溯到美国20世纪20年代,它最初是交易员的俚语。而穆迪这些金融服务商则早在1919年就使用了相对中性的高收益债券的术语而最早在文字中出现垃圾债券这个术语是出现在1974年福布斯杂志的一篇文章中。

本文我们将着重介绍美国垃圾债券的历史和现状,从中我们可以看到,尽管这个市场历经波折,但是它现在已经成为美国资本市场中的重要力量。这种债券对公司财务、实体经济和证券投资都具有特别的意义。基于本文的主要观点,下面我们将主要使用高收益债券这个术语。

根据国际市场的通行标准,高收益债券是指穆迪评级在 Baa 级以下或者标准普尔评级在 BBB 级之下的债券。债券的信用评级衡量了债券发行人无法支付利息或者在到期日无法支付本金的风险。在其它条件一致的情况下,债券的风险越大,其信用评级就越低。最高的信用评级是 AAA(标准普尔)或者 Aaa(穆迪),最低评级是 C,而违约债券则评级为 D。这样高收益债券的评级就是 BBB 级和 D 级之间的债券,其中包括了 BB、B 和 C 这三个主要等级。下面的表 1 我们列出了穆迪、标准普尔和惠誉这三家世界主要评级机构的评级体系。

表1 评级体系

穆迪 (Moody)	标准普尔 (S&P)	惠誉 (Fitch)	投资级别	信用风险	债务信用质量
Aaa	AAA	AAA	投资级	最低	最优等,投资安全性最高
Aa1	AA+	AA+	投资级	极低	高等级,高信用质量
Aa2	AA	AA			
Aa3	AA−	AA−			
A1	A+	A+	投资级	低	中上级
A2	A	A			
A3	A−	A−			
Baa1	BBB+	BBB+	投资级	中等	中下级
Baa2	BBB	BBB			
Baa3	BBB−	BBB−			
Ba1	BB+	BB+	高收益/ 低投资级	较高	非投资级
Ba2	BB	BB			低投资级,具有投机性
Ba3	BB−	BB−			
B1	B+	B+	高收益/ 低投资级	高	高度投机性
B2	B	B			
B3	B−	B−			

(续表)

穆迪 (Moody)	标准普尔 (S&P)	惠誉 (Fitch)	投资级别	信用风险	债务信用质量
Caa1	CCC+	CCC	高收益/可违约	极高	信用状况很差,巨大风险
Caa2	CCC	—			
Caa3	CCC_	—			
Ca	—	—	高收益/可违约	极高	可能违约
C	—	—	高收益/可违约	极高	通常违约
—	—	DDD	违约		违约
—	—	DD			
—	D	D			

高收益债券的发行人主要是公司,当然也可以是国家或者地方政府。像现在受到欧债危机困扰的希腊,其政府信用评级已经降至 C 级,这样希腊的国债已经属于垃圾债券的范畴。不过下面分析的重点是公司发行的高收益债券。

一、简单的历史回顾

如果从源头上说,高收益债券的历史和资本市场历史是一样久远的。资本市场最初的工具是政府债券。如果按照现代的信用评级标准,这些历史上出现的政府债券都应属于高收益债券的范畴。公司高收益债券的历史可以追溯到 20 世纪初期,一些知名的美国大公司,比如通用汽车(GM)、IBM、J. P. Morgan 以及美国钢铁(U. S Steel)等都曾经发行过高收益债券。自此以后一直到 70 年代初期,高收益债券的新发市场渐渐萎缩到停滞,同时所有公开发行的债券都变成投资级别。唯一的例外是有些公司在发行的时候具有投资级别,但是后来被信用降级,由此就变成"堕落天使"(fallen angels)。那些被认为是投机级的公司实际上被彻底排除在公开资本市场之外,这样它们就不得不依赖于费用更高并且条件更为苛刻的银行贷款和私募。

世界和美国经济环境在20世纪70年代初发生了重大的变化,这给后来高收益债券市场的兴起埋下了伏笔。到60年代末期,二战以后美国长期经济繁荣接近结束。从约翰逊政府时代开始实施的"枪炮加黄油"(gun and butter)的政策,也就是越战和急速扩大的社会服务,都让美国政府开支急速上升,贸易赤字扩大,同时通货膨胀率迅速上升。为了应对这种情况,尼克松政府在1971年开始实施新经济政策,一方面对国内的价格和工资进行管制,另一方面放弃美元自由兑换黄金的金汇兑本位。这些措施没有从根本上扭转美国经济形势,同时1973年爆发的石油危机加剧了物价上涨。在这种情况下,美联储不得不采取措施,由此自二战结束以来长达近30年的利率稳定时代结束了。在短短的两年之内,短期贷款成本翻了两倍,而经济衰退也导致美国股票市场大幅度下滑。在房地产和股票市场都双双下挫的情况下,银行出于资本不足的担心不得不停止除面向大企业和最高信用等级公司以外的商业贷款。随着公开市场上的借款利率迅速超过银行存款利率上限,存款资金开始流出银行体系。在1974年,商业银行的贷款减少了160亿美元,同比下降了20%。

20世纪70年代上半期经济环境的变化导致了信贷市场上出现了错误配置的现象。那些在市场份额和就业上具有最快成长率、在资本上具有最高回报率,同时对技术和产品创新做出最大贡献的企业往往无法获得资本的支持。在投资者方面,他们也无法给那些成长前景良好或者是寻求重组或重新使用资产的企业进行投资,而且也无法从那些未来成长率低下的企业中退出。在这种经济和金融环境下,资本市场就需要新的金融工具来协调投资者和企业家的利益,并且通过资本结构的变化来重新振兴美国经济。由此高收益债券在沉寂超过半个世纪以后重新登上了历史舞台。

1977年贝尔斯登(Bear Stearns)新发了第一支现代的高收益债券。

"垃圾债券"并不垃圾

不久以后,德崇证券(Drexel Burnham Lambert)以及它的主要领导者 Michael Milken 开始进入到这个市场中,他们很快成为这个市场的主角。80 年代高收益债券出现了爆发式的增长,图 1 显示的每年美国高收益债新发数额就充分说明了这一点。一方面,高收益债可以提供相对于私募更低的利率和更高的流动性,另一方面高收益债又可以给投资者带来比投资级债券更高的风险调整回报率。通过把以上两者很好的结合起来,德崇证券和 Milken 在 80 年代取得了巨大的成就。德崇证券从华尔街的边缘角色成为最赚钱的公司,而 Milken 本人则仅在 1986 年就获得了高达 5.5 亿美元的佣金。

20 世纪 80 年代高收益债券给很多当时处在新兴行业提供了资本,例如通讯、娱乐、新闻媒体和书店,其中包括一些后来的商业巨子:特纳广播(Turner Broadcasting)、MCI 通讯(Microwave Communications)、麦克考移动电话(McCaw Cellular)、时代华纳(Time-Warner)、远程通讯(TCI)、美泰玩具(Mattel)、Cablevision、新闻集团(News Corp.)、巴诺书店(Barnes & Nobel)、米高梅(MGM Mirage)、Harrah 娱乐(Harrah's Entertainment)等。除了给新兴企业进行融资以外,高收益债券还给那些处于困境的企业和行业提供重组机会,并且通过由兼并收购(M&A)、杠杆收购(LBOs)等形式的公司控制市场改进企业效率。从 1979 年到 1989 年,高收益债券的平均收益率是 14.5%,平均违约率只有 2.2%,而年度总回报率平均为 13.7%。

1989 年,随着针对高收益债券融资的限制以及各种反收购规则的出台,以及当时纽约南区检察官 Rudolph Giuliani 和过去在公司借贷市场中占据主导地位的竞争者针对德崇证券和 Milken 发起的运动,高收益债券的第一个黄金时期结束了。1990 年,高收益债券市场在 1990 年一度崩盘,当年高收益债券的回报率是 −8.5%,这是 10 年以来第一次回报率为负。德崇证券在 1990 年 2 月破产,而 Milken 本人则在 4 月承认六项罪名,然后入狱两年。有关 Milken 的刑事指控后来在美国司法界和社会都引发了巨大的争议,而今至今不断。这非常像吴英案在中国当下引发的争议和讨论。

1990年的高收益债券市场的巨大衰落在当时曾经一度被当时的媒体看作是一个故事"末尾的开头"。但是后来市场的发展证明了这是一个错误的看法,1990年只是故事"开头的结束"。1991年的高收益债券市场迅速抛下了80年代末期的争论,新发数额比1990年增加了近10倍,而回报率则达到了令人吃惊的43%。整个90年代(1990年到1999年),市场的年度平均回报率是15%,而1992年到2000年的平均违约率只有2.4%。90年代高收益债券市场日益成熟,一方面大量新的投资者进入到这个市场中,市场的流动性有很大的提高,同时还出现了抵押债务证券(Collateralized bond obligations/CDOs)和违约掉期互换(Credit Default Swap/CDSs)这样新型的金融工具。

从2000年到2002年,因为高科技股票的破灭,再加上美国整体经济活动的下滑,高收益率债券市场的违约率上升,同时回报率下滑。这三年内平均违约率是9.2%,而平均的回报率接近于0。从2003年开始,随着高科技公司违约成为历史,同时美国经济走出衰退,高收益债券市场重新恢复了活力。2007年美国出现次贷危机,高收益债券市场在2008—2009年中间再次出现严重下挫,新发数额下降,违约率和破产都在增加,回报率下跌。不过从2010年开始,这个市场再次活跃起来。

二、基本数据和指标

1. 市场规模

下面的图1列出了从1977年到2011年高收益债券市场新发数量。从该图中我们可以看出,自从70年代末期兴起以来,高收益债市场经历了强烈的周期性增长。和第一节简要历史回顾相吻合,高收益债市场的第一次迅速扩张出现在1983—1989年,然后在90年代的1992—1999年之间也得到了快速发展。进入到21世纪以后,高收益债券市场的新发规

"垃圾债券"并不垃圾

模则大体上保持了90年代的规模。同时从图1中也可以看到,这个市场在1990—1991、2001—2002和2008年中间经历了短暂的下滑。

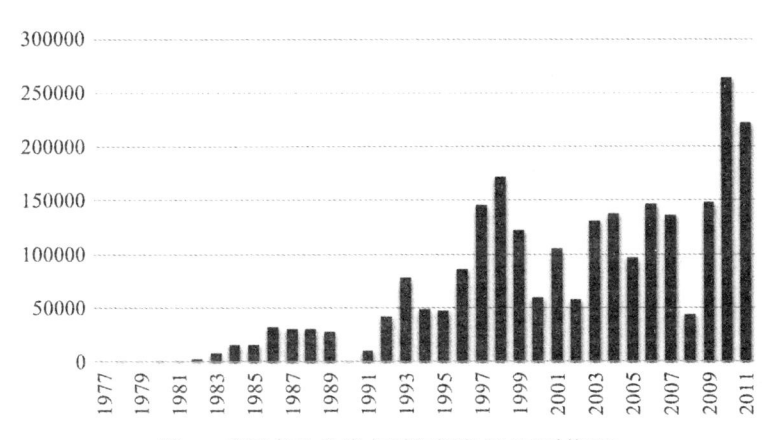

图1 美国高收益债市历年新发额(百万美元)

资料来源:Securities Data Corporation, and Barclay Captial.

按照评级标准,高收益债券可以分为Ba、B和Caa三类。下面的图2刻画了这三个市场从1987年开始到2009年的新债发行情况。从图中可以看出,B级债券在这22年中始终占据着最大的市场份额,但是在2009年的比例已经显著低于最初的比例。与此同时,位于图形中最下方的Ba级债券则有明显增加。而位于图形最上方的Caa级债券新发数额则表现出明显的周期性特征。

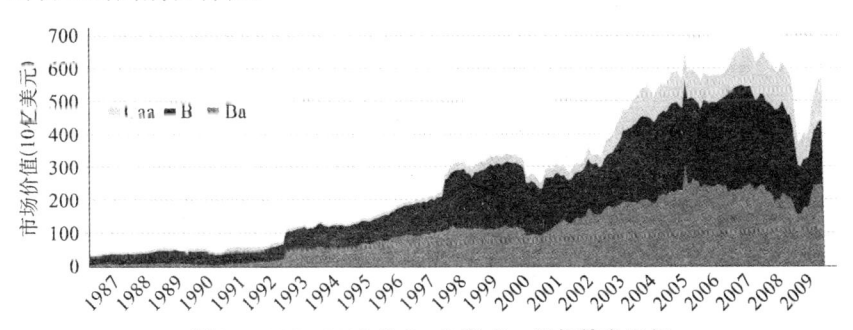

图2 1986—2009年Ba、B和Caa级新债发行额

资料来源:Reilly/Wright/Gentry(2009)

2. 风险和回报特征

下面的图3刻画了1985年到2009年间各种股票和债券价格指数的风险和回报率特征。如所期待,股票的回报率要高于整个高收益债和投资级债的回报率,同时也具有较高的用标准差衡量的风险。不过股票还不是波动最为剧烈的资产类型,Caa级债券和违约债券价格的波动性都要比股票大,而且这两种高风险资产还具有相对较低的回报率。这种高风险和低回报的组合凸显了一个实务界的谜题,这就是虽然高收益债券指数(HY)的波动率比投资级的加总债券指数(AGGR)波动率高处了两倍多,但是它们的平均回报率则相差不多。

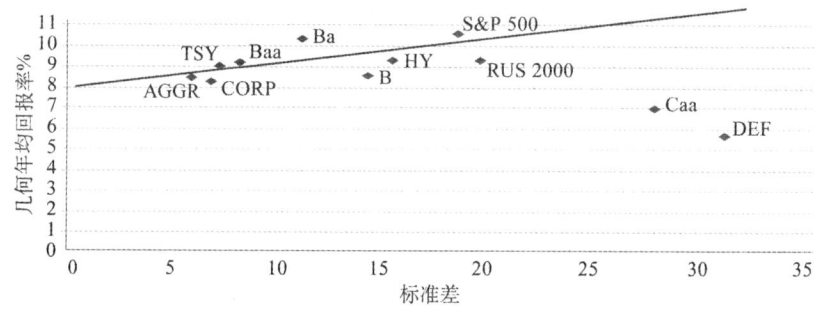

图3 美国股票和债券价格指数风险—回报散点图

注释:S&P500是标准普尔500股票指数;RUS2000是罗素2000股票指数,这个指数是由Russell公司编制的,是一个含有股息的指数。它是反映美国股票市场中小盘股的价格变化趋势,这些股票的总市值不到标准普尔500指数中总市值的十分之一。DEF是Altman-Kuehne违约债券指数(Defaulted Bond Index)。剩下的都是巴克莱资本(Barclay Capital)编制的各种针对美国债券市场的价格指数,其中AGGR(Aggregate Bond Index)是加总债券指数;TSY是政府债券指数(Treasury Bond Index);CORP是公司债券指数;Baa是信用Baa级债券指数(Credit Baa Bond Index);HY是高收益公司债券指数(Corporate High Yield Index);Ba是美国高收益Ba级指数(Ba High Yield Index);B是美国高收益B级指数(Ba High Yield Index);Caa是美国高收益Caa级指数(Caa High Yield Index)。在上述债券价格指数中,加总债券指数(AGGR)并非是包含高收益债券在内的所有债券指数,而是四个投资级债券类别的综合价格指数,其中包括政府债券、公司债券、抵押担保债券和资产支持债券;同时公司债券指数(CORP)也是仅指具有投资级别债券的综合价格指数。这样AGGR、TSY、CORP是投资级债券指数,而HY、B、Ba和Caa则是高收益债券指数。巴克莱的债券指数是当下实务界通行的债券市场指数。这些债券指数的前身是雷曼兄弟(Lehman Brothers)编制的。在雷曼于2008年破产以后,巴克莱接管了其编制指数的服务。

资料来源:Reilly/Wright/Gentry(2009)。

除了 Caa 级和违约债券之外，B 级债券和 Ba 级债券之间的关系也有违常理。和后者相比，B 级债券虽然波动率更大，但是回报率却也更低。这样虽然高收益债的波动率的确会随着评级的降低而变得更大，但是它们的回报率排序则完全和常识相反：Ba 级债券的回报率最高，B 级债券次之，而 Caa 级债券则最小。

最后作为一个对比，下图比较了美国高收益债回报率和 10 年期国债回报率，在总共 33 年（1978—2010）的样本期中，有 12 年（36%）国债回报率超过了高收益债回报率。不过高收益债的年度平均回报率（11.11%）依然超过了国债年度平均回报率（8.34%），同时前者的标准差（15.34%）也超过后者（11.55%）。

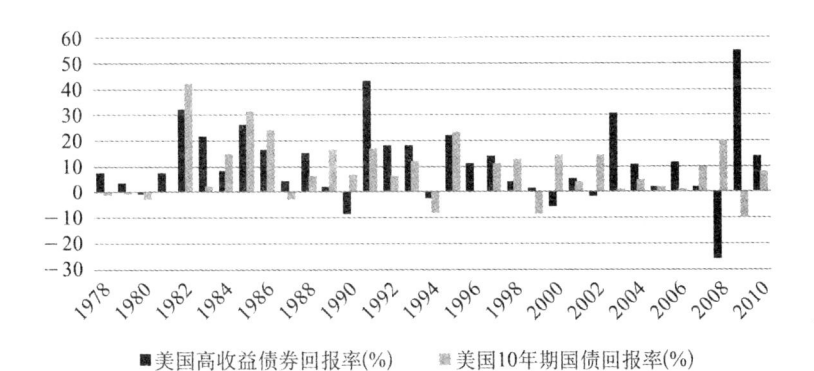

图 4 美国高收益债券和 10 年期国债年度回报率

资料来源：Altman/Kuehne(2011)

3. 收益率差

高收益债券的到期收益率相对美国 10 年期国债到期收益率之间的差额被称为高收益率率差（high-yield spread/HYS）或者信用风险率差（credit risk spread/CRS）。这个指标是市场中债券分析师和基金经理参考的重要指标，它被用来区隔不同债券市场的产品，并且反映投资者对于债券违约风险和流动性风险的看法。

下面的图5刻画了从1986年底到2009年之间高收益率差的时间序列,图中的阴影区域表示由美国国家经济研究局(NBER)确定的经济紧缩时期,所涉及的3个时段分别是1990/07—1911/03、2001/04—2001/12以及2007/12—2009/06。

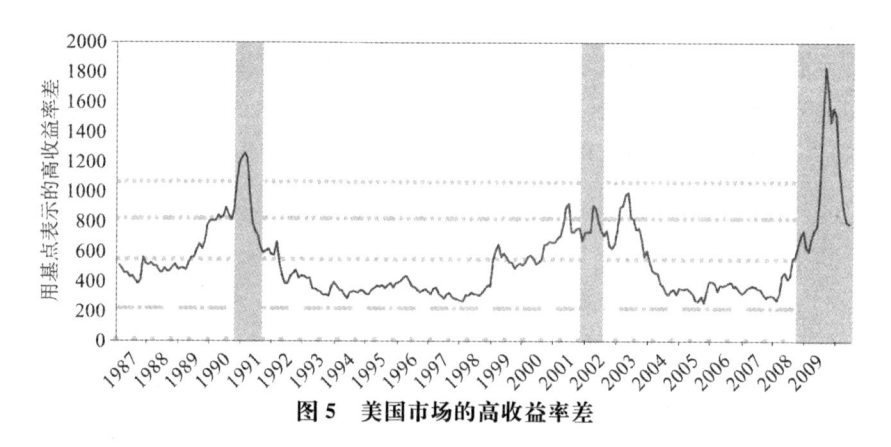

图5 美国市场的高收益率差

注释:从上至下的五个点线分别表示均值加两倍标准差(1086个基点)、均值加1倍标准差(812个基点)、均值(539个基点)、均值减一倍标准差(267个基点)以及均值减两倍标准差(−6个基点)。
资料来源:Reilly/Wright/Gentry(2009)

图5表现出的一个统计趋势就是高收益率差绝不是正态分布,它明显偏向于更大的数值:在样本时段内,高收益率差曾经两次超过均值加两倍标准差水平,但是从来也没有低于过均值减两倍标准差的水平。

图5还清楚地表明了商业周期对于高收益率差的影响。对照样本期内的三个紧缩期,高收益率差都是在紧缩时段中间或者是不久之后达到其局部峰值的。同时该图也表明了2008年金融危机中高收益率差急剧上升,其峰值接近2000个基点,这几乎是均值之上的五倍标准差。尽管高收益率差的分布远非正态,但是出现这样一个数值的或然率依然是相当低的。这也说明了如果把时间拉得更长,2008年的金融危机必定在世界经济史上留下浓重的一笔。

4. 违约、破产和回收

违约是高收益债券不可绕开的话题。从通行的定义来说,高收益债券的违约从轻到重包括以下四种情形:(1)未能偿还利息并且在宽限期内没有实现还息;(2)廉价交易(distressed exchange);(3)公司破产。[1] 下面的图6给出了美国高收益债券的违约率(default rate)时间序列,图中的阴影区域依然是国家经济研究局确定的经济紧缩时期。[2] 从直观上看,图6中的违约率和图5中的高收益率差的历史走势是非常相像的。后面我们会讨论这两个变量之间的关系。图7和图8分别给出了按照信用评级和按照行业划分的违约情况,最后图9则给出了违约年限的分布,也就是从债券最初发行日到违约的时间长度年份分布。

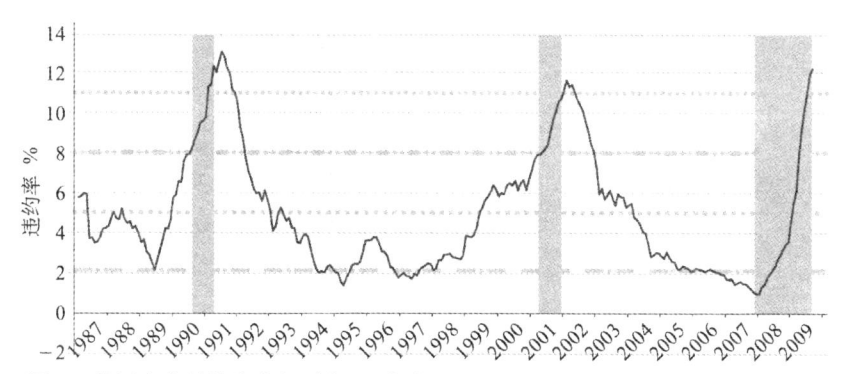

图6 美国高收益债券市场过往12个月(Trailing Twleve-Month/TTM)的违约率

注释:从上到下的五条点线分别表示均值加两倍标准差(10.85%)、均值加一倍标准差(7.88%)、均值(4.91%)、均值减一倍标准差(1.93%)、均值减两倍标准差(−1.04%)。

资料来源:Reilly/Wright/Gentry(2009)。

---

[1] 廉价交易是指债务人向债权人发行新债券来替换原有债券,这是公司在困难无助的情况下为破产所采取的自救措施。2008年金融危机时年美国资本市场流动性枯竭,处于困境状态的企业获得破产保护融资(Debtor-in-possession/DIP financing)或退出融资(exit financing)都很困难,这样根据《破产法》第11章进行重组获得成功的不确定性很大,所以廉价交易就频繁的出现。

[2] 违约率有两种计算方法,一种是用违约金额除以在外流通的债券面值总额,另外一种是用债券违约次数除以债券发行总次数。图6采用的是后一种方法。

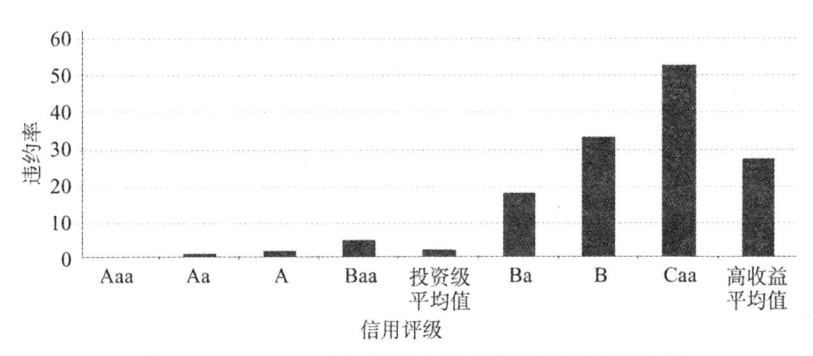

图 7　1987—2009 年不同信用等级债券的平均违约率

资料来源：Reilly/Wright/Gentry(2009)。

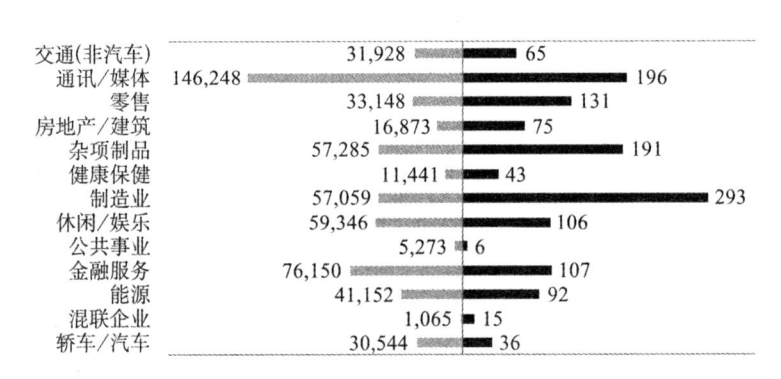

图 8　依据行业划分的公司债违约

注释：左图的时段是从 1970—2010 年，右图的时段是从 1990—2010 年。
资料来源：Altman/Kuehne(2011)。

如果公司没有和债务人在法庭外协议和解或者达成廉价交易，公司可以进入破产程序。美国公司破产有两种情形，第一种是根据《破产法》第 11 章，在这种情况下，公司处于破产保护的重组状态，其股票和债券依然可以继续在市场中交易。第二种是根据《破产法》第 7 章，此时公司停止全部业务，而法院会任命一个托管人来负责出售企业财产，所得收益按照绝对优先权原则（absolute priority rule/APR）分配给债权

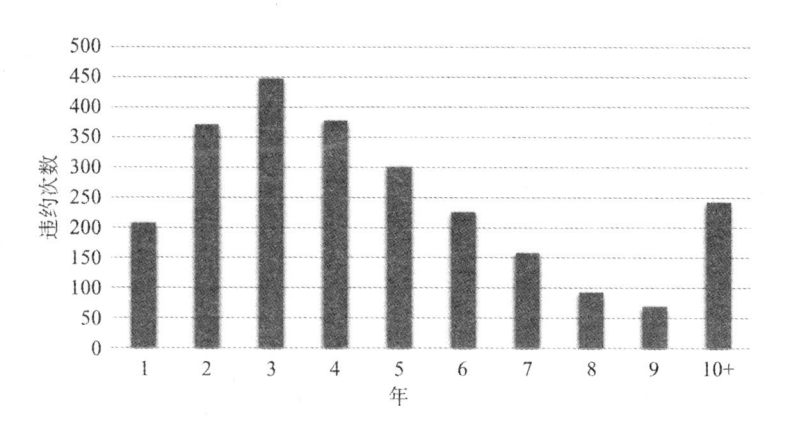

图9　1991—2010年高收益债从最初发行日到违约的时间长度年份分布

资料来源：Altman/Kuehne(2011)。

人偿债,最后解散公司。下面的图10给出了美国公众公司申请第11章保护的情况。

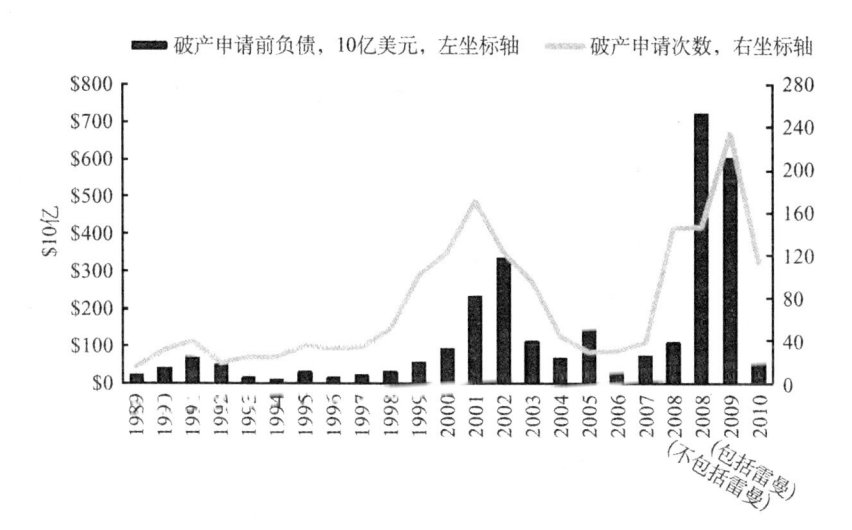

图10　1989—2010年公众公司申请第11章保护的申请次数和总负债

注释：这里总负债是由负债不低于1亿美元的公司数据计算得出的。
资料来源：Altman/Kuehne(2011)。

当债券违约时,只要不是发债机构解散,那么它还可以进行交易,但是因为无法支付利息,同时有可能要调整经营业务和重组资本结构,所以其价格往往会下跌。我们一般把违约后的价格(通常是违约后30天的价格)相对于面值的比率称为回收率(recovery rate)。如图14所示,因为会受到相同经济环境的影响,所以回收率的走势和违约率的走势(图6)就具有显著的反向关系。确切地说,在经济衰退期我们可以期待违约率上升和回收率下降,同时在经济繁荣期则会发生相反的事情。

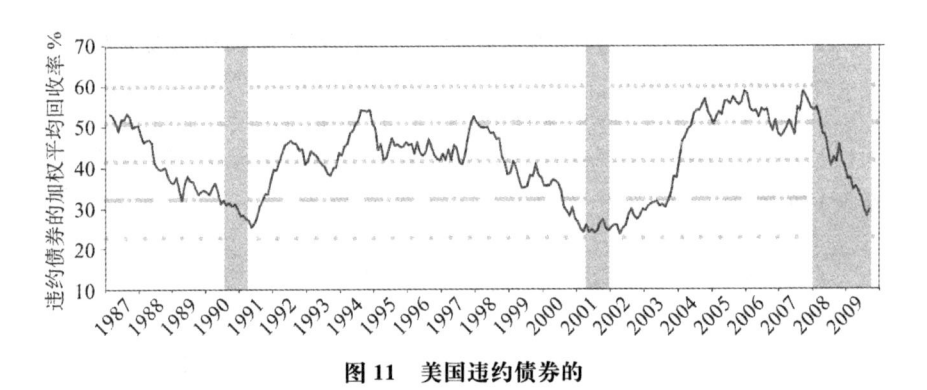

图 11 美国违约债券的

资料来源:Reilly/Wright/Gentry(2009)。

根据债券的信用评级、担保性质以及优先偿还规则,我们可以期待不同类型债券的回收率是有差异的。从表 2 的数据来看,对于投资级债券而言,的确最初信用评级越高,其回收率也就越高;但是这个模式对于高收益债来说并不成立:一旦信用评级落到 Baa 级之下,那么回收率的差异就非常小。而从偿还顺序来看,其回收率的排序也基本符合我们的预期,只是优先次级债和次级债之间的回收率差异背离了基本模式,但是它们二者之间的差异很小。

表 2　违约债券的加权平均回收率

	违约次数	加权平均回收率
信用评级(1971—2010)		
Aaa	14	92.87
Aa	36	69.68
A	248	45.88
Baa	471	33.32
Ba	476	34.92
B	1314	33.46
Caa	313	35.56
总和	2672	36.23
偿还顺序(1978—2010)		
优先担保(senior secured)	395	57.54
优先无担保(senior unsecured)	1344	37.93
优先次级(senior surbordinated)	479	30.58
次级(surbordinated)	261	30.71
折现和零息(discount and zero-coupon)	164	25.42
总和	2643	37.70

资料来源:Altman/Kuehne(2011)。

5. 违约率和高收益率差

下面的图 12 把图 5 中的高收益率差和图 6 中的违约率叠加到一起。如果说高收益率差是给投资者因为承担信用风险而做的补偿,那么高收益率差和违约率之间就一定存在很强的关系。图 12 就清楚的说明了这一点。在样本期的前两次衰退期(1990—1991 和 2001—2002)中,高收益率差达到了 1000—1200 个基点的峰值,同时违约率也达到了 10%—12%。

图 12　高收益率差和违约率

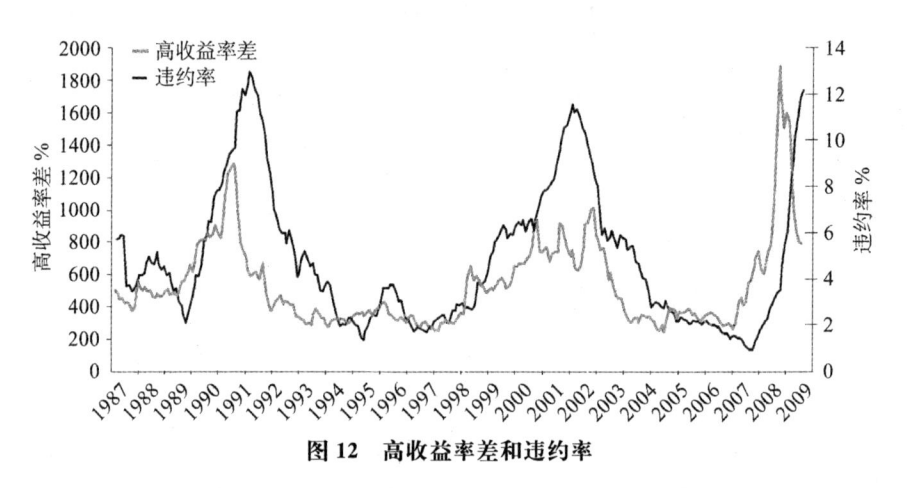

资料来源：Reilly/Wright/Gentry(2009)。

但是有趣的是，高收益率差和违约率之间的强烈正向关系在 2007 年中期开始发生了急剧的变化。刚开始高收益率差到达了 260 个基点的低位上，接着在 2008 年 6 月上升到 700 个基点，随后又在 2008 年 11 月达到了近 2000 个基点的高峰。但是在这段时期中，违约率仅仅从 2007 年底的低于 1% 小幅增加到 2008 年底的 4.34%，后者还略低于整个时段中的均值水平 4.9%。而在 2009 年的前三个季度，高收益率差经历了强烈反转，从接近 2000 个基点的高位上迅速滑落到 8 月份低于 800 个基点的水平，而在同一时期，违约率则快速上升，从 4.5% 增加到 12%。图 12 中两条曲线在最右端的交叉清楚地说明了这一点。

近期高收益率尖峰和违约率尖峰的脱钩引起了学术界和业界广泛的讨论。导致这个现象的一个普遍看法就是 2008 年信贷危机和流动性危机搅拌在一起，在这种情况下发生了极端的"安全转移"（flight to quality）的现象，除国债以外，投资者纷纷抛售其它的债券，这样高收益率差中不仅反映了平常占主导地位的信用风险，而且也包含有很大的流动性风险。

三、高收益债的功能

要发展高收益债市,我们就需要了解这种金融工具和这个市场对于发行人、投资者和整体经济的作用。美国过去高收益债市场 30 多年的发展经历给我们提供了一个很好的视角去分析和讨论这些问题,从而给我们提供有益的借鉴和启示。

1. 资本的民主化[1]

从最基本的角度看,任何国家的金融体系都大致可以划分为两类。一类是以资本市场为核心的体系,其中的特征是直接融资、股东分散和存在竞争性的公司控制权市场;另外一类是以银行为核心的体系,其中的特征是间接融资、企业相互持股。从 90 年代以来,随着前苏联、中东欧以及中国和印度这些有的新兴经济体启动或者正在进行经济转型,上述两种金融体系的效率问题就成为学界、业界和政府关注的重要经济议题。

在金融体系效率的争论中,一个基本的问题就是资本来源和创造财富之间的匹配。金融技术创新的一个基本价值就是要实现资本从投资者手中流向那些能够创造就业机会、增加收入和财富的企业家手中。从这个视角看,从 70 年代末兴起的以高收益债券为标志的金融创新就服务于解决上述问题。

在高收益债券兴起之前,甚至直到 20 世纪 60 年代晚期,美国的资本依然被少数金融机构所控制,它们通常只把资本打给特定的客户,按照 Milken 本人的说法,这些客户是"男性、白种和功成名就的人"。在严厉的政府监管下,美国银行业只把资金提供给最为"安全"的企业,而不问这些企业未来的成长机会。这样没有什么商业历史的成长性企业就急需要完全仰仗条件甚为苛刻的短期贷款,或者是成本高昂的私募股权。

高收益债市场的出现就给遇到资本瓶颈的企业扩大了资本获取

---

[1] Milken 在 2000 年 6 月份的 California Lawyer 上发表了题为《资本民主化》的文章,简单回顾了自己的成长史以及自己在资本市场的活动所具有的社会意义。

(capital access)的途径。在1981—1982年经济衰退之后,所有公开发行的高收益债中有超过三分之一的比例来自于快速成长的行业,其中包括了制药、电脑设备和半导体、移动电话网络、远距离电话通讯、有线电视和医疗服务。在整个80年代,相比于美国整体的行业平均水平,在这些行业中使用高收益债券进行融资的企业的劳动生产率高三分之一,销售增长率高50%,同时资本支出增长率高三倍。另外根据Milken本人的估计,"资本民主化的结果就是众多的中小型企业从70年代以来给美国创造了5700万的就业机会,而在同一时期,财富杂志500前企业在增加收入的同时减少了300万个工作机会"。

需要指出的是,从80年代开始美国还兴起了风险投资(venture capital)、夹层债务(mezzanine debt)以及资产支持证券化等诸多新式融资手段,但是合理匹配资本来源和财富创造的问题依然是一项未完成的工作。下面的表3虽然取自于1995年的数据,但是它也充分说明了解决融资问题任重道远。

表3 融资额度

融资手段		小企业	大企业
商业票据	Commercial Paper	0	163
担保贷款	Commercial Mortgages	66	224
工商贷款	Commercial and Industrial Loans	98	418
应收账款	Trade Debt	233	638
金融公司	Financial Companies	91	272
初始公开发行	Initial Public Offerings	10	117
风险投资	Venture Capital Pool	34	0
债券市场	Bond Market	0	1326
股票市场	Stock Market	0	5828
银行贷款	Bank Loans	98	418
总额		630	9404

注释:小企业是指员工少于500人的企业。
资料来源:Yago/Trimbath(2003)。

2. 捕食者的聚会

除了给新兴企业和中小企业打开了融资的通路之外,高收益债券带来的另外一个结果就是推动和促进了公司控制权市场发展。通俗地说,高收益债成为各种并购和企业重组活动中重要的资金来源,尤其是在德崇证券和 Milken 最辉煌的 80 年代中期。下面的图 13 给出了过去近 30 年中高收益债募集资金的使用用途。

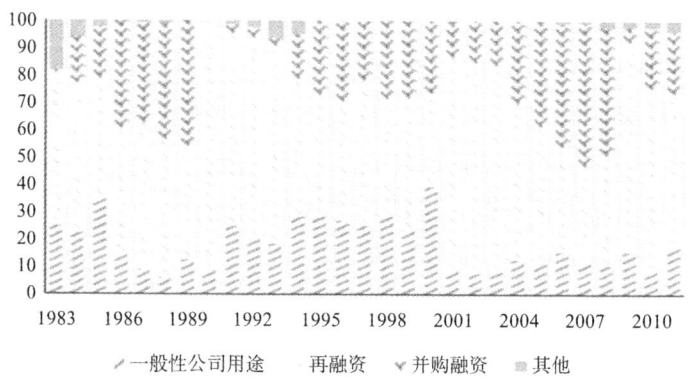

图 13　美国高收益债券市场募集资金用途

资料来源:Yago/Trimbath(2003)和 Jones/Boxer(2012)

从 1980 年到 1989 年,大约美国所有的并购交易中有 8% 的案例使用了高收益债券融资,同时在所有并购活动的价值中约占 19%。上述两个指标的差异表明高收益债券在大型企业的兼并中发挥了更大的作用。

因为并购活动在经济体系中资本控制权的分配上具有重要的作用,这样它们是否改进了资源配置就至关重要。这个问题涉及两个方面:一个是目标公司在被兼并前的相对绩效,另外一个就是目标公司在兼并后的绩效变化。无论严谨的学术分析还是实务界中的传言,有关被并购企业在并购后的绩效都充满了争议。从常识上看,一方面并购可以创造长期价值,并且改进资产的使用效率,但是另一方面也会增加管理费用和降低企业的注意力。

随着80年代中期德崇证券和Milken的并购融资活动达到顶峰,美国社会开始出现了反对这种活动的潮流,其标志就是针对高收益债券的税法改变以及各种反收购法律的出台。长期以来,美国允许债券或者债务上的利息进行税收扣减,这是债务融资成本低于权益融资成本的一个重要原因。不过在1983年,美国国会的一位众议员就提出议案要求取消和公司收购活动相关的债务利息税收扣减。后来几经讨论,美国国会终于在1989年通过的《收入调整法》(Revenue Reconciliation Act)中包含了一个相似的法案。新法取消了在高收益债券所支付利息的税收扣减。同一年纽约州议会则取消了用于收购的债务融资中所付利息的税收扣减。而其它的州大致在相同时期也在考虑和纽约州相似的税法。另外在1986年,美国联邦储备委员会规定空壳公司(shell corporations)发行高收益债券不得超过收购标的价值的50%。

80年代中期以前,规模相对较大的企业也会经常收到并购要约。随着针对高收益债券的税法和监管规则的变化,这种情况就逐渐发生变化,其中的一个重要特征就是企业规模成为收购活动的阻碍因素。这样尽管经营无效的企业面临着很大的被收购风险,但是它们在效率上的不足可以用规模来弥补,由此在美国的公司控制权市场中就出现了所谓的规模和效率的权衡(size-efficiency tradeoff)。

Trimbath(2002)以监管规则和税法变化为背景特别分析了高收益债券对于企业并购的绩效影响,其中的企业样本选自《财富》杂志的世界500强企业。为了直接衡量经济资源在生产、分配和销售过程中的使用效率,她使用了一美元收入的成本作为度量效率的指标。

在20世纪80年代的并购风潮之前,经济学家们的一个普遍看法就是出于资本市场的缺陷,收购的目标只能是小型企业。但是Trimbath的研究表明80年代早期并不存在规模和效率之间的权衡。随着80年代中后期监管规则的变化,大型企业越来越有可能在不提升效率的情况下降低被收购的风险。当高收益债券融资依然可行的时候,只有规模排在前面的1%企业可以拥有超过行业平均水平的成本,同时无需面对更高的被收购成本。但是当反收购和限制高收益债融资的规则实施以后,这个比例上升到规模排在前30%的企业。这样长期以来经济学家们的共识只是到了80年代末期才出现。同时Trimbath的分析还得到了另外两个结果,首先是企业收购以后,单位收入成本有显著下降,换言之经济效率得到了提升;其次就是在监管规则改变以后,企业收购后的效率提高幅度减小了。综合上述分析,Trimbath得出了如下结论:"消除高收益证券融资的收购对于公司控制权市场约束大型无效企业的效力方面产生了破坏的影响。"

几年以后,Jensen(1993)在作为美国金融学会主席的致辞中做出了和Trimbath相似的评论:"对于并购的攻击有一部分是以高收益债券市场为核心的,后者的存在消除了单纯用规模来阻碍收购,这就让美国最大型企业的管理层置于资本市场的监督和约束之下,同时它还给产品市场中的新进入者提供了资本,从而可以和现有的企业进行竞争。"

3. 硬币的反面

1990年是高收益债券发展史中转折的一年,在这一年这个市场近乎崩盘,同时媒体中也充斥着认为它即将死亡的论调。但是这一年同样是金融发展史上的重要一年,年底颁发的诺贝尔经济学奖首次奖励金融经济理论中的突破性成就。三位获奖者之一的Merton Miller曾经在1988年的一篇文章中对高收益证券做了如下评论:"通过新发的高杠杆有限责任证券,企业给那些完全负责的投资者提供了依靠他们自身所无法达到的风险—收益组合,由此提高了企业自身的价值(以及社会福利)。"

Miller发表上述观点的文章正是纪念和综述给他带来诺贝尔奖的理论,即他和另外诺奖得主Modigliani在20世纪50年代末60年代初发表的MM定理。简单地说,这个理论的含义是:如果忽略税收和破产成本,同时企业经理在不同的资本结构下具有相同的行为,那么任何融资策略都不会影响到企业的价值。MM定理的重要性并不在于它表面上要传达的思想,而是在其"反面"的思想:在什么情况下融资决策的确会影响到企

业价值。根据 MM 定理,能够让融资决策改变企业价值,原因无非是以下几种:
- 减少了公司或者投资者的税收;
- 减少了破产的概率;
- 给投资者释放出管理层对企业经营前景看好的信息;
- 给管理层提供了有效的激励进行合理的投资和有效的经营。

正是从上述意义上我们说 MM 定理给现代公司财务理论打下了基石:它让学术界和业界把注意力转向公司财务决策的实际影响上。

Jensen/Meckling(1976)给公司财务理论带来了第二重突破。在他们看来,上市公司中所有权和经营权的分离会在管理层和股东之间产生利益冲突,由此形成代理成本。公司资本结构的选择会影响到代理成本的大小。

十年以后,Jensen(1986)又对当时美国的公司重组提出了新的看法。他认为上市公司的高杠杆化兼并、股票回购以及管理层收购可以让未来成长前景机会不多企业挤出过剩的资本,由此增加企业价值。当时对于很多企业来说,处理过剩资本的方式就是把它们投向核心业务,但是这些资本的期望回报率是在不断地下降。另外一种方式是像 60 年代末期和 70 年代初期那样把过剩资本分散投资到不相关的业务上,由此形成了混合联合企业,但是这种活动也被证明无助于增加社会财富。由此产生的问题是如何让金融资本和人力资本从生产率不高的地方退出,即采取什么样的财务策略让资本以及人力从渐趋衰落的行业转向更有生命力的行业。

尽管这个问题首先出现于美国 80 年代公司重组的浪潮,但是在欧洲、东亚以及其他地区的经济活动中我们也很容易看到它们的影子。很多前苏联集团的国家在转型经济过程中也会面临这些问题。从美国的经历来看,因为相对成熟的资本市场以及灵活的金融创新,所以美国的企业和经济转型就相对顺利。与之对比的是日本经验。因为企业资本结构、资本市场以及金融机构中的刚性和惰性,到了 80 年代末,日本企业因出口而产生了大量的现金,这些资金要么过度投资于核心业务上,要么通过兼并而投资在完全不相关的产业上,过剩资本和资本结构管理的不当是导致日本经济从90年代开始衰落的一个重要原因。

在上述讨论中,信息成本是融资决策中的关键因素。金融机构和资本市场所扮演的角色对于减少信息成本来说是关键所在。从这个角度出发,我们可以更好地理解为什么高收益债券会在70年代末期崛起。在70年代早期,债券市场,特别是公司债市场是相对无效的。因为新市场中的成长企业和信用受困企业无法获得信用评级,由此就给投资者带来了高昂的信息成本。作为一种新的金融工具,高收益债券联结了信息技术的变化和金融技术的变化。它的兴起带来的一大成就是克服信息成本产生的问题。通过频繁的交易、对企业管理层绩效的密切关注以及在企业遇到财务困境时重组投资者的索取权,高收益债市可以向整个社会传递出大量有价值的信息,从而有助于整个社会的风险承担。

4. 煤矿中的金丝雀

因为企业清偿能力不足、股价下跌、银行挤兑、债务负担上升以及放弃扩张计划等导致的信用问题不仅仅是反映了过去经营中的问题,而且也会直接抑制各种经济活动。如果我们希望更好地了解历史上那些大的经济危机,以及最近几年来美国和欧洲发生的债务危机,那么我们必须了解信贷市场的紧缩是如何影响实体经济的。

在这个问题上一个重要的经济思想是现任美国联邦储备委员会主席Bernanke和另外两位学者(Bernanke/Gertler/Gilchrist[BGG,1996])提出的金融加速器(financial accelerator)理论。在信贷市场中存在着信息不对称以及各种代理和激励问题,故产生各种摩擦。这些摩擦和成本是反经济周期变化的:在经济萧条时上升,在经济扩张时下降,因此它们在经济周期中有放大效应。这种经济周期的放大效应就是所谓的金融加速器。因为信贷市场摩擦的存在,除非企业外部融资全部采用抵押担保,否则外部融资的成本高于内部融资,由此就产生外部融资溢价。企业为外部融资所支付的溢价会反向影响到企业净值,同时会放大借款人的支出,由此影响到商业周期。在 Bernanke 等人看来,信贷市场危机会增加借贷成本,同时会降低借款人和贷款人之间的匹配效率。

如果企业想要创新和发展,那么他们必须要摆脱完全依靠内部融资的境况,并且充分利用外部的资金。这样以更为便利的方式以及更为低廉的成本获取资本会成为经济体的主要推动力量。高收益债券作为新企业、新兴行业和新兴经济体进入全球资本市场的一种工具,它有助于推动产品、流程以及技术的发展,从而推动经济增长。

在前面的图 5 中,我们清晰地看到了高收益率差上升和经济衰退之间的关系。为了更好的比较不同金融指标对于实体经济的解释和预测效力,Gerter/Lown(1999)比较了高收益率差、期限率差(10 年期政府债券收益率和 1 年期政府债券收益率之间的差额)和商业票据率差(商业票据收益率和短期国债收益率差额)与 GDP 缺口之间的关系。这里的 GDP 缺口指的是 GDP 的真实增长率和 GDP 增长率长期趋势之间的差异。下面的图 14 给出了他们的主要分析结果。

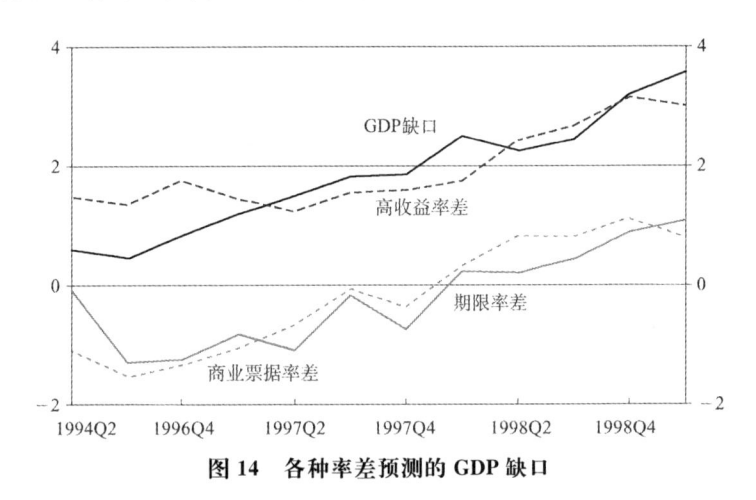

图 14　各种率差预测的 GDP 缺口

注释:这里的估计方法采用的是简单的最小二乘估计:$Y = \alpha + \beta X + \varepsilon$,其中 Y 是 GDP 缺口,而 X 则是高收益率差或者其他两个率差指标,α 和 β 是估计系数,而 ε 则是误差项。
资料来源:Gertler/Lown(1999)。

发行高收益债券的企业通常要比那些具有投资级别的企业会受到更大的信贷约束。当更多企业缺乏获得资本的途径时，这往往预示着将要发生经济衰退。高收益债市，以及更为广义的高收益证券市场，按照业界的说法，它对经济体系的作用就是"煤矿中的金丝雀"（canary in the coal mine）。[1] 企业融资成本的规模以及融资渠道的畅通与否决定了整个经济体系的方向。因此当高收益债券市场开始唱歌的时候，它往往预示着将要出现信贷紧缩，从而引发衰退。

因为高收益债券只是代表了信贷融资渠道不太通畅的企业，这样高收益率差，也就是信用评级为非投资级的企业必须为资本支付的溢价，就一定会和那些依赖于银行贷款的中小企业所面临的外部融资溢价密切相关。因此高收益率差可以表示额外的资本成本，也就是我们前面讨论的外部融资溢价。高收益率差可以提高经济模型解释总产出变化的能力。简而言之，我们可以把高收益率差看作是金融加速器的一种度量指标。因为高收益债对信用风险更加敏感，因此这个市场可以发现大量影响宏观经济的因素。

5. 投资价值

高收益债券市场上有着一系列不同的投资者，其中主要是机构投资者。个人投资者往往是通过购买债券基金而间接进入到这个市场中的。在这个市场的机构投资者主要包括债券基金（其中包括高收益基金（high yield funds）、收入基金（income mutual funds）和公司债基金（corporate bond funds））、养老金、保险公司、对冲基金以及抵押担保债务（CDO）等。

对于机构投资者来说，不同资产类型之间的相关系数是他们投资决策中的重要考虑因素。下面的表4给出了过去20多年不同资产类型之间的相关系数，这些资产用不同类型的股票和债券价格指数来表示，其中各种指数名称的定义参见图3的注释。

---

[1] 金丝雀对瓦斯十分敏感，只要煤矿坑内稍有一丝瓦斯，它便会焦躁不安，甚至啼叫，让矿工们及早撤出矿坑而保全性命，因此以前矿工们往往会在矿坑里放上金丝雀，当作早期示警的工具。

表4　1985—2009年之间不同资产类型月度回报率的相关系数

	股票		投资级债券				高收益债券			
	S&P500	RUS2000	AGGR	TSY	CORP	Baa	COM	Ba	B	Caa
股票										
S&P500	1									
RUS2000	0.814	1								
投资及债券										
AGGR	0.206	0.074	1							
TSY	0.064	−0.059	0.950	1						
CORP	0.324	0.224	0.905	0.770	1					
Baa	0.377	0.305	0.837	0.676	0.964	1				
高收益债券										
COM	0.566	0.611	0.280	0.056	0.521	0.631	1			
Ba	0.542	0.561	0.407	0.183	0.628	0.741	0.930	1		
B	0.555	0.600	0.247	0.027	0.482	0.584	0.984	0.891	1	
Caa	0.502	0.562	0.109	−0.085	0.336	0.451	0.904	0.770	0.871	1
违约债券										
DEF	0.402	0.477	−0.077	−0.246	0.281	0.281	0.665	0.552	0.658	0.691

资料来源：Reilly/Wright/Gentry(2009)。

从这个相关系数矩阵中，我们可以得出以下结论：

- 各种投资级债券指数之间存在着很强的相关性；
- 各种高收益债券指数和股票指数之间存在着较强的相关性，特别是反映中小盘股的股票指数；
- 各种投资级债券指数和股票指数之间存在着相对较小甚至是很弱的相关性；
- 投资级债券指数和高收益债券指数之间也只存在着较小的相关性。

上述结论表明高收益债券的走势更接近于股票特别是小盘股的走势，而不是是接近于国债和其它投资级债券的走势。因此对于投资级债券的投资者来说，高收益债券可以提供很大的分散投资好处。另外尽管高收益债和股票指数存在着较强的相关性,但是约0.6左右的相关系数依然表明高收益债券可以给股票投资带来一定的分散投资好处。

四、总结

20世纪80年代以来,虽然美国以及全球经济历经多次危机,但是企业资本结构、金融市场和经济增长之间的关系已经变得越来越清晰。金融工具的多样性、企业资本结构的多样性和复杂性以及由此给金融市场带来的分散投资效应越来越融合在一起。当一个国家金融市场拥有尽可能多的金融工具时,其经济发展和成长就会减小对银行体系或者某个特定市场的依赖。让金融市场变得更为透明、更具灵活性和更容易进入,就不再仅仅是金融和经济的议题,而且也必将成为公共政策讨论中的焦点。

作者为上海金融与法律研究院研究员。

参考文献:

Altman, E, and B. Kuehne, 2011, Defaults and returns in the high-yield bond and distressed debt market: the year 2010 in review and outlook, NYU Salomon Center Special Report.

Gertler, M., and C. Lown, 1999, The information in the high-yield bond spread for the business cycle: evidence and some implications, Oxford Review of Economic Policy 15, 132 - 150.

Jensen, M., 1993, Presidential address: the modern industrial revolution, exit, and the failure of internal control systems, Journal of Finance 48, 831 - 880. And updated and published in the Theory of the Firm by M. Jensen. Harvard University Press.

Miller, M., 1988, The Modigliani-Miller propositions after thirty years, Journal of Economic Perspectives 2, 99 - 120.

Reilly, F., D., Wright, and J. Gentry, 2009, Historic changes in the high yield

bond market, Journal of Applied Corporate Finance 21,65 – 79.
Trimbath, S., 2002, Mergers and Efficiency: Changes Across Time. Kluwer Academic Press.
Yago, G., and S. Trimbath, 2003, Beyond Junk Bonds: Expanding High Yield Markets. Oxford University Press.

信贷资产证券化
——遭到误读的金融工具

王 闻

2012年5月底,人民银行、银监会和财政部联合下发《关于进一步扩大信贷资产证券化时点有关事项的通知》,同时国务院给中国的商业银行批复了500亿的信贷资产证券化额度,因受美国次贷危机影响而停滞4年的银行信贷资产证券化重新启动。在此轮扩大试点中,信贷资产证券化的交易结构和基本规则没有重大变化,但基于前期试点及国际经验,增加了"风险留置"和"双评级"两大审慎性措施,并扩大了基础信贷资产的种类。

资产证券化到底是"有毒的"金融技术,还是可以化解我国金融困局的良药?本文我们将对我国过去几年资产证券化的实践以及美国次贷危机中证券化的角色进行讨论,从而一方面能够厘清围绕资产证券化这个话题中的一些观点和看法,另一方面也梳理出适合我国国情的资产证券化方案。

一、信贷资产证券化的概念和功能

简单地说,信贷资产证券化就是商业银行等金融机构将其金融资产,包括商业和个人信贷(包括抵押和非抵押贷款)以及各种债务凭证(比如债券)打包成为一个资产池,然后以这个资产池产生的现金流为基础发行证券。这些证券被统称为资产支持证券(ABS),如果资产池中的标的资产是抵押贷款,特别是房屋抵押贷款,那么我们也会专门把它们称作抵押支持证券(MBS)。

根据资产证券化中现金流处理方式和偿付结构的不同,证券化产品可以分为转手证券(pass-through securities)和转付证券(pay-through securities)。前者只是简单地把资产现金流收入"转手"给资产支持证券投资者来偿还证券本息,此时证券表示投资者对标的资产未来现金流不可分割的权益。通常转手证券被看作是股权类产品,此时发行人出售的是股份和参与权。而对转付证券而言,资产池产生的现金流并不直接给投资者,发行人会根据不同的风险、回报和期限偏好,对基础资产的现金流重新安排和分配,运用信用分档(tranching)技术把证券分为优先档(senior)、中间档(mezzanine)和次档(junior)等多档证券。这样和转手证券相比,转付证券就是一种结构融资方式,它表示投资者对发行人的一种债权,因此也被看作是固定收益工具。

从社会融资的角度看,在储蓄转化为投资的过程中,信贷资产证券化改变了商业银行作为金融中介的功能,将商业银行吸收存款、发放贷款并且持有贷款到期收回本息的传统业务,改变为通过资产重组、破产隔离和信用增级,把银行贷款打包和分档为不同层级的资产支持证券,并且出售给有着不同风险和回报偏好的投资者。在这个过程中,传统上由银行和存款人和贷款人组成的信用链条,延伸成为一个由借款人、商业银行、投资银行、保险机构以及其它类型金融机构和众多投资者组成的信用链条,这样资产证券化在通过直接融资提高投资和融资效率的同时,放大了金融传染的程度。

对于商业银行而言,它主要有两大管理任务。第一是流动性管理,其目的是应对流动性风险的冲击;第二是资本管理,其目的是应对信用风险的冲击。从这两大管理任务出发,在微观层面上,资产证券化可以给银行带来如下好处:

- 增加流动性：对于商业银行而言，天然地存在短存长贷的资产负债错配问题，和出售资产以及债务融资这两种解决流动性不足的手段相比，资产证券化是成本最低的方式。
- 监管套利(regulatory arbitrage)：所谓监管套利就是银行通过证券化以及其它金融创新，在没有实质减少银行风险的情况下，减少其达到监管要求所需要的资本数量，从而提高资本充足率；或者是在满足一定的资本要求水平下，获取更高的收益。监管套利的根源是巴塞尔协议所规定的监管性资本(regulatory capital)与银行为应对信用风险所需要的经济性资本或风险资产(economic capital/capital at risk)二者之间存在差异，由此就给商业银行留下了操作的空间。

资产证券化最早于上个世纪 60 年代末期出现在美国的住房抵押贷款上。当时由于存款利率受到 Q 条例的限制，导致商业银行以及储贷机构的存款利率和市场利率水平存在很大差异，为此它们不得不寻找方法来解决融资问题。1968 年美国吉利美(Ginnie Mae)发行了全球第一只抵押支持证券。不久以后，美国两大作为政府支持机构(government-sponsored enterprise/GSE)的抵押贷款公司房利美(Fannie Mae)和房贷美(Freddie Mac)，以及其它从事住房抵押贷款的金融机构，纷纷开始发行抵押支持证券。最初这些 MBS 是转手证券，它存在一些内部缺陷，从而影响了销售。1983 年房利美首次发行了担保债务凭证(Collateralized Debt Obligation/CDO)，其中运用分档技术，每一档有不同发行额、期限和利率，从而满足不同风险偏好的投资者。自此之后 CDO 得以快速发展，很快成为资产支持证券中的主要品种。

在住房抵押贷款证券化以后，证券化技术也被广泛地应用到除抵押债权以外的资产上，比如汽车贷款、计算机租赁票据、信用卡贷款等，同时使用这种技术的机构也从金融企业拓展到非金融企业，比如非金融企业的应收账款。从 80 年代到 21 世纪初，资产证券化迅猛发展，下面图 1 和图 2 分别给出了美国债券市场不同类型证券的发行额和未清偿余额，从中我们可以清晰地看到这一点。

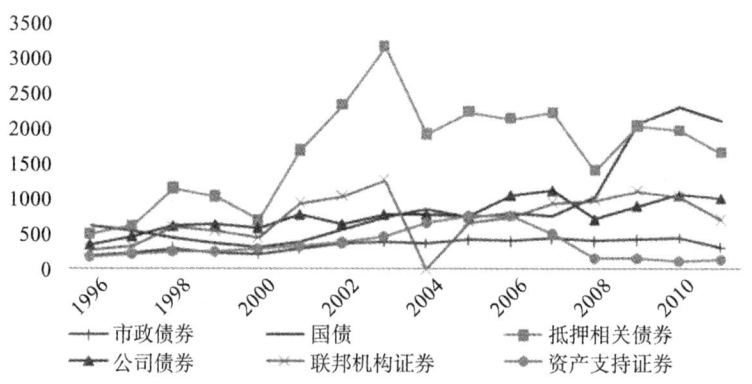

图1　1996—2011年美国债券市场各类证券发行额（单位：10亿美元）

资料来源：www.sifma.org

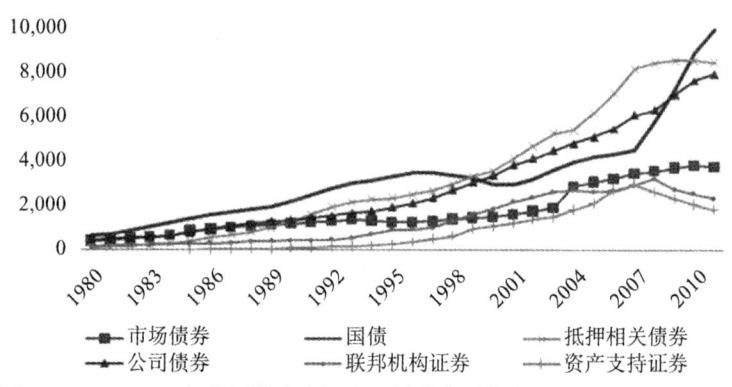

图2　1980—2011年美国债券市场未清偿债务增长情况（单位：10亿美元）

资料来源：www.sifma.org

2007至2009年，美国遇到了大危机以来最严重的金融危机，它起源于在房屋抵押贷款中的次级债务（subprime debt），所以也被称为次贷危机。次贷危机严重影响到社会公众对资产证券化的看法，一时间像MBS、CDO和CDS（违约掉期互换）称为金融市场的有毒资产，导致资产证券化业务出现巨大滑坡。不过2009年以后，资产证券化开始慢慢恢复元气,在2011年包括抵押相关债券和资产支持证券在内,两者发行额总计达到1.78万亿美元,约占美国整个债券市场5.90万亿美元的三分之一,大体回到了2007年的相对比例。

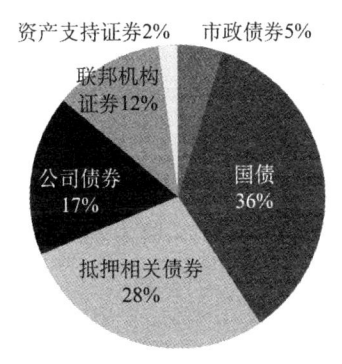

图3 美国2007年债券市场不同类型证券发行额比例

资料来源:www.sifma.org

二、中国资产证化化的实践

资产证券化这个概念是在1997—1998年亚洲金融危机之后引入到我国的,1999年成立的四大资产管理公司就把其列入业务范围。但是限于法律的滞后以及金融市场的不完善,资产证券化一直到2005年才正式得以启动。目前在中国形成了两套资产证券化模式,第一种模式是由央行和银监会主导,利用2005年4月发布的《信贷资产证券化试点管理办法》等部门规章,以银行、资产管理公司等金融机构的信贷资产为融资基础,由信托公司组建特定目的机构(SPV),发行主要是在银行间债券市场市场流通的信贷资产证券化模式。2005年12月以建设银行和国家开发银行信贷资产为基础发行的建元和开元两只资产支持证券就是这个模式的例子。第二种模式是由证监会主导,利用2003年12月发布的《证券公司客户资产管理业务实行办法》等部门规章,以企业的资产为融资基础,由证券公司发起设立专项资产管理计划,发行资产收益凭证并且在证交易所大宗交易系统流通,2005年8月中金公司设立的"中国联通CDM网络租赁收益权计划"就是这一模式的例子。

表1 我国资产证券化市场概况

监管者	资产类型	交易市场	项目数量	证券数目	发行规模(亿元)
人民银行银监会	工商企业贷款、住房抵押贷款、不良贷款、汽车抵押贷款中小企业贷款	银行间债券市场	17	56	722.02
证监会	企业应收款、租赁收益权、道路建设工程款等合同债权、高速公路、电力销售等收费权	证券交易所大宗交易系统固定收益平台	10	41	276.39

资料来源:同花顺数据库

在信贷资产证券化方面,在国开行和建行成功发行资产支持证券之后,我国的商业银行、资产管理公司和企业金融公司等金融机构分别进行了两批资产证券化试点。2008年下半年开始受美国次贷危机的影响,国内对资产证券化的态度从"发展论"转向"不可行论",在这个背景下,银监会在2009年2月份暂停了信贷资产证券化的审批。下面的表2给出了最初两批信贷资产证券化试点的情况。

表2 商业银行等金融机构发行的信贷资产证券化产品

发起机构	种类/基础资产	发行日期	档数	发行量(亿元)
国家开发银行	ABS/优质公司贷款	2005/12/15	3	41.78
建设银行	RMBS/个人住房抵押贷款	2005/12/15	4	30.18
国家开发银行	ABS/优质公司贷款	2006/04/25	3	57.30
信达资产管理公司	ABS/不良贷款	2006/12/11	2	48.00

(续表)

发起机构	种类/基础资产	发行日期	档数	发行量(亿元)
东方资产管理公司	ABS/不良贷款	2006/12/18	2	10.50
浦发银行	ABS/优质公司贷款	2007/09/11	4	43.83
工商银行	ABS/优质公司贷款	2007/10/10	4	40.21
建设银行	RMBS/个人住房抵押贷款	2007/12/11	4	42.60
兴业银行	ABS/优质公司贷款	2007/12/13	4	52.43
上汽通用汽车金融公司	MBS/个人汽车抵押贷款	2008/01/15	3	19.39
建设银行	ABS/不良贷款	2008/01/24	2	27.65
工商银行	ABS/优质公司贷款	2008/03/27	3	80.11
国家开发银行	ABS/优质公司贷款	2008/04/28	4	37.66
中信银行	ABS/优质公司贷款	2008/10/13	5	40.77
招商银行	ABS/优质公司贷款	2008/10/31	4	40.92
浙商银行	ABS/中小企业贷款	2008/11/13	3	60.69
信达资产管理公司	ABS/不良贷款	2008/12/26	2	48.00

资料来源:同花顺数据库

就总计 56 只信贷资产支持证券而言,其发行总额为 722 亿元,即使加上非金融企业发行的资产支持证券,过去的发行总额也不超过 1000 亿元,因此资产支持证券还只是中国债券市场中的一个"小兄弟",和美国资产支持证券在这个债市的比例相比相差甚远。下面的图 4 分别给出发行额分布、期限分布和利息支付情况。就发行额而言,发行额在 1~5 亿范围内有 20 只,而其它范围内证券个数则介于 5 到 9 只。从期限来看,除了建设银行发行的 8 只住房抵押贷款支持证券期限超过了 30 年之外,其

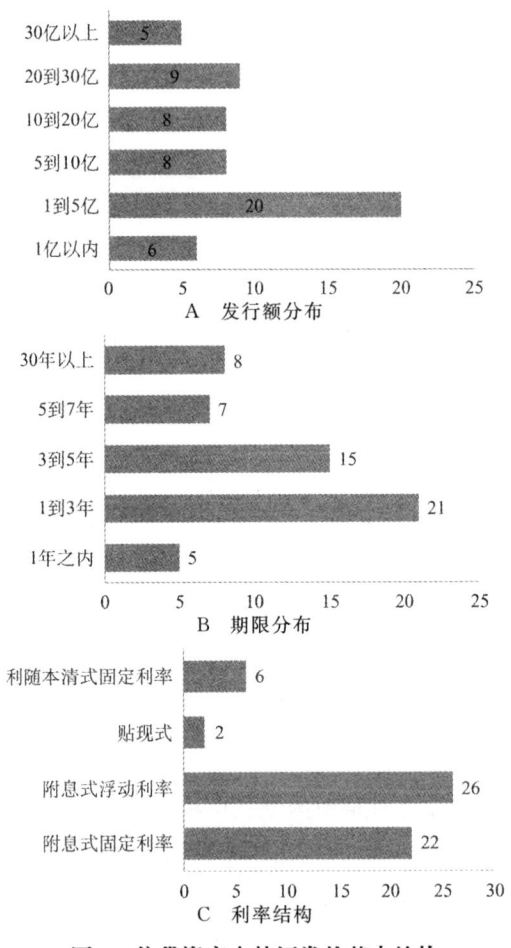

它的资产支持证券主要是中短期,其中1~3年期限有21只。就利率结构而言,信贷资产支持证券主要采用了附息式固定利率和附息式浮动利率两种,另外还有少数的贴现式和本息一次付清固定利率品种。同时在附息式浮动利率品种之中,锚定的基准利率主要是1年期定期存款利率(23只),另外还有少数(3只)以7天回购利率均值为基准利率。

A 发行额分布
- 30亿以上:5
- 20到30亿:9
- 10到20亿:8
- 5到10亿:8
- 1到5亿:20
- 1亿以内:6

B 期限分布
- 30年以上:8
- 5到7年:7
- 3到5年:15
- 1到3年:21
- 1年之内:5

C 利率结构
- 利随本清式固定利率:6
- 贴现式:2
- 附息式浮动利率:26
- 附息式固定利率:22

图4 信贷资产支持证券的基本结构

资料来源:同花顺数据库

就二级市场而言,过去两批信贷资产支持证券的交易比较清淡。表3列出了在银行间债券市场信贷资产支持证券的交易量,其中最后一列的"比例"是指资产支持证券交割量占整个银行间债券市场交割量的比例,它再次说明资产支持证券在中国债市的地位还是非常微弱的。

表3 银行间债券市场资产支持证券交易量

年份	交割量(亿)	笔数	比例(%)
2006	5.60	14	0.01
2007	8.27	15	<0.01
2008	152.37	102	0.04
2009	96.25	85	0.02
2010	20.17	27	<0.01
2011	1.87	7	<0.01

资料来源:中国债券网

三、证券化和美国次贷危机

2007年开始的美国次贷危机不仅影响了全球经济,而且也影响到了中国的资产证券化进程。在中国金融监管者的眼中,次贷危机中的证券化被更多地看作是风险来源而不是处置和分散风险的工具,在这种认识下,信贷资产证券化的试点被暂停。为了更好地明细资产证券化的功能,我们就需要仔细而又审慎地讨论证券化在美国金融危机中的作用,从而更好地总结经验和吸取教训,对资产证券化在中国的发展形成更为理性的态度。

1. 没有风险转移的证券化

传统上商业银行是存款人和借款人之间的金融中介,下面的图5表明了传统的银行业务模式。自从大危机时代以来,为了避免银行挤兑,很多国家设立了两种制度来解决这个问题。首先是存款保险制度,其次就是最低资本也就是资本充足要求。前者是为了解决经济萧条时期银行清偿能力不足的问题,但是这个制度会给银行带来道德风险的问题,即银行有动机承担过度风险,为此美国1933年的《银行法》就规定银行加入存款保险制度需要付费,同时每个账户上的存款保险是有限的。最低资本要求本质上也是未解决存款保险制度带来的问题,后来巴塞尔协议把这个制度推广到全球银行业,也就是银行必须相对其经过风险调整的资产数量维持至少8%的资本缓冲。对于银行而言,维持资本缓冲是有成本的,因为如果没有资本充足要求,银行是可以把它们用于贷款而获得更多的收入。

银行资产负债表

资产	负债
贷款	存款 资本/股权

图5 传统银行业模式

面对着资本充足的要求,银行采用资产证券化这种方式,从而把贷款从资产负债表中移出,以此规避资本储备要求。下面的图6揭示了这种新式银行业模式,其中银行不再是存款人和借款人之间的金融中介,而是变成了存款人投资人的金融中介。

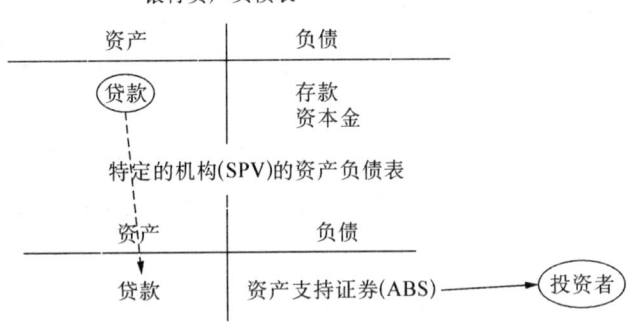

银行资产负债表

资产	负债
(贷款)	存款 资本金

特定的机构(SPV)的资产负债表

资产	负债
贷款	资产支持证券(ABS) → (投资者)

图6 新式银行业模式I:具有风险转移的证券化

在证券化过程中,包括商业银行在内的金融机构使用了结构融资的方式,首先是采用打包加分档技术,把一些相似类型的债权构造成资产支持证券(ABS)、抵押支持证券(MBS)、担保债务凭证(CDO)和担保贷款凭证（CLO）等证券，接着再以这些证券为基础进行再次证券（re-securitization），从而形成所谓的CDO平方（CDO-squared）。下面的图7揭示了创造CDO和CDO平方的过程。

次级抵押债务

次级抵押债务

AAA	80%
AA	11%
A	4%
BBB	3%
BB-无评级	2%

高层结构融资CDO

优先AAA	62%
次档AA	14%
AA	8%
A	6%
BBB	6%
BB-无评级	4%

中层结构融资CDO

优先AAA	62%
次档AA	14%
AA	8%
A	6%
BBB	6%
BB-无评级	4%

CDO平方

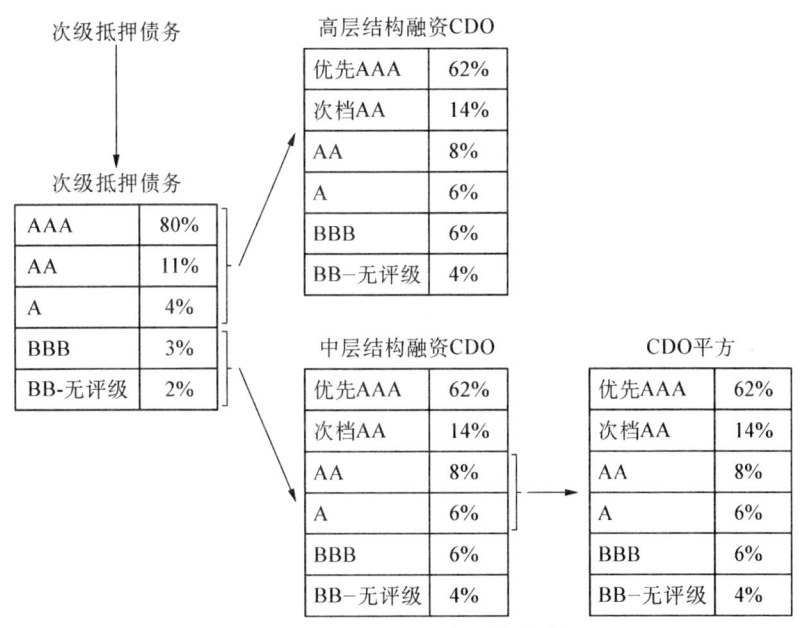

优先AAA	62%
次档AA	14%
AA	8%
A	6%
BBB	6%
BB-无评级	4%

图7　CDO和CDO平方的构造过程

从2002年到2007年期中，随着美国信贷市场从2001年的衰退中开始恢复，以资产证券化为基础的结构融资迅猛发展。对于这些资产支持证券的需求主要来自于证券化过程中创造的最高等级——3A信用评级——的证券。上述的图8表明低信用等级的次级抵押债务如何通过CDO和CDO平方打造出巨量的3A级证券。

吊诡之处在于，发放抵押贷款的银行并没有通过证券化过程把次级抵押贷款中的风险转移到资本市场中，相反这些银行是这些结构证券——特别是3A级证券——的主要投资者。在这种情况下，资产证券化成为银行等金融机构进行监管套利的工具。就具体情形而言，银行是通过两种方法达到这个目的的。第一种方式就是设立名为渠道（conduits）的特定目的机构,然后用这些渠道向货币市场发行资产支持商业票据(ABCP)这种短期债务工具。为了销售这些资产支持商业票据,银行就给它们的买方提供信用担保。这种担保一方面可以放大银行的杠杆,另一方面也可以让这些表外的结构金融产品获得高级的信用评级。但是这些担保又把信用风险转移回银行,虽然这些风险没有显现在银行的资产负债表中。第二种方式就是发放贷款,然后把它们证券化从而移出资产负债表。但是接下来银行会再次投资于自己以及其它银行创造的3A级资产支持证券。因为这些证券具有最高评级,所以在巴塞尔协议下,银行就可以大幅度地减少资本要求。图8给出了这种并没有实现风险转移的资产证券化。

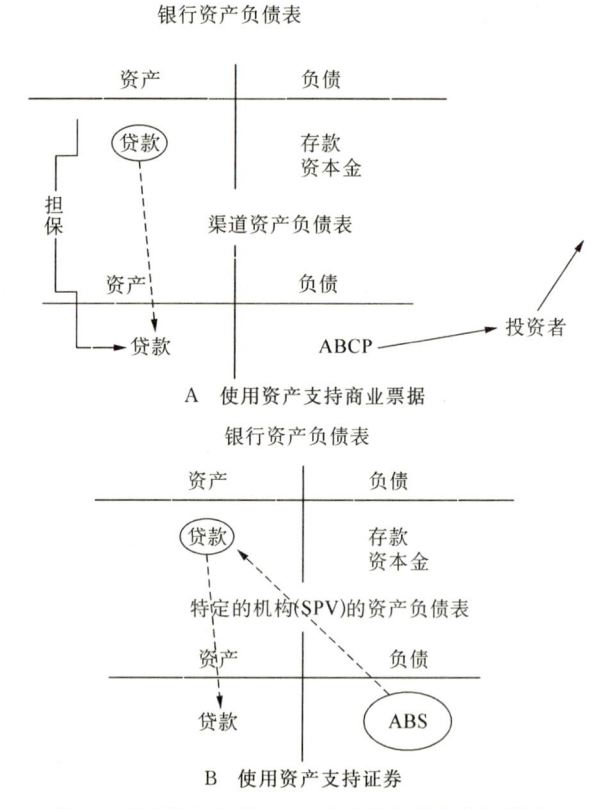

图8 新式银行业模式 II:没有风险转移的证券化

下面的表4进一步证实了上述观点,从中可以看出,在2007年,商业银行、两房和投资银行持有超过50%的非政府3A级抵押支持证券,同时商业银行、投资银行和金融担保公司还是CDO次级证券的最大投资者。

表4 美国2007年金融机构持有的抵押贷款相关证券(单位:10亿美元)

	政府MBS	非政府3A-MBS	CDO次级	非CDO-次级
银行和储贷机构	852	383	90	
房利美和房贷美	741	308		
券商/投资银行	49	100	130	24
金融担保公司			100	
保险公司	856	125	65	24
海外机构	689	413	45	24
其它	1715	307	46	49
总计	4362	1636	476	121

资料来源:Krishnamurthy(2008)。

美国次贷危机发生以后,一个主流的批评声音指向了资产证券化过程中的发起分销模式(originate-to-distribute/OTD)以及银行和证券化机构缺乏局中下注(skin in the game)。[1]但是前面的分析表明,情况并非如此,银行和证券化机构实际上持有了大量高等级的结构化证券。这样应该责备的或许不是缺乏局中下注,而是局中下注。银行创造、证券化并且留置像次级抵押贷款这样系统风险很大的长期资产,在经济形势好同时房价持续上升时,持有这些证券可以降低资本要求,同时因为次级贷款的风险特征而获得更高的收益。在经济形势不好的时期,3A级的次级CDO证券只有在大量次级贷款在同一时期内违约才会发生损失。如果

---

[1] 局中下注这个术语是由巴菲特所创,起初的含义是指公司的高层管理人员需要用自己的钱来购买自己经营公司的股票,从而更好地把自身的利益和公司的利益结合起来。后来这个术语被广泛地应用各种治理结构中。

发生了这样的事件,那么这就是一场经济灾难。在银行高管的眼中,他们的个人报酬和短期的不以风险为基础的会计利润挂钩,所以对于未来是否会发生这样的事情并不关心,另一方面,下面我们谈到的政府各种隐性和显性担保也让金融高管们无视这样风险,而陶醉于收益率竞赛(reach-for-yield)中。

2. 迷失的评级机构

除了证券化机构因为缺乏局中下注而遭到指责之外,另外一个在次贷危机中遇到强烈质疑的就是信用评级机构。大体而言,信用评级行业的问题主要涉及监管授权、付费模式和评级质量这三方面的问题。

20世纪30年代大危机后,美国金融行业监管机构在审慎监管的原则下,开始要求各种金融机构在投资债券的时候需要以外部评级机构的信用评级为参考,也就是说它们只能投资外部评级就所评定的某些级别的债券,这个过程在1975年美国证交会创立"全国认可统计评级机构"(NRSRO)这个名称达到了顶点,其中赋予少数评级机构(最初只有标准普尔、穆迪和惠誉三家)有资格给投资银行和证券公司确定能够投资哪些债券品种。监管机构对信用评级机构的授权就是让第三方评级机构有关债券发行人可信度的判断取得了法律的效力。对信用评级机构的监管授权是导致前述监管套利问题的诱因之一。通过在大量结构化产品上获取3A的信用评级,金融机构对这些证券的投资虽然可以满足审慎监管的约束,却积累了大量风险,特别是只有在经济下滑期间才会表现出来的系统性风险。

在付费模式上美国信用评级行业经历了从投资人付费(investor-pay model)到发行人付费(issuer-pay model)的转变。在发行人付费的商业模式下,信用评级行业面临着利益冲突的问题,具体表现为评级虚高(rating inflation)和评级选购(rating shopping)。前者是说一家评级机构提高其评级让发行人感到满意,从而阻止发行人把生意转给其它的评级机构;后者则意味着发行人会来回在不同评级机构中做预备评级,然后把评级生意发给愿意给出最高评级的机构。在传统的公司债和政府债市场上，有两方面的原因让评级机构关注其自身信誉从而有效地控制了利益冲突问题。第一是市场中有成千上万的公司和政府债券发行人，因此某个发行人改换门庭的威胁对于评级机构而言就微不足道，其次公司债和政府债都是普通债券，它们的评级方法简单透明，评级机构在这些债券上出现明显的失误会很容易被市场发现，从而伤害到自身的声誉。

在传统债市上评级机构针对的是单一信用风险。但是在通过打包和分档设计形成的资产证券化工具中，评级机构面对的是一组信用风险，这样在这个市场中评级机构就处在和传统债市完全不同的环境中：首先它们对这类产品的评级没有太多经验，其次，它们广泛地参与到资产证券化工具的设计中，第三，资产证券化产品的发行人少，这样它们转换生意的威胁就会对评级机构的收入产生很大影响，最后，证券化产品比较复杂，这样评级机构的错误就不大容易被市场快速发现。在这样的市场环境中，发行人付费模式中的利益冲突问题被放大和显著地表现出来。

在评级质量问题上，美国次贷危机的一个重大教训就是资产证券化产品的信用评级对违约参数非常敏感，其微小变化就会导致未来预期报酬以及评级发生重大改变，特别是在通过再证券化形成的所谓CDO平方这类产品上更是如此。下面通过模拟计算得到的图9就说明了这一点。图9A和B反映的是CDO和CDO平方相对基础资产两两之间违约相关系数变化导致的预期收益变化，图9C和D则反映了CDO和CDO平方相对于基础资产违约概率变化而导致的预期收益变化。从图中我们可以清晰地看到CDO优先档证券的预期收益在违约概率和违约相关性大幅度变化的时候影响不大。尽管这些参数的变化会对它们的信用评级产生影响，但是它们不大可能发生大幅度地减值。但是对于各档CDO平方产品而言，它们的预期收益则对模型参数高度敏感，这样即使违约概率和违约相关性的适度变化都会对CDO平方的各档证券预期收益以及信用评级产生巨大影响。

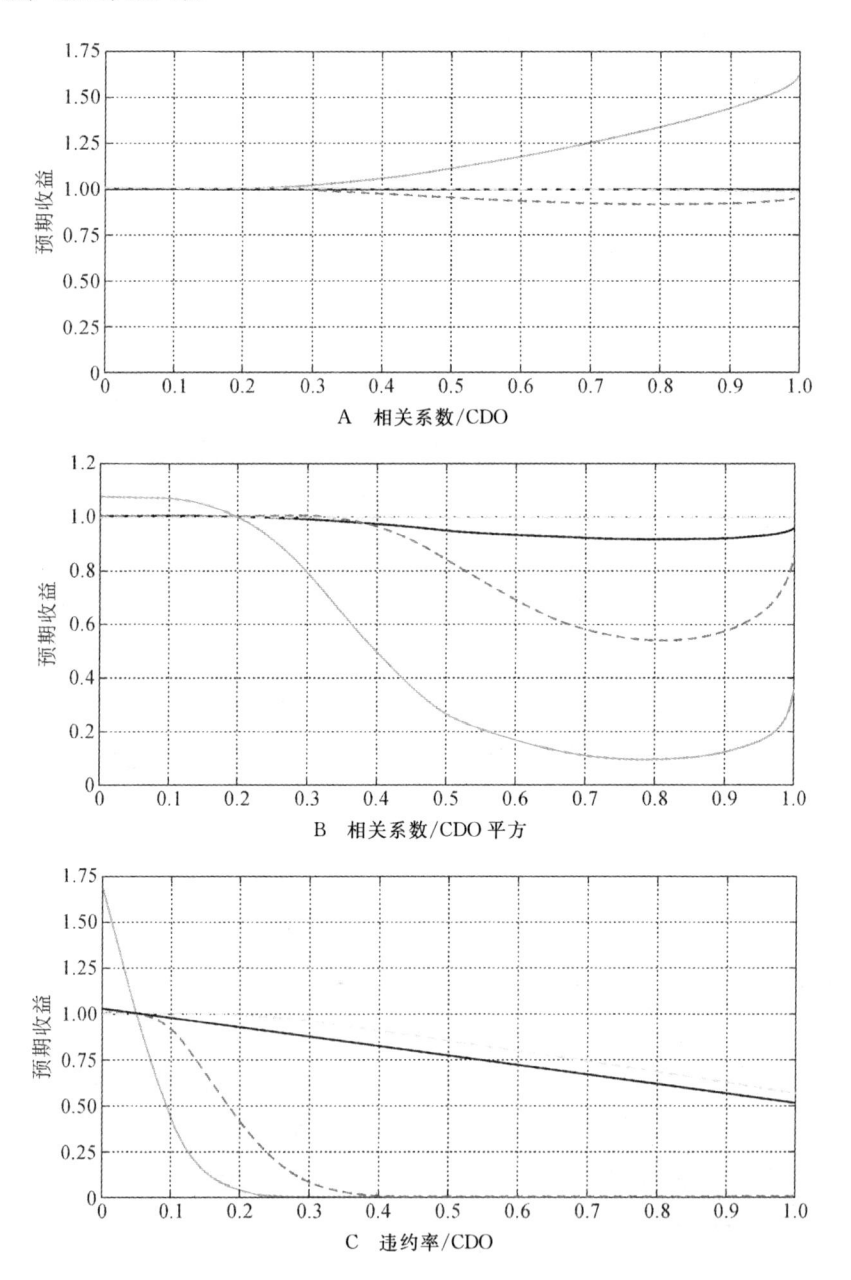

A 相关系数/CDO

B 相关系数/CDO平方

C 违约率/CDO

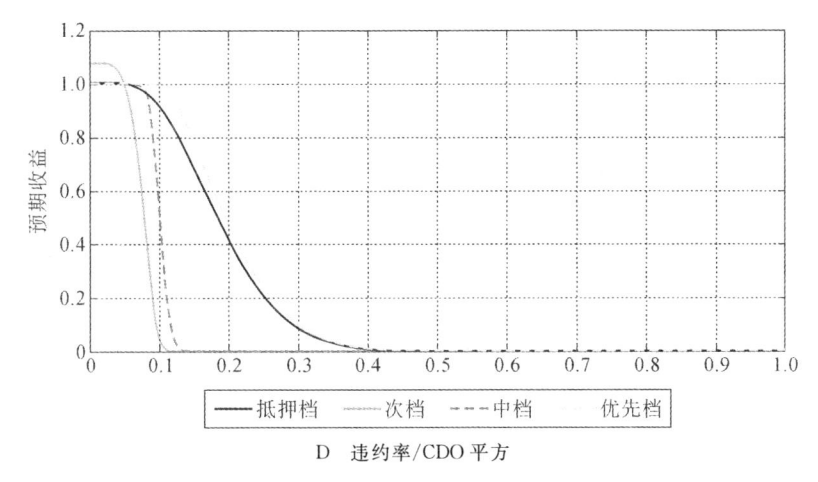

[图表：预期收益 vs 违约率/CDO平方，曲线包括 抵押档、次档、中档、优先档]

D 违约率/CDO平方

图9 CDO和CDO平方对相关参数变化的敏感性

资料来源：Coval，Jurek，Stafford(2009)

过去十年内发行的抵押担保债务大部分都是以次级家住抵押贷款支持证券(RMBS)为标的资产的，因此这些抵押担保债务实际上就是前面所述的CDO平方产品。根据穆迪的统计，以其它结构化证券作为其抵押物的抵押担保债务占所有资产证券化产品面值的比例从1998年的2.6%上升至2006年的55%。由于次级抵押贷款的大量借贷缺少历史数据，这样评级机构对于违约相关性、违约概率以及违约回收率的估计很可能具有偏差。而这些偏差在再证券化过程中的放大效应是导致次贷危机中这些证券遭受巨大损失的重要因素。

3. 廉价的政府担保

导致美国银行和证券化机构大量持有高等级资产证券化产品的原因除了监管套利之外，另外一个就是提供的各种担保，其中包括存款保险和给两房补贴的显性担保，以及大而不倒(too big to fail)的隐性担保。

在80年代发生了储贷危机周，美国对存款保险制度作了实质性的变革，其中一个重要的变化是在1991年通过的《联邦存款保险公司改进法》(FDICIA)中规定存款保险费用更多是以风险为基础，也就是说联邦存款保险公司（FDIC）需要对那些给存款保险基金带来更大风险的金融机构收取更高的保费。不过在实际操作中，如果存款保险基金的资本金充足，那么FDIC就不会征收任何保费。从1996年到2006年，超过90%的银行都只支付了非常少的存款保险费用。美国的次贷危机清楚地表明，在存款保险费用上不仅没有采用基于风险的方法，而且实际上对于大多数银行而言根本就没有征收任何保费。这意味着在过去多年中美国实际上形成了一个没有任何防护的免费存款保险制度。

虽然存款只是美国金融体系中的很少一部分，因此人们可能就会认为存款保险制度的失灵蕴含的道德风险问题并不大。不过我们可以从另外一个角度来看这个问题。美国金融体系中大部分金融资产掌握在少数大型金融机构手中，因为政府给这些金融提供了大而不倒的隐性担保，所以它们的债券施加的市场约束就如同存款人施加的约束一样。美国的次贷危机让针对大型金融机构的大而不倒担保暴露无遗，这严重扭曲了金融市场定价。

接下来是房利美和房贷美这两家政府支持机构的问题。美国成立两房的主要目的是为抵押贷款市场提供流动性。虽然没有明示，但是人们和市场普遍认为这两家机构得到美国政府的完全支持，这样它们发行的债券利率仅仅略高于通行的美国国债利率。从上个世纪最后10年以来，国会和政府不断给两房施加压力，比如连续几任的住房与城市发展部长要求两房在其投资组合中增加对低收入家庭的抵押贷款和担保的比例，这样两房不得不介入次级抵押贷款，从而导致它们投资组合的风险随着时间的推移在逐渐加大。

在证券化产品市场中，很多参与者从美国政府那里得到了显性或者隐性的担保，这样只要一家得到担保的机构在证券化市场中非常活跃，无论它是贷款人、证券化机构还是投资人，那么它的动机就会在一定程度上就会被扭曲，然后这种扭曲的动机会沿着产业链导致整个行业都遭到扭曲。

现在我们可以对美国次贷危机做一个基本的总结。在传统银行的经营模式下,30年代通过的Glass-Stegall金融分业经营的法案让美国金融体系保持了大约50多年的平静。到了80年代,随着Glass-Stegall法案逐步被侵蚀,美国金融体系的保护措施就是资本金要求和存款保险这样的政府担保了。但是在政府担保非常廉价的情况下,阻碍金融机构过度承担系统性风险的栅栏就只剩下资本金要求了。可是面对这个防护措施,大型金融机构利用监管体系上的漏洞,对整个金融体系进行了大规模的赌博,其主要特征是资本金严重不足、高杠杆化以及严重集中于抵押贷款市场上。这样一旦房市出现反转,整个金融体系的危机就不可避免地发生了。

四、中国发展信贷资产证券化的意义和可行路径

1. 必要性和意义

持续地改革开放是我国金融业不断发展的动力和保障。在十二五期间,我国整个金融体系面临着商业银行转变经营方式、政策性银行市场定位、发展多层次资本市场、利率市场化、完善宏观调控手段等多个重大命题。在这些方面,信贷资产证券化是破解我国当前金融体系核心难题的一个重要手段,稳步推进资产证券化,将对我国金融改革产生重要的积极影响。

1.1 商业银行等金融机构对资产证券化的需求

我们前面已经谈到了一般意义上银行对资产证券化的需求,也就是解决短借长贷的资产负债错配问题以及减少监管资本的压力。2007年以来,我国国有控股商业银行、全国性股份制银行以及城市商业银行的中长期贷款占比持续上升,而定期存款占比则不断下降。其中主要成因是2008年实施4万亿经济刺激计划之后,银行投放的贷款以中长期为主,期限偏长。另一方面,长期的实际负利率又让人们偏向于使用活期存款,这样商业银行经营的潜藏着很大的流动性风险。另外我国金融体系以银

行间接融资为主,在这种格局下,社会资金主要通过存款进入银行体系,而社会投资也主要表现为银行贷款,这种融资结构造成了我国银行资产错配问题甚为严重。因此中国的银行业对于信贷资产证券化有着天然的需求。这次国务院批复的500亿额度被各家银行纷纷"抢购"就充分说明了这一点。

当前我国商业银行的盈利模式还是传统的赚取利差方式,这就让社会的信用风险集中在银行体系中。通过资产证券化,银行可以实现把风险转移出去,同时通过发放贷款和管理贷款获取各种中间收入,这对于我国商业银行的转型而言是一个重要途径。

中小企业融资难是中国金融体系乃至经济结构中的一个大问题。在银行体系的资金严重偏向于国有企业和大中型企业的情况下,银行针对中小企业信贷的证券化是一个解决这个问题的创新办法。资产证券化这个工具可以引导银行将中小企业的融资需求转向直接融资市场上,从而有助于提高商业银行增加投放给中小企业的贷款,并且利用自己的渠道给中小企业建立一座间接融资和直接融资的桥梁,这不仅有助于完善中小企业融资的定价和风险控制机制,而且还有助于商业银行收取各种相关的服务收入。

从资本管理的角度看,商业银行也具有资产证券化的需求。当前我国的商业银行在遇到资本充足要求不够时采取的办法往往是到股票市场上融资。由于银行巨大的融资需求,这往往会占据很多的股市资金,成为过去几年商业银行市场化改革和股市改革以来屡遭诟病的一个问题。有了资产证券化这个通道,商业银行就丰富了资本管理的手段,弱化其股市融资的动机。

1.2 对于多层次资本市场的意义

自从20世纪90年代我国开始建设资本市场以来,民间财富不断增加,民众的投资意识不断增强。我国资本市场目前已经初步形成了股票市场和债券市场两大基础金融产品市场。资产证券化给金融市场提供了一种新型的重要金融产品。这种金融产品的风险和价格并不取决于发行人的信用,而是取决于某个资产池产生的现金流。在一般意义上,股票是高风险高回报的金融产品,而债券(除高收益债券)则是低风险低回报的金融产品。资产支持证券的风险和回报特征是介于这两大基础产品之间的一种金融工具。对于金融市场而言,金融产品多样化非常重要。在经济学意义上,它有助于提高金融市场的完备性,不仅提高了投资者选择的自由度,而且有助于提高金融市场在配置资源上的效率。

过去几年,信贷资产转让和以信贷为基础的银信合作理财产品发展强劲。截止2011年第四季度末,银信合作理财产品余额已经达到1.67万亿的规模。金融机构通过这种方式来调整结构并且获取新的资金,但是也因为人民银行的宏观调控以及金融监管而需要进行规范。从本质上说,信贷资产转让是初级资产证券化。而信贷资产证券化可以提高贷款转让规模以及经营效率,是规范和发展贷款转让市场的终点。为了解决这类不规范的证券化产品出售给普通投资者而引发各种问题,我们终将需要借助证券化技术,这样一方面消解监管忧虑,另一方面也给资本市场提供了多样化的投资工具,从而让这类产品具有更好的流动性,并且更好地分解信用风险。

1.3 对于利率市场化的意义

信贷资产证券对于我们目前进行的利率市场化改革也有着特殊的意义。长久以来我国银行体系内贷款利率存在着差别定价的问题,国有企业利用各种体制内的优势不接受市场利率水平,而民营中小企业,即使具有很好的信用水平,也只能获得昂高的利率。国有企业不仅占据了大量的信贷资源,而且也在相当大的程度上压缩了银行对民营中小企业的信贷供给,特别是在当前经济处于下滑状态的时候。这迫使很多中小企业只能采用非正规方式进行融资,进一步抬高了市场利率水平。

有了信贷资产证券化这条路径,银行在对确定贷款利率的时候就可以能在市场上出售出去作为一个定价因素,这样可以倒逼出一些行政的强制性贷款,比如铁道部以及地方平台贷款,促使它们到信息更为透明的债券市场上进行融资,也可以间接地扩大中国债券市场和直接融资的规模。同时当银行开始根据市场利率确定信贷对象和规模的时候,那些过去被逼出银行体系的中小企业以及新兴产业就有了发展的空间。

1.4 对于宏观调控的意义

随着经济改革的推进,我国宏观调控特别是货币政策手段需要以价格管制而非数量管制为方向。经过过去几年资本市场的发展,我国直接融资的规模有了很大提高,但是依然没有改变间接融资比重过大的局面,如下图11所示。在这种情况下,货币政策的传导方式依然在相当大程度上依靠信贷规模和利率管制等行政手段进行操作,从而导致货币政策的调整和实施对实体经济带来严重影响。只有当金融市场逐渐成熟和完善,同时融资结构日趋合理,货币政策才可以更多地借助各种市场化手段进行调控。

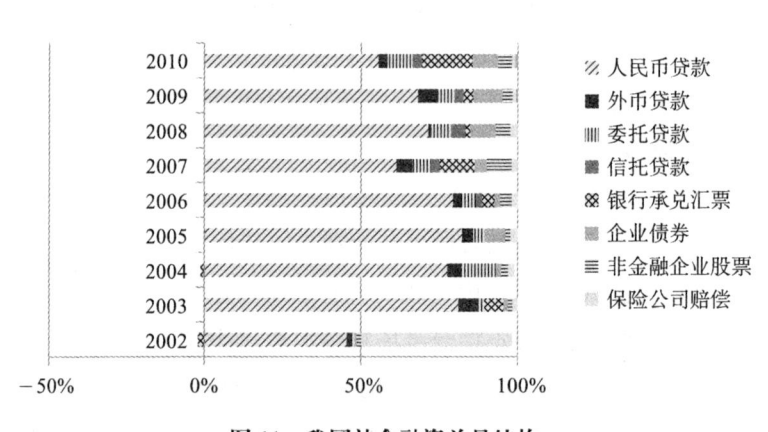

图11 我国社会融资总量结构

资料来源:中国金融年鉴2011。

资产证券化对于改善融资结构、完善金融体系和金融市场结构都具有重要意义。如前所述,资产证券化是一种直接融资方式,给金融市场带来了新的融资工具。同时它也会改变银行的经营方式。传统上商业银行应对货币政策的手段就是扩大和缩小信贷规模。有了资产证券化这个手段,银行资产除了贷款之外,还有越来越多的固定收益证券,银行除了发放贷款收取利息,还需要规广泛参与债券市场的建设,这样可以使中央银行通过与商业银行的市场交易来传到货币政策。

2. 当前遇到的困难和问题

2.1 监管意识

受美国次贷危机的影响,我国从 2009 年以来暂停了信贷资产证券化的试点,直到最近才重新加以启动。通过前面对美国次贷危机中资产证券化角色的分析,我们可以看出资产证券化本身只是一种工具,它并不是导致次贷危机的根源,真正的根源在于金融机构、评级机构和监管当局错误地使用和评估了这项工具。从美国的情况看,虽然次贷危机一度让整个资产证券化市场变得萧条,但是最近它在整个债券市场的份额又重新恢复到危机前的水平。这充分说明了这种工具的必要性和重要性。

当前为了发展资产证券化,亟需打破资产证券化是"洪水猛兽"这个认识。虽然监管部门最近重新启动停滞数年的信贷资产证券化试点,但是这次的额度仅有 500 亿元。尽管超过前两批试点的额度,但是和整个中国债券市场的规模以及商业银行对于资产证券化的需求相比还是杯水车薪。从这个角度上说,监管机构对于推动资产证券化还是过于审慎了。比如去年 9 月银监会主席助理在一次会议上表态说,开展"有条件、有限制和有前提的资产证券化"。

2.2 二级市场清淡,投资者少且行为单一

前面的表 3 表明,过去两批资产证券化试点中,二级交易市场比较清淡。与此同时,资产证券化产品的投资者结构也非常单一,商业银行占了大头,下面的表 5 给出了相关的数据。

在过去的两批资产证券化试点中,一个突出的问题就是二级交易市场比较清淡(表 3)。这个问题很大程度上是监管机构过去强调安全而忽

视效率导致的。

表5 各类机构对资产支持证券的投资状况

	银行	证券基金	证券公司	信用社	其它机构
投资比重	85.49	2.50	0.38	9.78	1.85

资料来源:沈炳熙,《资产证券化:中国的实践》,2008年。

在新一轮次的资产证券化试点方案推出以后,市场很快就出现了谁来买这些产品的担心。在投资者方面,新的试点方案鼓励保险公司、证券投资基金、企业年金、全国社保基金等经批准合规的非银行机构投资者投资资产支持证券,这是此次资产证券化方案中的亮点。但是这里面有两个问题需要突破。第一个问题是当前中国金融资产构成中银行业占据了九成左右,其它金融机构的资金量还难以比肩,这样短期内还是难以改变银行是资产证券化产品主要投资者的局面。从美国次贷危机的经验来看,如果商业银行是主要投资者,那么信用风险并没有通过资产证券化分散出去,从而资产证券化就会沦落为"监管套利"而非分散风险的工具。第二个问题是在当前的银行间债券市场上,投资者风险偏好趋同,投资决策严重同质化。

2.3 信用评级机构的角色

前面对美国次贷危机讨论中一个要点就是在资产证券化产品上信用评级机构出现的问题,其核心是发行人付费下的利益冲突和评级质量问题。这些问题当然也适用于中国的信用评级行业,而且后者的问题和挑战相对更大。

在实施资产证券化的过程中,信用评级对于证券化的资产定价至关重要。但是长久以来,中国信用评级行业并没有取得足够的公信力,评级报告对市场的影响力相当有限。在新一轮的信贷资产证券化试点方案中,监管机构提出"双评级"的要求:"资产支持证券在全国银行间债券市场发行与交易初始评级应当聘请两家具有评级资质的资信评级机构,进行持续信用评级"。双评级制度一方面可以给市场提供不同的信息,另一方面可以让评级机构投入资源来改善评级。然而,目前中国证券化项目双评级还没有形成明确的规则,评级机构的付费制度、对其失职和违法的处理等方面都需要完善。

2.4 局中下注

新一轮信贷资产证券化方案要求各发起机构应持有由其发起的每一单资产证券化中的最低档次资产支持证券的一定比例,该比例原则上不得低于每一单全部资产支持证券发行规模的5%,持有期限不得低于最低档次证券的存续期限,而此前信贷资产证券化试点方案中的规定是:信贷资产证券化发起机构不得投资由其发起的资产支持证券,但发起机构持有最低档次资产支持证券的除外。

推敲起来,这个风险留置条款错误地认识了美国次贷危机的实质。前面我们已经指出,危机发生以后,美国社会的一个普遍看法是金融机构资产证券化的发起分销模式以及缺乏局中下注是一个诱因。但是分析表明金融机构并非没有局中下注,反而大量持有了3A级的结构化证券,因此发起分销模式中的道德风险并不是金融危机的主因,政府各种担保引发的道德风险反而才是危机的原因之一。

次贷危机之后美国通过了《多德-弗兰克华尔街改革和消费者保护法案》(以下简称为多弗法案),其中规定了5%的风险留置水平。但是这个规则引发了很多争议,因为它并没有解决危机中金融机构表现出来的监管套利问题。就信贷资产证券化本身而言,银行如果恰当使用这种工具就需要把信用风险转移出去。如果发起银行风险自留,那就丧失了信贷资产证券化很大一部分的功用。

2.5 抵押权变更、会计和税收制度的完善

目前我国金融机构贷款中,抵押贷款占到一半以上。银行在转让这些信贷资产时,用以担保的抵押权也应随之转让,因此涉及抵押权变更登记的问题。一方面我国抵押权变更基本上采取手工方式,没有在全国形

成一个完整的包括各种物权及其抵押权在内的登记系统。而另一方面,由于资产证券化一般涉及资产众多,需要大批量地变更抵押权登记。若逐一对抵押权进行变更登记,则证券化的成本大大增加,不具可操作性。抵押权变更登记问题之所以重要,在于其限制了可以证券化的标的资产范围。在资产证券化的过程中,主债权转移,抵押权也随之转移。根据我国《物权法》规定,抵押权应当在登记机关登记,否则抵押权人就不能对抗善意第三人。在最初两批试点过程中,我国个人住房抵押贷款、应收账款、汽车贷款的抵押权变更得以解决。但飞机、轮船等动产的抵押权登记变更还缺乏有效便捷的办法,限制了证券化基础资产的范围。在新一轮信贷资产证券化方案中基础资产种类进一步扩大,国家重大基础设施项目贷款、涉农贷款、中小企业贷款、经清理合规的地方政府融资平台公司贷款等均在鼓励之列。抵押权的变更问题将受到更大的挑战。

资产证券化过程中还会涉及会计和税收问题,它们决定了资产证券化的合法性、盈利性以及流动性,会影响资产证券化的动机和结果。我国资产证券化的会计和税收制度分别遵循 2005 年 5 月财政部颁布的《信贷资产证券化试点会计处理规定》以及 2006 年 2 月财政部和税收总局的《关于信贷资产证券化有关税收政策问题的通知》。由于上述规定和通知均为试点过程中的产物,在许多操作细节方面仍存在问题。例如,在发起机构的会计处理方面最受关注的证券化信贷资产的"出表"条件问题,上述条文未能对已转移信贷资产所有权在 5% 和 95% 之间的发起机构如何处理该信贷资产进行明确规定,只是含糊地指出需采取部分"出表"的会计处理。另外这些条文都是参照海外资产证券化的经验,它们与我国普遍使用的会计制度和税收制度并不完全一致。这样在概念产生模糊时,相关的财务判断与会计处理就缺乏合理的依据。

3. 可行路径

为了推动资产证券化在中国的发展,在前两次试点过程中,我国的金融监管部门采取了边立法边试点的方法。在今后的一段时期内,资产证券化依然需要借助这种"并行论"的思路向前推动。具体来说,就是一方面抓法律和监管体系的建设,一方面抓市场建设。

3.1 法律和监管体系

就法律而言,应该在国务院层面上推出统一的资产证券化条例,在更高的法律层面上统一人民银行和银监会主导的信贷资产证券化以及证监会主导的非金融企业资产证券化。作为《证券法》的下位法,这个条例需要明确证券化产品的证券属性,提高其标准化程度,同时利用证券法中的强制披露以及反欺诈条款保护投资者。因为资产证券化是涉及多项法律制度的创新,在资产转让、通知和登记手续、抵押权变更、资产受托管理、信用增级以及证券化产品发行和偿付方面可以采用《物权法》、《合同法》、《信托法》、《证券法》和《公司法》等相关法律规定,需要做出调整的地方用资产证券化条例来改动,从而节省立法资源并有利于建设统一的市场。

在监管层面上,首先受到我国债券市场分割的影响,人民银行、银监会和证监会成为不同资产证券化产品的监管部门(表1)。虽然金融机构的信贷资产证券化和非金融企业资产证券化的标的资产存在不同,但是构造它们的金融技术从本质上说是一致的,这种市场化分割会在一定程度上损害市场化效率。和整个中国债市一样,资产证券化产品市场在未来也需要一个统一的监管框架。

其次,监管机构不应该决定银行风险留置的水平,而是应该根据银行实际留置的风险确定恰当的资本金要求,从而达到风险和收益的平衡。对于中国监管机构而言,美国次贷危机中最应该吸取的教训是监管套利的问题。虽然目前信贷资产证券化额度比较小,二级市场交易比较冷清,这个问题在中国市场还几乎不存在。但是随着证券化的推进,金融机构必定会衍生出像美国那样利用这个工具来获取收益,然后在问题爆发的时候利用政府提供的大而不倒隐含担保来度过危机。因此中国监管机构需要未雨绸缪,恰当评估银行实际的信用风险,不仅包括资产负债表内风险,也包括透过资产证券化这条途径出现的表外风险,然后确定合理的资本金要求。

第三,在信用评级机构的问题上,为了解决资产证券化产品评级中的利益冲突和评级质量问题,中国的监管者或许可以考虑在在美国多弗法案中被暂时搁置的 Franken 机制。它的思路是在监管部门中建立一个评级委员会和一套中央评级分派系统,然后分三步进行作业:

A. 一家需要对发行的资产证券化产品进行评级的公司首先接触评级委员会。由委员会根据评级目标的性质,估算一个固定费用。

B. 评级委员会选定一组评级机构,然后通过摇号的方式选择一家机构进行评级。虽然这个选择是随机的,但是摇号机制可以是基于某种绩效指标,比如评级方法论的质量、评级机构在给这种债务进行评级时的经验、评级机构在给这类债务进行评级时相对其它评级机构的历史绩效、评级机构质量的历史审计记录等等。

C. 在收取费用之后,评级机构将开始给债务进行评级。即使考虑发行人可以得到其它机构的评级,初始评级必须要经过这个程序,而且其中不允许发行人选择评级人。

3.2 市场建设

在资产证券化市场建设方面,我国政府和监管部门需要着眼下面几点。

第一,要稳步扩大资产证券化规模,第三批的 500 亿额度太少,银行难以利用这个手段来解决各自面临的问题,因此下一步扩大规模是应有之义。当然规模的扩大需要尽可能和法律法规、监管体系的完善同步进行,以避免留下法律和监管漏洞成为金融机构套利的工具。

第二,要调整和扩大基础资产的范围。在这次新批试点方案中,允许用作证券化的资产包括国家重大基础设施项目贷款、涉农贷款、中小企业贷款以及地方政府融资平台公司贷款等。在这些贷款项目中,基础设施贷款和平台公司贷款属于信贷体制内贷款,它们本身就占据了银行大量的信贷资源。长远来看,这些项目不应该借助银行这个渠道走向资本市场,而是可以直接到债券市场上进行融资。而对于农业和中小企业而言,中国银行体系给予的信贷资源相对较少。透过资产证券化这个平台可以加大商业银行对它们的信贷支持。从这个意义上说,应该鼓励商业银行发行以中小企业和涉农贷款为基础的资产证券化。最后,在学生贷款、信用卡贷款等消费信贷方面,这些贷款的违约率比较低,适合用作证券化的资产,同时也有助于扩大消费,所以在以后的试点中可以考虑把它们纳入进来。

第三,突破对资产证券化投资的限制。在新试点方案所鼓励的证券化产品投资者类型中,保险公司、企业年金和社保基金因为主管部门或监管机构尚未作出明确规定,所以它们实际上还处于被禁止投资的状态,这需要保监会、劳动和社会保障部以及财政部加快制定规则,让这些机构投资者能够尽快入市。另一方面,监管方面也应该考虑把私募基金、理财专户、私人银行高净值客户等风险承受能力高的投资者引入到这个市场中,允许它们来购买资产证券化产品。

最后,在税收方面给予优惠。因为资产证券化的交易结构会涉及多个金融服务机构,这样这类金融产品的交易费用相对比较高。从各国的情况来看,政府为了鼓励资产证券化的发展,通常会减免交易环节的税收,这种做法并不是给予证券化市场的特殊照顾,而是通过扩大税基来获得更多税收的做法。我国过去的证券化试点过程中采取了一些减免税的做法,但是它们还都是临时性的措施,现在亟需对它们进行整理和总结,变成可以长久实施的制度。

作者为上海金融与法律研究院研究员。

参考文献

Acharya, V., T. Cooley, M. Richardson, and I. Walter, 2009, Manufacturing tail risk: a perspective on the financial crisis of 2007–2009, Foundations and Trends in

Finance 4,247-325.

Coval, J., J. Jakub, and E. Stafford, 2009, The economics of structured finance, Journal of Economic Perspectives 23,3-25.

Krishnamurthy, A., 2008, The financial meltdown: data and diagnoses, Working paper.

Richardson, M., J. Ronen, and M. Subrahmanyam, 2011, Securitization reform, in V. Acharya etal (eds.) Regulating Wall Street. John Wiley.

洪艳蓉,2010,《重启资产证券化与我国的发展路径》,工作论文

沈炳熙,2008,《资产证券化:中国的实践》,北京大学出版社

如何评价信用评级机构?

王 闻 林加力

一、引言

信用评级机构(Credit Rating Agencies/CRAs)是给投资者提供各种债务发行人信誉或者更确切地说违约可能性判断的商业组织,这些债务发行人包括公司、政府、国际机构以及结构化债务的券化机构(securitizers)。

信用评级机构最早起源于19世纪中期的美国。1841年,一位美国商人Lewis Tappan在积累了大量客户信誉的资料之后,决定开始提供这种商业信息的专业化服务,为此他成立了商人机构(Mercantile Agency),开始向社会发布企业信誉的信息。1909年,穆迪(John Moody)开始公开发布债券评级,其中重点是铁路债券。不久之后,普尔出版公司(Poor's Publishing Company/1910)、标准统计公司(Standard Statistics Company/1922)以及惠誉出版公司(Fitch Publishing Company/1924)也纷纷开始公开发布债券评级。后来经过不断的发展和兼并,这些债券评级机构演变为当前全世界三大信用评级机构——穆迪、标准普尔和惠誉。

在20世纪30年代,信用评级机构和债券市场之间的关系发生了一次重大变化。当时美国银行业的监管者——货币监理署(Comptroller of the Currency)——出台了一系列的法规,特别是在1936年颁布的一条法令,禁止银行持有由"认可评级手册"中确定的"投机性投资证券",这里投机性证券就是今天所说的垃圾债券,同时还规定"认可评级手册"的发布者只有穆迪、普尔、标准和惠誉四家。这条法令实质上让第三方评级者对于企业信誉的判断获得了法律效力。后来美国保险业和联邦养老金的监管机构也采取了类似的策略。1975年美国证券交易委员会的监管措施让评级机构最终获得了在债券市场中的核心地位。这一年,美国证交会创立"全国认可统计评级组织"(National Recognized Statistical Rating Organization)这个名称,并赋予穆迪、标准普尔和惠誉享有这个称号。同时要求包括大部分投资银行和证券公司在内的经纪人—自营商持有的资产和NRSRO的评级挂钩。

直到21世纪初的很长一段时期内,以信用评级行业以及金融监管中的NRSRO体系并没有引起市场很大的关注。2001年起先后爆发的Enron和WorldCom丑闻让信用评级开始处于风口浪尖之中,而到了2007—2009年从美国引发的全球金融危机以及最近的欧债危机,信用评级行业更是遭到了全社会的批评和质疑。其中经典的案例就是雷曼兄弟在2008年9月份申请破产当天的早晨,几家大的评级机构依然把雷曼的商业票据列为"投资级"评级。

无论是2008年的金融危机还是当下的欧债危机,一种共识就是包括穆迪、标准普尔和惠誉在内的国际三大评级机构与现有的评级制度被认为对此负有责任。在危机之前,这些评级机构给包括CDO在内这样的结构金融产品以及欧猪(PIGS)等国的主权债务给予较高的信用评级,从而催生了美国本世纪初开始的房地产泡沫和欧元区边缘国家不负责任的政府支出。而当这些问题演变为危机之后,评级机构又顺势降低它们的评级,从而加剧了危机的深度。

过去这些年信用评级机构在金融危机中的表现如同不合格的体检机构:它们没有及时准确地给存在严重内在问题但是外表看起来正常的人

如何评价信用评级机构?

提供恰当的体检报告,结果让拿到拿到这种体检报告的人理直气壮地抽烟酗酒、纵欲无度。只有大家都觉得病人有问题的时候,体检机构才说病人有健康问题,可是到这个时候往往于事无补。为了不被不合格的体检机构误导,我们需要在拿到体检报告时就知道,这家机构的体检质量到底如何。问题在于当从外表上看还没有毛病时,我们如何能知道体检质量的好坏呢?

近些年来国外的学界、业界和政府都对信用评级机构的功能以及在危机中的角色开始了深入的讨论。从理论角度看,大体上信用评级结果的不准确性有三个方面的理由。第一是信用评级机构为自己做出的辩解,也就是说信用评级需要保持稳定,这样在短期内评级结果可能会有误差;第二是信用评级行业的竞争程度会影响到评级结果准确性,简单地说,这个行业需要有一个均衡的竞争程度,过度竞争和过度垄断都会影响信用评级提升评级质量的努力;第三是当前信用评级行业的发行人付费模式(issuer-pay model),在这种模式下,信用评级机构的客观性会和其商业利益发生冲突,从而导致评级虚高(rating inflation)以及评级选购(rating shopping)的现象。

现在回到国内的信用评级行业。中国的债信评级机构发端于80年代后期。1987年国务院发布《企业债券管理暂行条例》,之后为规范债券市场,人民银行和当时的国家体改委就提出组建信用评级机构的设想和要求。1987年中国第一家信用评级机构吉林省资信评估公司于1987年成立,其他各省市也纷纷效仿,这些机构大部分都是人民银行各地分行的下属公司,曾一度超过90家。1988年,上海远东资信评估公司成为第一家独立于金融系统的信用评级机构。这些机构在80年代末政府对金融体系的整顿中,大部分被撤销。

1992年国务院下发《关于进一步加强证券市场宏观管理的通知》,其中明确把债券评级工作作为债券发行审批的一个程序。随后新世纪、中国诚信证券评估有限公司、福建省信用评级委员会(联合的前身)等外部评级机构相继成立，由此中国的评级行业开始走向规范化。

从 2000 年开始，国家提出加快社会信用体系建设，社会各方开始认识到信用评级的重要性。另一方面债券市场也开始不断出现新的产品和工具，各个监管机构从业务角度也将信用评级纳入监管范围。从 2003 年开始，证监会、保监会、人民银行和国家发改委陆续出台了一批针对信用评级的通知和办法，其中的核心内容就是赋予不同信用评级机构从事各种评级业务的资质，同时把各自监管领域内金融机构持有的资产范围和信用评级挂钩。自从 2004 年的"国九条"发布之后，我国的债券市场也有了快速发展，一方面市场容量在不断扩大，另一方面新的产品和新的发行和交易方式也在不断出现，由此也让我国的信用评级行业有了快速的发展。

我国信用评级行业的历史比较短暂，这个行业也不可避免地存在着和国外同行相似的问题，而且因为当前中国债券市场的产品、投资者结构和监管框架上还存在着诸多问题，这样信用评级的可靠性以及市场接受程度和国外成熟市场相比都有一些距离。2008 年的四万亿经济刺激计划下地方政府纷纷透过投融资平台大举借债，进入 2009 年以后城投债出现了一系列的风险事件，特别是近期山东海龙债违约事件，都让中国的信用评级行业感受到了压力。

据此讨论，无论是国外和国内的信用评级行业，我们都需要寻找一个标尺来度量信用评级的质量。本文的目的是用一种简单的方法对国内信评机构的评级质量进行讨论，从而引发社会对中国信用评级行业这个新兴行业的关注和思考。

接下来本文的第二部分将讨论一般意义上信用评级机构作为信息提供者的功用，第三部分将讨论衡量信用评级机构评级质量对相关各方的意义。第四部分将讨论中国信用评级行业的现状。第五部分分析中国信用评级机构的评级质量。最后一个部分是结束语。

二、信用评级的信息价值

信用评级作为债务资本市场的一种信息主要包含两个方面的含义：

(1)和债务发行人信用相关的信息;(2)和发行人债务融资能力相关的信息。这两种信息含义在一定程度上是相关的,比如信用质量高的企业通常更容易举债,但是就本质而言信用评级的主要角色是作为一种基准而用于财务合约中。就此而言,信用评级起到的是一种认证功能,特别是当外部人无法获得更多或者可靠信息的时候。因为现在对金融机构所持有资产的金融监管中严重依赖信用评级,这样评级就确定了不同类型的金融机构能够持有和不能够持有的资产类型,同时也给各种投资经理提供了一种交流投资原则和标准的便利方式。对于债务发行人而言,在慎重考虑评级结果的情况下,它们会决定举债的方式和规模。这样信用评级就成为债务证券供给和需求中关键性的因素。

下面的图 1 清晰地表明了信用评级的功能。信用评级被置于图中央,其主要的决定因素是债务发行人的信用质量。评级机构会搜集债务发行人的信息,然后用各种方法和技术对发行人的信誉进行评估,最后把这种评估转化为一个类似信评等级。图 1 中联系信用质量(credit quality)和信用评级之间的箭头就表示了这个过程。接下来信用评级会成为债务发行人(借款人)和投资人(贷款人)决策过程的因素,从而影响到债务的需求和供给。这个过程就是用联结信用评级和发债规模(credit quantity)之间的箭头来表示。如果我们只考虑债务发行人企业的情况,那么一家企业的杠杆比率或者其举借新债进行融资的能力很可能会影响到企业的违约概率,从而就导致了图 1 中把发债规模和信用质量联系在一起反馈箭头。

当前对信用评级的批评主要来自于图中的左边,也就是评级机构在对债务发行人的信用质量进行评估的时候是否准确和及时,而对图 1 中右边的含义则讨论较少。现在信用评级机构虽然受到广泛的批评和质疑,但是其在债务资本市场中的核心地位依然没有实质变化这一点或许可以用图 1 右边的含义来解释。当然有关于此的讨论超出了本文关注的话题,所以接下来我们不对此做更进一步的讨论。

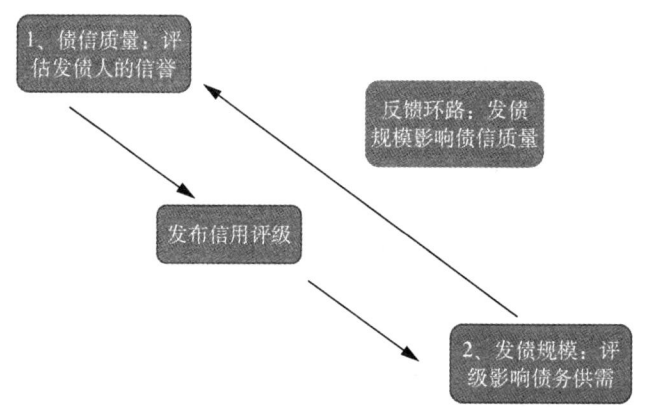

```
┌─────────────┐
│ 1、债信质量：评│
│ 估发债人的信誉 │←─────┐    ┌──────────────┐
└──────┬──────┘      │    │ 反馈环路：发债 │
       │             │    │ 规模影响债信质量│
       ↓             │    └──────────────┘
┌─────────────┐      │
│ 发布信用评级 │      │
└──────┬──────┘      │
       │             │
       ↓      ┌─────────────┐
              │ 2、发债规模：评│
              │ 级影响债务供需 │
              └─────────────┘
```

图 1　信用评级机构的功用

三、评估信用评级质量的意义

总体而论，对信用评级做质量评估有以下几个方面的意义：

（一）对债信评级行业的意义

对评级质量的评估，将增加行业透明度，督促评级公司提高自身的评级质量。

当评级质量缺乏公认的度量指标时，公司没有动力去提高评级质量。专注提高质量的公司要承受更高的成本，却很难迅速看到收益，毕竟信誉和口碑不是一朝一夕之事，需要漫长的等待和积累。而压低评级成本、甚至为获得客户而给出虚高的评级，却能迅速获得眼前收益。这是信用评级行业常见的激励问题。评级的最终使用者——投资者，并不能对评级机构形成有效约束，唯一能制约评级机构的只有信誉这一个因素。但短视是人的天性，尤其当评级机构面对激烈的市场竞争时，评级机构很容易就会为眼前利益而放弃长期声誉。

对于解决这个问题的可能思路，一种方法是进行双评级或者再评级。前者的含义是一个发债主体或者一个债券品种同时分别由两家或两家以上的独立信用评级机构进行信用评级,后者是在评级公司给出信用评级之后再次进行评级。双评级和再评级虽然能在一定程度上改善评级质量,但是从社会总体上看会增加评级成本,它们最终还是要由发债主体与投资者承担。另一方面,它只能抑制给出过高评级的冲动,却难以让评级机构花力气下成本改进评级质量。

另一种解决思路是就是把当下发行人付费的商业模式改变为投资者付费模式。但是这一模式并不能够从根本上改变信用评级机构提供客观公正的信用质量信息和谋取商业利益之间的冲突。这个问题的核心在于当前监管机构对于信用评级机构的依赖,在这种制度安排下,各个金融机构作为债券市场中的主要机构投资者会有动机进行监管套利(regulatory arbitrage),也就是说它们会大量持有达到监管机构规定的高等级债券,但实际上这些债券的风险要高于同信用等级的债券。因为存在着监管套利,即使是投资者付费,它们也有动机给信用评级机构施加压力来虚高评级。

在这种情况下,对信用评级机构的产品做质量评估就为这个问题提供解决方案。归根结底,评级公司追逐短期收益而降低评级质量的问题,是由信息不对称导致的。如果评级公司的评级质量信息能实时反映在公开的衡量指标中,就有助于打破这种信息不对称。评级机构在这种情形下会努力提高自身的评级质量,从而有利于评级行业的健康发展。

(二)对投资者的意义

从投资者的角度看,他们往往会对不同信用评级机构的评级质量形成定性看法,但是这种看法明显缺乏精确的量化标准。市场上本来就存在对评级质量的感性认识,但这些认识往往带有模糊性,多是直观感受的累积,判断的准确性受行业经验的影响很大,不同个体之间亦存在认识偏差——这些都是感性认识难以避免的问题。而对评级机构的质量进行评估,将使经验驱动的感性认识,转换为操作性更强的理性判断。另一个益处则相对间接。它通过督促评级机构提高评级质量,使投资者在更高水准信用评级服务下做出投资决策,有利于提升投资绩效。

(三)对市场建设和金融监管方面的意义

从债券市场的角度看,当评级信息可信度较低时,市场效率将比较低下,严重时甚至会出现逆向选择问题。即实际信用较高的企业由于难以和其他企业区别开来,而选择离开市场;而隐藏着很高信用风险的企业,由于难以被甄别,从而涌入市场,使市场变成一个"劣质产品驱逐优质产品"的"柠檬市场"。评级质量的可靠信息将增加评级的信息含量,从而提高市场定价效率,使资本配置更加有效,避免逆向选择的出现。

通过以上的分析可以看出,在缺乏对信用评级机构的评级质量进行明确而又量化分析的情况下有可能导致出现两个"柠檬市场"。一个是评级行业中的"柠檬市场",如果市场参与者难以知晓评级机构的评级质量,评级机构就没有动力追求高质量的评级,行业整体评级质量难以提高。另一个是融资企业中的"柠檬市场",当评级质量不高时,资信好的企业与资信差的企业难以区分,导致资信差的企业涌入而资信好的企业退出。对评级机构进行评级,将能够避免这两个潜在的问题变成现实。

从监管层的角度来说,对评级质量的评估使监管层进一步了解债信评级行业的现状和问题,有利于提高监管水平。同时,定量描述将方便政策研究机构进行横向和纵向的比较研究,有利于从评级质量信息中,挖掘出感性认识难以把握的细微含义,进而制定出更好的政策。

四、中国信用评级行业现状

中国债券市场的基础产品主要有政府信用债券、金融债券和(非金融)企业债券这三大类。因为政府信用债券和金融债券往往享有最高等级的债信,所以相对来说,企业债券的信用评级就具有更重要的功能,下面我们将集中讨论针对企业债券的信用评级。

表1给出了当前中国几家主要的信用评级机构信息。

如何评价信用评级机构？

表1 评级机构信息

	成立时间	是否中外合资	证监会认定[1]	发改委认定[2]	人民银行认定[3]	保监会认定[4]
中诚信国际信用评级有限责任公司	前身"中国诚信证券评估有限公司"1992年成立,1997年中诚信国际获人民银行批复	是	否	是	是	是
中诚信证券评估有限公司	1992年	否	是	否	否	否
联合资信评估有限公司	前身"福建省信用评级委员会"1995年成立,2000年重组更名为"联合资信评估有限公司"	是	否	是	是	是
联合信用评级有限公司	前身"天津中诚资信评估有限公司"2002年成立,2009年更名为"联合信用评级有限公司"	否	是	否	否	否
大公国际资信评估有限公司	1994年	否	是	是	是	是
上海新世纪资信评估投资服务有限公司	1992年	否	是	是	是	是
鹏元资信评估有限公司	1993年	否	是	是	注3	否
上海远东资信评估有限公司	1988年	否	否	是	是	是

资料来源:各家评级机构主页。

注1:这里"证监会认定"表示根据证监会2007年8月发布的《公司债券发行试点办法》和《证券市场资信评级业务管理暂行办法》认定的从事证券市场资信评级业务信用评级机构,"发改委认定"表示根据发改委2003年9月发布的《关于国家电网公司等企业债券发行规模及发行审批有关问题的通知》所认定的企业债券信用评级机构;"人民银行认定"表示根据人民银行1997年1月发布的《关于中国诚信证券评估有限公司等机构从事企业债券信用评级业务资格的通知》和2004年12月发布的《银行间债券市场发行债券信用评级有关事项》所认定的全国性企业债券及银行间债券信用评级机构,"保监会认定"表示根据保监会2003年5月发布的《保险公司投资企业债券管理暂行办法》以及后来的同年的92号和133号文件所认定的对保险公司投资债券进行信用评级的机构。

注2:"中诚信国际信用评级有限责任公司"与"中诚信证券评估有限公司"是两家不同的评级机构。前者为母公司"中国诚信信用管理有限公司"与境外的"穆迪投资者服务公司"合资成立并控股;后者为母公司的全资子公司。类似地,"联合资信评估有限公司"与"联合信用评级有限公司"也为关联公司。前者是母公司"联合信用管理有限公司"与境外的"惠誉信用评级有限公司"合资成立,后者为母公司的全资子公司。这两组公司遵从一个类似的分工模式:全资子公司专注于公司债评级,而合资公司负责其余种类债券。

注3:获得企业债评级认定,但未获得银行间债券评级资格认定,所以无法给中期票据、短期融资券等进行评级。

中国信用评级行业的集中度略低于美国,没有表现出美国三家独大的局面。根据下面的表2和表3,我们可以看到主要几家评级机构在各种债券上的市场份额。这两张表格只选取了排名前8的评级机构,后面给出评级次数少于10次的机构则没有列出。当前行业内规模前三的评级机构依次是:中诚信、联合资信、大公国际,接下来规模相对较小的两家是新世纪、鹏元。而成立最早的上海远东则因为2006年的福禧债事件而逐渐被市场边缘化。

表2 评级机构的存量债券(2012年5月)

评级机构	短期融资券	公司债	金融债	可分离转债存债	可转债	企业债	中期票据	资产支持证券	总计
中诚信	217		50	4	1	277	343	4	896
联合资信	177		80			210	302	3	772
大公国际	128	18	34	2	3	250	185		620
上海新世纪	103	18	4	1	2	88	126		342
鹏元		40		1	4	121			166
中诚信证券		88	9		5			9	111
联合信用评级		30		1	5				36
上海远东资信评估				1		4			5

数据来源:wind数据终端

表3 评级机构的全部未到期与已到期债券(截至2012年5月)

评级机构	短期融资券	公司债	金融债	可分离转债存债	可转债	企业债	中期票据	资产支持证券	总计
中诚信国际	903		58	5	16	425	390	27	1824
联合资信	664		101			307	335	24	1431

(续表)

评级机构	短期融资券	公司债	金融债	可分离转债存债	可转债	企业债	中期票据	资产支持证券	总计
大公国际	557	21	44	2	16	376	204	15	1235
上海新世纪	283	21	4	2	5	152	147		614
鹏元		48		1	8	197			254
中诚信证券		93	1		9	6		10	119
上海远东	31		5		5	13		4	58
联合信用评级		38		2	16				56

数据来源：wind 数据终端

国外的学术研究发现，国际三大评级机构所给出的评级水平长期以来逐步攀升，国内的评级业也表现出类似的态势，下面的表 4—6 的债券评级调整历史以及信用等级迁移矩阵就说明了这一点，从中我们可以看出国内评级机构在跟踪评级时调高评级的次数远多于调低次数。仅有的 50 例债项评级调低案例中，有 40 例是短期融资券评级从 A－1＋调整到 A－1，仅仅是评级中枢的整体下移，除短期融资券外其他债券的评级下调仅有 7 例。截止 2012 年 5 月底，市场中存量短期融资券的评级全部为 A－1，所以这种等级下调意义不大。只调高而不调低的现象，从侧面反映了中国债信评级行业可能存在的评级质量问题。

表 4　债项评级的调整历史

评级类型	主体评级		债项评级	
调整方向	调低	调高	调低	调高
调整次数	50	284	62	3222

数据来源：wind 数据终端

注：债项评级是指针对某个债券发行主体发行的某种债券信誉所做的评级，而主体评级则是对发行某种债券的发行主体信誉所做的评级。

表5 债券信用等级迁移矩阵（不含短期融资券）

	AAA	AA+	AA	AA-	A+	A	A-	BBB
AAA		92	3	1		1		
AA+			133					
AA	4			25		4		
AA-			2		6	1		
A+				1		8		
A							4	2
A-								
BBB								

数据来源：wind 数据终端
注：行代表调整后信用等级，列代表调整前信用等级，这样第 1 行第 2 列中的数字"92"就表示从 AA+级调升到 AAA 级的次数，同时对角线上的所有元素表示信用等级调升（rating upgrade）情况，而对角线下的所有元素表示信用等级调降（rating downgrade）情况。

表6 发行主体信用等级迁移矩阵

	AAA	AAA-	AA+	AA	AA-	A+	A	A-	BBB+	BBB	BB+	CCC
AAA		27	666									
AAA-												
AA+		3		967	14							
AA			3		1040	6	9					
AA-				7		415	4					
A+					1		64					
A					2	10		11				
A-						3	4					
BBB+							2					
BBB								20				
BB+								3				
CCC											3	

数据来源：wind 数据终端，其中行代表调整后信用等级，列代表调整前信用等级。

中国债券市场分割为银行间、交易所和商业银行柜台三个子市场,其中银行间市场在发行和交易方面都占据了绝对优势。为了对不同信用评级机构的评级质量做进一步的分析,下面的表7和表8分别给出了规模前5家信评机构债项评级和发行主体评级的收益率均值和标准差。

表7 不同债项评级下的收益率均值与标准差(单位:%)

债项评级		A-1	C	BBB	A	A+	AA-	AA	AA+	AAA	总计
大公国际	均值	5.404				8.225	7.761	7.120	6.295	5.191	5.925
	标准差	1.150				0.234	0.646	0.931	0.851	0.559	1.199
联合资信	均值	5.509	6.521		8.775	8.248	7.699	6.610	6.182	5.023	5.672
	标准差	1.255	1.422		0.191	0.440	0.911	0.870	0.924	0.749	1.180
中诚信国际	均值	5.242			8.094	8.000	7.452	6.623	6.033	5.069	5.506
	标准差	1.281			N/A	0.307	0.660	0.843	0.814	0.635	1.111
鹏元资信	均值					7.995	7.501	7.173	7.624		7.423
	标准差					0.697	0.675	0.935	0.792		0.804
上海新世纪	均值	5.935		6.714			7.384	6.549	6.245	5.381	6.152
	标准差	2.273		0.088			1.014	0.640	0.956	0.663	1.476
总计	均值	5.424	6.521	6.714	8.761	8.191	7.681	6.876	6.241	5.105	5.113
	标准差	1.402	1.422	0.088	0.213	0.412	0.830	0.893	0.924	0.693	1.408

数据来源:同花顺数据终端,基于银行间市场2011年5月至2012年5月的日交易数据。

表8 不同主体评级下的收益率均值与标准差

主体评级		BBB-	BBB	BBB+	A	A-	A+	AA-	AA	AA+	AAA	总计
大公国际	均值	5.837	6.981	6.987	5.707	7.627	7.831	7.039	7.12	5.792	4.969	5.925
	标准差	0.224	0.632	0.914	1.268	0.772	0.809	1.124	0.931	0.729	0.59	1.199
联合资信	均值	6.523	7.832	6.227	7.616	7.699	7.771	7.126	6.61	5.736	4.986	5.672
	标准差	1.976	0.011	0.618	1.073	0.907	1.302	1.355	0.87	0.678	0.835	1.18

(续表)

主体评级		BBB−	BBB	BBB+	A	A−	A+	AA−	AA	AA+	AAA	总计
中诚信国际	均值			8.074	7.031	7.547	7.142	6.853	7.501	5.580	4.975	5.506
	标准差			0.438	1.286	0.069	4.344	1.146	0.675	0.703	0.760	1.111
鹏元资信	均值	7.226			5.056		7.888	7.68	6.623	6.351		7.423
	标准差	0.18			0.076		0.44	0.781	0.843	0.754		0.804
上海新世纪	均值	6.429	6.711	6.837	8.655	6.949	8.151	7.042	6.549	5.551	5.188	6.152
	标准差	0.784	1.437	1.157	1.365	1.493	7.057	0.995	0.640	0.711	0.565	1.476
总计	均值	6.401	7.031	6.844	7.094	7.389	7.674	7.105	6.876	5.687	4.980	5.113
	标准差	1.064	0.722	0.961	1.571	1.213	3.973	1.162	0.893	0.719	0.750	1.408

数据来源：同花顺数据终端，基于银行间市场2011年5月至2012年5月的日交易数据，BB级及以下级别的数据略去。

由于银行间市场债券主要是AA−以上债券，因此这里需重点关注AA−以上级别的数据。就表7中的债项评级而言我们可以看到，评级市场规模的前3名——中诚信国际、大公国际、联合资信——在各个季节上的平均收益率水平比较接近。而规模相对较小的鹏元资信和上海新世纪则存在不同的问题，对于鹏元资信而言，其各评级水平上的平均收益率均高于其它机构，这表明该机构倾向于在同等情况下给予客户更高评级；另外其AAA级别债券的平均收益率反常地高于其他级别。而对于上海新世纪而言，其各个评级水平间的平均收益率差距小于其他评级机构，这表明该机构给出的评级和债券收益率的相关性更小。除了债项评级之外，我们也可以依据主体评级计算不用评级债券的平均收益率与标准差，在这些数据中鹏元资信和上海新世界的问题就不那么明显了。

表7和表8的讨论已经开始涉及评级的质量评价问题，不过为了更好地讨论这个问题，我们还需要更为数量化的方法。

五、中国信用评级机构评级质量的比较分析

(一)质量评估方法的特征

为了衡量信用评级的质量,我们需要一个方法。在给出具体的方法前,首先需要明确方法所需要具备的特征。简单来说,这种方法应该具有以下几个特征:

1. 公开性。这里的公开性不仅指评估结果应该对市场公开,更重要的是评估方法要公开,所需的数据也能通过公开渠道获得。

债信评级机构的数量本来就不多,由独立机构定期针对评级机构发布评级质量评估报告是未来可能出现的做法。为了避免出现此类机构寻租的问题,评估方法和信息都公开透明。否则我们在使用这种评估结果前都还不能确认其可靠性,难免陷入无止境的猜疑链条中。

2. 实时性。作为信用评级质量的评估手段,我们当然希望所用方法能够具有实时性,能够反映近期内评级质量的变化。评级机构的激励问题本来就根源于短期商业利益与长期声誉之间的冲突。只有实时性较强的评估体系才能使信誉的影响短期化,从根源上解决矛盾。

从直觉上我们比较容易想到的评估方法就是对比债券的历史违约状况和信用评级。这种方法非常直观,而且数据也能公开获得,但是其缺陷就在于实时性。信用违约事件往往扎堆出现在经济衰退期间。在大部分时期,我们能获得的近期违约事件很少,难以据此做出可靠的评价。因此利用违约历史只能在一个很长的周期上对评级质量进行评估,或者说评估周期要大致和经济周期相当。

3. 综合性。也就是说质量评估对象并非针对单只债券的评级,而是应该对信用评级机构的全部评级进行质量评估,或者至少是对评级机构在某些类型债券上的综合评估质量。

对于单个信用评级的质量评估,我们实际上可以用再评级方面来处理。但这种方法并不能直接给出评级机构的综合质量评估,由此就无法

解决评级机构的激励问题。

4. 不可操纵性。一个评估指标如果被市场广泛接受,那么它就会影响到被评估者的行为。我们希望这种影响能够带来的是正面结果,也就是促使评级机构努力提高评级质量,而不希望产生负面结果,也就是评级机构通过某些方法或者迎合评估指标,或者操纵针对自己的评估分数。

纵观上述 4 个要求,公开性和实时性是比较容易达到的目标,利用公开的实时数据设计评价指标即可。综合性则需要引入稍复杂的数学模型,将分散的关于信用评级数据整合成一个指标。而"不可操纵性"则是最难达到的要求,这就好比应试教育中学生总会努力迎合考试,以拔高分数为目标,所做所学并非完全是学校和社会需要的。评估指标的设计需要充分考虑到这一因素,以免造成破坏性影响。如果质量评估体系达不到"不可操纵性"的要求,那么我们最好把它仅限于研究之用,而不要向市场进行推广。

(二)一个简单的指标:收益率与评级的相关系数

我们这里采用的方法就是获得一家信用评级机构所评级的所有债券,利用这些债券的评级水平和收益率数据计算出两者之间的相关系数。这个相关系数应该是负数,如果这个负数的绝对值越大,说明债券收益率与评级水平之间的负相关性越显著,同时评级质量也就越高。

在数学上相关系数的平方是指简单的单变量线性回归的决定系数(R^2)。沿着这个思路,我们可以把单变量线性回归改进为更为复杂的多变量线性回归,从而把更多其它风险度量指标纳入其中。采用这个指标背后的经济逻辑是:信用评级越高的债券,其信用风险越小,收益率也更低。因此信用评级和债券收益率应该呈负相关。信用评级的质量越高,这种相关性应该越明显。

从因果关系上说,债项评级对收益率具有引导作用。当债券发行时,信用评级是投资机构报价的主要参考因素。而当债券发行流通后,如果出现信用评级的调整,债券收益率也将有明显反应。当然收益率并不只是被动反映信用评级水平。市场瞬息万变,融资方资信水平也随之起伏。这些变化都会透过债券分析师与交易员,驱动债券收益率涨跌。如果信用评级机构给出的评级不合理,或者虽然以前合理,但当下已经过时,就会发现单只债券收益率与该评级应有的收益率水平背离。

当然在单个证券上讨论这个问题意义不大。如果债券收益率与该评级应有的收益率明显背离,我们无法据此做出判断:到底是定价不合理从而交易员可以据此套利,还是评级不合理从而评级机构需要做出调整;亦或者是市场定价和评级机构的评级都出现了问题。

从整体上评价收益率与评级的相关程度会更有意义。当样本量比较大时,其他因素的影响会逐渐收敛到一个均值,我们就可以利用收益率与评级的相关系数来衡量评级机构的评级质量了。

(三)应用方法:基于银行间市场交易数据

现在利用上述方法对评级机构之间评级质量进行比较。收益率数据来自 wind 数据库中银行间市场 2009 年到每日交易数据,评级刻度则依据排序用整数进行替换。关于样本选择有几点说明,首先由于目前短期融资券评级全部为 A-1,故不纳入样本范围。下面分析所称的"所有债券"和"不含权固息债"均不含短期融资券券。其次浮动利率债、可变利率债,以及含权债券的定价都较复杂,为了增强结果的稳健性,此处的数据计算分两次:第一次除短期融资券外所有银行间债券为样本;第二次以不含权固定利息债为样本。因为远东资信评级的债券太少,故在结果中略去,仅讨论排名前 5 的评级机构。

1. 大评级机构评级质量更好,主体评级质量高于债项评级

根据下面的表 9 结果显示,评级与收益率相关系数较高的依次是联合资信、大公国际、中诚信,也是行业内排名前 3 的机构;而鹏元和新世纪相关系数则较低。如果以此作为评级质量指标,这意味着大评级机构的评级质量优于较小的机构。

表9 债项评级/主体评级与债券收益率相关系数

		大公国际	联合资信	鹏元	新世纪	中诚信	综合
所有债券	债项评级	−0.608	−0.649	−0.153	−0.399	−0.541	−0.607
	主体评级	−0.613	−0.598	−0.390	−0.497	−0.581	−0.627
不含权固息债	债项评级	−0.638	−0.618	−0.168	−0.403	−0.541	−0.618
	主体评级	−0.655	−0.582	−0.269	−0.513	−0.615	−0.649

数据来源：同花顺数据终端

该表中显示的另外一个结论则比较有趣,这就是评级机构针对发债主体所作的主体评级和债券收益率的相关性要高于针对特定债券所作的债项评级和收益率之间的相关性。从逻辑上说,针对特定债券做的债项评级除了考虑发债主体的资信水平之外,还考虑了这种债券的各种条款(包括期限、利率形式和内嵌期权形式)、担保情况以及在破产清算时的优先顺序,因此应该包含更多的信息,从而比单纯的主体评级和债券收益率之间具有更高的相关性。从结果上看,除了联合资信一家之外,这里考虑的其它几家评级机构的主体评级质量都好过债项评级。即使对不含权固息债做相同的分析,结果也没有改变。

这个结果在很大程度上印证了当下固定收益投资界中的一个普遍共识:这就是主体评级的重要性高于单个债项评级。在没有做更深一步的分析之前,笔者认为导致这个现象的原因可能有两个,第一个是在中国债券市场中,债券投资者最后关注的重点还是发债主体的信用,而单只债券的各种特定条款对定价影响微不足道。第二种可能性就是主体评级比债项评级更容易。在评级行业评级技术整体还比较粗糙的情况下,就容易表现为主体评级质量相对较高,而债项评级质量则相对较低。

2. 评级效果逐年改善

除了做公司间的比较,我们还可以对不同的年份进行比较。因为鹏元的数据在分年度之后,每年的样本量太小,所以这里把它排除在外。下面的表 10 给出了大公国际、联合资信、新世纪和中诚信这 4 家评级机构的相关系数指标从 2009 年以来的变化情况。

表 10 相关系数指标的年度变化

			大公国际	联合资信	新世纪	中诚信	综合
所有债券	债项评级	2009	−0.57765	−0.54411	−0.20783	−0.39983	−0.51995
		2010	−0.57689	−0.67703	−0.32365	−0.48068	−0.59506
		2011	−0.63879	−0.68058	−0.47612	−0.60333	−0.64633
		2012	−0.723	−0.68604	−0.43612	−0.66054	−0.67024
	主体评级	2009	−0.75394	−0.70915	−0.33469	−0.50954	−0.66443
		2010	−0.6908	−0.65078	−0.51364	−0.57965	−0.67131
		2011	−0.59917	−0.62443	−0.52576	−0.63615	−0.64597
		2012	−0.7456	−0.67967	−0.65841	−0.70933	−0.72893
不含权固息债	债项评级	2009	−0.52091	−0.46104	−0.151	−0.26094	−0.42211
		2010	−0.57927	−0.52645	−0.21813	−0.4385	−0.55564
		2011	−0.6899	−0.62955	−0.50028	−0.58758	−0.65181
		2012	−0.73003	−0.66655	−0.4473	−0.70082	−0.67642
	主体评级	2009	−0.77037	−0.62989	−0.45332	−0.3177	−0.60676
		2010	−0.74618	−0.51871	−0.45549	−0.55864	−0.65463
		2011	−0.65065	−0.61823	−0.5469	−0.67244	−0.66986
		2002	−0.74762	−0.67586	−0.68402	−0.81029	−0.75527

数据来源：同花顺数据终端

如果我们用相关系数作为度量信用评级机构评级质量的标准，那么这张表格说明这几家信用评级机构的评级质量从 2009 年以来逐步提高。不过对于这个结论我们需要谨慎对待。和前面一样，在进一步分析它之前，我们可以做如下的猜测：从 2009 年以来，中国债券市场进入了一个高速发展时期，企业发债的次数和品种都在迅速增加，这样各家评级机构相对就积累的更多的数据，同时评级的技术也在不断改进，从而能够对发债主体做更好的信用评级。这样我们看到的结果可能是学习效应的结果。

3. 券种间存在差异

下面我们分券种进行分析,因为短期融资券的评级体系和其它债券不同,这样下面我们主要比较企业债和中期票据这两个银行间债券市场品种,下面的表11给出了计算结果。

表11　不同债券类型的指标年度变化

		中期票据		企业债	
		债项评级	主体评级	债项评级	主体评级
所有债券	2009	−0.339	−0.342	−0.579	−0.708
	2010	−0.309	−0.268	−0.537	−0.647
	2011	−0.588	−0.536	−0.559	−0.607
	2012	−0.741	−0.763	−0.727	−0.761
不含权固息债	2009	−0.349	−0.383	−0.671	−0.726
	2010	−0.337	−0.273	−0.688	−0.760
	2011	−0.589	−0.543	−0.767	−0.772
	2012	−0.751	−0.785	−0.836	−0.849

数据来源:同花顺数据终端

根据表11的结果,从纵向比较看,不论是中期票据还是企业债,其收益率与评级的相关系数在近几年都有较大的提升。但中期票据的进步更明显。从横向比较看,中期票据的债项评级与主体评级的对应指标差别不大。而对于企业债,则表现为主体评级显著优于债项评级,但差距正在缩小。这个结果表明主体评级的指标好于债项评级的主要原因在企业债。产生这个结果的原因或许和企业债和中期票据在发行监管和企业性质上的差异有关。企业债的发行是由发改委审批,发行门槛相对较高,企业规模也比较大;而中期票据的发行目前采用的是在银行间交易商协会注册的方式,这就比企业债容易很多,因此可以发中期票据的企业规模跨度就比企业债来的大。在这个背景下,债券市场投资者在面对企业债的时候就可能会相对更加关注发债主体的信用。

下面我们把评级机构纳入到上述分析中,也就是分析不同评级机构在企业债和中期票据评级上的相对绩效,表12给出了相关的计算结果。就中期票据方面,各家评级机构内部债项评级与主体评级的指标差距较小。即使在各个评级机构之间进行比较,差距也不大。对于企业债,行业前3名无论是机构之间比较,还是机构内部债项评级与主体评级比较,指标差异都较小。但对于行业内规模较小的鹏元资信与新世纪,其评级效果远差于行业前3名,而且表现出债项评级与主体评级效果严重分化的现象。上述结果表明企业债债项评级效果较主体评级差的原因,可能主要在鹏元资信与新世纪这两家规模较小的评级机构。

表12 不同评级机构企业债评级效果对比

		中期票据		企业债	
		债项评级	主体评级	债项评级	主体评级
所有债券	中诚信	−0.478	−0.503	−0.670	−0.691
	大公国际	−0.513	−0.467	−0.583	−0.585
	联合资信	−0.564	−0.504	−0.491	−0.503
	鹏元资信			−0.153	−0.390
	新世纪	−0.454	−0.434	−0.349	−0.496
不含权固息债	中诚信	−0.505	−0.535	−0.782	−0.749
	大公国际	−0.518	−0.494	−0.769	−0.748
	联合资信	−0.583	−0.517	−0.620	−0.597
	鹏元资信			−0.168	−0.260
	新世纪	−0.484	−0.477	−0.348	−0.549

数据来源:同花顺数据终端

(四) 总结

总结上述经验分析,我们可以得出如下几个结果:

1）大型评级机构的评级质量相对更好；

2）债项评级质量不如主体评级；

3）信用评级质量逐年改善，其中小评级机构以及在中期票据评级的改进更显著；

4）债项评级质量不如主体评级主要体现在规模较小的评级机构在企业债上做出的评级。

这些分析结果意味着评级机构，特别是规模相对较小的评级机构，需要关注评级质量，特别是企业债的评级质量；而规模较大的三家信用评级机构也需要改进在债项评级上的质量，从而能够让这种评级能够更好地反映所评级的债券对象资信水平。

对于投资者来说，上述分析意味着它们需要关注评级机构的评级质量，特别是行业排名相对靠后的评级机构给出的评级。

六、结束语

近些年国际上各种金融危机以及国内债券市场的发展都将信用评级机构这一市场基础设施置于风口浪尖上。大致来说，国内外这个行业面对着三个相互缠绕在一起的问题：

1）现有的监管体系对信用评级的依赖；

2）评级机构付费模式引发的利益冲突；

3）评级质量。

要找出一套能够解决上述问题的监管体系和解决方案绝非易事。在2010年美国通过的《多德—弗兰克华尔街改革和消费者保护法案》中，尝试通过信用评级机构改进内部控制和评级精度以及削弱对评级的监管依赖来改进评级过程，同时强调增强竞争力、改进评级质量以及进行行业创新。但是这个法案在处理发行者付费模式中的动机失调以及评估评级机构最优商业模型方面就不是很有效。

无论未来有关信用评级机构的监管体系会有什么样的变化，对评级机构的评级质量做准确和及时的评估都是应有之义。找到这样的一套评估体系,势必有助于解决上述这些困扰信用评级行业和金融市场的问题,从而促进这个行业的发展。

王闻为上海金融与法律研究院研究员。

林加力为浙江大学管理学院在读硕士,上海金融与法律研究院项目研究员。

参考文献

Cantor, R., and F. Packer, 1994, The credit rating industry, Federal Reserve Board of New York Quarterly Review (Summer/Fall), 1 - 26.

Purda, L., 2011, Assessing credit or determining quantity?, Working Paper.

Sylla, R., 2001, A historical primer on the business of credit ratings, Working Paper.

White, L., 2010, The credit rating agencies, Journal of Economic Perspectives 24, 211 - 22

马庆泉,吴清,2009,《中国证券史—第二卷》,中国金融出版社。

第四章　货币政策工具与银行改革

央票何处去？
——对作为货币政策中介工具的央票的分析

聂日明　龚于

2009年11月初，澳大利亚联储年内连续第二个月宣布加息25个基点至3.50%，而同时，日本、美国和欧盟都还是决定继续维持各自的低利率，虽然救市政策何时退出这个时点选择问题引发了诸多争议，但如何退出同样也是一个重要问题。在这场金融危机中，各国的中央银行普遍在救市过程中释放了大量的基础货币，如何回收这些过度的流动性是退出策略的一个重要环节，以美联储为例，如IMF经济学家郭凯所言，美联储将其手上的政府证券即便全部卖掉，也未必能把危机期间释放的流动性全部收回，很可能需要创造新的货币政策工具——如发行自己的"央行票据"，来对流动性进行额外吸收。

中国在救市中同样也带来了金融体系流动性的过分充裕，但央行票据在中国是已而有之的政策工具，即我们经常听到的"央票"，近几年来，央票的发行量日益增多，央票余额也累积到了历史高位，央票已经成为了中国金融体系中调节流动性的重要工具。而近期，人民银行通过在公开市场发行央票和开始正回购，连续七周回笼市场资金，回笼量已经累积达到7900亿元，这样的公开市场操作更是引发了市场对于央行扩张性政策退出的猜想。

相较于美国等发达的金融体系,中国为何在 2003 年就开始使用央行票据来调节流动性?而经过了这么几年的发展,央票操作的经验是否更有利于我们在危机过后的退出政策?央票是否是一种长效的货币政策中介工具?未来中国的货币政策范式应该是什么样的?

认识央票

央票,即央行票据,是中央银行为调节商业银行超额准备金而向商业银行发行的短期债务凭证,其实质是中央银行债券。之所以叫"中央银行票据",是为了突出其短期性特点,中央银行发行的央行票据是中央银行调节基础货币的一项货币政策工具,目的是减少商业银行可贷资金量。商业银行在支付认购央行票据的款项后,其直接结果就是可贷资金量的减少。客观上,发行央行票据可以回笼基础货币,收缩流动性,央行票据到期则体现为投放基础货币,扩大流动性。

央票演进历程

中国的金融体系改来起步较晚,而央行秉持独立性,发挥其在货币体系中的作用目前阶段仍是在进一步推进中,在这种背景下,央票的演进历程更应该看作中国人民银行应对宏观经济金融形势"摸石头过河"的创新探索过程。自 1990 年代中后期,央行在经济活动中的作用越来越明显,为了发挥其公开市场操作对宏观经济的影响,在手持国债数额过少的不足的情况下,央行曾将融资券作为一种重要的补充性工具。

央票的基本情况

从发行数量上来看,中国央票在短短数年里的发展速度极为壮观,将央票和国债、金融债在量上稍作对比,我们可以看到央票近几年已经替代国债和金融债,成为银行间债券市场最为活跃的交易品种。

央票何处去？

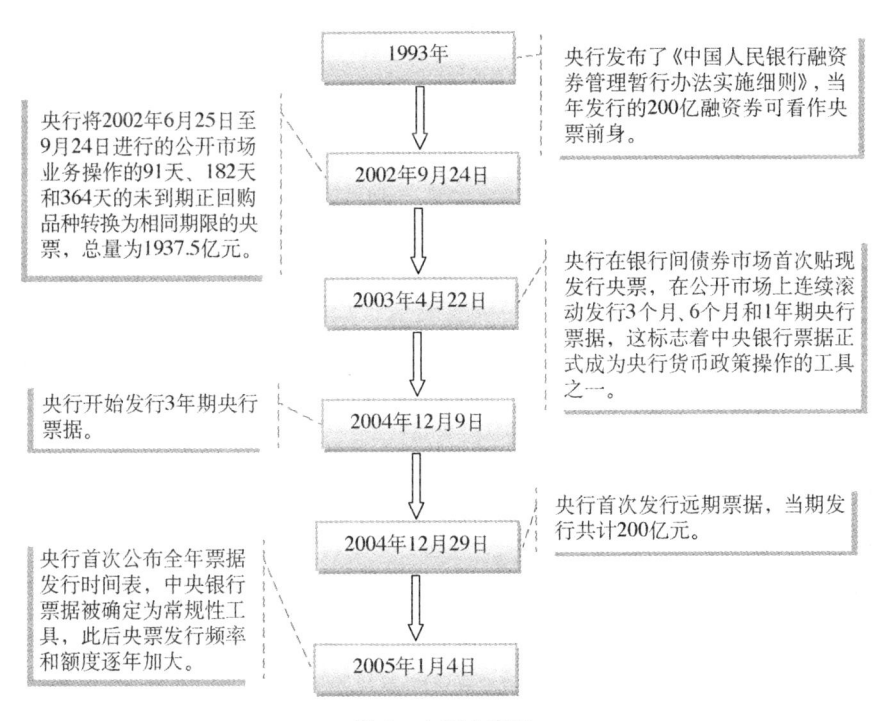

图 1 央票大事记

流程（自上而下）：
- 1993年 — 央行发布了《中国人民银行融资券管理暂行办法实施细则》，当年发行的200亿融资券可看作央票前身。
- 2002年9月24日 — 央行将2002年6月25日至9月24日进行的公开市场业务操作的91天、182天和364天的未到期正回购品种转换为相同期限的央票，总量为1937.5亿元。
- 2003年4月22日 — 央行在银行间债券市场首次贴现发行央票，在公开市场上连续滚动发行3个月、6个月和1年期央行票据，这标志着中央银行票据正式成为央行货币政策操作的工具之一。
- 2004年12月9日 — 央行开始发行3年期央行票据。
- 2004年12月29日 — 央行首次发行远期票据，当期发行共计200亿元。
- 2005年1月4日 — 央行首次公布全年票据发行时间表，中央银行票据被确定为常规性工具，此后央票发行频率和额度逐年加大。

资料来源：根据央行历年公告整理。

表 1 2003年—2009年央票发行概览

央行票据发行概况				
时期	发行期数	发行量（万亿）	增长率	期末余额（万亿）
2003	63	0.72		0.34
2004	105	1.51	97.4%	0.97
2005	125	2.79	84.0%	2.07
2006	97	3.65	32.2%	3.03
2007	141	4.07	11.2%	3.49
2008	122	4.30	5.9%	4.65
2009*	54	3.13		

数据来源：央行各年度货币执行报告。注：2009年数据截止11月4日。

大国金融崛起

表2 2001年—2008年全国债券市场概况

全国其他债券发行情况汇总表(单位:万亿元)						
时期	国债		金融债		企业债	
	发行额	期末余额	发行额	期末余额	发行额	期末余额
2001	0.49	1.56	0.26	0.85	0.01	
2002	0.59	1.93	0.31	1.01	0.03	
2003	0.63	2.26	0.46	1.17	0.04	
2004	0.69	2.58	0.50	1.49	0.03	
2005	0.70	2.88	0.68	1.97	0.20	
2006	0.89	3.14	0.95	2.57	0.39	
2007	2.31	4.87	1.19	3.33	0.51	0.77
2008	0.8	4.98	1.79	3.98	0.41	0.71

数据来源:国研网数据中心。

注:1.金融债包括政策性金融债及银行普通债、银行次级债、混合资本债、证券公司债(含短期融资券);2.企业债券和证券公司债不包括没有托管在国债登记结算公司的债券。

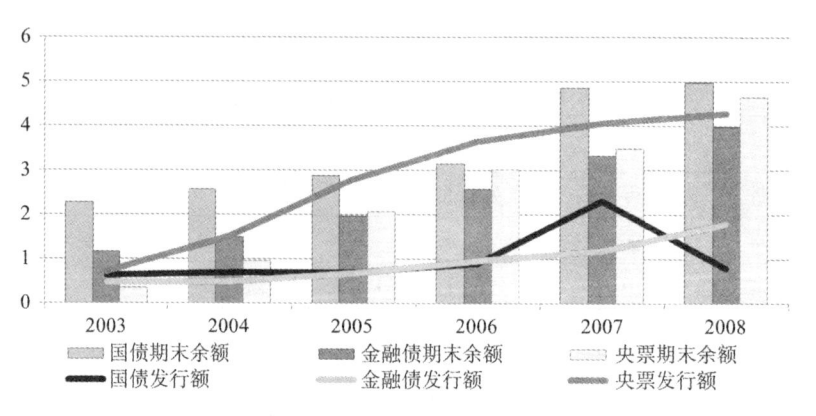

图2 2003年—2008年国债、金融债与央票

数据来源:国研网数据中心、央行各年度货币执行报告、WIND资讯。

央票何处去？

图3 一年期央票利率走势

数据来源：WIND资讯。

央票特征

为了较全面地认识央票，有必要对央票做以下几点说明：

首先，央行票据的发行对象只是公开市场业务一级交易商，发行面比较窄。1998年，公开市场业务一级交易商制度建立起来，从最初的40多家到2009年的50家（见下表），虽然近年来少数证券、保险、基金等公司取得了一级交易商的资格，但商业银行，尤其是国有商业银行在其中占据了主导地位，其对央票的竞标情况很大程度决定了央票收益率。不过，和在银行间债券市场上发行的其它债券品种一样，央行票据发行后也可以在银行间债券市场上市流通，银行间市场投资者可像投资其它债券品种一样参与央行票据的交易，通过买卖央票进行货币资金风险收益管理。

表3 2009年公开市场业务一级交易商详情

交易商类型	数量	具体
国有商业银行	5	中国工商银行、中国农业银行、中国银行、中国建设银行和交通银行。
邮政储蓄银行	1	中国邮政储蓄银行
股份制商业银行	9	中信银行、光大银行、华夏银行、广东发展银行、深圳发展银行、招商银行、上海浦东发展银行、兴业银行、民生银行

(续表)

交易商类型	数量	具　　体
城市商业银行	21	上海银行、哈尔滨银行、徽商银行、天津银行、福州市商业银行、杭州银行、深圳平安银行、济南市商业银行、大连银行、西安市商业银行、北京银行、南京银行、淄博市商业银行、广州市商业银行、洛阳市商业银行、长沙市商业银行、富滇银行、厦门市商业银行、贵阳市商业银行、汉口银行、江苏银行
农村商业银行	2	上海农村商业银行、北京农村商业银行
外资银行	2	汇丰银行(中国)有限公司、渣打银行(中国)有限公司
证券公司	4	中信证券、国泰君安证券、中银国际证券、长江证券
保险公司	4	泰康人寿保险、中国人寿保险、华泰财产保险、中国平安人寿保险
基金公司	1	南方基金管理有限公司
投资银行	1	中国国际金融公司

资料来源:http://www.gov.cn/gzdt/2009-02/02/content_1219523.htm

其次,在品种上,总的来看,央票有 3 个月、6 个月、12 个月、3 年期之分,但是绝大部分央票以短期为主,根据 wind 资讯提供的数据,截至 2009 年 11 月初,1 年期(含 1 年)的央票发行额为 332568.8 亿元,占所有央票总发行额的 91.4%,也就是说,央票的短期性非常强。此外,为了配合中国金融改革的深化和特殊宏观调控的需要,央行也发行过支持农信社改革的专项央行票据,以及对商业银行的惩罚性定向央票,这样的央票品种带有的计划经济色彩比较重。

再次,从发行方式来看,央票主要采取竞争性招标方式,具体包括了价格招标、利率招标和数量招标:价格招标意在引导货币市场利率的变化,后两者主要是要向市场表达中央银行的目标利率。从现有的发行事实来看,价格招标发行是其中的主要方式,而固定利率数量招标却曾因招标利率低于货币市场平均水平而遭遇流标。

央票何处去？

其他国家央票

央票并非中国独有,在发达国家和新兴市场化国家,央票一度也是中央银行倚重的货币政策操作重要工具之一。韩国在20世纪80年代就曾大量发行中央银行券对冲因外汇流入而导致的货币供应量过快增长;80年代,日本也大量发行中央银行券作为收回商业银行流动性的手段;印度尼西亚中央银行曾经发行短期债券凭证和货币市场票据以实施其货币政策。但是,更大程度上,这些国家的中央银行票据是被当作国债发行的补充来进行公开市场操作的。

央票的传导机制

货币政策的传导机制主要通过两个机理展开,即调节货币供应的价格和数量。就货币政策的三大工具来看,利率是调节货币的价格,而准备金率和公开市场业务则是调节货币的供应量。其中准备金率通过调节货币乘数来调节货币供应量,而公开市场业务则侧重于调节基础货币的数量来影响货币供应量,其调节中介则是债券(财政部发行的国债或央行发行的央行票据),所以公开市场业务的实质就是基础货币与债券的互换。在货币乘数变动不大的情况下,公开市场业务操作能够精确的使基础货

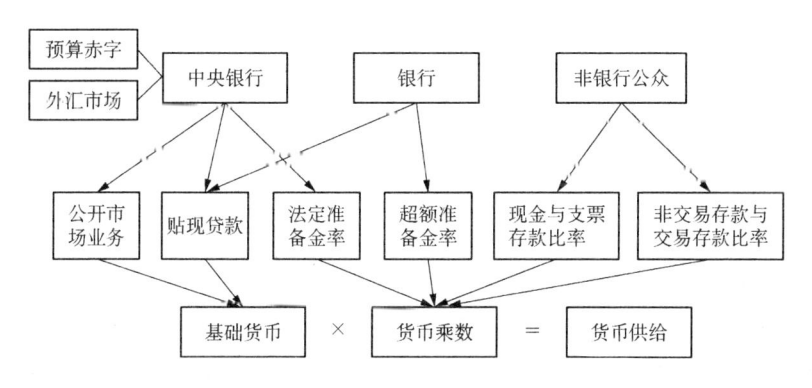

图4 货币供给过程与影响因素

资料来源:张红地,2005,中国公开市场操作工具的选择,上海三联书店。

币增长发生一定数量的增减,达到中央银行的预期目的。央票作为一种公开市场操作工具,其直接效果就是可以影响货币供应量。

具体来看,央票调节流动性的关键在于影响了商业银行超额存款准备金的水平。以发行央票收缩流动性为例,从央行资产负债表来看,央行向商业银行发行央票的直接结果,是将商业银行原存在央行的超额准备金存款,转换成为存在央行的中央票据。这一过程对于商业银行,其资产和负债总量不变,只是资产结构发生了变化;对于央行,其资产和负债总量也不变,但负债结构发生了变化。也就是说,发行央票收缩流动性的关键在于将商业银行持有的、可以直接用于发放贷款的超额准备金存款,转变为仍由商业银行持有、但却不能直接用于发放贷款的央行票据,可贷资金量减少,这部分减少的可贷资金通过乘数效应最后影响到整个金融体系的流动性。

表4 央行资产负债表(简易版)

资产	负债
对金融机构贷款	金融机构存款
	法定存款准备金
	超额准备金　(一)
外汇占款	央行票据　　　(+)
有价证券	财政性存款
	流通中的现金

资料来源:根据央行资产负债表编制。

因此一个完整的作为公开市场操作工具的央票对货币供应的传导机制应该如下:央票的发行与到期——超额准备金率——准备金率(包括法定与超额)——基础货币量——货币供应量——长期市场利率。即通过央票的操作,调节短期内的货币供应量,进而影响长期市场的利率水平。

央票对各类市场的影响

信贷市场

中国的信贷市场还处于管制中,也是受央票影响最大的资金市场之一。

目前在公开市场操作中,央行票据的认购主力是商业银行,同样作为资产配置方式,央行票据与信贷投放虽然具有一定的相对替代性,但央票的发行与回购更多是强制性行为,商业银行处于被动接受的局面(也存在部分流标的情况)。从直接影响上来看,央票的发行、回购与到期,直接改变了商业银行在央行的准备金率,进而影响到银行可贷资金的变化,随后引起市场长期实际利率的变化(名义利率变化可能比较缓慢,因为中国的贷款利率处于政府管制),从而达到货币调控的目的。

对于商业银行来说,贷款的投放需要占用商业银行的资本金,而投资央票则不需要。在资本金比率有限的情况下,将资本报酬率考虑进来,3年期央票利率与贷款净收益率似乎还具有可比性。在上述判断中,有一个前提是商业银行的资本充足率是处于一个相对较低的水平(可以认为是接近于8%的标准),但是在目前情况下,中国商业银行,特别是大型上市商业银行的资本充足率平均达到11.27%(以2005年底工、中、建、交行的数据作为参照基准),远高于8%的监管标准,这样将导致资本充足率对于信贷投放的约束作用明显降低,进而导致只要银行的风险资产规模控制在规定的比例之内,从收益率的角度考虑,商业银行在资产配置中首先考虑的仍然是发放贷款。因此,贷款投放和央票投资的替代效应的前提条件在目前较弱。

市场利率水平

央票作为公开市场操作工具,其投放、收回到期而影响的基础货币量,通过市场化的拍卖或定向发行的方式,分配到公开市场业务的一级交易商及特定对象,进而分配到整个货币市场和债券市场中。在具体操作中,央行允许货币市场利率和债券价格有一定的波动而完全实现基础货币量目标,或者允许基础货币量的波动而完全实现利率和债券价格目标。

1. 公开市场业务影响利率水平的途径:通过公布的央票利率直接影响市场利率水平;通过央票改变货币供应量,影响资金需求,进而调控利率水平。在实际运行中,这两者互相影响、密不可分。通常这种方式为市场调节,但在中国当前,仍存在强制买卖的行为。

2. 央票的操作对利率影响存在非一致性因素。这是因为中国利率市场存在管制、不同的金融机构对基础货币有不同的需求函数、市场主体对央行操作的预期不一致等,市场利率的反应往往慢于、小于央票的利率变化速度及幅度。

3. 对短期利率和长期利率的影响效果不同。由于央票等公开市场操作工具是短期调控措施,对短期市场利率的影响是立竿见影的,但对于长期利率的影响不大,但短期市场利率影响最终间接的影响到长期利率水平。

外汇市场

利率的变动会引起汇率的变动,因为央票的操作会间接影响到汇率。央票操作对汇率的传导存在两条路径:其一,基础货币的投放量;其二是央票操作形成的利率水平。但由于汇率的形成机制存在多种因素,利率的变动并不直接与汇率挂钩。但在中国,由于央行同时在外汇公开市场和和国内金融市场进行公开市场操作,对冲外汇占款,汇率和利率之间存在较强的相关性。

作为公开市场操作工具的央票

央票在公开市场操作中的地位

央票自其诞生,便是中国央行公开市场操作的常态操作工具之一,而且随着其规模和发行频率的常态化,央票操作已经成为公开市场操作的重要组成部分。

央票何处去？

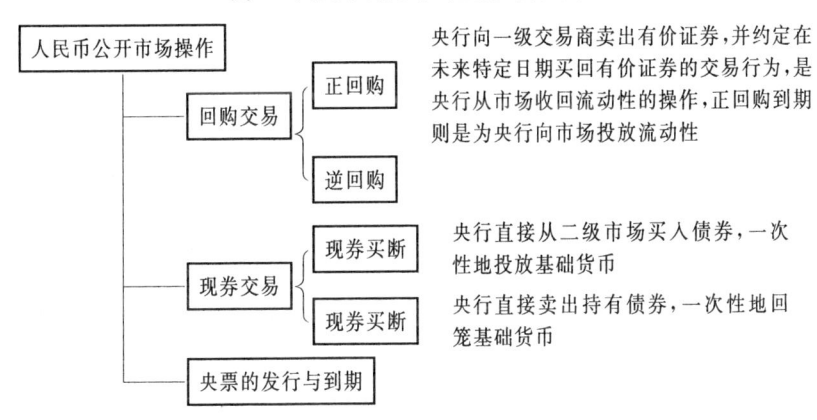

图5 人民币公开市场业务操作手段

```
人民币公开市场操作
├── 回购交易
│   ├── 正回购 —— 央行向一级交易商卖出有价证券，并约定在未来特定日期买回有价证券的交易行为，是央行从市场收回流动性的操作，正回购到期则为央行向市场投放流动性
│   └── 逆回购
├── 现券交易
│   ├── 现券买断 —— 央行直接从二级市场买入债券，一次性地投放基础货币
│   └── 现券买断 —— 央行直接卖出持有债券，一次性地回笼基础货币
└── 央票的发行与到期
```

资料来源：根据中央人民银行货币政策工具公告整理。
注：回购的交易对象包括央票、国债、金融债和企业债，现券交易对象主要为国债、金融债和企业债。

相比于中国的情况，美联储的公开市场业务操作的倚重点大为不同：以几乎每天进行的回购交易为主，而且不管是临时性操作还是长期操作，交易对象都是国债（只是两种情况下选择国债的期限有所不同，而美国国债市场的短期、中期和长期品种一直都保持着较为均衡的格局，比如短期国债，自1970年以来一直保持在20—25%的水平，这为国债成为主要操作工具提供了条件）。反观中国，结合前述央票与国债、金融债等的发行数量和操作频率的数据，可以看到中国央行的公开市场业务操作中，央票的发行已经开始逐步强化了其重要性，这与世界绝大多数国家的情况大为不同。

图6 美联储公开市场业务操作手段

```
美元公开市场操作
├── 长期操作 —— 表现为在二级市场买断国库券，属于防御型操作，不是每天都进行，按需购买
└── 临时性操作
    1. 一般为回购，几乎每天都进行
    2. 正回购合同期限从隔夜到65天，抵押品通过第三方机构结算
    3. 逆回购主要为隔夜，钱券兑付的清算方式
```

资料来源：根据公开资料整理。

公开市场业务载体：央票与国债的比照

学术界与货币政策实践中表明，适合作为公开市场业务操作的载体应具备以下特征：

首先是该债券应该具有高信用等级，变现性强，交易成员愿意购买；

其次是债券的持有人范围广，以增加该债券的流动性和变现性；

再次，债券的期限要有利于交易的活跃。由于风险的不可测性，交易商需要不同期限、不同品种的债券组合来对冲风险；

当然，该债券的利率应当由市场决定，同时交易安全便利。

一般意义上，政府债券是被认为具备以上特征的工具。在美国联邦基金市场，政府债券确实是良好的载体，它们使得美联储通过公开市场操作顺利地执行货币政策。而在中国，债券市场的发展不完善使得央票不得不成为重要的替补力量。在对央票与国债做了比对后，我们可以从中看到两者的合力在"理想公开市场操作载体"的趋近过程中，尤其是央票在发行期限方面，对国债所做的重要补充。

表5　作为公开市场操作工具的央票与国债

比较项	央票	国债
央行资产负债表中的属性	负债：对其他金融机构的负债	资产：央行对政府的债权
政策目标	控制流通中的货币供应量	弥补政府出现财政收支失衡或弥补国家财政预算赤字，是政府筹资的工具
还本付息主体	中央银行负责	财政部到期从预算支出中予以偿付
持有者	公开市场一级交易商	金融机构、其他投资者、自然人
交易者	金融机构	所有投资者
运行结果	只能影响流通中的货币数量	不仅改变流通中货币的数量，而且直接影响经济活动

央票何处去？

(续表)

比较项	央票	国债
信用基础	央行信用	国家信用
发行期限	1年及以下的短期品种为主	1年以上的品种居多,以3年期和5年期为主;另有记账式、凭证式、储蓄国债和特别国债之分
发行主体	中国人民银行	财政部
发行时间	基本定于每周二、四进行操作	财政部提前发布季度发行计划
交易平台	银行间债券市场	银行间债券市场、上海证券交易所、深圳证券交易所
2008年发行量	4.3万亿	0.8615万亿
利率范围(以1年期为例)	1.2309~4.0583(%)	0.89~12.0745(%)

资料来源:根据公开资料整理。

中国公开市场操作的这种状态,是不是只是处在一个短暂的过渡阶段？还是从央票的巨额发行来看,会转向以央行票据为绝对主体的操作模式？如果是与其他国家不同的后一条道路,中国的公开市场业务会是怎样的状态？

为了冲销而被迫出台的央票

要回答为什么会以央票为核心的公开市场业务操作,需要从央票出台原因以及以后持续运营过程的成本收益来分析答案。

回顾央行票据出台的客观情况,正是中国人民银行面临着美国联储不曾担忧的巨大外汇"冲销"需求,同时又不能拥有类似美国联储那般丰富巨量的国债在公开市场上回收流动性,如此的需求供给背景下才推出了央行票据。

自2003年以来,中国国际收支双顺差局面日益繁盛,一般情况下,由国际收支顺差引起的外汇储备上升并不一定会导致基础货币的扩张,只有当中央银行收购外汇形成外汇占款时,才构成基础货币的投放有促使其增加的动力。而中国自1994年以来实行银行结售汇制度,除境外法人和自然人持有的外汇可以在指定银行开设现汇账户外,国内企事业单位的外汇收入必须按当日外汇牌价卖给指定银行,而外汇指定银行由于受外汇头寸的限制,多余头寸必须在外汇市场上再卖出。而中央银行充当银行间外汇市场唯一的做市商。虽然2003年允许中资企业在指定银行开设外汇结算账户,但也仅只能保持在一定的限额之内。

也就是说,在中国外汇市场并未完全市场化的背景下,外汇占款在央行资产结构中的比重日益上升,为了避免汇率过快升值对国内经济造成冲击,央行为维持汇率稳定而在外汇市场以人民币购入外汇,同时,为了防止过多货币投入会给经济带来通货膨胀压力,央行又必须采取一定的措施来冲销这部分增加的流动性。也就是说,这一过程便是央行购汇→形成央行的外汇资产→基础货币增加→冲销。

央行资产项目中"外汇占款"(外汇资产)的增加,按照资产负债表的平衡原理,理论上冲销有着多种的选择,但结合中国在2003年前后的经济背景,发行央行票据成为了众多选择中更具有操作性的一种。

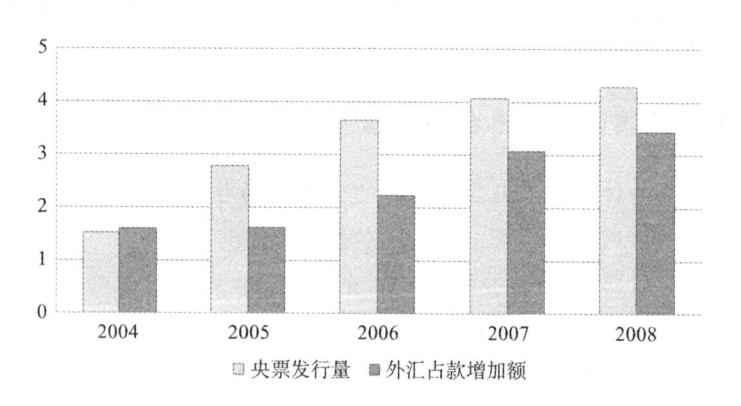

图7 央票发行与外汇占款

数据来源:中国人民银行历年货币政策报告。单位:万亿人民币。

表6 冲销操作方法对比

资产		负债	
冲销方式	局限	冲销方式	局限
收回再贷款	财政性占用比较多,难以调节	提高法定存款准备金利率	对金融体系造成的冲击过于强烈,缺乏灵活性,而且对中小金融机构产生的影响巨大
收回再贴现	再贴现2003年上半年的余额非常小,在6亿多左右,差不多是无款可收		
央行资产证券化	受限制多		
国债的公开市场操作	对比巨量的外汇占款,央行2002年可用于正回购质押的债券仅2000亿元,已经面临债券不足的制约		

资料来源:根据公开资料整理。

对照上表,央行基于"资产"项的冲销操作是"不能",在"负债"项,虽然"提高法定存款准备金率"是"能"的操作,但当提高法定存款准备金率后,超额存款准备金转变为法定存款准备的增量部分,商业银行既不能用于现金支付,也不能流通;而发行央行票据,在取得与提高法定存款准备金率相同的政策效果的同时,央票可以流通的性质又赋予了商业银行一定的流动性;而且,提高存款准备金率是一个不可商量的固定利率来冻结流动性,而发行央行票据的利率则受商业银行资金供需的影响,因为商业银行会将贷款或投资的收益率与央行票据的收益率做对比进行具体操作。此外,发行央行票据,继续了公开市场操作工具的优点,如可以连续操作,力度可以随时变化等。因此,央票作为货币政策中间接调控的一种创新,其出台在当时具有相当的合理性。

央票的政策成本与效果

央行票据的出台虽然有其合理性,但随着央票的累计发行,对其冲销成本和效果的争议一直不断。从成本上考量,首先,央票是央行债券,到期兑付过程实际上是货币超额发行的过程,由此产生的被动银根扩张需要央票发行的统筹再安排,是通过"发新债偿旧债"的;利息支付也可能对货币政策的独立性造成干扰;其次,在中国银行间债券市场产品中,央票虽然有着较好的流动性,风险也非常低,但要吸引金融机构购买,央票的收益率显然不能过低,由此带来较高的利息支出,增加央行的成本,而央行作为发债主体,本身并没有明确的偿债资金来源,相反如果依靠强行摊派来低息维持,那么金融机构的效率又必定受到损害。央票发行过程中多次出现的流标事实,也证明了央行想要低成本地实现央票的冲销操作存在很大困难。

2007年,央票的应付利息已经达到了2011.43亿元。而在2008年,央票发行量不过增长了5.9%,但期末余额却增长了33%,高达4.65万亿元,再加上2008年上半年中国宏观调控的基调都是防通胀,截至6个月期央票停发之前,各品种的央票收益率普遍保持高位运转,大致的利率范围在3.357~4.56%之间,由此带来的利息支付也不是小数字。2009年虽然受到金融危机影响,央行减少了央票发行的频率和数量,但相应的利息成本依然很高。

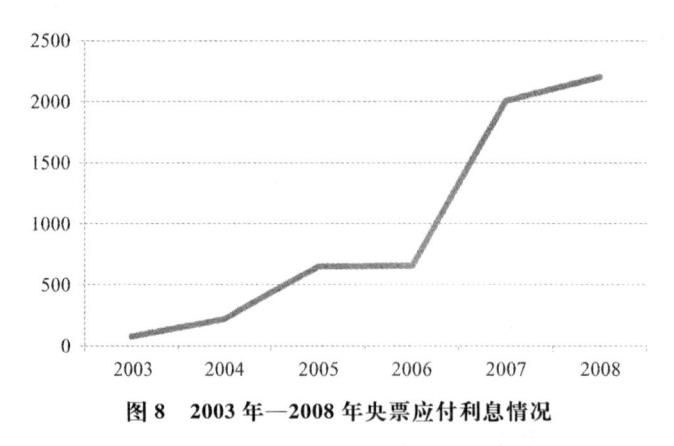

图8 2003年—2008年央票应付利息情况

数据来源:http://www.pbc.gov.cn/huobizhengce/huobizhengcegongju/gongkaishichangcaozuo/
注:利息根据央行票据的票面利率、贴现率简单测算,没有考虑年度通胀等因素。

再从央票冲销的效果来看,央票的有效对冲率已经不如初期有效了,按照有效对冲率=净回笼基础货币量/当期票据发行总量的计算公式,下

表列出了近年来央票的冲销情况:

表7 2003—2008年央票冲销效率情况

时期	净回笼流动性	有效对冲率
2003	0.34	0.47
2004	0.64	0.42
2005	1.09	0.39
2006	0.96	0.26
2007	0.46	0.11
2008	1.16	0.27

数据来源:央行历年《货币政策执行报告》

从以上数据中,我们可以看到央行票据最初推出的时候,并没有兑付压力,因此对流动性冲销的效果非常显著,越往后,现在发行的票据中很大一部分是要兑付前期央票的利息,随着央票发行量的进一步放大,对冲效率表现为不断降低。

在中国汇率制度并未做出根本性变革之前,以及中国出口竞争力依然具有相当优势的背景下,再加上国际社会对人民币升值的预期,如图五所

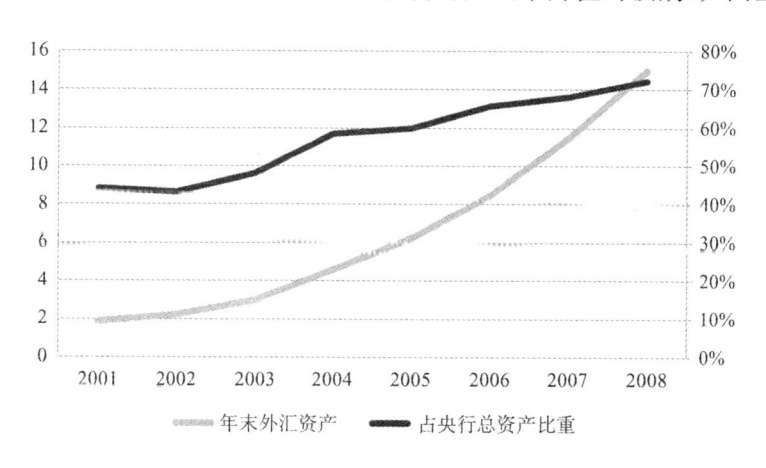

图9 外汇资产在央行总资产的比重

数据来源:中国人民银行历年统计年鉴。左轴为年末外汇资产数,单位:万亿人民币。

示,外汇资产占央行总资产的比重在过去几年一直占据着很高的份额,2008年的比值甚至都超过了70%,依照这一背景,段时间内这种态势依然会被保持下来,面对央票日益降低的冲销效率,是否还要坚持类似的操作是一个值得考虑的问题,而利用央票进行的冲销成本无疑将会进一步加剧。

央票:不仅只是冲销工具

能否使用央票来调节必要的冲销操作之外的流动性? 如果具备这种"一票两用"的收益,央票的价值无疑将会大为增加。

如上述中提到的,美联储几乎每天都会进行的公开市场操作是回购,许多发达国家的中央银行都选择回购协议而不是直接买卖政府债券作为公开市场业务操作的主要方式,因为相较于中央银行在货币市场直接买卖政府债券,回购操作的成本更低,方式更加灵活,在某些情况下,效果也更为明显。而在中国,央行票据可以看作是一个较好的回购工具。

考虑到中央银行票据和正回购相比有较好的流动性,能够很好满足银行运用短期头寸的需求,所以许多以前未积极参与央行正回购操作的机构将会因中央银行票据具有较强的流动性而增加参与力度,这样由于央行票据的流动性较好,所以其票面利率也要较同期限正回购利率低。

由于央票的发行方直接就是中央银行,所以央票什么时候发行,发行多少,都会取决于中央银行对宏观经济形势、通胀压力大小、货币流通速度以及其他方面冲击的判断,也就是说,正是中央银行拥有央票的绝对自主权,中央银行可以不受拥有国债的数量和期限的限制,及时发行,发行后可以顺应货币形式进行多次回购,灵活性地微调银行的准备金来调节货币供应量,进而影响市场利率,对经济活动产生影响。从图六中国近年来公开市场货币投放回笼的情况来看,自2003年以后,中国公开市场操作的空间比03年之前大了很多,其中一个主要因素便是央票的参与。以2009年以来的每周货币市场公开操作为例,可以看到每周的货币操作比较活跃,目前央票每周二、周四的固定操作为这种活跃性提供了基础,滚动发行不同期限不同金额的央票,这种灵活性和主动性有助于熨平货币市场波动。

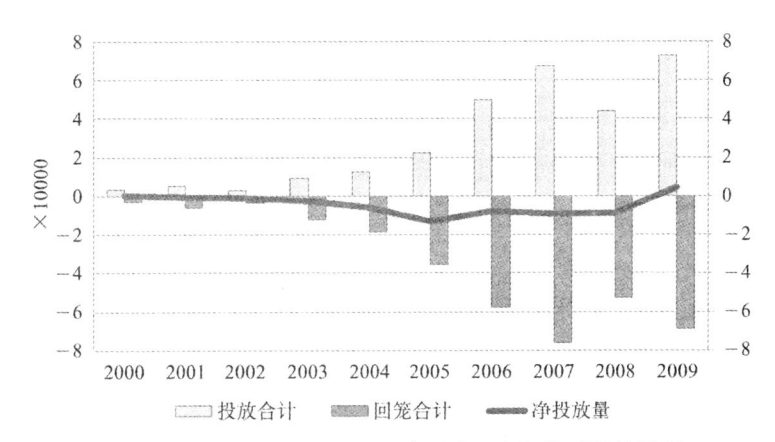

图10 2000—2009(至11.10)中国公开市场货币投放情况

数据来源:wind资讯。单位:亿人民币。
注:2009年数据截止至11月10日。投放量包括:票据到期、正回购到期、逆回购、买入债券;回笼量包括:票据发行、正回购、逆回购到期、卖出债券。

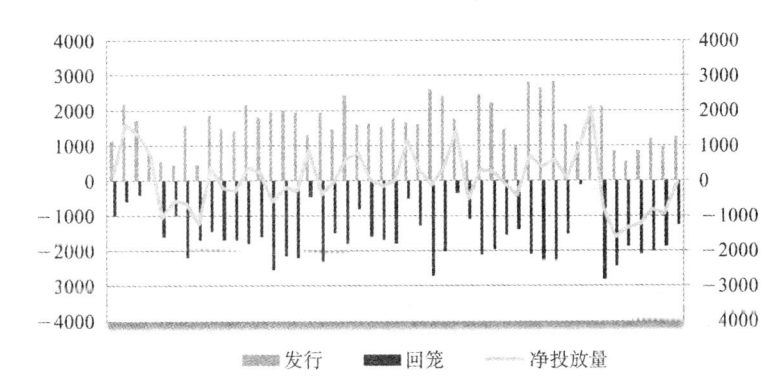

图11 2009年中国公开市场每周货币投放情况

数据来源:wind资讯。
注:数据从2009年第1周至第47周。

抛开央票的公开市场操作工具的属性,央票本身作为中央银行债券,其债券的价值在国债品种与数量短缺的情况下,也颇为重要。近年来,央票在银行的债券投资比重已超过40%;在货币基金中,央票持有占净值的平均比重更高达60%。央行票据的发行改变了货币市场基本没有短期工具的现状,为机构投资者灵活调剂手中的头寸、减轻短期资金压力提供重要工具。

目前商业银行可以通过发放贷款和购买债券等方式运用中长期资金,而短期资金的运用渠道则较少,目前只有通过逆回购和拆出资金等方式运用。但是由于目前回购和拆借市场一个月以上品种成交很小,无法满足机构对一个月以上剩余头寸的运用需求。在这种情况下,中央银行票据必将成为消化商业银行大量短期剩余头寸的重要工具。

在中国金融改革的历史中,央票也曾作为改革的中介工具发挥作用。2003年,农村信用社改革启动,其中通过中央银行提供资金支持的政策力度最大,其中专项中央银行票据是最为主要的方式。专项票据是指中国人民银行向农村信用社定向发行、用以置换农村信用社不良贷款和历年挂账亏损的债券。专项票据的资金支持方式包括发行与兑付两个阶段,每一个阶段通过设立一定的激励与约束条件,促进农村信用社深化改革。凡是改制成功的农信社,可以在截止期前用央行的定向票据向央行兑付资金。

央票的未来:寻找最佳货币政策中介

从货币政策看货币政策中介工具

货币政策传统的四大目标,物价稳定、充分就业、经济增长、国际收支平衡。具体操作中,多数国家的中央银行的货币政策目标在物价稳定和经济增长两者之间徘徊。在实践中,这两个目标之间也存在较为严重的冲突,在1995年通过的《中国人民银行法》规定:中国人民银行执行货币政策目标是保持货币币值的稳定,并以此促进经济增长。物价稳定成为央行名义上的主要目标。只是在实践中,由于中国央行独立性不强,货币政策并没有一以贯之的追求币值稳定。

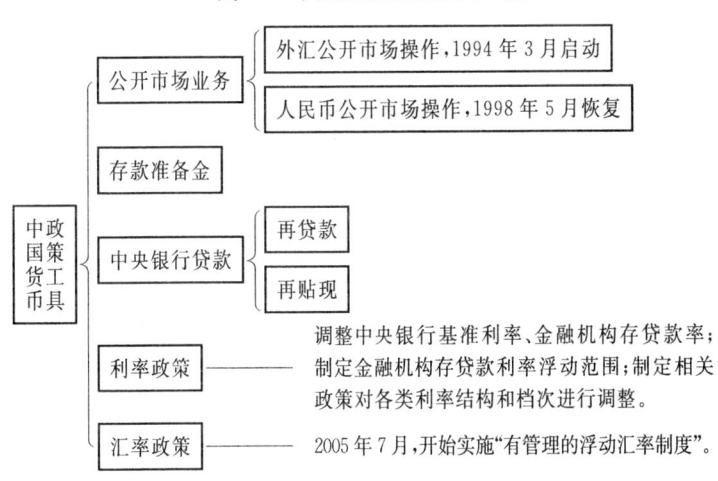

图12　中国货币政策工具一览

```
                    ┌─ 公开市场业务 ─┬─ 外汇公开市场操作,1994年3月启动
                    │                └─ 人民币公开市场操作,1998年5月恢复
                    │
                    ├─ 存款准备金
中国货币             │
政策工具             ├─ 中央银行贷款 ─┬─ 再贷款
                    │                └─ 再贴现
                    │
                    ├─ 利率政策 ─── 调整中央银行基准利率、金融机构存贷款率;
                    │              制定金融机构存贷款利率浮动范围;制定相关
                    │              政策对各类利率结构和档次进行调整。
                    │
                    └─ 汇率政策 ─── 2005年7月,开始实施"有管理的浮动汇率制度"。
```

资料来源:根据中国人民银行公告整理。

上文说到,管理货币无非从两个方面入手:调数量(货币供应量)还是调价格(利率)。自1998年以后,中国改革货币调控机制以后,货币总量成为中国货币政策的中介目标。之所以未采用利率调控手段,是因为客观上的诸多限制:其一,利率手段要充分发挥作用以利率的完全市场化和金融市场一体第为前提,但中国至今对存贷款利率依然管制,信贷与资本市场分割,银行主导的金融结构,汇率形成机制不完善等,这限制了利率政策效力的发挥。其二,利率调控要发挥作用,是以数量(货币供应)调控发生联动力为前提,但中国的利率调控只能针对管制利率,与货币供应量的增减机制是两套运行体系,两者不能联动就意味着利率政策无法引导货币供应量,其实际效力无疑大打折扣。其三,汇率形成机制的外在制约,由于汇率受到管制,近年屡受国际压力,汇率与利率之间又有联动关系,这使得利率政策的使用受到限制。

但以货币供应量为中介目标的货币政策运行下来,其有效性也受到

了越来越多的质疑。李扬等人认为这具体表现在三个方面:

其一,央行对货币供应量的调控并不令人满意。实证研究表明,无论是早先在货币供应量为中介目标的西方国家还是中国的实践,货币总量的可控性都较差。并且央行公布的两个层次的货币供应量增长率并不完全一致,使决策更加艰难。

其二,货币供应量与货币政策最终目标之间的相关性并不明显。如果货币流动速度比较稳定,那么经济增长、物价水平与货供应量之间理应存在较强的相关性,央行可以利用这种稳定的相关关系来制定与货币政策最终目标相符的货币供应总量目标。然而货币流通速度与货币需求负相关,并不是单纯由技术和制度因素所决定的稳定变量,货币流动速度的易变性也使得货币供应量与中央银行货币政策最终目标之间的相关关系变得很不稳定,从而大大降低了以货币供应量为中介目标的倾向政策的效率。除此以外,金融创新、非正规金融都改变了货币的流动性,对原来的倾向统计口径带来相当大的冲击;新的清算、支付方式也改变了货币的流通速度,影响着商业银行对超额准备金的需求,从而使得倾向供应与经济增长、物价水平之间的关系不再平衡和可预测。

其三,金融市场的快速发展和金融资产的交易吸收了大量的货币,由于货币在金融市场与实体经济之间进行频繁的转换,导致货币供应与货币政策的最终目标之间的关系变得更加不稳定。

简言之,以货币供应量作为货币政策的中介目标,已经在实践上遇到了越来越大的挑战。

作为货币政策中介工具的央票有隐忧

从货币政策历史演进的角度,目前已经有相当多的国家逐渐放弃以货币供应量作为货币政策中介目标,转为不拘泥于确定的中介目标(无论是货币供应量还是利率水平)的政策范式,更多直接关注诸宏观经济总量并以此决定调控方向、手段和力度的操作范式。这意味着动用央票等公开市场操作工具来冲销巨额的货币供应量的方式在新的货币政策范式中很难成为政策操作方案。

从央票的历史来看,其产生是现实背景下的无奈选择,现在需要讨论的问题是央票是否可以作为货币政策的长效工具,答案是否定的。

(一)货币政策的独立性、公正性。从理论上讲,央行在进行公开市场操作不应该有任何自己的利益诉求。通常在进行公开市场业务操作时,唯一的目的是调节金融体系的超额准备金水平,一般来说,运用国债、政策性银行债券来操作,就避免了这一问题,其形式到内容都是一种纯市场的行为。而一旦央行将自己发行的债券作为操作工具,就不得不考虑自身利益的问题。对冲成本的大小直接关系到中央银行铸币税的收入,以及央行的财务成本。从实践来看,2003年以来,央行在发行央票的时候,不得不考虑对冲成本问题,并力图在一个恰当的利率水平内进行操作,其公开市场操作的公正性已经打了折扣。

(二)央行票据的增发将推动国内货币市场利率的上扬,甚至有可能助长货币市场的利率波动。中央银行在外汇市场维持汇率稳定的同时,在国内市场通过发行央行票据进行冲销干预,维持国内货币供应量的稳定,这将导致国内货币市场利率高于不采取冲销干预的利率水平。在实践中,由于外汇储备的持续增加,央行不断发行央行票据进行单边对冲外汇占款,要使这一过程持续有效,就必须调增央行票据的发行利率。事实正是如此。

另外,考虑到央行票据是通过以新还旧的方式来还本付息,这就导致央行票据发行规模的滚动增长,造成公开市场操作失去灵活性。在市场资金面紧张、短期利率上行的情况下,央行票据的刚性滚动发行,将进一步推动短期利率的上涨,对市场利率的波动形成放大效应严重影响金融稳定。

(三)冲销成本居高不下。即使央行尽量压缩财务成本,但研究与实践表明,央行票据冲销操作的成本十分高昂,中央银行由此所遭受的损失也十分巨大。央行为销售这些票据所支付的利息，通常要高于其以外汇储备形式持有的美元所得到的利息，并且必须考虑美元持续贬值带来的亏损。而且为了吸引金融机构用央行票据置换其超额准备金存款，央行必须在收益率和流动性两个方面为金融机构提供比超额准备金存款更为优惠的条件。这些都使得冲销成本十分昂贵，因此不具备持久的可行性。

（四）庞大的央行票据存量对其他债券产生挤出效应。央行票据二级市场交易非常活跃，无论是托管量还是交易量，均已经成为最受欢迎的品种。由于央行票据期限短、流动性高，因此，对流动性要求高的资金更愿意投资央行票据，这样对债券市场而言直接分流了部分短期资金。另一方面，国债发行也不得不参照央票的利息率，在短期利率走高的情况下，将直接加大国债的发行成本，制约国债的发行数量。

（五）很难与财政政策配合。财政政策与货币政策的配合是通过国债平台完成的。但央票的出现对国债形成了冲击。由于从长时间段来看，国债都是经济活动中不可或缺的金融工具，在既要发展为财政筹资市场，又要完成货币政策，国债是一个最佳的中介工具，一物两用，这样央票就只能是一个过渡性的产物，不能代替国债的功能。

（六）交易方式对央票形成制约。首先央票的交易主体、交易载体均远小于国债，只能在金融机构、在银行间交易市场进行，而国债则可以在自然人、在证券市场中交易。这制约了央票的流动性。其次央票的发行利率受票据发行时货币市场利率的影响较大，而货币市场利率较债券市场往往波动剧烈，因为央票流动很有可能折价交易，其抵押比例较国债受到较大制约。这些都使得央票只能作为一种过渡性、补充性、暂时性的货币政策中介工具，而非长效工具。

综上所述，央票的特性决定它只能是一种阶段性的货币政策工具，在国债市场和票据市场进一步发展完善后，将不可能再作为主导操作的工具。那就需要讨论央票如何退出的问题。

央票退出的前提、时机与方式

首先央票的退出,需要有大规模、品种齐全的国债市场为前提。这隐含着两个前提:其一,需要大力发展国债,考虑到中国转型的现实情况,政策性金融债、国家担保的企业债、证券化的中央银行贷款券、外汇资产券均可以作为央票的替代工具。这一替代是以连接财政政策与货币政策为主要考虑。最终形成以国债为主、其它债券为辅的公开市场操作工具平台。

但国债市场的拓展受制于财政政策的状况,大规模的财政赤字固然可以迅速扩大国债市场,但也需要在合理承受范围之内。这意味着在中短期内,中国的国债市场都不太可能达到 GDP 的 50% 以上,而目前中国的外汇储备为 2 万亿美元,已经占到中国 GDP 的 60% 以上,如此巨额的外汇占款,需要用巨额的债券去冲销。因为在中短期内,央票的退出也是以外汇管理机制及汇率形成机制的改革为前提。通过利率、汇率和外汇管理机制的改革,降低外汇占款,可以大幅降低央行冲销的需求,央票的意义自然大大降低。

其次,央票退出的时机是一个成本与收益的考量,涉及财政、利率、外汇、资本市场发展等多个体制的互动。总得来说,等外汇占款、国债市场完善以后,央票退出自然是水到渠成,但央票在此间所承担的成本可能非央行所能承担,并且自 2003 年央票开始大规模发行以来,央行明确表示回笼货币的意图后,央票的发行利率上扬迅速,极大的影响了货币市场的利率水平,这不仅影响了金融市场运行的稳定,也增大了央行的风险。因此,央票的退出应该结合国债、外汇管理、整体金融形势的发展,不断的调整、退出。也就是说央票的退出与央票退出前提的改善是同时进行,而非先一后。

再次,既然央票退出与国债等的发展是同步发展,那么在具体操作中应该如何选择央票退出的方式?张红地等人建议:其一将各级财政向央行的借款和透支证券化;其二将商业银行和国有资产管理公司在央行的借款证券化;其三将部分外汇资产证券化。这些替代方式与上述所列的退出前提并不一定全面达到,只要一两项共同达到或满足需求后,就可以采用新的货币政策中介工具进行操作。

最后,虽然央票最终要退出公开市场业务操作,但是不排除在经济金融发展的一些特殊时刻,如出现严重的通货膨胀的时刻,重新起用央票进行操作。事实上,央票作为一种临时性、短期的政策调节工具,效果可鉴、成本可控,可以很好的起到临时性"削峰"作用。同时也可以作为其它货币政策退出时的临时备选机制,例如自 2008 年美联储救市以后,其积极扩张的货币政策的退出方案,即有学者指出美联储可以直接向金融机构定向发行央行票据来回收流动性。由于央行票据有美联储的信用作担保,因此信用等级较高,短期内回收流动性的效果要比出售 ABS 与 MBS 更强。只是是否发行央票,美联储需要衡量其财务成本的承受能力。

作者为上海金融与法津研究院研究员。

银行改革
——一项未完成的设计

聂日明 龚 于

2009年1月9日,中国农业银行股份有限公司召开创立大会,注册资本为2600亿人民币,汇金公司和财政部各持有50%股权。创立大会的召开,意味着农行正式挂牌已指日可待,如果仅以上市作为衡量标准,那么如果农行的改革完成也就意味着自1998年开始的国有商业银行改革基本完成。在此之前,2008年12月16日,国家开发银行股份有限公司成立,国开行由三大政策性银行之一开始了商业化转型,国家信用逐渐退出,这似乎显示了中国银行业不可阻挡的市场化趋势。本次全球金融危机导致了欧美银行股股价大跌,世界大银行的市值排名被严重打乱,据德国《法兰克福汇报》日前报道,工行、中行、建行已占据全球银行市值前三名。按此标准,中国银行业的改革是卓有成效的。

但事情很难一帆风顺。08年11月初,中国中央政府急速出台了"四万亿"的救市政策,《华尔街日报》题为《政治压力使中国银行业大倒退》的文章,认为中国政府的"四万亿"拯救计划中,巨大的融资需求会迫使政府向银行施加压力,促使银行提供大部分资金,这种不顾风险管理的结果,将导致中国银行业改革的许多成就付之东流。事实似乎被不幸言中,2009年1月份,中国银行上演了"疯狂的贷款",央行公布的金融数据显示,2009年1月中国银行业新增贷款量为1.62万亿元,超过了2008年全年新增贷款的三分之一。其中一月份最后十天,国内新增贷款超过了7000亿元。细究新增贷款的结构:1月份,工行新增贷款约2520亿元,农行新增贷款约1045亿元,中行新增贷款约1500亿元,建行新增贷款近2500亿元,占全部新增贷款的46.3%;其中工建中三家是上市公司。这种不顾风险的放贷引申出的疑问是:中国银行业的改革是否彻底?是否完成了银行业改革的初衷?

另一侧面,各国有上市商业银行的战略投资者从2008年末开始了减持风潮,一方面可以理解为出售机构需要补充流动性来应对眼前的金融危机,但是不是也显示了这些机构对中国银行业短期的看空?

银行改革的前世今生

金融改革中的银行改革

银行改革是金融改革的一部分,在中国这样一个关系型占主导地位的国家,金融发展的基础薄弱,再加上中国原有的计划经济体制,改革前很难说有现代的金融体系。所谓改革,除了技术性方面的引进和增强,更重要的是要从制度上真正盘活金融资源,发挥其效率。常言道,银行兴,则金融兴。由于银行应用的普遍性和在国民经济中的重要地位,银行业也承启了金融业改革的先端,而后贯穿了改革的全过程,其改革也可近似为整个金融改革的缩影。

表1 中国金融体制改革阶段性目标的历史变迁:1979~2007年

时间	金融体制改革阶段性目标
1993.11	在国务院颁布的《关于深化金融体制改革的决定》中,明确了中国金融体制改革目标:建立在国务院领导下,独立执行货币政策的中央银行宏观调控体系;建立政策性金融与商业性金融分离,以国有商业银行为主体、多种金融机构并存的金融组织体系;建立统一开放、有序竞争、严格管理的金融市场体系。

(续表)

时间	金融体制改革阶段性目标
1997.11	第一次全国金融工作会议召开。提出"力争用三年左右时间大体建立与社会主义市场经济发展相适应的金融机构体系、金融市场体系和金融调控监管体系,显著提高金融业经营和管理水平,基本实现全国金融秩序的明显好转,化解金融隐患,增强防范和抵御金融风险的能力,为进一步全面推进改革开放和现代化建设创造良好的条件"的金融体制改革阶段性目标。
2002.2	第二次全国金融工作会议召开。确定了"十五"期间金融体制改革阶段性目标:进一步完善现代金融机构体系、市场体系、监管体系和调控体系,努力实现金融监管和调控高效有力,金融企业经营机制健全,资产质量和经营效益显著改善,金融市场秩序根本好转,金融服务水平和金融队伍素质明显提高,全面增强中国金融业竞争力,并明确这一阶段改革的核心是金融监管和国有商业银行的改革。
2007.1	第三次金融工作会议召开。提出"在深化国有银行改革基础上建设现代银行制度、加快农村金融改革发展,完善农村金融体系,大力发展资本市场和保险市场,建立多层次金融市场体系、全面发挥金融的服务和调控功能,促进经济社会协调发展、积极稳妥地推进金融业对外开放、提高金融监管能力,强化金融企业内部管理,保障金融稳定和安全"等多项中国金融体制改革的目标。
2007.10	中国共产党 17 大召开。报告提出"推进金融体制改革,发展各类金融市场,形成多种所有制和多种经营形式、结构合理、功能完善、高效安全的现代金融体系"。

资料来源:结合吴晓求(2005)、和历次金融改革文献及金融工作会议公告整理。
吴晓求,2005:《市场主导型金融体系:中国的战略选择》,中国人民大学出版社。

纵观银行改革,可以分成四个阶段。第一阶段是 1979 年—1993 年,金融体系逐步建立,恢复中国农业银行、成立中国银行,中国建设银行从财政部独立(原名中国人民建设银行)、中国工商银行从中国人民银行独立,形成了工农中建四大国有专业银行的体系。1986 年开始,股份制商业银行、城市信用合作社陆续建立,农村信用社向合作银行转型等。

第二阶段是1994年—1998年,更为开放环境下,风险倒逼使得改革加速。1993年底,国务院发布《关于金融体制改革的决定》,真正开始金融体系的市场化。1994年,三大政策性银行成立,四大国有专业银行向商业银行转型,农村信用社脱离中国农业银行的管理。

1998年—2006年,国有商业银行改革启动,成立四大资产管理公司,剥离国商行不良贷款,银监会成立,股份制商业银行二次股改,城市和农村信用社改革推进。标志性的政策就是1997年与2002年的两次全国金融工作会议的召开,其契机是上一阶段金融改革成果不明显,整个金融体系的风险累积到破坏性地步,尤其是在东南亚金融危机的阴影下:四大国有商业银行资本金严重不足,不良贷款比例极大,成为中国金融业的最大风险;地方城市商业银行等中小金融机构也积聚了相当的金融风险,信托行业面临推倒重来的前景,券商面临清算危机等。化解风险的过程,是政府不计成本以财政资金、特别是国债甚至外汇储备为金融机构填补财务窟窿的过程,风险过后,政府也加强了相应的监督,谋求更合理的制度改进。

第四阶段是2006年至今,银行改革依然在继续。这个阶段,最为瞩目的事件便是国有商业银行、城市商业银行的成功上市,这预示着银行改革已经取得了阶段性成果。但中国农业银行、大部分的农信社与城商行和政策性银行还处于改制的进程中。

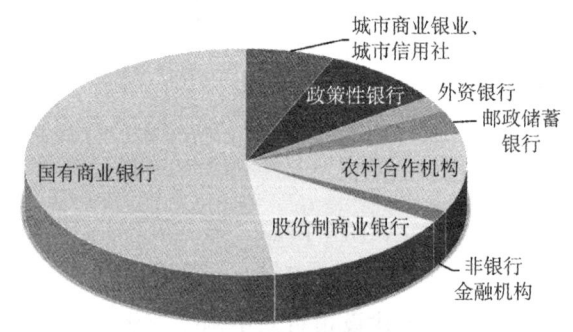

图1 中国银行业结构

资料来源:根据中国银行业监督管理委员会公开数据整理。按资产性质分类,按资产总额划分比例。时间截止2008年6月。

银行改革

中国的银行业系统是由国有商业银行、股份制商业银行、政策性银行、城市商业银行、农村商业银行、外资银行等机构组成,在第一次全国金融工作会议之后,银行业的改革就进入实质性阶段,通过注资、剥离不良贷款、引进战略投资者、上市等环节的工作,银行的股份制、市场化过程不断进行,银行业改革的阶段性成果从数据上看是成功的。

表2 中国银行业改革的具体事件:1998～2009

	国有商业银行	股份制银行	政策性银行	城商行	农信社
1998	1. 间接调控信贷 2. 2700亿国债补充资本金			整顿城市信用合作社	整顿规范农信社
1999	1. 设立四大资产管理公司,剥离12939亿不良贷款 2. 贷款实行五级分类管理 3. 央行加强监管(现场与法规)	浦发银行A股上市	国开行剥离1000亿不良贷款	IFC参股上海银行5%	试点组建65市(地)农信联社
2000	资产管理公司实行债转股消化剥离的不良贷款	民生银行A股上市		推进城信社分类处置	
2001	戴相龙提出国商行的改革步骤			1. 完善对城商行的监管 2. IFC参股南京商行15%、汇丰等参股上海银行	江苏省成为农信社改革试点
2002	累计精简人员55.62万(余179.97万)、机构5.5万(余9.87万	招商银行A股上市		加强一系列的公司治理、内控等	精简人员4万、机构1万

281

大国金融崛起

(续表)

	国有商业银行	股份制银行	政策性银行	城商行	农信社
2003	1. 中国银监会成立 2. 年底国家向中建两行注资450亿美元 3. 中建共发行1000亿次级债 4. 中建两行确认为股份制改造试点	1. 二次股改开始 2. 花旗收购浦发法人股 3. 兴业与恒生、IFC等增发近25%的股份 4. 华夏A股上市		成都、济南等城商行完成增资扩股	深化农信社改革,8省市开始农信社改革试点 农信社的损失由中央、地方各分摊一半,中央安排再贷款和央票来解决
2004	1. 股份制改造开始 2. 中建两行剥离不良贷款2787亿,交行剥离530.32亿 3. 建行引入战略投资者美国银行	1. 汇金注资交行30亿美元 2. 新桥掌控深发展 3. 汇丰入股交行近20% 4. IFC成为民生战略投资者		1. 澳洲联邦银行参股济南商行20% 2. 加拿大丰亚银行与IFC参股西安商行最终至24.9%	
2005	1. 工行先后剥离、拍卖7030亿不良贷款、发行1000亿次级债、接受汇金注资150亿美元、引入战略投资者高盛、安联与运通 2. 建行香港上市 3. 中行引入战略投资者瑞银集团、苏格兰皇家集团、李嘉诚基金与美林国际	1. 亚洲金融控股成为民生战略投资者 2. 渣打获渤海银行19.9%发起股份 3. 交行在香港上市	汇金注资进出口银行50亿美元	1. ING参股北京银行19.9% 2. 澳洲联邦银行参股杭州商行19.9% 3. DEG与SIDT参股南充商行	农信社省级管理机构的组建工作全面完成
2006	1. 中行香港上市、A股上市 2. 工行A+H股上市	1. 花旗竞标团控股广发行 2. 招商于香港上市 3. 交行成为第五大国商行			全面实行贷款五级分类

(续表)

	国有商业银行	股份制银行	政策性银行	城商行	农信社
2007		1. 中信、兴业银行A股上市 2. 兴业银行A股上市	1. 汇金注资国开200亿美元 2. 国开行参股巴克莱银行	南京银行、宁波银行、北京银行A股上市	
2008			国开行商业化转型		
2009	汇金注资农行1300亿人民币				

资料来源：根据李利明(2007)以及公开资料整理。
李利明、曾人雄，2007：《1979—2006：中国金融大变革》，上海人民出版社。

十年回头看成绩

在回顾银行改革得失之前，需要先检视银行业改革以来取得的改善。从资本存量来看，国有五大商业银行占银行资产总量的一半以上，其业绩的表现可作为银行业改革的代表。

盈利能力方面，2008年前三季度，中国银行业金融机构在大规模计提拨备的情况下，资本回报率仍高达17.1%，比2007年和2006年分别提高0.4和2.0个百分点。2008年银行业金融机构税后净利润5834亿元，较上年增长30.6%。中国银行业2008年的表现有望在利润总额、利润增长额和资本回报等方面在全球名列前茅。下表显示了03年以来几家上市银行的净利润变化情况，从中可以看到增长的总趋势。

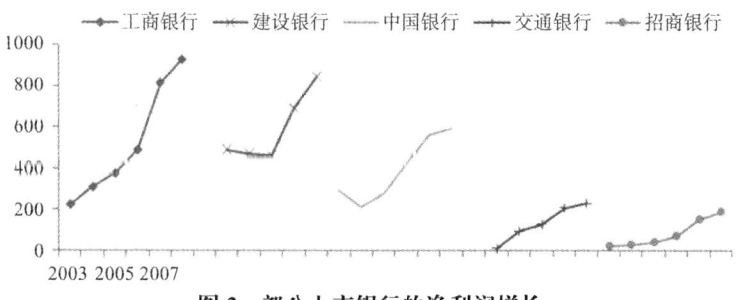

图2 部分上市银行的净利润增长

资料来源：各上市公司年报、季报。单位：亿元，2008年数据截止到第三季度。

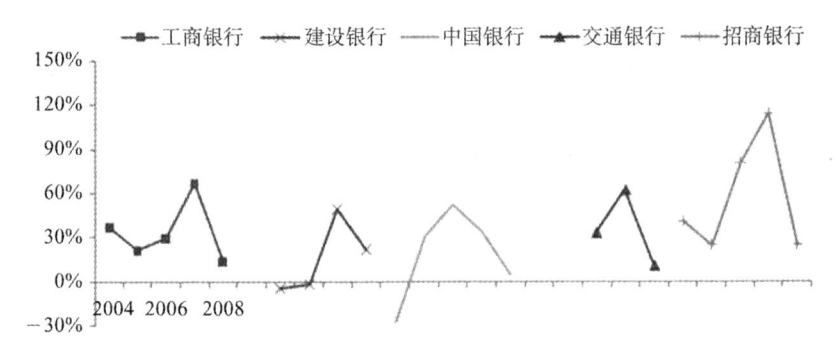

图3 部分上市银行的净利润增长率

资料来源:各上市公司年报、季报。2008年数据截止到第三季度。

风险控制方面,主要关注资本充足率与不良贷款率这两个指标,数据显示上市银行的风险控制朝着较好的方向发展。根据数据统计,截至2008年9月底,工商银行、中国银行、建设银行、交通银行四家银行的资本充足率分别为12.62%、13.89%、12.10%、13.77%,而在2002年末,中国四大国有银行的平均资本充足率仅为4.27%;从中国整体的商业银行来看,2003年至2008年上半年,资本充足率达到巴塞尔协议8%的银行数量有了显著的提高,具体如下图所示,其中,到2008年6月,达标

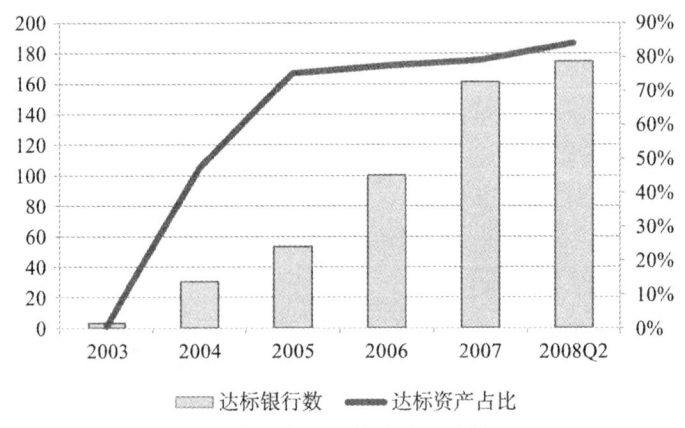

图4 中国银行业资本充足率情况

资料来源:中国银行业监督管理委员会统计数据。到2008年第二季度,达标资产占中国银行业总资产的80%以上。

银行资产已经占到了商业银行总资产的84.2%；不良贷款率方面,从监管层面来说,2001年,人民银行公布了《贷款风险分类指导原则》,对不良贷款按五级分类,风险控制更为严格,而2003年成立的银监会,成为对银行业日常经营活动的风险主要监管者。据中国银监会初步统计,截至2008年12月末,中国境内商业银行（包括国有商业银行、股份制商业银行、城市商业银行、农村商业银行和外资银行）不良贷款余额5681.8亿元,比年初大幅减少7002.4亿元；不良贷款率2.45%,比年初大幅下降3.71个百分点。从不良贷款的结构看,损失类贷款余额570.6亿元；可疑类贷款余额2446.9亿元；次级类贷款余额2664.3亿元。

表3 中国商业银行2008年不良贷款情况

	年末余额	变动额	不良贷款率	变动额
境内商业银行	5681.8	-6948.1	2.45%	-3.71%
国有商业银行	4208.2	-6941	2.81%	-5.24%
股份制商业银行	736.6	-123.7	1.51%	-0.64%
城市商业银行	484.5	27	2.33%	-0.71%
农村商业银行	191.5	60.8	3.94%	-0.03%
外资银行	61	28.8	0.83%	0.37%

资料来源：中国银行业监督管理委员会公告数据。余额与变动额的单位：亿元。商业银行包括国有商业银行、股份制商业银行、城市商业银行、农村商业银行和外资银行；主要商业银行包括国有商业银行和股份制商业银行；国有商业银行包括中国工商银行、中国农业银行、中国银行、中国建设银行、交通银行；股份制商业银行包括中信银行、光大银行、华夏银行、广东发展银行、深圳发展银行、招商银行、上海浦东发展银行、兴业银行、中国民生银行、恒丰银行、浙商银行、渤海银行。下同。

下图显示了自05年以来,中国各类银行机构在降低不良贷款率方面的进步。

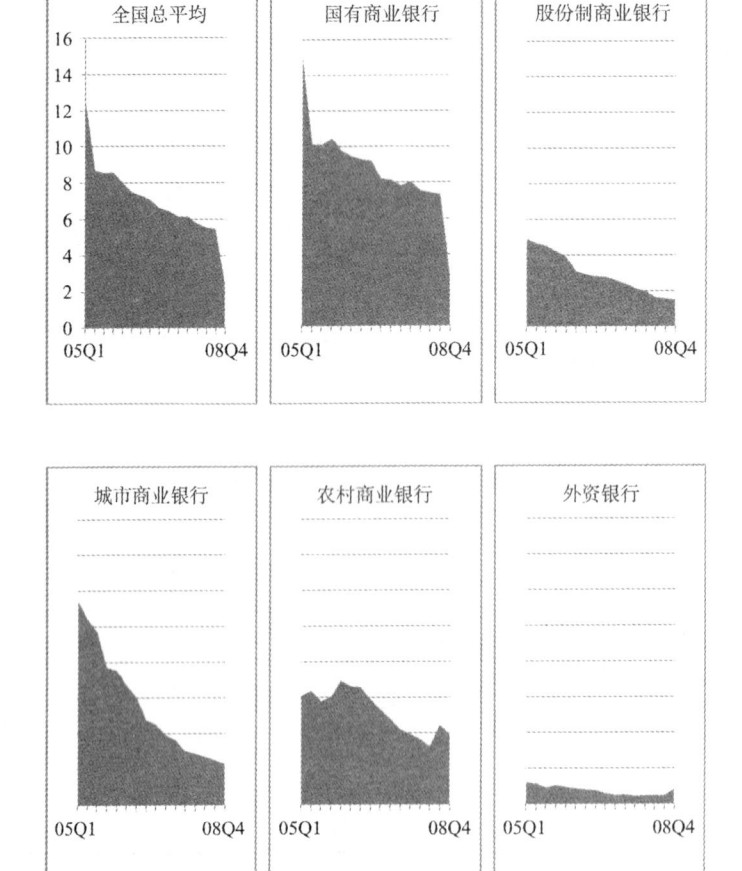

图 5　中国商业银行近几年不良贷款率变动情况

资料来源：中国银行业监督管理委员会（CBRC）网站政务公开数据。统计周期为季度，05Q1 表示 2005 年第一季度。纵坐标单位为%。

由于广泛的数据获得的难度，本报告上述就可获得数据的角度，梳理了银行改革主体的不良贷款状况、资本充足率、账面盈利状况和基本的财务指标。对整体银行业的情况，中国银行业监督管理委员会在 2006、2007 年年报中均有详述，包括各类银行的改革进度和成果，尽管其中未提及银行改革的困境和不足之处，但中国银行业总体情况较 1997 年第一次金融工作会议召开之前已有相当大的改观。改革前整个银行业濒临破产的局面已不复存在。

检视当前银行业

盈利模式之辩

从前文数据可以看到,中国银行业的净利润增长总体来说的增速是快速的,从盈利模式来看,中国银行业中间业务等模块在近几年来虽然有所发展,但最倚重的盈利点仍是净利息收入。

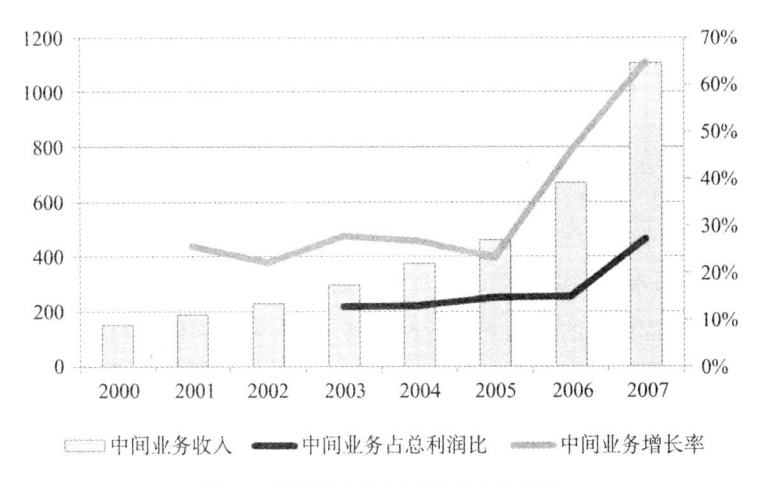

图6 中国银行业中间业务收入情况

数据来源:根据 CBRC 网站数据整理。其中 2000 年—2006 年中间业务收入数据仅包括五大银行数据。根据 2006 年的加总数据显示,工、农、中、建、交五大银行中间收入占 12 家大中型银行的 91.3%;2007 年数据根据银行利润总额、中间业务占比和五大银行占比综合计算而得,实际数字较此为低。中间业务占总利润比由 CBRC2006 年和 2007 年年报整理。

上图为中国银监会 2007 年年报的图示,这样的利润构成图是比较具有代表性的,银行主要利润来源是净利息收入:在 2007 年,该项数据的所占比重超过了 60%。这意味着中国当前银行盈利模式仍是依靠存贷利差,这种模式是传统和稳定的,但随着现代金融业的发展,银行有更多的盈利点选择,应有激励开发更多的创新产品。虽然现在西方国家的主要银行因为

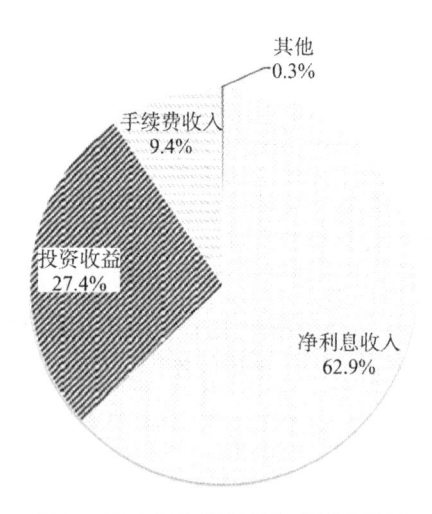

图 7　2007 年中国银行业利润结构图

数据来源：中国银监会 2007 年年报。

整体金融的过度创新而陷入了危机,但这样并不表示银行业务的创新是没有必要的,现实经济环境中存贷双方有着多样性的需求,银行作为金融中介机构进行更多的创新来适应融资需求,是在追求自身利润的同时,能在整体上给金融增加效率,当然一切的前提是要在适度的监管之下。

现在,中国的银行和国外的银行是就是同种机构的两个极端:"止步不前"和"过犹不及"。中国银行作为独立的利益主体,即便是在银行上市之后,产品开发方面的创新力度依然比较小,尤其是国有商业银行,而产品开发应该是金融机构赖以生存的基础。比如最近"二套房贷 7 折优惠利率"的事件,众多国有大银行不仅细则出台时间晚,而且在实际中设置的门槛高,对比中小银行的"不规范操作",其对利润的追求居然不是那么强烈。当众人都在谴责美国众多金融机构的贪婪而导致金融创新被滥用时,这样的对比,值得反思中国银行业的利益独立性,激励机制在改革中完善了吗？

更值得注意的是,2007 年是中国股市最为疯狂的一年,从 2007 年 1 月 4 日以 2728.19 点开盘,到 2007 年 12 月 27 日以 5308.89 点收盘,整个一年基本都是在高位运行,更曾在10月16日到达了最高点6124.04,而整个07年,炒股几乎成为了全民的选择,因此,在07年这个最具代表性的年份,在办理证券相关的手续费和投资收益的冲击下,净利息收入的比重仍能保持如此大的比重,不得不让人再次感慨中国银行业的盈利模式。

银行业对净利息收入如此依赖,究其原因,一方面在于,在中国利率没有市场化的情况下,国家指导的高利差已经足以保证收入的增长。

综合美联储和中国人民银行的公布数据(具体数据构成见下),其中2008.1.1—2008.12.31,美国最优贷款利率与CDs6月期和1年期的利差分别为1.94%和1.80%,而此时中国一年期存贷差则为3.27%。也就是说,中国的利差空间约比美国高了接近1.5%。考虑到2008年美国利率低迷,存贷利差大幅下滑,综合2007.1.1—2007.12.31数据,中国一年期存贷差为3.51%,而美国则为2.69%(2007年最优贷款利率—2007年CDs6月期—2008年1年期与CDs6月期的利差),中国比美国高出0.82%。(日本等国的利差较中、美更低,也是世界上的贷款主要输入国之一)

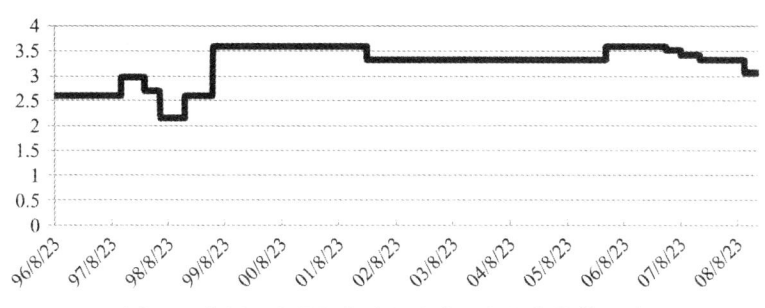

图18 中国近十几年以来的法定一年期存贷款利差

资料来源:根据中国人民银行统计数据整理,横轴周期为天,左轴单位为%。

以中国目前信贷供需情况,在一定的利率波动范围内,信贷的需求是相当刚性的,也就是说,有多少信贷都会被市场吸纳。在这种情况下,假设全球金融市场一体化,以美国的各利率为市场基准利差,根据资金逐利

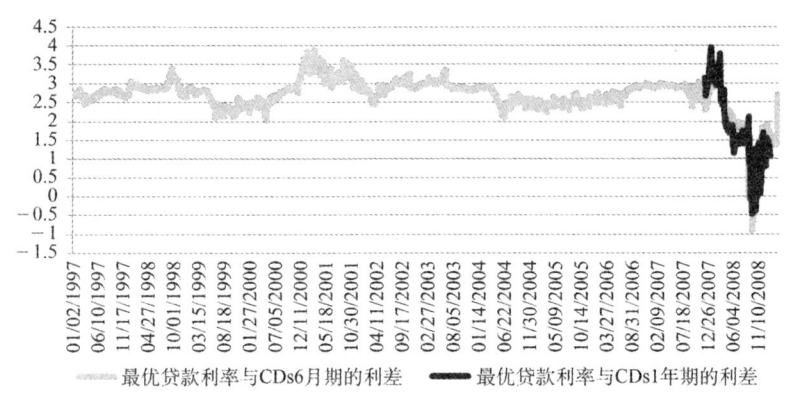

图 19　美国最优贷款利率与 CDs 6 月期和一年期的利差

资料来源:主要根据美联储网站公布数据整理。1yCDs 数据根据文华财经数据整理。横轴周期为天,左轴单位为%。美国商业银行对企业的贷款利率一般是在最优贷款利率或 Libor 上加信用溢价,本报告采用前者。存款方面受限于长期数据的可获得性,采用了 6 月期(1997.01—2009.03)和 1 年期(2007.10—2009.01)的 CDs 存单对比。CD 指 Certificate of Deposit,即定期存单。

的本性和一价定律,市场的各存贷利差的差值应该趋同。中国高于美国的存贷利差则是人为造成的租值。这意味着在中国银行业的利润有相当部分是源于利率控制所产生的租金,这部分租金约占银行总利润的 45.8%,占净利息收入的 73%。而 2008 年,这一趋势则更明显。

表 4　利率管制下的中国银行业

	2007	2008
中美存贷利差的差值	0.82%	1.5%
中国月度贷款余额均数	24.98 万亿元	28.69 万亿元
利率控制的租值	2048 亿元	4303.5 亿元
中国银行业利润总额	4467.3 亿元	—
中国银行业净利息收入	2810 亿元	—

资料来源:根据前文及中国人民银行、CBRC 网站数据及年报整理。本报告数据仅为静态表述,未考虑中国利率自由化带来的企业贷款行为和储户存款行为的变化等。2008 年数据尚未出台。

以净利息收入为主盈利模式,如果要取得相同的利润水平,将会消耗更多的资本金,这在美欧等国家是不可持续的,因为居民的储蓄率不高,贷存比往往达到90％以上,仍然无法为银行提供足够的赢利动力。但在中国,居民普遍的高储蓄率保证了银行存款资源的相对极丰富,2007年和2008年,存款余额占GDP的比重分别为149％和145％(储蓄存款占存款总额的40％—50％),因此,虽然盈利方式较为传统,但银行在总量上仍能取得可观的收益。即使如此,中国仍在存贷利率上保持控制,维持较高的存贷差,以保证银行的利润收入。

从未来的趋势来看,一方面,本轮中国经济危机面临出口缩减,尽管加大投资成为政府刺激经济短期内的工具,但长期来看,刺激内需以推动长期经济增长与发展将不可避免,这时必然将面临居民储蓄率降低、投资降低等现象,这些将使银行业面临两个尴尬的局面出现:其一,居民储蓄率降低,吸纳储户存款的难度加大。其二,经济下行时期,为了鼓励企业增加投资,政府的宏观调控政策会有将利差逐渐缩小的可能,这样就将对银行业的利润有一定的负面影响。

2008年,中国已经5次调整基准利率了,虽然目前一年期的存贷利差仍保持3个百分点左右的水平,但存款利率的下降空间相较而言比较有限,而未来贷款利率的下调空间和可能性要大的多。经济回落会带来企业贷款需求的急速下降,再加上信息不对称,银行在放贷过程中,惜贷现象也非常明显,相反,经济景气状况下,存款需求会上升,尤其是储蓄存款定期化和长期化需求上升的情况,由此可以预见银行的利息创收将受到较大冲击。

所以银行业要转型,保持盈利收入稳定增长,就必须改变靠吃存贷差(甚至可以套用马克思的话,靠吃超额存贷差)过日子的方式,近几年,为了实现业务收入多元化,中资银行都加大了创新力度,大力发展中间业务。银行根据市场对于风险的承担、规避、分散和转移需求而开展中间业务,如应对货币价格风险的利率或汇率衍生工具的创新。

当然,在短期内,证券市场,尤其是股票市场,在经过的2007年的疯狂之后,随后的一两年将是调整的时间,虽然政府在一定程度上出台了鼓励金融创新的政策,但市场的活跃还是要遵照自己的规律。再加上人们对经济恢复的信心有待提高,中间业务即便有创新,其业务范围也会比较受限制。而美国次贷危机引发的对金融创新的警惕心理在一定程度上会影响了中国金融创新的步伐,进而影响了中国银行中间业务的发展。

风险控制的隐忧

1998年银行改革启动以来,风险管理就是改革的重中之重,甚至银行改革的发端就是为了化解国有大中型银行的风险。具体的措施包括取消了贷款规模管理模式,实行了资产负责比例管理;强化了统一法人管理,加强了授信管理和资金的统一调度;实行了分业经营、分业管理,国有独资商业银行与所办的其他经济实体脱钩;完善了信贷质量分类和考核办法,实行了贷款质量的五级分类办法。这些措施的实行,大大降低了国有银行的潜在的金融风险,剥离了地方政府等政府部门对银行贷款的干预等等。

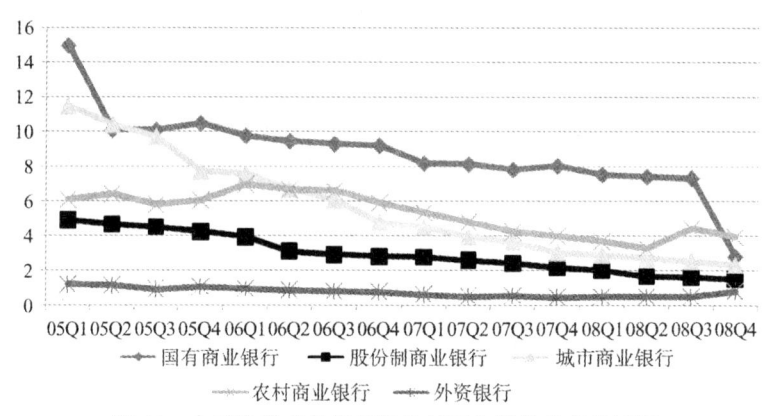

图10 中国各类商业银行近几年不良贷款率变动情况

资料来源:中国银行业监督管理委员会网站政务公开数据。统计周期为季度,05Q1表示2005年第一季度。纵坐标单位为%。本图与本报告前面的相同标题的图表使用相同数据,只是图示方式不同。

注:在2008年第四季度,国有银行的不良贷款率由第三季度的7.35%剧降到2.81%,其中的关键是农行不良资产的剥离,约7500亿元。剥离这部分因素,08Q4中国有银行的不良贷款率是上升的。正文详述。

银行改革

从技术上来看,中国银行业的改革在风险控制方面,尽管与中国国内的外资银行等相比还存在差距,但已经远好于1998年改革以前的状况。虽然如此,但不良贷款率下降等风险控制局面的改善的原因还需要辨析。本报告从宏观和微观两部分来分析。

从宏观层面来看,银行业是一个与经济周期紧密相连的行业,经济上升期,企业利润提高,还贷率上升,银行业会呈现盈利能力改善与风险降低的良好局面,在经济回落阶段,企业违约风险提高,银行业盈利能力下降,而相应的风险却在急剧上升,而2008年这样的经济扩张时期累积起来的信贷扩张和衰退期来临的如此迅速,其隐含的风险尤其大。

从上图可以看到,虽然中国银行整体的不良贷款比率有了历史性的下降,但与同期在中国的外资银行相比,差距依然巨大。综合2005年到2008年,外资银行的平均不良贷款率为0.756%,中国国有商业银行、股份制商业银行、城市商业银行、农村商业银行对应的数据分别是9.2%、3.08%、5.86%、5.34%!也就是说,此前还累积了相当部分的不良贷款要消化。在本轮经济回落期,又将新增不良贷款。根据实证研究,美国GDP的增长降低一个百分点,不良资产率一般上升0.3个百分点,而亚洲国家GDP减速一个百分点,不良资产率上升0.7个百分点。虽然经济下行给银行带来的信用风险是普遍的,但如果此次回落过程中银行的不良资产率大幅回升,其实也说明了之前贷款的风险控制大有问题。所以,现在的宏观经济下行期对从未经历过经济衰退的改革后的主要商业银行将是一个考验。

从现有的数据来看,2008年末国有商业银行不良贷款率出了显著下降,银行08年四个季度的整体不良贷款率分别为5.78%、5.58%、5.49%和2.45%,而在第四季度,国有银行的不良贷款率由第三季度的7.35%下降到了2.81%,这其中的关键之一便是农行不良资产的剥离,根据央行公布的去年11月份信贷数据推算,农行剥离的不良贷款约7500亿元。中金公司1月20日发布的分析报告认为,如果撤除农行不良贷款剥离和深发展坏账核销因素,2008年四季度中国银行业不良贷款余额环比上升明显:其中,五大国有商业银行的不良贷款余额环比上升20%,不良率上升38个基点至2.81%;股份制银行不良贷款余额环比上升16%,不良率上升12个基点至1.51%。另外,结合本报告开头提到的银行业1月的疯狂放贷量,从不良贷款率这个指标的构成来看,分母的扩大显然对整体指标的下降起到了重要的推动作用。《陆家嘴评论》2008年第一卷第五期曾对本轮经济衰退期政府扩张的财政政策资金来源作了分析,该文认为,不管是政府还是政府动员银行对私人放宽信贷,如果强行采用投资拉动经济增长,都意味着政府又将成为最后的风险承担者,一旦银行放贷出现损失,形成大量呆坏账,会再次出现政府来兜底剥离的状况。而这些风险最终将由纳税人承担后果。更有甚者,让十年的金融改革重回起点。

从微观上来看,改革以来,银行不良贷款率迅速降低。从基数上看,基数的迅速降低,是政府先后两次剥离数万亿坏账的结果。而各银行股改后的不良贷款率降低则是取决于在较好的宏观环境下,银行利润可以覆盖不良贷款。当然这其中肯定有不良贷款五类分类、贷款权上收等技术层面改革的成就。

但这些微观、局部和技术层面的改革是否就可以保证银行的风险控制能力的提高?其效用是让人生疑的。从几个方面来分析一下:

其一,在中国,融资的结构性问题比较突出,有数据显示,中国主要银行金融机构亿元以上的大客户占其全部贷款客户数的比例不足0.5%,而贷款余额却占了全部贷款余额的近50%,对单一客户的贷款集中度大大超过规定的上限,具体行业来说,以房地产为例,房地产贷款集中度到2008年第一季度为最高,商业性房地产贷款余额达到5.01万亿元,占人民币贷款比重已经提高到了18.2%。如此高的信贷集中度会带来相当高的风险,事实上,从2007年开始,房地产就开始进入下行空间。

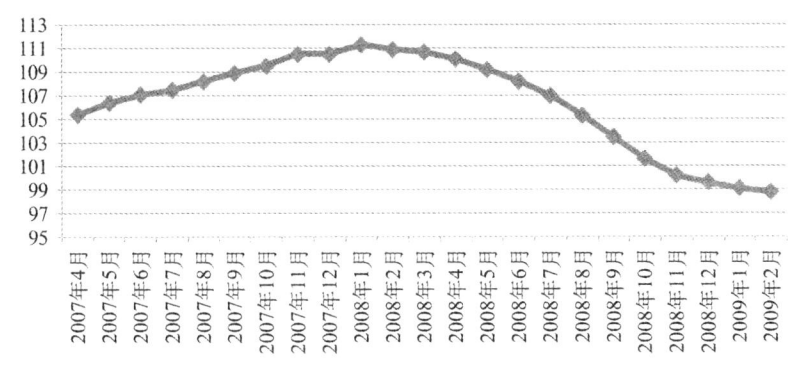

图 11　全国房地产开发景气指数

资料来源:国家统计局。

表 5　京沪深 9 月及前 3 季度商品住宅供求情况(万平方米)

城市	供求	2008 年 9 月	环比增长	2008 年前三季度	同比
上海	供应	106.87	44.60%	929.46	−6.49%
	成交	48.59	−26.40%	688.15	−59.35%
北京	供应	265.4	187.85%	1139.1	15.32%
	成交	54.80	34.31%	651.84	−43.12%
深圳	供应	83.48	59.16%	466.26	21.39%
	成交	30.66	−1.11%	229.82	−48.75%

资料来源:上海易居房地产研究院,2009:2008—2009 年中国房地产市场趋势研究,研究报告。

鉴于此,即使不考虑大的制度约束,单纯从微观层面上来看,银行是否真的将风险的约束做对了? 这里面有两个层面的问题,首先是,银行是否有自主控制风险的技术能力,鉴于中国银行业改革以来,通过引进战略投资者、上市等安排,从潜力上来说,应该具备起码的风控能力。但为什么在控制风险上会顾此失彼,这就是第二个层面的问题,在中国的现状下,这恐怕还是要回归到改革的核心问题——激励机制。大部分银行是国家的银行,不可避免的要受到行政干预,无法自主控制风险,这是客观上的；另外一方面银行有主动性，以财政为垫背，以极大的道德风险放松对信贷风险的监管。

在此看来，风险管理的根本问题，是激励机制的问题，也就是现代的公司治理机制，或者说法人治理结构。激励机制的根本，在于市场化的全面推进。其根本问题是法人治理机制的问题，技术上无法解决。

争议现代公司治理

政府与市场

银行改革和国企改革（国退民进）是同步的，并且银行改革也并不具有太多的特殊性，从某种程度可以纳入国企改革的视角下审视，其特殊之处在于，产、官、学三界有相当多的观点基于经济与金融安全的考虑，认为银行不能大面积私有化。

低效率、怠工和技术落后、创新不足是国有企业改革前的主要现象，也就是所谓的激励困境。在原体制下，计划经济的本身束缚了企业家的行为，计划压制了企业应对需求变化不断追求利润的冲动，而另一方面政府纵容导致的软预算约束弱化了企业降低成本、提高利润的激励。上述是从政府干预错位的角度来分析，但激励不足的主要原因来自产权。企业家不仅对自主决策感兴趣，他们更关注的是剩余收入的处置权。阿尔钦认为产权所有者本人才能真正承担风险，并且有激励去盈利，而无效的生产多半是因为产权的不清晰，尤其是公有产权，这种现象广泛存在于国有企业。

换言之，银行改革的核心就是国企改革，其核心也就在两点：减少政府对企业（银行）的干预、理顺产权使产权清晰化。

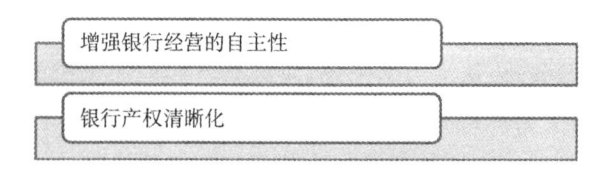

```
增强银行经营的自主性
银行产权清晰化
```

图 12　银行改革中公司治理机制两步走

银行改革

银行改革之初,重心在于还原银行本色,取消政府在银行面前的婆婆角色,取消了贷款规模管理模式,实行了资产负责比例管理;强化了统一法人管理,国有独资商业银行与所办的其他经济实体脱钩。这些措施从制度层面扼制了地方政府和中央部委对银行贷款的干预冲动。即使如此,当下,银行在政府进行宏观调控时还是不由自主的受到影响,本报告前面所述2008年第4季度实际不良贷款率的上升就是很好的例证。这是政府干预方面的。

之后的银行改革就聚焦于现代公司治理机制的建立与完善。以各上市银行为例,上市前首先要做的就是成立股份公司,只有成立了股份公司,建立了股东大会、董事会、监会,明确了三者之间的关系,以及与高级管理层的关系,有效的发挥各方在完善公司治理方面的作用,才谈得上建立良好的公司治理机制,这是各国有银行股改最重要的原因。

如果说以上市为标志的银行改革有可取的成功之处,那就是各银行股改所带来的现代公司治理机制。以最早开始股改的建行为例(指四大国有银行),在郭树清空降到任以前,王雪冰与张恩照长期在建行内实行"一言堂",在2004年9月到2005年3月中旬张恩照去职前,建行只开过三次董事会,而党委却成了经营管理的核心,半年开会多达几十次,讨论涉及各种细琐的程序性事件。"张恩照时代"的建行有一套"建行党委会原则",明确规定董事会要向党委会汇报。时任汇金公司总经理的谢平直指此举"明显违背《公司法》,也违背了中央关于党建工作的意见。"事后来看,这也与王雪冰、张恩照涉嫌重大贪污腐败不无关系。而郭树清的就任是建行股改的一个转折点,理顺公司治理机制后,建行迅速走上上市的正轨。

尽管如此,当前的国有银行(也包括大量政府持股的城商行等)的公司治理机制仍存在很多问题。第一,清晰、明确的现代公司治理机制是否已经在各银行内确立?银行的运行是否完全不受政府的影响?政府是否

297

安于做一个出资人或者股东的角色？这些问题深究起来，如银行高管的身份问题，究竟是政府官员还是公司高管，是否需要对应行政级别。建中工等银行在上市前为公司高管许诺了相当部分的期权激励，在行权期的时候，均面临质疑，《财经》杂志在2008年的专题"红色企业家"中曾对此做过报道。

银行业高管不应该享受行政级别（尽管仍未大规模实行），这已经成为学术界的共识。但是否应该享受高薪，则众议纷纷。这种情况不独中国有，金融危机下，接受巨额政府资助的华尔街金融机构，在派出奖金时面临着公众的指责。

其问题在于，政府作为出资人或者股东，其资金来源于纳税人，不应该用于向高管支付高的过分的薪水，这是一种"国有资产流失"，但为了留住好的高管，我们必须按市场价格付工钱（也就是高薪）。如果不支付高的薪水，就只能雇用二流的高管，那么金融机构会亏得更多，这也是"国有资产流失"。那问题出在哪里？

IMF经济学家郭凯认为，"政府的钱就不应该进一个按市场规律走的企业。政府的钱和按市场走这两件事情在很多时候是有点互斥的。如果你更关心政府的钱，那扔钱的时候就得限制企业的'市场行为'。或者如果你在意企业的'市场行为'，你就不要把政府的钱扔进去。政府的钱和市场行为在一起，结果就是中国人很熟悉的'国有资产流失'"。也就是说，政府的钱和市场规律这两件事情，在大多数情况下是冲突的。应该避免搅合在一起。可以预见，未来银行业的公司治理机制会越来越多的面临这个问题。

战略投资者

除了公司治理机制这一普遍性、长期的问题，在中国银行业改革中，境外战略投资者的引进也引发了很多争议的担忧。

表6 2008年12月31日后境外战略投资者的减持情况

中资银行	战略投资者	最初购买情况	减持情况
建设银行	美国银行	25亿美元购入9%股权,后根据协议,分阶段增持至19.1%	减持56亿股,持股比例从19.1%降至16.6%
	淡马锡控股	14.66亿美元购入5.1%的股权	
工商银行	高盛	组成财团37.8亿美元购买10%的股权	09年4月28日即将解禁
	安联		
	运通		
中国银行	苏格兰皇家银行	联合出资31亿美元购入10%的股权	清空所持有的108亿股
	李嘉诚私人基金会		减持20亿股,现持30亿股H股
	美林国际		
	淡马锡控股	31亿美元购入10%的股权	
	瑞银集团	5亿美元购入1.33%的股权	清空所持有的34亿股

数据来源:新浪财经

在银行的改革思路中,引进这些境外战略投资者是非常重要的一环,监管当局最初设定的特别要求:银行的战略投资者必须是世界排名200名以内的著名金融机构。一方面,可以引入先进的管理技术(其实中国银行缺技术是表面问题),另一方面,可以增强市场对银行的信心,当然最重要的是,希望通过境外战略投资者的引进,改善中国银行的产权结构和法人治理模式,让银行真正发挥效率。在现阶段的抛售潮中,最初入股是的低价(有争议)与抛售时的巨大差价,却给了一种新的印象,多数国际著名金融机构的参股实际是财务投资者而非战略投资者。

希望通过引入外资来解决内部治理机制,本身就带有矛盾色彩。

首先,银行改革的前提是要在保持国家对其的绝对控制权,借由股份化实现银行效率的改善,间接为经济增长助力,但是,如果外资进入真正改善了银行的法人结构和内部治理,国家就会丧失对银行资源的配置权,从这种意义上,境外金融机构转变为纯粹财务投资者有其必然性。

其次,以对外开放促进对内改革是我们一直强调的,但是外资金融机构与国有商业银行的差异,不足以促成后者的市场化转变,而既然决定了股份化改革,国内资源为什么没有参与的机会?实际上,在这场所谓战略性的合作中,在一定程度上,外资银行也是搭了银行业改革的便车,在金融许可门槛设置很高的情况下,通过战略合作,一方面可以很容易进入国内的金融格局,另外一方面是可以大大利用中国银行现有的各种积累性资源,这一点在外资参股城市商业银行中表现得最为明显。

当然,现在再来讨论利害得失没有太多意义,因为这些已经是既定的事实,境外战略投资者的减持潮之后,留下最大的问题是谁来接盘,而后续接盘者对银行的法人治理结构又会产生怎样的影响?所谓战略投资者,区别于财务投资者的最重要一点,是关注自身在投资过程中的综合收益,正是这样的关注,其会坚决反对企业运营中损害自身利益的行为,治理结构的改善最关键是不能"一语独大",能有相应的制衡博弈促成银行市场化的决策和营运。

减持之后,谁来接盘?一方面,中央汇金公司作为国有商业银行的大股东,应对态度是"大跌大买、不跌不买",而汇金公司的母公司中投公司董事长楼继伟在日前其表示,中投一直在增持工商银行、中国银行和建设银行的股份。由政府全资背景的中投和汇金去接手被抛售的银行股,代表国家对这些银行的持股比例进一步上升,与这些银行上市时稀释国有股比重相对比,仿佛看到了银行改革的倒退之路,至少在法人治理结构上看,暂时是这种情况。如果几年来引入战略投资者最终结局还是国有股"一股独大",那么整个过程付出的无谓代价太过沉重。另一方面,根据现有的新闻报道,外资减持的股份在配售过程中还是受到了较大的追捧,据称 UBS 的中行股份和美国银行持有的建行股份,最终大都数配售给了外资的机构投资者,RBS 所持中行股票的 30% 左右转让给了厚朴投资基金(一家在 2007 年组建的私募股权投资基金),由此,我们看到接盘者基本都是纯粹的财务投资者,对于相应银行的"法人治理"方式是"以脚投票",离战略投资者的构想比较远。

在最后一家大型国有商业银行即将上市之际,减持潮最大的意义可能在于农行战略投资者的选择标准的影响。中国银监会主席刘明康近期在谈到农行引进战略投资者时表示,农行在改革的过程中需要不需要引进境内外的战略投资者,什么时候引进,引进谁,这都要由农行自主做出商业决定。但是,"大银行的股份65%由国家控制,15%由资本市场的投资者持有,另外10%—20%由外资战略投资者持有,即使在推行存款保险制度后,大银行也有国家的隐性担保",这种情况下,投资者都会有激励去做好"纯粹的财务投资者"。

除此以外,汇金公司持了相当多的银行的股份,如何定位汇金的角色。其中存在几方面的问题。第一,汇金持股或控股中国银行、中国工商银行、中国建设银行和中国农业银行等等,如果是政府,那么它与财政部的区别在哪里?如果不是政府,而是纯粹的投资者,那么他同时大比例的持股这几家银行,是否有操纵市场等方面的嫌疑?事实上,正是后者,打消了建行等赴美上市的冲动,也使得各大国有银行在美开设分行的进程大大减缓。

第二,汇金的资金实际上是外汇储备,央行为了对冲收到的美元,不得不增发基础货币与之对冲,这实际上是通过通货膨胀收了全民的钱去投资银行,其中的收益如何分配?这些都是值得严肃考虑的问题。

银行改革需要回归金融改革

回过头来看银行改单,我们应该从更宏观的角度来考虑,站在改革的出发点,银行改革不能孤立于整个金融体制改革而存在,也不可能独立于国企改革而单独存在,其成功与否更需要其他金融体制的改革来配套,也需要整体国企改革进程来推动。比如,商业化银行的竞争对于金融资源分配上的扭曲需要金融体系的其他创新来弥补,中小企业融资难是普遍的难题,参照国际经验和实践经验,更需要证券市场、民间融资、OTC 等的配合。另外如利率市场化问题、金融自由化问题、央行独立性等都会对银行改革产生重大影响。很显然,中国的金融体系整体的配套程度和发育程度还是远远落后的。

微观:完善的现代公司治理

　　银行(企业)经营的自主性
　　清晰的公司产权制度

宏观:有效、公平的宏观政策环境

　　解除对宏观经济领域内资源配置的扭曲
　　利率自由化、发挥利率作为资金价格的作用
　　解除对投融资的限制
　　完善金融作为普遍服务和特殊服务的功能
　　多层次资本市场的建立
　　基层的普遍金融服务、小额信贷的完善
　　政策性银行的区别性功能定位

图 13　银行改革的治本途径

重返现代化的公司治理

银行改革,首先是国企改革,这在本报告前文已经尽述。翻开银行业华丽的外表,其实很多东西依然如故,而本质上造成这些问题的核心仍然国有企业的老问题,改革至少在这一角度看是不成功的。耶鲁大学陈志武教授认为,在相当程度上,过去二十几年的金融变革一直是在寻找一组既能妥善理顺委托-代理关系链又能可靠执行金融契约的制度安排,而且是力图在不改变国有金融垄断的前提下找到这样一组制度安排。银行是金融改革中的重要一环,其改革也是如此。

这些年来银行改革的核心就是保持国家的绝对控制权下改善效率,

而更进一步地是,因为金融资源在整个经济中的重要性,国家对银行资源的垄断又是要其为经济增长服务的。

正是源于这样的目的性,使得国有银行股份化以后的法人治理结构无法真正有效,因为有效的法人治理结构会损害国家对银行资源的配置权,也是这样的目的性,来自行政的干预始终不能杜绝;失效的治理结构,又激励了银行的道德风险,大部分的坏账会被违规核销或者集中到中央层面报销,同时也刺激了银行对政策的依赖的获利,而忽视产品开发与提供,在国有银行上市以后,银行对政策资源的隐性依赖更会加强,因为上市后更大的资产规模对国家金融体系安全的影响更为剧烈,政策要挟性变得更为可信。

这样的金融改革核心前提是否需要坚持?自银行改革以来,以"改革代价"为借口一次次天文数字般的剥离不良资产,成本过于昂贵了,按照国际信用评级机构标准普尔2006年2月份发布的《中国50大商业银行》报告的估计,仅在1998—2004年间,中国政府用于向境况不佳的金融机构直接或间接注资至少达3.57万亿元人民币,相当于中国2004年GDP的22.3%,现阶段,中国国民超高的储蓄率和资本项目的相对不开放使得这样的损失循环在金融资源的可承受范围,但并不表示将来也能承受。

同时,这样的救助也在无形中透支着政府的信用,隐形成本巨大;而在收益方面,金融资源的配置效率并未得到根本性的改善。因此,在保持国有控股而寻求效率无解的情况下,在银行改革过程中是否应给予国内资源更多的进入机会?这一问题,在未来会遇到越来越多的挑战。从某种程度上来看,这并不是银行改革,甚至也不是金融改革本身可以决定的,这需要依照整个国有企业改革的进程来确定。

银行改革成败取决于宏观资源配置机制

尽管中国在2006年和2007年出现了大规模的流动性过剩,但中国仍然是一个资本紧缺型国家,大量的企业和个人对资金处于饥渴的状态。仍以中国和美国为例,2000年到2008年,中美一年期贷款利率分别为5.90%和6.29%,美国较中国要高0.39%,与美国相比,中国是发展中国家、新兴市场,资金稀缺,其利率原本要高于美国,但实情却恰恰相反,难道真的是中国资金充沛吗？显然并不是这样。

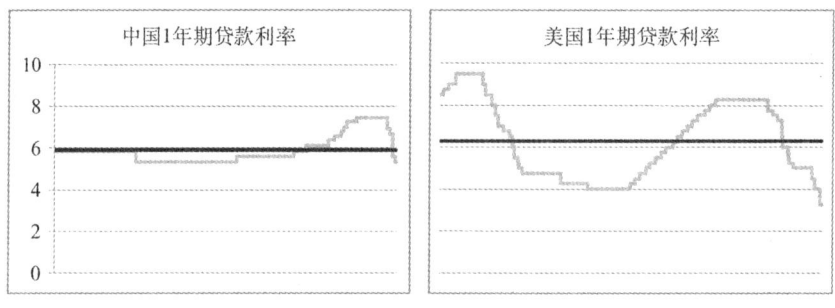

图14 中美一年期贷款利率对比

数据来源:中国人民银行,美联储。美国1年期贷款利率是指1年期最优贷款利率。时间从2000年1月1日到2008年12月31日,横线代表该时间段内的平均利率。

由于中国金融体系由国家垄断,在资源配置的时候,银行更倾向于将贷款贷给国有企业以及大型企业,而不愿意贷给中小企业。这使得渴求资金的中小企业想尽各种办法获得资金。以下图为例,每年实际的信贷额由央行控制,近些年来保持在15%左右的增速,是刚性值,是央行用来控制通货膨胀、经济增长速度的重要货币政策工具。在目前的社会资金消费偏好结构下,实际信贷额下的实际利率应该确定在A点,才能够达到市场出清。另一方面,当前中国利率还没有自由化,出于维持国企利润等因素,利率管制在"当前利率"处,而此时社会信贷投放额应该确定在B点,市场才能出清。

也就是说,政府必须要放开利率管制或者放开信贷投资额。由于信贷投放额直接与通胀率相关,一般来说是央行的工作任务,不可能轻易放开,这也就是说,利率必须自由化,市场才能够自动出清,否则就会出现资金紧缺的情况。在这种情况下,基于金融体系的现状,信贷自然更趋向于贷给有还贷实力或者是有政府背书的国有或大型企业,中小企业贷不到款也就可以理解。

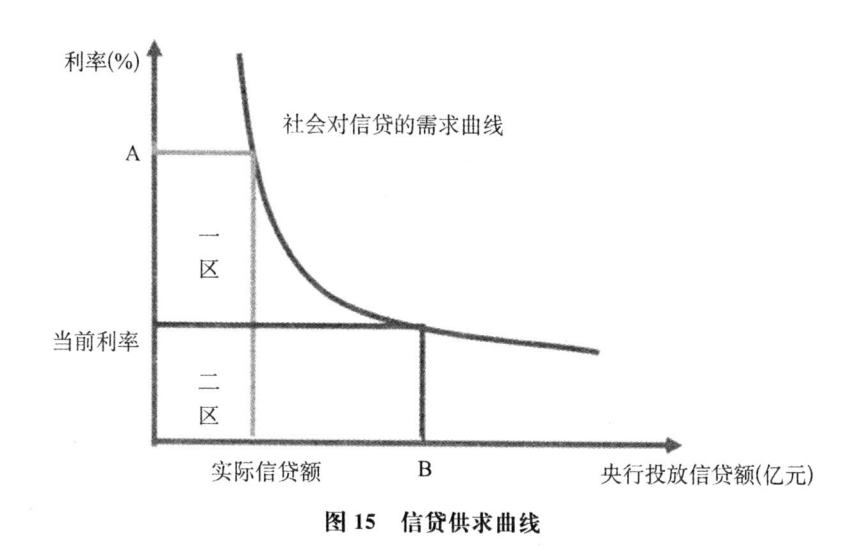

图15 信贷供求曲线

此时故事并没有结束,由于市场上的真实需求的利率在A点,以"当前利率"获得贷款的企业,已经具有了上图中"一区"的租值,此时它有两种选择:其一,什么投资也不需要做,将资本转贷给有资金需求的企业,最多可以获得"一区"面积大小的租金(二区是贷款企业的贷款利率成本);其二,自己进行投资、生产,这部分租金自动转化为利润,相对于以A点获得资金进行投资、生产的企业来说,这部分利润是超额利润,并且不是靠生产率提高带来的利润。在本报告检视银行业改革成就的时候,就提出,中国银行业的利润有相当部分是源于利率控制所产生的租金,而并非其市场竞争力的提升。

这也可以解释,为什么中小企业在市场繁荣期的时候,可以迅速扩张,而在经济衰退期的时候,也是首先出局的。因为市场繁荣期的时候,央行信贷扩张,原先无法获得贷款的企业可以在扩张的信贷过程中,可以获得贷款,以进行投资生产。同样,在衰退期的时候,信贷缩减,中小企业自然得不到贷款,出局也势在必然。

宏观政策环境扭曲,所带来的是一连串事件,扭曲的利率,是银行和国有企业的利润之源,是中小企业融资难的原因之一,是银行不愿意进行业务创新、发展中间业务的原因等,因此,要真正的提高银行的竞争力,发挥银行的融资功能,就必须切实的推进利率自由化,尤其是在中国当前,银行贷款的间接融资方式占社会融资总额的80%以上,利率自由化对企业融资显得尤为重要。

宏观调控政策与银行经营自主性的冲突

2009年2月23日,央行发布了2008年第四季度货币政策执行报告,其中"确保银行体系流动性充足"被列入下一阶段适度宽松货币政策所确定的六大任务之首。报告同时指出,要根据经济形势特别是国际收支形势变化,合理安排公开市场工具组合、期限结构和操作力度,灵活适度管理银行体系流动性。运用多种工具和手段,对暂时出现流动性困难的金融机构及时提供资金支持。

中国的银行业目前是国家控制所有权的,在现在下行经济周期中,政府的宏观调控政策也被认为是对银行业风险最大的威胁。一般来说,货币政策可拉不可压,也就是说,货币政策只能收紧,扼制企业的贷款冲动,而无法逼着银行贷款给企业,这时更多的应该使用财政政策。但在中国,这种逻辑就存在问题,改革后的银行尚未经历过大的经济危机。上一轮危机中,其间朱镕基政府启动积极财政政策,除了发国债以外,启用了"银政合作"、"银校合作"(银行与政府、高校合作,提供贷款),使得政府不得不第二次剥离银行坏账,不良贷款规模达数万亿。

本轮经济危机与欧美国家不同的故事是,中国的金融系统并没有受到次贷危机过多的损害,金融机构并不缺乏流动性,相反,在央行实施以上这些政策以后,银行的流动性骤然增强,当现实经济中不存在那么多可投资的项目时,这些流动性的增加并不能给银行带来收益,却给其管理带

银行改革

来了难题;因此,"金融机构,特别是银行,决定谁可以放贷,每个贷款者的贷款数量和贷款条件",经济下行中的信息不对称问题更加严重,也直接导致了银行惜贷现象的严重化,也就是说,宽松货币政策的流动性并不能顺利被企业,尤其是中小企业吸收时,一味宽松地货币政策是行不通的,过多的流动性并不能打通融资的渠道,更加剧银行业的盈利压力,越宽松越陷入流动性陷阱。

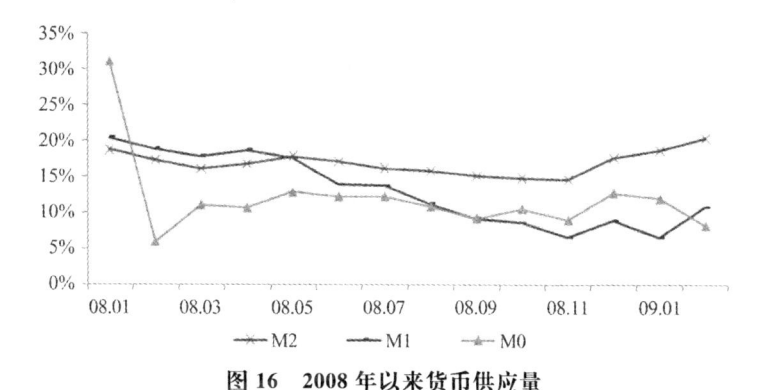

图16　2008年以来货币供应量

数据来源:中国人民银行。数据显示为货币供应量的同比增速。

在具体政策实施过程中,政治压力对于银行的贷款将产生巨大的作用,国有商业银行已经以实际行动说明了其与政府政策配合的紧密性。而城市商业银行和农村商业银行,地方政府的话语权很大,因此可以想象到在现有的银行管理体系中,政治权利介入调整信贷是可以被预见的,所谓的股东的反对声音并没有理论上那么地有力。

根据08年12月的统计数据显示,中国银行金融机构的贷存比也开始止跌上升了,说明了政府的积极的财政政策在信贷上已经开始显现了。

除此以外,建立多层次资本市场,满足不同层次的企业融资需求。放开对投融资的限制,如放开或扩大企业债与公司债的审批规模,直至取消行政审批制,由市场来确定企业债券的价值。放开行政对投资的限制等等。

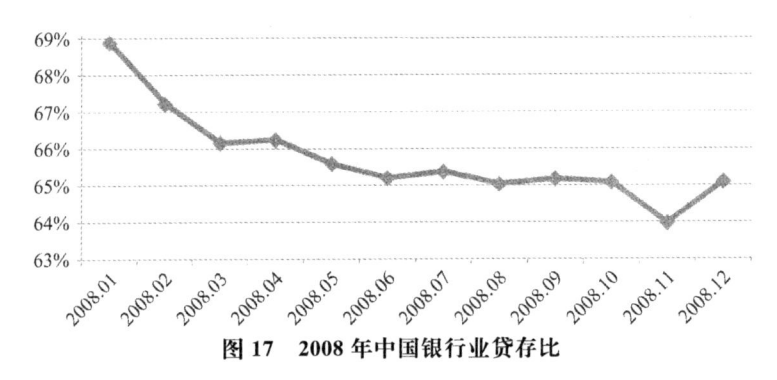

图 17　2008 年中国银行业贷存比

数据来源：中国银行业监督管理委员会统计数据

谁为公平服务？

银行的普遍服务

银行在我国金融体系中占据着非常重要的地位，大部分的企业融资都是通过银行来解决的，银行对普通居民的作用也越来越大，但现有的银行改革的趋势则是去乡入城，嫌贫爱富。以农村为例，中国农村金融体系一向薄弱，但近几年国有商业银行在利润的压力下逐步弃乡返城，在城乡结合部网点比较齐全的邮政储蓄的职能尚未完全发挥，而农村金融的主力之一——农村信用社——自身包袱重，支农能力受限，在农村地区网点覆盖率非常低，无法起到应有的作用。

作为最后一家大型国有商业银行，农业银行即将开始的股份制改革无疑会对农行的风险管理等方面产生重要影响，众所周知，农行这些年来不断产生的不良资产数额是惊人的。但是，利用市场化改革农行的过程中，有个特殊之处在于：农行股改后要以服务"三农"为方向，进一步强化面向"三农"的市场定位和责任，目前确定了"三农"业务实行事业部制管理。农行相关人士介绍，在国务院对股改方案的批复中，还要求银监会专门制定《农业银行三农金融事业部的监管指引》，对"三农"和县域业务单配资源、单独核算、单独考核,单成体系。这样的市场定位和监管例外,使得农业银行有朝政策性银行发展的趋势。虽然农行经营三农业务有优势,但农行上市以后其经营行为必须是市场化的,行政权力的强制干预是将农行的风险平均分摊到今后农行股东头上。而且,农行如此的定位,农业发展银行这个政策性银行又将置于何地位呢?

不仅如此,鉴于基层金融体系的缺乏,银监会等机构主要的措施有三种:其一推进农信社的商业化改革,另一面着手引进新型农村金融机构,如村镇银行、小额贷款公司、农村资金互助社等,其三就是邮政储蓄银行的改制。邮政储蓄因其网点众多,并且遍布城乡结合部,是天然的基层金融体系的主力。

新农村金融自2006年在吉林、内蒙等六省试点以来,已有数十家此类机构开业,并且表现良好,随后银监会将村镇银行等新农村金融试点推广到包括广东在内的31省市。对试点的农村来说这无疑是一个好的政策,对资本市场而言也极具战略意义。近几年,以投资主体多元化为动力的股份制改造,成功推动了城市的金融改革,这也让各路财务投资者对农村金融改革抱有很强的期待。香港上海汇丰银行是最早进入新农村金融试点的外资银行,他们认为长期看来增长迅速但尚未完全开放的中国农村市场将为汇丰银行的业务带来新的机遇。国内的招商银行、民生银行等以及保险机构也都开始在农村谋点布局。

尽管如此,如何协调资本盈利的冲动与解决农村融资需求之间的矛盾还是一个难点,农村金融如果要可持续发展,就需要寻找可操作的商业模式。而在目前的政策和经济环境下,城市金融的利润率远较农村要高,据《财经》杂志报道,此前亦有金融机构收购农信社,但将资金用于城市,不仅没达以初衷,反而导致了农村资本哺育城市。这也就要求制度设计上要让资本有利可图,如对不同资质的金融机构实行差别准备金、利息补贴、开放利率等。另外则是如何实现对新农村金融的有效监管,以过去的农信社为例,近些年,在央行的干预下,农信社的财务重组完成的非常好,但公司治理改革成效甚微。例如监管层不是股东,但可以对贷款规模审批甚至进行人事安排,但对经营业绩又不负有责任,这些不合理的监管让各路资本心存疑虑。更为棘手的是,与城市金融不同的是,村镇银行等新农村金融多设在县及县以下,机构小、链条长,这将导致监管的成本剧增,如何平衡监管成本与收益,还有待于监管机构不断的摸索。

另一方面,在小额信贷上,银监会的试点中,在新型基层金融机构、邮储银行等均有试点,小额信贷与传统的金融服务相比,无论在需求开发、日常经营,还是产品设计、风险管理都有很大的区别。产品设计的方案中,多采用互保、担保而非资产抵押的模式。对借款人来说,小额贷款政策的逐步推出是一个利好。但要明确指出的是,小额贷款只能是基层金融体系的一个补充,无法替代普通银行等金融机构的作用。即使如此,在江浙等地的发展,还是受到了相当大的限制。

银行的特殊服务

在中国这样的转型国家,由政策性银行提供特殊的金融融资需求是必要的。这也就引出,国开行的转型(政策银行转为商业银行),是否是政府所作的正确决定值得商榷。国开行在过去几年里的确暴露出了很多问题,如开先河的"银政合作"及各种腐败案件等,但治理和监管的不足不是其转型的理由,中国如今的商业银行已经足够多了,作为成立仅有 13 年的政策性银行,主要在基础设施和基础产业领域发展的国开行,投身商业银行的竞争领域先天不足:商业化后,国家信用担保将逐步淡化,国开行必须逐步建立起自己的市场信用。这对于一直在国家信用担保下成长起来的国开行是严峻考验。二是商业化后,国开行必须要在资金上自求平衡,要有自己的资金来源,而不可能还像过去那样依靠政策性发债获得资金来源,而国开行转型之后的"政策性金融空白"又是需要财政部另外安排的。财政部财政科学研究所所长贾康对此表示,"经过十多年的发展,中国政策性金融体系的框架和发展思路,是更模糊了,更令人惶惑了。"

银行改革

另外,长城等四家资产管理公司在十年存续期满后,2008年2月,人民银行、银监会、证监会、保监会联合发布《金融业发展和改革"十一五"规划》,提出"具备条件的金融资产管理公司应加快向有业务特色、运作规范的商业性金融企业转型",其商业化转型思路计划也是延续国有商业银行改革的思路。

四家资产管理公司的成立就是专门为了剥离国有银行的不良资产,而现在,其转型的第一步依然是剥离不良资产,根据报道,十年以来资产管理公司每年处置资产的收益只能支付利息和央行再贷款,偿付本金无从谈起,而资产管理公司挂账的政策性不良资产损失合计至今仍高达约1.4万亿元,与十年前规模一样。这样的怪圈循环本身也是对银行改革思路的一种嘲讽。

市场化是解决银行效率的重要手段,是提升银行效率的必经之路,但如果一味以为"市场化"能解决所有问题的思路也值得探究,市场化自身很难解决公平以及特定的金融需求。银行改革这些年来造成的一个客观后果是加剧了区域之间、城乡之间、不同规模企业的金融服务不均等,即市场化导致了金融服务的马太效应加大。因为盈利性使然,区域上,东部发达地区集中了大部分的金融资源,城乡间,国商行等均撤出了农村和镇级城市,企业客户上,主要贷款给大规模国有企业的趋势并没有改变,而中小企业始终存在贷款难的困境,而银行贷款则是中国企业融资的主要渠道。纯粹的市场化,银行就不是一种普遍服务,在这样的金融资源分割下,国家天然提供公共服务的属性就应该被体现,政策性、全局性的统筹应该在银行业有所谋略。

作者为上海金融与法律研究院研究员。

第五章 法律能为金融提供什么

金融和商业中的法律角色

Franklin Allen　　钱军

一、引言

过去三十年中,随着从计划体系转向市场体系,中国在经济上取得了巨大的成功。在这个过程中,数以亿计的人摆脱了贫困。同时在过去的20年中,印度同样也取得了快速的经济成长。到2007年底,中国和印度加在一起,占了世界人口的40%,以及按照购买力平价(PPP)计算的GDP的20%。伴随着高速的经济成长,中国和印度也在世界经济舞台中发挥着越来越大的作用。

通常我们会认为要取得长期的经济成长,一个国家需要好的制度体系,特别是需要一个良好的法律制度,从而能够保证履行合约以及解决争议,同时还需要一个良好的金融体系,这其中包括了金融市场以及银行部门。然而,过去几年我们所做的一些研究并没有支持这个观点:尽管中国和印度在过去几十年中经济表现优秀,但是它们并不具有上述这些好的制度:它们的政府都比较腐败(根据国际组织全球评分),同时法律体系不完善,最后金融市场和银行效率相对也低下。

在很多西方观察家和学者看来,中国尽管缺乏西式的制度,但是经济表现还是很成功的。我们所做的研究则与这种传统的西方观点截然相反,这就是中国的经济表现优越恰恰是因为缺乏了西式的制度。也就是说,在中国和印度这样的快速发展经济体系中,以不以法律体系为基础的商业活动在绩效上要显著优于基于法律体系的商业活动。

我们是通过比较和对比两套不同的制度来得出上述结论,其中的重点是争议解决(dispute resolution)和合约执行(contract enforcement)机制。第一种制度是在美国这样的发达民主化国家中所有的,人们以法律为基础开展金融和商业活动,也就是说法律机构是解决争议和执行合约的最后手段;同时,任何法律上的根本性变化都需要经过国会以及选民的许可。第二种制度则是以中国为例,其中对私人产权没有严格和清晰的定义,同时以声誉、关系和信用的非法律机制作为商业活动的基础。

在下面的分析中,我们会给出一些具体的例子来说明上述两套制度是如何运作的。中国和印度的商业惯例都表明第二套制度可以有效地替代法律制度。就中国和印度的具体情况而言,由于历史的原因,这两个国家略有差异。中国的商业活动中历来都缺乏一套完善的法律制度,而印度虽然有一套纸面上成熟的法律制度,但是在具体应用中则非常有限。在商业部门中,国有企业和上市公司要比非国有企业和非上市公司更容易接近法律机构,以及获得金融市场和银行的支持。在很大程度上,非国有和非上市的公司大多数是中小型企业,它们通常是在法律体系之外进行商业活动的,同时也很难指望金融市场或者银行来满足融资需求。对这些企业来说,它们往往需要借助声誉、关系和信誉来解决争端以及履行合同,同时严重依赖亲戚和朋友提供的融资渠道来满足融资需求。但是在中国和印度,特别是中国,正是这些非国有和非上市的公司提供了绝大部分的经济成长,并且雇用了绝大多数的劳动力。中国和印度的案例并非是独特的,在东亚的日本和台湾经济高速成长阶段,法律体系同样也没有发挥关键的作用。

同时,我们还可以看到第二套体系可以解决复杂商业活动中的争议。这方面最醒目的就是钻石产业。从历史上看,这个行业就是在独立于任何国家的法律制度下进行运作的,而且尽管这个行业中大多数争议的解决缺乏透明度,但是这并不妨碍它在全世界的兴旺发达。另外一个依赖于法庭外调解和仲裁的行业就是再保险行业。最近一些年中,这个行业中遴选客观仲裁人的过程成为一个冗长的过程,并由此延缓了仲裁过程,因此又有趋势表明在不乏公正的前提下,重新使用传统的程序加速了仲裁过程。

接下来我们转向美国这样的发达国家,重点是表明使用法律作为金融和商业活动基础所存在的问题。如果在法律体系最成熟的国家中使用法律制度都存在着明显的缺陷,那么这些缺陷就很有可能在法律体系不成熟的国家中会变得更为严重。

在法律体系中一个核心的概念是私人产权。有关产权的一个巨大的争议话题是有关专利、版权这样的知识产权。发达国家中知识产权的保护显然比发展中国家更为严厉。在发达国家中,一个普遍的看法就是对知识产权的保护可以促进创新,但是这个看法在很大程度上并没有为发展中国家所接受。知识产权的保护是否真得有助于创新呢?大量产业经济学中的实证研究结果表明这个问题的答案是很模糊的。一方面,在医药这样的行业中,对知识产权的严格保护的确给创新提供了强力的动因;但是另一方面,在很多其他的行业中,保护和创新之间的正向关系并不存在,而且实际上过度的保护还带来了一个不好的后果,这就是阻碍了竞争,而竞争恰恰是推动创新的一个重要因素。在和知识产权相关的诉讼体系中,往往具有既得利益的组织和个人会产生寻租行为。通过利用法律体系,他们会花费大量的精力来阻碍其他人或者小企业的竞争和创新,这种行为会给社会福利带来负面影响。

使用法律制度作为商业活动的基础还有另外一个潜在的问题,这就是随着经济环境的变化,法律本身可能需要调整。在民主化国家中,公司和投资者在商业活动中可以自由地使用新技术之前,国会必须首先通过对法律进行修订。但是在特定的时期内,有权修改法律的政客们往往缺乏足够的时间和精力,这样就在法律修订上存在着固定成本。这方面一个很好的例子是美国的支付体系。直到21世纪初期,美国还保留着19世纪的支付体系,即在很大程度上依赖于纸式支票和邮件——其方式就是支票需要以实体的形式从开设的银行寄送到中央营运中心,然后到清算机构,接下来再返回到银行。和电子方法相比,这个过程会显著地延缓商业交易。尽管银行和商业机构不停地呼吁改变这种情况,但是美国国会对此事似乎并不感兴趣。直到911事件发生以后,美国商业航空中断了几天,这样就彻底终止了支票结算过程。有了这个教训,在2003年10月《21世纪支票清算法》才得以签署,从而允许电子影像可以替代实体支票,由此就给清算过程提供了一种绕开邮寄和交通体系的方法。

上述这些例子促使我们去分析法律制度在金融和商业活动中的各种优点和缺点。一个成熟和完善的法律制度的好处,是它可以对所有组织和个人在案件审理和审判过程中予以公平对待,同时在强力执行的民法和刑法下,产生争议的个人和组织都有很强的动机遵守法院和政府支持的裁决结果。这可以给商业活动带来长期的稳定性,同时新的商业争端判决结果的执行成本也比较低,由此提高了整体的效率。

但是,使用法律体系作为商业基础也存在着缺陷。首先一些学者表明利益集团的寻租行为可以导致法律体系成为社会变革的阻碍,而这个问题可能在发展中国家更为严重。其次,前面谈到的美国支付体系的例子表明,法律体系的变化存在着固定成本,这会阻碍创新步伐。

就中国和印度这样的发展中国家而言,过去几十年中不仅见证了高速经济成长,而且也伴随着经济和社会环境也发生了巨大变化,此时使用法律体系有可能产生的弊端会大于收益,而使用非法律的体系进行商业活动可能更好。同时为了减少法律制度涉及的政治经济成本,使用非法律机制可以更快地适应环境变化。最后使用不同的网络和体系也可以导致它们之间产生竞争,从而生成最有效的形式,而此时,并不需要立法机构为顺应形势变化而更新法律。

当然,使用非法律的制度也存在着局限。首先,在这些机制中通常存在着企业或者投资者的网络,而它们往往难以为外部人士和组织所接触到。有限的使用范围只会对内部人士和组织有利。同时频繁的变化以及缺乏法律保障的合约执行机制也让这套体系变得不稳定,从而会伤害到远期的利益。在高速成长的经济体中,长期的利益分享以及基于声誉的机制可以保证良好(合作)的行为,但是当长期利润不足的时候,这些机制就难以激发这些行为的产生。而在经济增长率相对较低的发达经济体中,因为基本因素缺乏变化,此时使用法律体系的固定成本就比较低,因此,法律体系对商业活动的促进作用就优于非法律的体系。

总结而言,法律机制对于发达经济体系而言是很重要的,而非法律的机制则在新兴经济体中扮演着重要作用,而且对于商业活动也会产生正面作用。因此我们分析的结论产生的重要政策建议就是:对于新兴经济体而言,应该鼓励发展法律体系之外的争端解决和合约执行的机制。同时,法律机制和非法律机制的并存,不仅有助于它们之间的竞争,而且也会有助于法律体系的完善,因为此时法律制度就不大容易为利益集团所控制,同时也更容易适应环境的变化。

二、非法律机制的例子以及法律体系的问题

在这一节中,我们将分三组例子来讨论非法律机制和法律机制对于商业活动影响。

中国和印度的例子

根据 IMF 的统计数据,从 1990 年到 2007 年,无论是按照名义汇率还是按照以购买力平价为基础的汇率,中国在 GDP 和人均 GDP 的增速上在主要经济体中都占据着第一的位置。尽管中国的高速经济增长加剧了贫富差异,但是它还是让数以亿计的人摆脱了贫困。印度的经济成长

数字不如中国那样地醒目,但是其 GDP 和人均 GDP 的增长率依然在主要发达经济体中排在第三和第五的高位。下面的表格给出了相关的数据。

排名	世界前 20 的经济体:GDP 和增速							
	2007 年 GDP(单位:十亿美元)				GDP 增长率:1990—2007		人均 GDP 增长率:1990—2007*	
	(简单汇率换算)		(购买力平价计算)		(不变价格)		(不变价格)	
	国家	GDP	国家	GDP	国家	单位:%	国家	单位:%
1	美国	13,794	美国	13,543	中国	10.3	中国	9.3
2	日本	4,346	中国	11,606	越南	7.6	越南	6.0
3	德国	3,259	印度	4,727	印度	6.3	韩国	4.7
4	中国	3,249	日本	4,346	马来西亚	6.2	台湾	4.5
5	英国	2,756	德国	2,714	智利	5.6	印度	4.4
6	法国	2,515	英国	2,271	韩国	5.5	智利	4.2
7	意大利	2,068	法国	2,040	台湾	5.3	波兰	3.9
8	西班牙	1,415	巴西	2,014	孟加拉国	5.2	斯里兰卡	3.8
9	加拿大	1,406	俄罗斯	1,909	斯里兰卡	5.0	马来西亚	3.7
10	巴西	1,295	意大利	1,888	也门	5.0	泰国	3.6
11	俄罗斯	1,224	西班牙	1,310	泰国	4.6	孟加拉国	3.1
12	印度	1,090	韩国	1,250	巴基斯坦	4.6	印尼	3.0
13	韩国	950	墨西哥	1,250	埃及	4.5	秘鲁	2.9
14	澳大利亚	890	加拿大	1,217	伊朗	4.5	伊朗	2.9
15	墨西哥	886	印尼	1,054	秘鲁	4.4	阿根廷	2.8

(续表)

排名	2007年GDP(单位:十亿美元)				GDP增长率: 1990—2007		人均GDP增长率: 1990—2007*	
	(简单汇率换算)		(购买力平价计算)		(不变价格)		(不变价格)	
	国家	GDP	国家	GDP	国家	单位:%	国家	单位:%
16	荷兰	755	台湾	750	印尼	4.4	埃及	2.3
17	土耳其	482	澳大利亚	731	土耳其	4.0	土耳其	2.3
18	比利时	443	土耳其	723	阿根廷	4.0	巴基斯坦	2.3
19	瑞典	432	阿根廷	691	波兰	3.9	西班牙	2.2
20	瑞士	414	南非	664	菲律宾	3.8	澳大利亚	2.2

注:*人口少于2000万的国家,或是GDP小于200亿美元的国家并不在本表统计范围。
数据来源:IMF World Economic Outlook Database 2008。

中国和印度引人注目的经济表现,给有关法律、制度、金融和经济增长的理论提供了巨大的反例。传统理论认为长期经济成长需要一个良好的西式制度,其中包括有效解决争端和执行合约的法律制度,以及一个包括有效金融市场和成熟银行体系的金融系统,最后是一个民主化以及善意的政府。但是,根据一些学者的分析,中国和印度的法律体系都不是很有效,银行和金融市场相对发达经济体系而言规模较小,同时它们在资源分配上的角色也很有限,另外,这两个国家的政府腐败程度都比较严重。

当然在中国和印度高速成长的背后有很多因素,但是我们希望特别强调金融体系在不同商业部门之间所扮演的角色。根据AQQ等学者关于中国和印度的分析,这些国家的国有企业和上市公司要比非国有企业和非上市公司更容易接触到法律体系、银行和金融系统。绝大多数的非国有、非上市的企业是中小型的,它们的商业活动在很大程度上隔绝于法律体系之外,同时严重的依赖于声誉、关系和信誉来解决争端和执行合同,但多数这些企业的资金来自于贸易信贷以及亲戚朋友的支持。但是有趣的是,这些非国有、非上市的公司成长地非常迅速,它们提供了大部分的经济成长,同时也雇用了大多数的劳动力。特别是在中国,这些企业相对于国有和上市公司作出的贡献非常明显。这些结果表明非正式的融资渠道可能要比银行和金融市场更好,同时非法律的机制也优于法律机制。

这两个国家在发展西式的法律体系的历史进程是不大一样的。在上个世纪80年代开启改革开放并且经济开始腾飞的时候,中国还没有建立正式的商业法律体系。但是在中国悠久的历史上,虽然没有西式的制度安排,但中国已经存在着高度商业化的社会。与之相比,印度作为长期的英国殖民地,它很久以前就有了西式的法律体系和金融体系。以英国司法体系为基础,印度正式的法律体系可以追溯到两个世纪以前。同时作为该国最大商业银行的印度国家银行(The State Bank of India)有超过200年的历史了;孟买股票交易所(Bombay Stock Exchange/BSE)存在了130多年了,这在亚洲是历史古老的。但是和中国的企业一样,印度企业也很少依赖法律体系进行商业活动。

下面我们来看中国的情形。在西方人眼中,金融和商业很自然地会以法律作为合约的基础,很多人认为这一原则同样适用于中国。早在1904年的晚清,当时政府新成立的商部所颁布的中国第一步商法——《公司律》——就明确指出基于西方模式的现代公司是私有经济发展的关键工具,后来在民国政府时期制定的不同版本商法也尝试推动有限责任股份公司的发展。尽管有这些尝试,但是西式的公司始终没有在中国成型。其中一个关键的因素在于股份公司的分散所有权形式并不符合中国传统商业思想,也就是在家庭内部从事商业活动。很多中国人对于公司化经营的忧虑一方面来自于对政府的不信任,另一方面也来自于不愿意把公司的控制权给予陌生人。

尽管在金融和商业活动中缺乏西式的法律体系,但是中国很久以前

金融和商业中的法律角色

就有了高度发达的商业化社会。早在明朝末年（17世纪）中国就出现了资本主义萌芽，在长三角的浙江和江苏商业非常发达，同时在清朝时期也得到了进一步的发展。1840年中英之间的鸦片战争破坏了中国的主权，但是同时把西式的法律和资本体系引入到中国沿海地区，这种情形一直持续到1949年为止。在这段时期内，外国体系和中国体系并存，同时商业也得到了快速的发展。尽管在上海以及中国其他沿海港口城市引入了西式的法院，但是大多数与商业有关的争议是在法院外调解的。从清朝以后，商业争端通常是通过行会、家庭以及地方士绅以及社会习惯加以解决的。1949年之前中国大陆的企业以及1949年以后在台湾的企业依然很少使用法律。而在1979年以后，中式的争议解决以及合约执行机制则被认为是中国企业成功的幕后推手。

从19世纪末到20世纪初，中国金融体系的发展是以上海作为中国乃至亚洲金融中心的崛起为标志。随着不断扩大的企业和交易活动，金融机构和金融创新都在不断涌现。商人们在交易中使用的货币可以多达11种，其中一些是由地方银行印发的。这些地方性货币之间的汇率存在着巨大的波动，很多地方银行从事着高杠杆的信贷活动，其中的资本储备很少，同时违约频繁发生。商人对于风险的担心催生了一个很活跃的保险行业。当时对不动产、船只和商品进行保险是非常普遍的，同时在大额交易中还需要用抵押品和担保人来降低风险。为了减轻不对称信息带来的问题，外国商人会雇用中国人充当中间人来选择中国商人。中国和外国商人们一起发明了一种贸易信贷方式，从而允许企业在金融资源很少的情况下进行运作。在20世纪二三十年代的大部分时间里，上海的股票交易所是亚洲最大的。

总结来说，中国很久以来就形成在法律体系之外的金融和商业系统，而且在1949年之前，金融体系的发展和完善恰好发生在中国历史上剧烈震荡的一段时期。在中国改革开放以后，政府开始致力于改善法律制度，其中包括通过西式的金融和商业法律。但是在我们看来，这些法律对商业活动影响十分有限,它们的功能更多是针对那些不了解中国的西方投资者所作的"粉饰橱窗"。

一个可以说明上述看法的例子是中国的破产法。1986年,中国大陆通过了第一部试验性质的破产法,它只适用于国有企业。但是很少破产案例发生,其中部分的原因是担心对工人带来的负面影响。现行的《企业破产法》是在2006年通过并且于2007年实行的,它适用于除合伙制和个人独资以外的所有企业。在很多方面,它类似于西方发达国家的破产法:比如说有担保的债权人的要求权是在员工的要求权之前,同时他们可以对公司重组方案进行投票。但是有超过2000家的处于财务困境的国有企业被排除在新法案之外,这些企业工人的工资和福利依然在债权人要求权之前。而且在大多数破产案例中,债权人对于破产的过程几乎没有什么影响力。偏离破产法中规定的优先规则普遍存在,而最终的决定就留给了法官。法官们在处理这类案子时往往不是根据破产法,而是使用国务院颁布的其他条例。

与中国一样,印度的商业活动也表明了非法律机制的有效性。和其他大型经济体相比,印度的经济非常不平衡,它有超过一半的产出来自于服务业,而制造业和农业则各占四分之一左右。因为受到工会以及包括腐败和官僚主义这样传统的政治经济因素所影响,印度的制造业不是很发达。类似于软件这样的新兴行业表现优于的原因就是它们较少受到政治经济因素的影响,同时在很大程度上依赖于非法律的机制。

学者ACDQQ调查了超过200家的印度中小型企业,他们的结论支持了使用非法律体系。比如当被问到面对商业对手违约和提起争议时,会优先采取何种行为时,有超过80%的受访者回答说根本不会求助于法律体系,在法院之外解决争端对于这些企业而言是非常重要的。有超过50%的受访者回答说没有在企业中设立固定的法律顾问。当被询问原因的时候,这些没有法律顾问的受访者中有63%的人回答说他们不需要律师,因为他们了解自己的商业伙伴,而且可以和他们公平地进行商业活动。从这些回答中我们可以看出,声望、信誉以及个人非正式的关系网络,是寻找潜在商业机会的主要依赖要素,而正式的法律体系则退居到不太重要的位置。

这份调查的回应,不仅表明法律不是一种通常的争议解决方式,而且在杜绝未来的违约以及争议的时候也没有发挥太大的效力。也就是说,这份调查表明相比于人际网络的需求和责任感,法律约束相对不是很重要。比如,在面对违约、延迟支付这样的事件时,当事人主要关心的是失去未来的商业机会或者是声誉受损,而对法律结果的担心则是最不重要的考量要素,它甚至低于对人生安全的担心。

总得来说,这份问卷调查表明印度的中小型企业主对于法律体系没有什么信任感。它绝少依赖法院来解决争端和执行合约,并且最少考虑违法行为产生的法律后果。另一方面,非法律层面的约束则更为有效,这和今天中国企业的情形大体是一致的。

非法律机制在复杂商业活动中的应用

前面的分析可能会让我们觉得法律体系只是在简单的金融和商业活动以及少数一些发展中经济体系中才起作用。接下来我们讨论两个行业的例子来说明非法律机制依然可以处理复杂的国际交易。

第一个例子是全球的钻石行业。这个行业上长久以来就是在法律体系之外进行运作的,这其中的一部分原因是法律合约很难被执行,因为每笔交易(每个特定钻石)的价值都是高度特殊化的,而且大多数的钻石交易者并不会求助于资本市场,这样就无法基于"如果…就怎样"这样的特定情形来评估损坏状况。此外,就钻石行业来说,法院通常需要花费很长的时间进行决策。这样,在这个行业中处于主导地位的钻石交易者就发展出一套复杂的内部规则来处理争议。依据钻石交易商俱乐部(Diamond Dealers Club-DDC)制定的规则而形成的仲裁过程,往往更为直接和迅速,其中的裁决结果一般是对所估损失的差异进行了均分。通常,一旦偿付及时兑现,这个私人化的仲裁体系便会对裁决结果进行保密处理。考虑到成员之间的长期关系,以及他们对声誉的重视,这些简单的规则从长期来看更为有效,而且还可以节省成本。

另外一个通过法院外仲裁来解决争端的行业是再保险。再保行业就是初始承保人和其他的保险商签订合同,从而让后者承担部分或全部的风险。最早的再保合同可以追溯到14世纪的意大利,但是首次在保险合同中使用仲裁条款则被认为出现在1793年的美国。最初的仲裁体系要求每一方仲裁人,同时要求两方任命的仲裁人再任命一个第三方的仲裁人,通常后者被称为"裁判"。但是在实际操作中,是争议的双方以及他们外部的顾问在选择裁判中发挥着主要作用。这就导致经常出现分歧,特别是在大额交易中,由此就会延缓仲裁的任命过程以及整个仲裁过程。

近些年来,这个行业开始革新传统的程序,以便在保持公正的同时可以加速仲裁过程。这个行业的专家开始关注其他仲裁通常可以成功的行业,比如说证券仲裁。国际再保商业运作中发展出来的《争议裁决议定书》就反映了这些新思想以及变化。这个议定书并没有法律效力,但是它简化以及标准化了选择中立仲裁人的过程,并且得到了像劳埃德社这样的主导企业的支持。这个例子表明,迅速适应新形势对于争议解决机制的长期效果而言非常重要。

知识产权和创新

在西方法律体系中一个基础性概念就是产权。有关产权领域中的一个热点议题就是知识产权的保护以及这种保护对于经济成长的作用。这里我们关注两个方面的问题,首先是这种排他性的保护是否会促进创新,其次是使用法律作为知识产权争端的作用。

在大多数存在知识产权法律的国家中,受保护的专利范围传统上并不包括那些具有奠基性的科学发现。这样做的一个理由是对于那些在很多领域产生深远影响的发现来说,我们很难去界定专利保护的范围。实际上，一个专利是否能够得到准确地界定是专利法规能否得到有效执行的一个重要因素。

在产业组织中，有大量的文献分析了过去 30 多年中知识产权保护和创新进度之间的关系，从总体上看这些研究得到的结论是模糊的。在医药和化学制品行业中，有效和强力的知识产权保护导致了发达国家的企业把大量支出放在研发上，从而导致了创新不断出现。这个正向关系的成因是这个行业的大多数专利有着清晰的界定，从而是可以进行估值，反过来这又让对侵犯专利的诉讼成本变得很低。但是我们还不是很清楚那些在这个行业中最重要的发明和发现是不是在知识产权保护下做出的。在过去 150 年的历史中，一些重大的同时有着庞大利润的医学突破是由和企业没有关系的大学研究者做出的，而且最初的发明往往并没有得到任何专利的保护。在其中的一些例子中，专利权的所有者并非是最初的发明人或者发现者。在这方面，最有名的例子就是青霉素了。尽管普遍认为是 Alexander Fleming 在 1928 年发现了青霉素，但是他并没有获得有关青霉素的专利，后来是 Andrew Moyer 在 1948 年获得了大规模生产青霉素的专利。

在医药行业之外，早先的一些经济研究发现在很多的发达国家中，知识产权的保护和创新速度之间的并不出在正向关系，而且，过度的保护会遏制竞争，从而会伤害到创新。另外，小投资者从法律中获得好处并不如那些大公司来得大。

有关发展中国家的研究，通常无法在知识产权保护和创新速度之间建立正向关系，其背后的原因被归结为缺乏权利的执行以及缺乏其他相关的制度。中国经常被指责没有很好地保护知识产权，抄袭和模仿成为各个行业的普遍策略。外国企业的法律行为在阻止这些活动上几乎是无能为力的。尽管中国政府制定了新法律以及强化了原有的法律，其中包括有关知识产权的法律，但是这些行动更多是对国际压力的一种回应。这些法律上基本上不会产生系统性的影响：首先中国对于私有产权并没有清晰的定义或者系统的表述,其次法律的执行往往是无效的。尽管中国的知识产权保护非常有限,但是因为竞争的压力,创新的步伐是非常快速的。

在涉及专利的法律体系中一个主要的问题,就是它会鼓励利益集团的寻租行为。那些拥有大量资源的大公司会通过大量非关键性的发明来应对重大发明,或者是设立新的生产标准。通过这种方式,专利所有者就可以阻止或者延缓竞争者的创新。另外,那些拥有很多资源的专利持有者,还会寻找最佳的法律途径来争取赢得有关侵权法律诉讼的胜利。在民主社会中,法律体系的一个基本原则就是程序公平和适用所有人,但是上述的寻租行为和这种原则产生了直接的冲突。

三、比较和政策含义

前面我们分析两种不同体系在金融和商业活动中的作用。第一种是在类似美国这样发达并且民主化经济体系中的制度,它以法律体系作为商业活动的基础,同时法律是解决争端和执行合约的最后手段。在这种制度下,法律的任何变化都必须得到国会和选民的赞同。第二种是以中国为例子的体系,其中不存在私有产权的明确定义,同时在商业活动中非法律机制占据主导地位。这样的区分可以让我们对这两种体系进行比较,但是需要强调的是在分析特定国家的时候,这两种体系并非是完全互斥的。实际上有关法律多元化的文献表明,在很多国家中这两种体系是并存的,但是它们并不一定会相互对对方产生正面影响。

两种机制的比较

民主社会中的法律体系在法院审理和判决过程中让所有人得到公平和公正的处理,同时通过政府和立法机构的支持,法律体系也在所有争端中拥有最后的裁判权。法律体系具有强力的执行机制,其中包括刑事惩罚以及民事惩罚,以此来影响人们的行为。这些执行机制和惩罚措施给个人和组织提供了强烈的动机去遵守法律体系支持的决定,并由此给经济体系带来了长期稳定性。就法律体系而言,解决额外争议和执行额外合约的边际成本都会减少,这会提高总体效率。

但是,使用法律体系也存在着缺点。首先政治经济学的研究表明,利益集团的寻租行为会导致法律体系成为变革的阻碍。其次法律体系的变化需要一个冗长的政治过程,而且掌控这种变化的人很可能缺乏足够的商业知识。

与之相比,非法律机制可以有助于不同争议解决方式之间的竞争,而这种竞争可以促使形成并广泛使用最有效的机制,比如说只有专家才能参与到改变规则的过程中。同时竞争还可以约束利益集团的寻租行为。最后非法律的机制还可以更快的采用新的规则来应对金融和商业活动中的变化。

非法律机制的主要缺陷是缺乏执行力和权威性。由于没有政府和司法体系的支持,这样除了经济和金融动机之外,这个机制就只能依赖于声誉,以及相互监督来保证履约。如果违约给未来带来的损失和今天带来的好处不是足够的大,那么这种机制可能就不会形成好的合作行为。另外一个缺陷就是这个机制只是存在于一个网络中,因此对于外部人而言是无法进入的,这样争议解决的结果可能就不利于外部人。最后,规则的频繁变化会给整个经济体带来不稳定性,由此就无法提供长期的激励。

上述这些优点和缺陷就导致了在不同的经济环境中需要在它们中间进行取舍和权衡。在已经成熟并且发展缓慢的经济体和行业中,由于处于静态环境中,这样法律体系的优点会压倒其缺点。首先,法律体系的执行机制所提供的强力激励意味着可以设计出不必完全依赖于货币激励的有效体系。其次,当变化发生时使用法律体系产生的固定成本可以被法律的不定期修订以及少数的大规模交易所抵消;立法机构和司法体系可以任命专家参与到法律修订的过程中,同时赋予他们决定权。有效执行和缓慢变化的结合意味着一个稳定的体系,从而能够给商业活动提供长期的激励。

在新兴的经济体以及发展快速的行业中,由于处于动态环境中,此时法律机制的缺陷就会放大,而且会弊大于利。法律体系修订的冗长过程以及缺乏专业意见意味着它无法适应环境的变化。同时利益集团会通过法律体系来阻碍变化的发生,其垄断力会成为竞争和创新的阻碍。在这种情况下,非法律机制可以更快地适应环境变化,因为不同机制之间的竞争可以保证迅速采用最有效的机制,而且这个过程也不需要立法机构的批准。通过声誉机制以及长期合作所产生的利益,非法律机制在执行力以及长期激励上的缺陷可以得到缓解。

法律和非法律机制之间的互动也是非法律机制可以有助于经济成长和改善社会福利的一个原因。因为大多数的商业法律是从实践中产生的,这样有一个灵活的非法律体系可以改进法律体系的效率,特别是在动态环境中更是如此。法律和非法律机制之间的竞争可以促进在经济体系中选择最佳的机制,这一点在法律体系容易被利益集团操控的环境中更为重要。

政策含义

本文的目的并不贬低法律体系在金融和商业中的重要性,而是希望能够帮助设计出一个能够符合一个国家需要的法律和非法律体系的最优组合。通过上述对这两种体系的分析和比较,我的结论是法律机制是发达经济体的一个重要的制度,它可以提供稳定性和长期激励,其背后的假设是这种经济体系只是不定期地会遇到基本变化的冲击。

但是在新兴经济系中,法律体系是最优制度的假设条件很可能是不成立的。类似中国和印度这样的快速成长经济体系,它们的经济结构在不断地进行调整,这样就给金融和商业活动带来了不断的变化。在这种情况下建设一套完善的法律体系以及其他制度就需要花费很长的时间,同时在一个动态环境中使用法律体系带来的固定成本也会很高。

与法律体系相关的一个严重问题是政治经济因素,与制度建设完善的发达国家相比,在制度建设还不充分的发展中国家中,法律体系是很容易为利益集团所操控,这样,依赖法律作为商业活动的基础就可能会让法律成为变革和创新的阻碍因素。这样我们的结论就是,在新兴经济体中非法律机制扮演着非常重要的角色,同时在一些特定行业和经济体系中它可以比法律体系带来更大的好处。

本文主要的政策含义就是对于新兴经济体而言,在发展法律和其他正式制度的同时,非法律的争议解决和合约执行机制应该得到鼓励和发展。同时非法律和法律机制的并存以及它们之间的竞争会给法律制度的建设施加正面的影响,而且可以让后者变得不大容易为利益集团所操控以及更有效地适应变化。从以非法律机制为基础到以法律机制为基础的转型过程和方式,取决于一个国家的历史和成长潜力,同时还取决于其他的社会和文化性因素。

Franklin Allen 为宾夕法尼亚大学沃顿商学院金融学终身教授。钱军为波士顿大学卡罗尔管理学院金融系副教授。

参考文献

1. Acemoglu, D., and Johnson, S. (2005) "Unbundling Institutions," Journal of Political Economy, 113(5),949 – 995.
2. Allen, F. and Qian, J. (2008) "Corruption and Competition," working paper, Boston: Boston College.
3. Allen, F., Qian, J., and Qian, M. (2005) "Law, Finance, and Economic Growth in China," Journal of Financial Economics, 77(1):57 – 116.
4. ——(2008) "China's Financial System: Past, Present and Future," in L. Brandt and T. Rawski (eds) China's Great Economic Transformation, Cambridge: Cambridge University Press.
5. Allen, F., Chakrabarti, R., De, S., Qian, J., and Qian, M. (2008) "Financing Firms in India," working paper, Philadelphia: Wharton Financial Institutions

Center.
6. Bank for International Settlements(2008) "Statistics on Payment and Settlement Systems in Selected Countries: Figures for 2006." Online. Available: http://www.bis.org/publ/cpss82.pdf (accessed 23 November 2008).
7. Bearak, B. (2000) "In India, the Wheels of Justice Hardly Move," New York Times, World (1 June).
8. Bernstein, L. (1992) "Opting Out of the Legal System: Extralegal Contractual Relations in the Diamond Industry," Journal of Legal Studies, 21:115 – 157.
9. Bessen, J. and Meurer, M. J. (2008) Patent failure: How Judges, Bureaucrats, and Lawyers Put Innovators at Risk, Princeton: Princeton Univ. Press.
10. Board of Governors of the Federal Reserve System(2008) "94th Annual Report 2007," Washington, D. C. : The Federal Reserve Board.
11. Bolt, W., Humphrey, D., and Uittenbogaard, R. (2005) "The Effects of Transaction Pricing on the Adoption of Electronic Payments: A Cross-country Comparison," working paper, Philadelphia: Federal Reserve Bank of Philadelphia.
12. Brandt, L. and Rawski, T. (2008) China's Great Economic Transformation, Cambridge: Cambridge University Press.
13. China, Government of (1904) "Company Law."
14. China (People's Republic), Government of (effective June 1, 2007) "Enterprise Bankruptcy Law," (official Chinese version) available online from the central government's website:
http://www.gov.cn/ziliao/flfg/2006-08/28/content_371296.htm.
15. Clarke, D., Murrell, P., and Whiting, S. (2008) "The Role of Law in China's Economic Development," in L. Brandt and T. Rawski (eds) China's Great Economic Transformation, Cambridge: Cambridge University Press.
16. Creswell, J. (2006) "So Small a Town, So Many Patent Suits," New York Times, Technology section (24 September).
17. Dixit, A. (2004) Lawlessness and Economics, Princeton: Princeton University Press.
18. Dewatripont, M. and Legros, P. (2007) "Essential Patents, FRAND Royalties and Technological Standards," working paper, Brussels: European Center for Advanced Research in Economics and Statistics.
19. Djankov, S. and Murrell, P. (2002) "Enterprise Restructuring in Transition: A Quantitative Survey," Journal of Economic Literature, 40:739 – 792.

20. Fisher, M. (2007) "Download Uproar: Record Industry Goes After Personal Use," Washington Post, Sunday Arts: M5 (30 December).
21. Greif, A. (1989) "Reputation and Coalitions in Medieval Trade: Evidence on the Maghribi Traders," Journal of Economic History, 49:857–882.
22. —(1993) "Contract Enforceability and Economic Institutions in Early Trade: The Maghribi Traders' Coalition," American Economic Review, 83:525–548.
23. Heston, A. (2008) "The 2005 Global Report on PPPs: A Preliminary Review," working paper, Philadelphia: University of Pennsylvania.
24. Humphrey, D., Pulley, L., and Vesala, J. (1996) "Cash, Paper, and Electronic Payments: A Cross-country Analysis," Journal of Money, Credit, and Banking, 28:914–939.
25. International Monetary Fund (IMF)(2008) "World Economic Outlook Database." Online. Available: http://www.imf.org/external/pubs/ft/weo/2008/01/weodata/index.aspx/(accessed 23 November 2008).
26. Khan, Z. (2005) *The Democratization of Invention: Patents and Copyrights in American Economic Development*, 1790–1920, Cambridge: Cambridge University Press.
27. Kirby, W. (1995) "China Unincorporated: Company Law and Business Enterprise in Twentieth-Century China," Journal of Asian Studies, 54:43–63.
28. Kondo, J. (2007) "Self-Regulation and Enforcement: Evidence from Investor-Broker Disputes at NASD," working paper, Boston: MIT.
29. Kopf, E. (1929) "Notes on the Origin and Development of Reinsurance," Proceedings of the Casualty Actuarial Society, XVI (33/34).
30. Lee, T. V. (1993) "Risky Business: Courts, Culture, and the Marketplace," University of Miami Law Review, 47:1335–1414.
31. LegalMetric(2008) "Eastern District of Texas Patent Litigation Study," Online. Available:
http://www.legalmetric.com/studies/txed_pat_study.html (accessed 23 November 2008).
32. Lerner, J. (2002) "150 Years of Patent Protection," American Economic Review Papers and Proceedings, 92:221–225.
33. Lerner, J. (2005) "150 Years of Patent Office Practice," American Law and Economics Review, 7:112–143.
34. Li, S. (2001) "Bankruptcy Law in China: Lessons of the Past Twelve Years," Harvard Asia Quarterly, Volume V, No.1, Winter 2001.

35. Mayer, C. (2008) "Trust in Financial Markets," European Financial Management, 14:617-32.
36. Merry, S. E. (1988) "Legal Pluralism," Law & Society Review, 22(5):869-96.
37. Oberholzer-Gee, FF. and Strumpf, K. (2007) "The Effect of File Sharing on Record Sales: An Empirical Analysis," Journal of Political Economy, 115:1-42.
38. Organization for Economic Co-operation and Development, Directorate for Financial and Enterprise Affairs of the Competition Committee (2005) "Policy Roundtables: Intellectual Property Rights 2004." Online. Available: http://www.oecd.org/dataoecd/61/48/34306055.pdf (accessed 23 November 2008).
39. Qian, Y. and Weingast, B. (1997) "Federalism as a Commitment to Preserving Market Incentives," Journal of Economic Perspectives, 11:83-92.
40. Rajan, R. and Zingales, L. (2003a) "The Great Reversals: The Politics of Financial Development in the Twentieth Century," Journal of Financial Economics, 69:5-50.
41. —(2003b) Saving Capitalism from Capitalists: Unleashing the Power of Financial Markets to Create Wealth and Spread Opportunity, New York: Random House.
42. Ravallion, M. and Chen, S. (2004) "China's (Uneven) Progress Against Poverty," World Bank Policy Research Working Paper 3408, Washington, D.C.: World Bank.
43. Smillie, I., Gberie, L., and Hazleton, R. (2000) "The Heart of the Matter: Sierra Leone, Diamonds, and Human Security," Ontario: Partnership Africa Canada. Online. Available: http://pacweb.org/e/index.php?option=content&task=view&id=42&Itemid=65> (accessed 23 November 2008).
44. Upham, F. (2002) "Mythmaking in the Rule of Law Orthodoxy," working paper, The Democracy and Rule of Law Project, Washington, D.C.: Carnegie Endowment for International Peace.
45. United States, Government of (2003) "Check Clearing for the 21st Century Act," Washington, D.C.
46. Winn, B. and Davis, E. (2004) "Arbitration of Reinsurance Disputes: Is There a Better Way?" Dispute Resolution Journal, 59:22-5.

陆家嘴,下一个金融城?

聂日明

> 金融很重要,是现代经济的核心。金融搞好了,一着棋活,全盘皆活。上海过去金融中心,是货币自由兑换的地方,今后也要这样搞。中国在金融方面取得国际地外,首先要靠上海。
>
> ——邓小平,1991年视察上海时为浦东开发定位

建设上海国际金融中心的工作正在中央与上海两级政府的安排下有条不紊的展开。作为上海国际金融中心的载体之一,陆家嘴功能区域如何转型成为上海市及浦东新区政府热议的问题。陆家嘴金融贸易区是全国185个国家级开发区中唯一以"金融贸易区"命名的开发区,主导产业金融、保险、证券的有序、快速发展。在2004年,上海及浦东在此基础上成立了中共浦东新区陆家嘴功能区域工作委员会、浦东新区陆家嘴功能区域管理委员会。专司区域内的计划与投资、规划、经贸、建设、市政等方面的管理。

根据上海市在2007年年中推出的《上海浦东金融核心功能区发展"十二五"规划》(简称《规划》),在陆家嘴中心区的基础上,"金融城"将向东扩展版图,并在未来担负起类似伦敦金融城的功能定位。这是官方首次提出"陆家嘴金融城"概念,以此推动上海的金融集聚。3月25日国务院批复了上海关于建设国际金融中心和国际航运中心的方案,在这一国

家战略的支持下,"陆家嘴金融城"应该如何体现、如何实现上海市建设国际金融中心的要求?这是本报告需要讨论的问题。

金融中心与金融城:以伦敦金融城为例

何为金融中心?

从定义来看,国际金融中心是一定区域内金融业高度密集发达、资金融通与集散功能强、金融业务辐射半径远超出本地范围的经济中心城市,是某一地区、大区域乃至全球的经济中心、金融中心。它既是国际资金的周转中心和资金融通中心,也是商业、贸易、运输、投资的清算中心,它还是金融资产或金融工具的定价、信息中心。上海金融与法律研究院周子衡、复旦大学干杏娣等学者将其总结为以下几点:资源配置的枢纽作用;信息聚散与金融价格发现功能;金融发展的示范作用;国内外市场的纽带作用;资金清算功能;企业与政府的融资功能;金融投资与风险管理功能;金融创新及其传播功能。周子衡进一步提出,如果将这一定义简单化,甚至可以用区域内金融贸易额来衡量金融中心的发展程度。

从这一意义上来说,金融市场运行情况及金融结构是考量一个地方是否金融中心最重要、最直接的因素。概而言之就是金融中心中的银行业、外汇交易、股票市场、债券市场、基金业和保险市场容量及结构。

表1 主要金融中心的市场运行与结构比较[1][2]

	纽约	伦敦	新加坡	香港	上海
1. 银行业	49.61	74.13	8.84	25	5.49

[1] 计算方法:本表以香港总分为基准(100分),其中银行业总分25(资产规模20、外资银行数量5)、外汇交易总分15(交易额12、交易品种3)、股票总分25(市场总值7、年成交额8、年筹资额3、上市公司总数2)、债券市场10(市场规模4、年成交额6)、基金业5(基金规模8、基金数目2)、保险业15分(保险机构数5、保险收入10),其他金融中心2000年变量值与同年香港数值的比值乘以对应分值得到。具体权重的设置依据,请参考干杏娣原文。

[2] 本表以2001年、2000年的数据计算得到。

陆家嘴,下一个金融城?

(续表)

	纽约	伦敦	新加坡	香港	上海
银行资产规模	45.76	68.94	5.99	20	3.46
外资银行数目	3.85	5.19	2.85	5	2.03
2. 外汇交易	54.90	112.40	22.24	15	0.04
外汇日交易额	45.49	90.27	18.09	12	0.04
互换与远期日交易额	9.41	22.13	4.15	3	0
3. 股票市场	1244.47[1]	247.8	5.85	25	23.03
年末市场价值	326.4	51.33	2.78	12	7.90
年成交额	888.96	188.81	2.95	10	12.06
年筹资额	29.11	7.66	0.12	3	3.07
4. 债券市场[2]	212.10	180.58	32.36	10	2.58
债券市场规模	106.05	90.29	16.18	5	1.29
年成交额	106.05	90.29	16.18	5	1.29
5. 基金业[3]	111.56	54.65	NA	5	0.1
基金数目	17.86	4.49	NA	2	0.04
基金规模	93.70	50.16	NA	3	0.06
6. 保险业	70.19	22.93	15.87	15	5.39
保险机构	37.25	19.80	3.74	5	2.75
保费收入	32.94	3.13	12.13	10	2.64
7. 衍生交易额	27.38	60.39	6.97	5	0
8. 总分	1770.21	721.16	92.13[4]	100	36.63

资料来源:干杏娣,2004,《开放与成长:新世纪上海国际金融中心的建设》,研究报告。

[1] 这里的纽约股票市场NYSE以纽约与NASDAQ两个交易所之和计算。

[2] 由于没有美国国债的交易数据,以及香港市场没有国债交易,而国债交易是债券市场最大的组成部分,因此年成交额的计算不具有可比性,故甲以规模比值替代计算。

[3] 基金业的计算数据来源于:富国基金管理公司。2000年数据:英国基金业市场规模25943亿英镑(2020只),香港2230亿美元(899只),美国69652亿美元(8027只),上海用2001年6月数据(345.73亿￥,17只)计算。按美联储2000年12月31日英镑与美元汇率(1.4373)、美元与人民币汇率(8.2775)折算后计算。

[4] 缺乏新加坡基金业数据。

而一个金融中心的领导地位及其对世界金融市场影响,则需要考查与金融中心直接相关的及金融基础的因素。主要包括金融中心的国际声誉、金融中介与配套机构、货币自由兑换与国际化程度、金融价格的国际影响力、金融市场准入与自由度、金融人才和市场基础设施、金融创新能力、金融信息的透明度、混业经营。

表2 主要国际金融中心的直接因素与基础因素比较

	纽约	伦敦	新加坡	香港	上海
1. 金融中心的国际声誉	AAA	AAA	A	A	B
2. 金融中介及配套机构	AAA	AAA	A	A	BB
3. 货币自由兑换与国际化程度	AAA	AA	B	A	CCC
4. 金融价格的国际影响力	AAA	AA	B	B	CC
5. 金融市场准入与自由度	AAA	AAA	AA	AAA	CC
6. 金融监管水平	AA	AAA	A	A	B
7. 金融创新能力	AAA	AA	B	B	CCC
8. 金融人才	AAA	AA	A	A	BB
9. 金融市场基础设施	AAA	AAA	A	A	AA
10. 金融信息透明度	AAA	AAA	AA	AA	B
总 分	AAA	AAA	A	A	B

资料来源:干杏娣,2004,《开放与成长:新世纪上海国际金融中心的建设》,研究报告。
注:级别分为:AAA、AA、A、BBB、BB、B、CCC、CC、C(由高到低)

根据金融市场容量与结构的国际化程度,我们可以将金融中心分为5个级别:Global 全球,International 国际,Niche 专业,National 全国,Regional 区域。

表3 全球主要金融中心的分类

金融中心	Global	International	Niche	National	Regional
London(伦敦)	*	*	*	*	*
New York(纽约)	*	*	*	*	*
Hong Kong(香港)		*		*	
Singapore(新加坡)			*		*
Zurich(苏黎世)		*	*	*	
Frankfurt(法兰克福)		*		*	
Geneva(日内瓦)		*		*	
Chicago(芝加哥)				*	*
Tokyo(东京)		*		*	
Sydney(悉尼)		*		*	*

资料来源:Mark Yeandle, Michael Mainelli and Ian Harris, 2008, the Global Financial Centres Index-3, City of London Corporation (March 2008).

何为金融城?

金融城,是借用了伦敦金融城的表达方式,是金融中心的功能的主要载体和具体(地理)体现:"伦敦金融城"(the City of London)是伦敦金融中心的体现,"华尔街"(Wall Street)是纽约作为金融中心的代名词。

具体来看,华尔街是纽约市曼哈顿区南部一条大街的名字,不超过一英里,宽仅11米。在不足一平公里的地区,华尔街集中了几十家大银行、保险公司、交易所以及上百家大公司总部和几十万就业人口,是金融和投资高度集中的典型,以"美国的金融中心"闻名于世。

而伦敦金融城实际上指的是伦敦传统的金融区,英语为City of London,音译作西堤区,官方称为"伦敦金融城",以此区别伦敦市,英语为London City。它位于泰晤士河北岸,是名副其实的"城中城",或称它为"平方英里"(Square Mile),之所以如此称呼除了是因为其面积正好约为1平方英里(2.6平方公里)。

伦敦金融城属于伦敦市,是伦敦市的30多个区中的一个,但拥有自己的市长、法庭、警察;它汇集了250家外资银行的分行和子行、180多个外国证券交易中心、四分之三的世界500强企业的分公司或办事处;它还拥有全球最大的场外衍生品交易市场和外汇市场,占全球国际债券交易量的70%;它还是位于西方的、全球领先的伊斯兰金融中心。但其面积虽小,却是英国的经济中心,在英国经济中,伦敦金融城的地位可谓举足轻重。2007年,金融服务业占英国GDP的比重达到了7.6%,其中伦敦金融城贡献了3%。

之所以有此类区域范围的分割和层次的区分,主要在于金融服务业高度的集聚性。波特认为一般企业产业集群竞争优势的形成原因在于产业集群能够提高集群内企业的生产率和持续创新能力,降低企业进入的风险。金融服务业一方面可以像一般企业一样,通过集聚方式节约交易费用,获取规模经济和范围经济的好处,同时由于金融服务业发展和创新最关键的因素是人才,通过金融产业的集群,更容易形成专业人才市场,降低雇员与企业之间的搜寻、培训等交易成本;金融企业间也容易建立协调与信息机制,相关市场、技术与竞争信息在集群内迅速传播;集群内的竞争压力、竞争潜在压力和持续的比较能够提供创新动力,提高金融机构的服务与市场观念等等。更为重要的是,金融业的动态集聚优势会随着集聚的发展不断增强。

上海交通大学潘英丽教授认为金融机构的微观集聚是金融中心产生的微观基础。相对的,金融城形成是金融中心的建成的一个必经过程。伦敦金融城的存在,也是伦敦之所以可以成为金融中心的原因。从伦敦、纽约的经验来看,不管是市场自发形成,还是政府主动规划,金融城都是一个城市成为金融中心的前提。

表4 纽约、伦敦、东京的金融中心城区

金融中心	金融城区	金融中心城区现状
纽约	曼哈顿	纽约市中心区,面积57.81平方公里; 银行、保险和证券公司、交易所及大公司总部云集在此,是世界上就业密度最高的地区; 曼哈顿下城地区金融和保险的增加值占该地区730亿美元的75%;曼哈顿产值占纽约GDP的82%;
伦敦	伦敦金融城	范围1平方英里(约2.6平方公里); 聚集了250多家外国银行、180多个外国证券公司及全球20家顶尖保险公司; 每日外汇交易量占全球外汇日交易额35%; 欧元债券交易额占伦敦欧元债券交易总额70%; 2004年金融业GDP为220亿英磅,占伦敦金融城GDP的61%; 世界500强企业有375家都在金融城设立了分公司或办事处;
东京	新宿	新宿副都心位于东京都的西部; 经过近30年的规划建设,建成的商务区总用地为16.4公顷,商业、办公及写字楼建筑面积为200多万平方米; 以新宿为中心、半径为7000米的范围内,聚集了160多家银行; 是东京都的一个交通枢纽,共有9条地铁线路由此经过;

资源来源:樊鸿伟,2007,浦东新区金融产业集群研究,博士论文。改编。

伦敦金融城:经久不衰的金融集聚区

市场的力量让资本流动,其结果是金融服务产业以集群的形式出现并形成金融中心。如上文所述,金融中心中的金融机构集聚能够提高跨地区支付效率和金融资源跨地区配置效率,节约周转资金余额、提供融资和投资便利,有效地降低交易成本,实现规模经济。从供应的角度看,集聚有利于获得专业化劳动力和金融机构之间的支持性服务;从需求的角度看,金融机构选址于著名的服务业集群有利于提高企业的声誉,并且可以降低企业与客户之间的信息不对称性,从而有益于维持长期客户关系。

伦敦市金融服务业的产业集群有5个分中心。第一是加那利码头（Canary Wharf）东部地区，它是大型投资银行的集中地。第二即是伦敦金融城，以集中分布银行、保险公司和法律机构著名。第三是密度较低的西尾（West End）地区，主要包括以银行为主的梅费尔地区和以广告业为主的中国城。第四是城市北部早期集中地区（North of the City），以建筑企业及其商业支持产业为主。最后是位于市中心和东部之间的，以法庭为中心的法律机构集中区。这几个地区相互依赖，形成了伦敦金融产业集群。其中又以伦敦金融城金融产业集群最为发达。

伦敦国际金融市场的广度、深度和集中度是世界其他市场难以比拟的。支撑伦敦作为国际最主要金融中心的强势及行业还有：多功能性、高度的开放性、涵盖所有金融服务和产品的专家队伍及其所带来的职业化和高效率的法律服务会计、管理咨询、争端解决制度、公私伙伴关系、私人财产管理、养老金体制、金融服务教育和培训、私有化经验等。

表5 英国（主要集中于伦敦）的金融市场概况

	数值	同比增幅	注
银行业（2008）			
银行资产	7.9万亿英镑	增长14%	世界第二
银行数目	324家	减少13家	
外资银行	250家	减少4家	世界第一
银行业务			
投行佣金收入	48.67亿美元	伦敦集中全欧50%的投资银行业务	
资本回报率	18.50%		
保险业（2007）			
保费收入	4640亿美元		欧洲最大，世界第二
伦敦市场	245亿英镑	伦敦是国际保险与再保险业务（尤其是海运和航空保险与再保险）的重要中心	

(续表)

	数值	同比增幅	注
海运险			全球第一,占全球19.9%
证券市场(2008)			
股票市场			
市值	19545亿美元	降16871亿美元	全球第三,占全球的6%
交易额	19740亿美元	降22920亿美元	全球第二,占全球的22%
IPO数量	73家		占全球的8%
IPO融资量	1112亿美元		
外资上市公司数	681家		全球第一,最国际化
债券市场	伦敦市场大约占了欧洲债券一级市场60%和二级市场70%的份额		
基金(2007年)			
总价值	41180亿英镑	增长8%	全球份额的9%
机构投资者	33230亿英镑	增长8.95%	
另类投资	3720亿英镑	减少3.76%	
私人基金	4120亿英镑	增长9.57%	
分类基金(2007)			
年金基金	31610亿美元		全球份额的11%,世界第三
共同基金	9450亿美元		
保险基金	28620亿美元		世界第三
衍生品市场(2008)			
OTC交易额	684万亿美元(截至08年6月)		2007年英国OTC衍生品交易量占到了全球42.5%的份额
交易所交易额	2245万亿美元	减少2%	
外汇市场			

(续表)

	数值	同比增幅	注
日交易额（2008.10）	16790亿美元		2007年4月占全球外汇交易的34.1%，同期美国占全球份额为16.6%
商品期货市场			2008年，伦敦三大期货交易所占了全球约15%的商品期货交易

资料来源：the City of London, 2008, London's Place in the UK Economy 2008-09, London School of Economics, 2008.10.

IFSL, 2009, International Financial Markets in the UK, IFSL Research, 2009.5.

另参考了 IFSL 关于 Banking, Insurance, Securities markets, Fund management, Derivatives, Key Facts About the City of London, 等2008或2009年的年报。部分数据根据 BIS、WFE 进行校准。

IFSL 网站：www.ifsl.org.uk；BIS 网站：www.bis.org；WFE 网站：http://www.world-exchanges.org/.

the City of London 网站：http://www.cityoflondon.gov.uk.

注：1. 限于精力，缺乏伦敦金融市场整体的数据，因此总体上以英国的数据作为参照。

2. 英国的金融市场很大程度上是由伦敦承担的，伦敦的金融主要集中于伦敦金融城。这尤其体现在外汇、金融衍生品、外资银行数目、期货市场等。

伦敦金融城内除了金融机构和跨国公司之外，还有一大批为整个金融市场服务的中介机构，如律师事务所、会计师事务所、投资咨询公司、保险经纪人组织等。据统计，金融城内每年创造的律师收益就将近10亿英镑。伦敦是与纽约齐名的国际法律服务业的中心，列世界前10名的律师事务所中有5家总部设于伦敦。伦敦的会计师行从业人员总数约18万，其中7万多人具有会计师资格，会计师业的海外总收入近6亿英镑。英国的管理咨询业的从业人员达到18万之众，2001年的总收入为80亿英镑，海外收入为8.9亿英镑。伦敦也是世界上重要的金融信息、出版业、软件业、人才市场、教育、市场营销和广告业的中心之一。

伦敦能提供全球种类最齐全的专业化航运服务，包括船舶经纪、法律服务、金融、保险、船级社、仲裁与出版等，世界上大约有一半的船只交易业务在此成交。伦敦金融服务的基础设施十分完善。金融城在保证金融安全上有其独特的方式，比如说利用大楼看守和前台接待员协助金融城的700名警察维护日常秩序,并保证金融城在遭到恐怖袭击时金融交易不中断。另外,金融城内所有公司都安装了备份系统,以便在台风、地震或停电等突发状况下可以从第二个系统内调出数据内容。

伦敦金融城之所以能够成为全球著名的金融市场,除了特定的历史渊源外,关键在于其完善的金融法律、制度和政策环境能够充分满足金融服务的需要。伦敦的一体化监管体系是使得伦敦金融城最吸引人的地方。

1980年代,工党政府领导下成立了统一监管机构。当时有包括英格兰银行在内的9家监管机构对银行、证券、保险和住房协会等金融机构进行监管,随着混业经营程度的加深,传统的金融监管框架阻碍了金融业效率的一部提高和创新发展。在此背景下,英国金融服务局(FSA)成立,并将金融监管职能逐渐集中。权力如此高度集中的监管机构也引发了很多人的担心,但成立多年来的实践表明了FSA的成功之处。

一方面,配合FSA的成立,英国颁布了《2000年金融服务和市场法》,统一了监管标准,大大提高了金融监管效率。另外一方面,FSA以风险管理为核心的监管资源配置和监管风格也提升了英国金融市场的竞争力。2003年一项针对全球300家金融机构做的调查显示,这些机构对FSA的表现给予了很高的评价,认为"伦敦品牌"与英国监管机构的监管能力极大相关,英国监管者在能力和监管力度方面都优于美国监管者。

金融中心是怎样炼成的?——金融中心兴起的三个维度

第一,历史、地理、制度等方面的路径依赖

伦敦金融城以海上运输保险为起点,逐渐成为金融业的集聚地,并最终演化成为世界的金融中心。早先伦敦、纽约等老牌金融中心的形成,更多是经济发展(甚至是一国、几个国家)和城市发展的历史结果。正如上文所说,伦敦等金融中心的兴起其背景是英国、美国经济的崛起,也有伦敦、纽约身为世界级城市(world city)的原因。

但并不是所有的经济大国的世界级城市都成为了国际金融中心,那么什么样的城市可以成为国际金融中心?复旦大学张军等学者指出,英语、美元和普通法系是当前成为国际金融中心的重要历素。从历史来看,伦敦是最早的金融中心,后来纽约的崛起取代了伦敦,成了世界的金融和贸易中心。可是,资本市场等金融的发展,英国人做出了最大的贡献,今天通行的很多金融方面的规则、合约、监管以及法律,都是在英国形成的。纽约崛起后,世界金融中心转移到了纽约,但基因却是英国的。当美国经济取代英国成为世界头号经济的时候,构成纽约成为全球金融中心的就三样东西:英语、美元和普通法系。这三样东西构成了今天我们看到的那些国际金融中心崛起的基本要素,也就是到目前为止我们看到的金融中心城市的基因。20世纪60年代伦敦再度成为与纽约一样的国际金融中心,不是因为英镑,而是因为美元在欧洲的扩张。是欧洲美元市场的发展,为伦敦再度成为金融中心提供了机遇。

张军教授同时指出,除了纽约和伦敦,通常被认为是区域金融中心的城市当中,为什么新加坡、香港更靠前而不是东京?很简单,新加坡和香港具备这三样东西,而东京几乎一样都没有。正是因为它们有相同的基因条件,这些金融中心地位不容易动摇。从某种意义上来说,相当多的金融中心越来越依赖英语、美元和普通法系这三样东西,金融中心就有了一个模样,或者叫模式,不容易发生变异,这即是金融中心发展过程中的"路径依赖"。

第二,市场作用

从历史经验来看,早期的国际金融中心的形成是一个自发的过程,老牌的国际金融中心伦敦、纽约中,以伦敦为例,18世纪的英国是当时世界上最重要的国际贸易强国,而伦敦又是英国的国际经济活动中心,因国际贸易与投资等引起的国际性融资、航运、保险、外汇、证券活动的发生促使伦敦的金融体系日趋完善、各类金融市场发展迅速,最终确立其国际金融中心的地位。而上个世纪60年代,伦敦再度成为与纽约一样的国际金融中心,也是因为欧洲美元市场的发展,其动力也是富有创新精神的银行家开始寻找规避限制资本流动的方法,最终形成了不受各国政府控制的欧洲货币市场。这也是市场的力量。市场在金融中心的形成过程中,有不可替代的作用,如何形成有效的市场是这一维度的核心问题。

第三,政府推动

20世纪70年代后,金融深化国际化进程发展迅速,国际金融中心对一国的经济发展发挥的作用日益显著,越来越多的国家政府的宏观部门及市场组织管理机构的中观部门开始积极参与国际金融中心的建设和发展,国际金融中心的形成和发展表现为更加主观性和自觉性的国际竞争。如新加坡、巴林、巴哈马、开曼群岛、巴拿马等,政府都明确的制定了金融立国(或立岛)的政策,采取了一系列优惠措施吸引和鼓励外资金融机构在当地投资,从而建成其特色性的金融中心。

上海交通大学潘英丽教授等认为,金融中心形成和发展过程中政府的作用是至关重要的。政府的功能主要体现在三个方面:第一是放松管制,提供宽松自由的经营环境;第二是提供金融中心形成和发展的促进政策;第三是提供货币和金融体系的稳定,这要求中央银行的相对独立性和金融监管的有效性提供保证。例如,1914年前,伦敦能够成为全球金融中心,并全球金融体系中拥有的独一无二的卓越地位,其稳固的基石就是英国政府实行平衡的财政预算和金本位制度,使英镑成为世界上最早的国际货币。到了第二次世界大战后的50年代和60年代,英格兰银行在促进伦敦欧洲货币市场发展中发挥了主要的作用,欧洲货币市场的形成和发展是伦敦重新崛起为全球国际金融中心的关键因素。1981年美国政府通过立法授权建立国际银行设施(IBFs)就是对各国建立离岸金融中心的进取性政策作出的政治反应,其目的就是将那些因美国政府的早期外汇管制政策而躲避到海外去的国际金融业务重新吸引到美国的金融中心来(潘英丽,2002,论金融中心形成中的政府作用,《上海综合经济》第10期)。

综合来看，尤其是近一百年金融中心的发展与竞争，很难明确区分是市场的作用还是政府推动的结果。如果政府能促进市场的成长，并且维持市场的良好运行，以及有效的监管，那么对市场而言将会是一个极大的促进。反之，则可能会造成对立，政府可能会削弱市场的作用，并且限制市场的发展。在此看来，当代金融中心的形成与发展既离不开市场，也离不开政府，而政府的作用就在于如何创造好的环境促进市场的发展。

构成金融中心的要素

金融中心是金融集聚的结果，如何来评价一个城市是否是金融中心？很多研究机构都发布过"金融中心竞争力指标体系"，其中国际较为知名连续性研究有伦敦金融城 Z/Yen 研究咨询公司的"全球金融中心指数"(Global Financial Centers Index，GFCI)，纽约市合作组织和普华永道公司联合发布的"机会城市：21 世纪宜商城市指数"(Cities of Opportunity：Business-Readiness Indicators for the 21st Century)。中文世界中，香港大学饶余庆教授、复旦大学世界经济研究所干杏娣教授、上海交通大学安泰经济与管理学院潘英丽以及中国社会科学院金融研究所周子衡等学者均有不俗的研究成果。

伦敦金融城 Z/Yen 研究咨询公司的 GFCI 评价体系中既有客观定量指标，亦有主观定性研究。其主要的考查指标包括五个方面：一是人力资源，包括人才可得性、劳动力市场的灵活性、商业教育程度以及人力资本发展程度。二是商业环境，包括监管水平、税率、腐败程度、经济自由度以及开展商业活动的难易程度。管制水平是商业环境的重要组成部分，管制的程度以及管制的效率，都值得纳入商业环境中去考虑，管制程度的差距是伦敦商业环境竞争优势超越纽约的一个决定性因素。三是市场准入，包括证券化水平、交易的股票和债券的数量和价值，以及众多金融机构的集聚效应等。四是基础设施，包括办公成本、办公室空间大小、办公场所可得性、交通设施。五是总体竞争力，这是更一般性的宏观因素，包括价格水平、经济灵活性、以及宜居程度等。在近几期的评价结果中,伦敦与纽约两个金融中心的排名高居第一阵列,远远超过其它城市。伦敦略有胜出,这主要是因为美国实施了严厉的金融监管法律,如《萨班斯-奥克斯利法案》,这是纽约相对伦敦失分过多的主要因素。

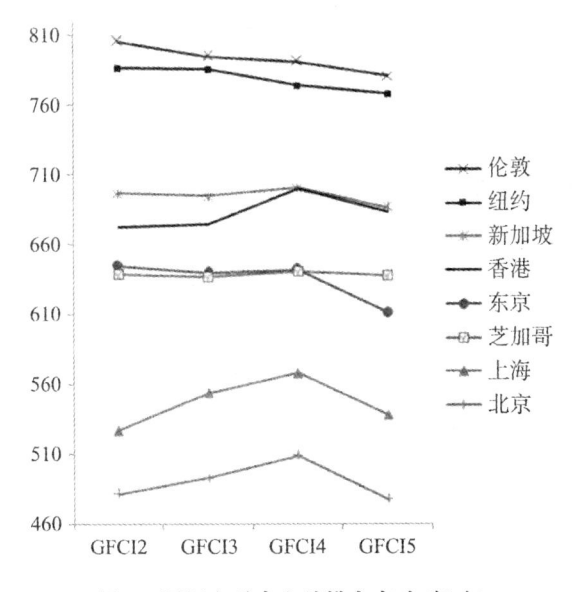

图 1　国际金融中心总排名变动(部分)

资料来源:GFCI5、GFCI4、GFCI3、GFCI2。

与 GFCI 评价体系相对,纽约市合作组织和普华永道公司持续的联合发布了"21 世纪宜商城市指数"(Cities of Opportunity: Business-Readiness Indicators for the 21st Century),该报告并未就各金融城市的综合素质做出排名,而是针对商业成本、人才储备、技术智商与创新能力、交通配置、人口优势、金融市场、商业氛围、休闲设施、安全这 10 大指标、44 项分指标(最新的一期报告,以前指标未及此次丰富)考察了目前世界上 20 个成熟或新兴的大都市,它们包括:纽约、伦敦、巴黎、东京、洛杉矶、法兰克福、多伦多、芝加哥、亚特兰大、新加坡、首尔、休斯顿、悉尼、圣保罗、墨西哥城、孟买、迪拜、约翰内斯堡、北京和上海。尽管该报告未排名次,但从总体上来看,纽约在此报告中所显示出来的优势明显,堪称世界第一金融中心。

表6 21世纪机会城市的宜商环境指标:伦敦、纽约、上海

大类	小类	伦敦得分	纽约得分	上海得分
智力资本	全球500强大学比例	17	15	8
	受过高等教育的人数比例	14	19	10
	全球100强商业院比例	12	11	11
	医学院数量	11	14	14
技术智商与创新	每千人受雇于高科技服务业人数比例	16	15	10
	生物医药技术转移	15	19	5
	网络便利性	13	20	2
交通与基础设施	每千人拥有的在册出租车数	10	6	13
	每10万人拥有的轨道交通里程	14	17	6
	运营中的航空公司数	18	20	11
	出入境旅客数	20	19	10
	交通拥堵管理	16	7	7
	公共交通成本	1	6	12
	被批准和在建中的建筑	16	14	13
	每千人消耗的电量	14	8	6
人口优势	人口密度	10	16	4
	适龄劳动人口比例	11	5	20
	人口的多样性	19	20	6

(续表)

大类	小类	伦敦得分	纽约得分	上海得分
金融实力	财富全球500强公司总部数	16	14	5
	金融与商业服务业的就业人口比例	20	18	4
	国内市场的融资能力	14	17	13
	股东的被保护程度	13	18	4
	通胀率	14	11	13
	货币价值	20	17	8
成本	商务楼租金情况	1	4	14
	生活成本	2	9	10
	购买力	12	17	3
	总税收	16	13	2
生活方式	娱乐	20	20	3
	酒店房间数	19	16	5
	住宅	15	15	6
	城市品牌	19	17	5
	地标建筑影响力	6	19	14
	国际游客数量	20	16	13
	上下班花费时间	2	3	9
健康安全保障	犯罪率	11	11	7
	医院数	11	20	9
	健康生活预期	16	13	7
	新生婴儿存活率	16	12	6
	自然疾病威胁	13	8	6
	政治社会环境	11	15	2

(续表)

大类	小类	伦敦得分	纽约得分	上海得分
宜商便利	雇佣便利性	8	15	7
	工作时间规定的严苛性	12	20	11
	解雇难度	11	20	6
	进入的便利性:免签证的国家数	18	8	4
	旅游签证的灵活性	20	9	3
	对FDI的吸引力:新建工厂数	19	12	20
可持续性	绿色城市	14	18	3
	空气质量	17	17	3
	垃圾可回收比例	11	13	17
	城市绿地面积	14	18	2

资料来源:Partnership for New York City & PricewaterhouseCoopers LLP,2008,Cities of Opportunity:Business-Readiness Indicators for the 21st Century,2008.12.

表7 21世纪最宜商指标的城市:最佳城市与上海

	第一名	上海排名
智力资本	纽约	5
技术智商与创新	纽约	并列16
交通与基础设施	伦敦	并列14
人口优势	首尔、北京	并列11
金融实力	伦敦	14
成本	休斯顿	17
生活方式	纽约	17
健康安全保障	多伦多	并列18
宜商便利	新加坡	14
可持续性	法兰克福、纽约、巴黎	并列16

资料来源:Partnership for New York City & PricewaterhouseCoopers LLP,2008,Cities of Opportunity:Business-Readiness Indicators for the 21st Century,2008.12.

可以说,伦敦金融城 Z/Yen 研究咨询公司的"GFCI"系列与"Cities of Opportunity"系列,基于各自不同的侧重点,其结论有较大的出入,各自做出了有利于自己的评价。相对而言,伦敦更多的是依靠其竞争优势,吸引国际资本造就金融中心的地位;而纽约则依托美国雄厚的本土市场,形成了巨大的金融市场容量。尽管不同的评价标准导致金融中心之间的排名争议,但不可否认的是,伦敦、纽约等地均是国际老牌知名的金融中心,而上海、新加坡等新兴城市在国际上的地位也日渐重要。对于伦敦、纽约等金融中心来说,如何维持其现有的金融地位,保持其在金融领域的竞争力是当务之急,而上海、新加坡等地则致力于金融中心的建设,全力追赶与先进金融城市之间的差距。

上海国际金融中心建设的现状

知己知彼方成百战不殆。上海国际金融中心已经到了何种程度?还存在哪些问题?与金融中心的标准还有哪些差距?这是首先需要弄清楚的事情。除了上述两个指标体系可以较为清晰的定位上海目前金融中心建设的进程以外,我们就上海建设国际金融中心具体的得失进行分析。

表8　上海金融市场概况(2008年底)

金融市场分类	数量	同比增长	排名
金融市场(不含外汇市场)交易总额	167.7万亿元	30.9%	
证券市场			
上海证券交易所总成交额	27.18万亿元		
股票成交额	18.04万亿元		全球第七、亚太第二
股票融资额	2238.2亿元		全球第八、亚太第三
IPO融资额	733.5亿元		全球第三、亚太第一
上海证券交易所股票市值	9.73万亿元		全球第六、亚太第二

(续表)

金融市场分类	数量	同比增长	排名
银行间市场			
银行间货币和债券市场成交额	110.3万亿元	54.7%	
银行间市场债券托管余额	13.9万亿元	6.9%	全球第六
期货市场			
上海期货交易所成交额	28.9万亿	24.8%	
天然胶成交	9.3万亿元	6.3%	全球第一
铜成交	9.96万亿元	−1.8%	全球第二
黄金市场			
上海黄金交易所成交额	8983亿元	184.3%	
现货黄金成交	8696亿元		全球第一（场内交易）
人民币外汇市场			
人民币外汇远期成交	173.68亿美元		
人民币外汇掉期成交	4402.97亿美元	39.6%	
人民币利率互换成交	4121.5亿元	63.3%	

资料来源：上海市金融服务办公室，2009：《2008年上海金融概况》，sjr.sh.gov.cn。

表9　上海金融与资产管理机构（2008年底）

金融机构分类	数量	同比增长	排名或地位
银行业			
资金营运机构	6家		
私人银行业务	10家	增加5家	
证券业			
基金管理公司	30家	增加2家	占全国的一半左右
管理的资产规模	7210亿元	8.5%	占全国的37.1%
保险业			
保险资产管理公司	6家		占全国10家的60%

(续表)

金融机构分类	数量	同比增长	排名或地位
管理资产	1万亿元		占全国的46%左右
外资金融机构			
外资法人银行	17家		占全国的53.1%
并表外资法人银行总资产	8450.5亿元		占全国的84.8%
资产	增加1079.6亿元	14.7%	
外资法人财产险公司	7家	增加2家	占全国外资法人财产险公司总数的63.6%
中外合资寿险公司	12家		占全国的46.2%
中外合资基金管理公司	19家		占全国的57.6%
管理的资产规模	5000亿元		占全国的58.2%
金融机构总数			
金融机构	899家	增加67家	
其中外资金融机构	395家	增加35家	
银联和信用卡业务			
银联标准卡发行	3.6亿张	12%	
累计已发行	9.1亿张		占全国发卡总量50%
新增银联标准信用卡	2800万张		占国内新增43%
累计	4450万张	9%	占全国的32%
银行卡跨行交易	57亿笔	43.7%	
交易金额	4.6万亿元	43.2%	
银行信用卡中心	10家		中国信用卡业务中心

资料来源：上海市金融服务办公室，2009；《2008年上海金融概况》，sjr.sh.gov.cn。

上海金融生态的优势与缺陷

在近年来的研究中，人们越来越多地使用到了"金融生态"一词来考量一个地区的金融发展水平。应该说，截止到目前为止，对金融生态问题的研究还处于不断深入当中，其内涵和外延也还有待于进一步的挖掘。不过，其作为一个总体性的概念，"金融生态"从根本上把握了金融发展的本质,也大大加深我们对金融系统整体的认识。在我们看来,良好的金融生态环境是金融体系得以健康快速发展的前提,也是国际金融中心建设的基础。为此,上海金融与法律研究院周子衡教授从金融生态环境的考察入手,来评估上海国际金融中心的建设现状和前景。在具体的分析中,我们将对金融生态环境的考察分解成了十四个方面,即:经济结构与经济基础、金融客户资源、金融人力资源、金融国际化程度、商务环境、商务成本、监管环境、法治环境、政府效能、专业化服务水平、公司税收制度、个人所得税制度、语言与文化以及生活质量。在具体的对比中,由于上海未来金融中心的发展定位,其竞争对象在短中期内,将以新加坡和香港为主,因此参照对象以香港和新加坡为主。

1. 经济结构与经济基础,主要涉及一些宏观指标的分析。单就经济增长速度看,上海在国内外的比较中都处于绝对领先的地位,而且增长趋势非常稳定,仍处于高速增长阶段。而香港、新加坡已步入成熟发展期,增长空间相对有限。另外,大陆的经济持续快速的健康发展,国际影响力不断提高,更为上海国际金融中心建设提供了有利的支撑。根据调整后的数据,2005年中国大陆GDP总量已经超过英国,2008年超过德国,成为世界第三大经济体,第二大贸易国和国际资本流入最多的发展中国家。

尽管显示出了强劲的发展势头,但从人均收入角度看,上海依然远远落后于其他金融中心。2007年,香港人均GDP是29149美元;而上海人均GDP为8969美元,按照世界银行的标准,上海人均收入已达到中等收入国家水平,而香港和新加坡则已达到高收入国家水平。粗略估算,如果上海继续保持快于香港、新加坡一倍以上的经济增长速度,按人均GDP来衡量的话,上海至少还需要17年才能赶上香港(以2001—2007年上海人均GDP增速为12.2%、香港为4.9%计算)。就收入水平而言,上海与香港、新加坡至少还有10—15年的差距。同伦敦、纽约等第一梯队的金融中心相比,差距则更大。

2. 国际化程度。纵观各国际金融中心的形成,高度开放的经济发展模式是一个不可或缺的要件,而其中,国际贸易和外国直接投资规模是重要的衡量指标。从上海的现状来看,香港和新加坡的对外贸易和直接投资依存度都比上海高,这从一个侧面反映了目前香港和新加坡作为金融中心城市,在功能上要比上海更完备。从发展趋势看,尽管三地在引进外资方面存在激烈竞争,但上海本身及其所依托的大陆经济增长的巨大潜力,无疑将使上海在对外贸易和吸引外资方面的优势不断增强。

此外,资本的自由流动状况也是衡量国际化程度的一个重要因素。一般说来,成熟的国际金融中心应该是资本可自由流动、货币可自由兑换的中心。香港在1983年11月开始推行盯住美元的货币局制度以来,一直推行港元自由可兑换的政策,美元对港元的交易是香港外汇市场最主要的交易品种。而新加坡也基本实现了本国货币的自由可兑换。与之相比较,我国尽管已经实现了经常项目项下的货币自由可兑换,但对资本项目的依然保持了较强的管制,还远未实现人民币的完全自由可兑换,人民币的国际化还尚待时日。从某种意义上讲,对资本项目资金流动的管制,在相当长时间内可能会成为上海建设国际金融中心最为重要的制约因素。

表10 中国资本项目开放程度分类表

类别	划分标准	项数	占比%
无限制	对该项交易及其汇兑基本没有限制,但可能需要经过程序性审批或真实性审核	11	25.6%
较少限制	仅对该项交易的个别交易主体或部分交易进行限制	11	25.6%
较多限制	对该项交易的大部分交易主体或部分交易进行限制	15	34.9%
严格限制	原则上不允许进行交易,包括无明确法律规定、但实际操作中不允许的交易	6	13.9%

资料来源:《中国外汇管理年报》,2004。

注:国家外汇管理局自2005年起没有评估资本账户开放的进度,但由于近年来QDII、港股直通车、放宽个人购汇等政策的酝酿与出台,截至2008年,资本项目的开放程度较2004年年底应更为宽松,尤其是2008年年中新的《外汇管理条例》的颁布,无限制与较少限制项目应增长较快,估计超过25项。如取消强制结汇、取消经常项目外汇收入强制汇入国内的要求、加强对贸易真实性审查和增加了对于流入资本的用途管理、拓宽资本流出渠道、改革资本项目外汇管理方式、放宽对银行间外汇市场交易主体的要求等。

3. 人力资源。和其他的高端服务行业一样,金融业是一个比较倚重于人才的行业。从世界上成功的国际金融中心看,是否拥有一大批优秀的专业人才,是一个国际金融中心能否建成,并获得较强竞争优势的关键要素之一。香港、新加坡作为亚洲地区经济开放程度和国际化程度较高的经济体,集聚了大量的专业人才,包括律师、会计师、精算师、系统分析师、管理顾问等,且80%以上的人员都精通英语。而从上海的有关数据看,目前上海金融业从业人员大约在20万左右,其中有60%集中与银行业,13%分布于证券业,10%分布在保险业。应该说,上海金融从业人员队伍在数量上与其他金融中心相比没有明显的劣势,但素质问题却相当突出,尤其缺乏高端人才。上海金融从业人员中,近79%的是中专或大专文化水平,获得高级职称的只占正式员工的2.2%,获得国际认证的只有0.3%。而且,能熟练英用英语的人数不到20%。从建设国际金融中心的需要来讲,金融从业人员的总体素质还有待进一步提高。

4. 法治环境。在亚洲国家和地区法律环境对比中,新加坡、日本和香港分列前三位。这反映了法治环境对建设国际金融中心的重要性。应该说,从我们既有的研究来看,上海的法治环境在全国范围内是处于领先地位的,但历史传统、体制等条件的制约问题突出。从金融法律角度看,我国目前的相关法律体系仍存在缺漏,而作为一个地区,上海所能享有的地方立法权有限,在金融市场法律完善方面难有作为。而在司法方面,相关环境也还有待改进,司法的独立性和公正性有待提高,对债权人的保护力度还有待加强。应该说,如果与香港和新加坡这类金融中心相比,上海的法治环境还有较大的差距。

5. 税收制度。税负水平的高低在很大程度上会影响金融机构及金融人才的去留,也是建设国际金融中心所必须要考虑的一个要素。从金融企业税负情况来看,我国目前对银行类金融机构既征收间接税(营业税),也征收直接税(企业所得税)与香港、新加坡这些国际金融中心相比,更是明显偏高。香港目前是世界上税收负担最轻的地区之一,对包括银行在内的各种企业不征收间接税、免征利息税,并且只限于对源自香港的收入或赢利征收所得税。香港立法会早在几年前就将通过对离岸基金豁免利得税的缴纳,离岸基金及公司等在香港的交易,包括证券、期货、外汇,乃至外币、存款交易,均免交离岸基金利得税。新加坡的税收负担也相对较轻,对包括银行在内的企业也不征收间接税,并且,为了巩固其国际金融中心地位,新加坡政府正致力于推出新的税收优惠政策,以进一步缩小与香港之间的差距。

在个税方面,上海的个人税收负担水平也要高于香港和新加坡。目前,上海的个人所得税制度是遵照1994年颁行的《中华人民共和国个人所得税法实施条例》,实行九级超额累进税率体系,适用税率为5%到45%,过多的累进层级导致个税计算趋于复杂,而且最高税率偏高,且适用的收入水平偏低。与之相比,香港和新加坡的个人税收制度则相对简单,而且税负水平也较低。新加坡的个税累进层级为7级,最高适用税率22%。而香港的个税累进层级仅为4级,最高适用税率仅为17%。较低的个人税负水平有助于吸引高素质的金融人才,在这个方面,上海的竞争力明显落后于香港和新加坡。

表11 港沪部分商业环境指标

国家或地区	经济自由度排名	透明排名	腐败排名	公司税率(2006)	雇员税率(2006)
香港	1	5	15	29%	16%
新加坡	2	12	5	29%	15%
英国	5	2	11	35%(伦敦)	34%(伦敦)
美国	9	6	17	46%(纽约)	31%(纽约)
日本	27	16	21	53%(东京)	29%(东京)
中国	111	44	78	77%(上海)	30%(上海)

资料来源:Z/Yen Linited," The Global Financial Centers Index", March, 2007.

注:由于这项指标以国家层面而非城市层面统计,而上海作为东部沿海城市,在经济自由度、透明度和腐败率均要高于中国大陆平均水平。

6. 监管环境。在金融监管环境方面,目前我国金融业对外开放的总体水平仍然偏低,各种准入限制还比较多,监管力量还没有完全达到职业化和专家化,相对于上海的金融发展水平,上海金融监管部门的监管理念依然落后,监管法规仍然很不完善,监管质量有待进一步提高。和监管当局之间的沟通和协调也都还存在相当多的问题,这在无形中增大了金融机构的合规成本。虽然目前上海建立了监管联席会议制度,但由于现有制度的不完善严重制约了金融监管部门的有效协调。对于监管部门来说,所有这些,都不利于上海金融中心的建设。

7. 其他方面,作为国际金融中心发展的条件,除了上述我们分析的基点之外,还包括了生活质量、商务环境、客户基础等等方面。我们在附件中也逐一进行了考察和分析。由于数据的可得性,在某些方面的考察中,我们主要采用了定性描述的方法,借用了一些国外已有的研究成果,并将上海与香港和新加坡进行了比较。总的说来,在这些方面的比较中,我们可以得到两点主要的结论:一是上海商业经营环境的总体质量以及相关的基础建设,还远远落后于香港和新加坡这样的国际金融中心;二是,我们必须看到,作为中国大陆的一个城市,上海的落后在很多方面是根源于中国整体政策和体制环境的制约,仅靠上海地方的力量,恐怕很难有根本性的改观。

陆家嘴金融城之路

金融城的建设,其基础是金融中心的建设。对于陆家嘴功能区域的发展来说,首先需要考虑的是上海如何建成国际金融中心,其次,在上海可以建设国际金融中心的过程中,陆家嘴应该采取何种金融产业集群的工作?

陆家嘴有从小到大三个概念。一是陆家嘴中心区,俗称小陆家嘴,面积1.7平方公里(现批准东扩0.2平方公里);二是国务院批准的陆家嘴金融贸易区,31.78平方公里,即上海城市内环线浦东部分(杨浦大桥、罗山路、龙阳路、南浦大桥和黄浦江围合构成的区域);三是陆家嘴功能区,覆盖陆家嘴、潍坊、塘桥、洋泾和花木街道,42.77平方公里。

陆家嘴功能区域形成了以金融为核心的现代服务业产业体系。包括金融及相关服务业,法律、会计、管理咨询、仲裁、个人理财等专业服务业,总部(地区总部)及职能总部以及各类投资性公司、营运中心、财务中心、订单中心、销售中心、培训中心、研发设计及综合技术服务等功能性机构,广告、建筑设计、文化艺术与文物交易、工艺品、出版业、电影业、电视广播、软件设计、多媒体游戏、动漫设计等创意产业、商业服务业、会展业,特色旅游及休闲服务业,航运科技服务业。

陆家嘴功能区域内的金融机构特别是外资金融机构集聚度为中国最高,总部经济聚集度为中国最高。

一是,金融投资机构密集,区域内有一行三会的金融监管机构上海分局,包括中国人民银行上海总部;花旗、汇丰、渣打等各类金融机构459家,中外资银行86家(外资67家),中外资保险公司60家(外资20家),证券公司26家及基金公司23家。其中落户陆家嘴的外资银行的资产和贷款额,占到全国外资银行的一半以上。近年来涌现的新型金融业态如汽车金融公司、银行系基金公司、货币经纪公司也都不约而同地选择落户陆家嘴金融贸易区。例如福特和上汽通用汽车金融公司,交银施罗德和汇丰晋信基金公司以及国内首家合资货币经纪公司——上海国利货币经纪有限公司。

二是要素市场完备。有证券、期货、钻石、石油、金融期货、人才、房地产七个方面的交易所或者中心,另有产权、中昊(油籽)、中石油、中石化等4家各类要素主体。

三是产业链完整。区域内有中外资企业近2万家,其中跨国公司地区总部50家、国内大企业(集团)总部100多家以及法律、会计、审计、咨询等商务服务企业近4000家。

为了优化金融法制环境,2007年上海金融仲裁院正式揭牌,落户陆家嘴金融贸易区。这一特设机构的出现,为解决金融纠纷、防范市场风险,提供了一个更加高效的平台,也是上海向国际金融中心迈进的重要一步。设在陆家嘴金融贸易区的陆家嘴人民法庭还建立了速裁机制,设置了快通道,以简单程序审理简单案件为金融贸易区提供了高效公平的法制环境。

陆家嘴功能区域内楼宇集聚。各类智能化商务楼宇约1228万平方米,其中已经建成117幢,建设总面积605万平方米;在建项目29个,建筑面积243万平方米;拟建项目10余个,建筑面积100万平方米。

陆家嘴功能区域的不足与难点
功能区域开发部分

1. 金融集聚度不够,尽管陆家嘴的金融集聚度已经是上海甚至是中国之最,但金融机构、特别是非银行金融机构的集聚程度还比较低,外国金融机构数和金融中介、非银行金融机构数量与质量上差距明显,金融机构的内部结构尚待继续完善。另外,资信评估公司、会计师事务所、注册会计师人数、律师事务所、保险公估公司数量同发达国际金融中心相比都有明显差距。差距不仅是数量上,质量上差距也较明显,如上海中资机构中目前还没有一家像麦肯锡、普华永道一样有国际影响的咨询服务机构。

表12 上海几个主要区域金融机构比重的比较

地区	邮编	1995		2005	
		主要金融机构	外资金融机构	主要金融机构	外资金融机构
浦东陆家嘴	200120/200122	4.35	1.61	45.58	50.30
黄浦外滩	200001/200002	13.89	27.42	7.42	6.67
卢湾区	200020/200021	8.46	25.81	5.65	6.36
静安区	200040/200041	9.66	22.58	9.01	9.27

(续表)

地区	邮编	1995		2005	
		主要金融机构	外资金融机构	主要金融机构	外资金融机构
长宁区	200336	3.32	17.74	4.95	7.58
徐汇区	200030/200031	3.62	1061	3.18	3.64

资料来源:转引自樊鸿伟,2007,浦东新区金融产业集群研究,博士论文。单位:%。

此外,国内几大国有商业银行的总部均设在北京,各总行的结算和大宗业务交易也都在北京进行,如中国银行在北京完成的交易量占全行的40%,这种格局对上海国际金融中心的形成不利。

表13 上海与世界主要金融中心市场交易状况对比

国别	2003年股票市场总市值(10亿美元)	2000年债券币值/GDP	1997年保费收入(百万美元)	1998年外汇市场(日均亿美元)
伦敦	1717.51	162.60%	158046（英国）	6370
纽约	8542.52	46.40%	699534（美国）	3510
中国香港	455.89	5.80%	2000	785
东京	2045.5	39.90%	490626（日本）	1487
新加坡	97.6	18.10%	1981.4	1390
上海	345.3(总市值)	1.7%（共1688亿）	1545.8(2000)	1.68(2000)
	90.2(流通市值)		192860（中国）	

资料来源:周子衡,2007,上海金融生态环境研究,研究报告。
注:上海的大部分交易业务来源于陆家嘴功能区域。(1)括号为上海的倍数;(2)数据来源:各交易所网站;(3)新加坡上市外国公司占总数的19.6%,为63家。

2.金融服务品种较少,金融市场规模较小,特别是金融衍生品种更少。从市场结构的完善度看,尚无衍生金融工具市场,即使已经建立的金融市场,由于金融体制和相关法规的限制,交易量也不大、交易品种单一、市场主体缺乏,还不能称之为真正完备的市场。上海的证券市场由于建立得早,在年交易额上虽可以与世界区域性金融中心相比,但国际化程度明显不够,交易品种也不多,缺乏避险交易工具,市场结构割裂。

3.更为严重是来源于制度的制约。我们已经建立的金融市场体系并没有成为完全市场化运作的金融市场,中央集权特征明显,是一种典型的"行政主导型"市场。其交易功能较强而其他功能较弱,并且层次单调,各金融市场分属不同行政部门管理,缺乏内在关联,各金融市场间资金缺少流动,价格几乎没有关联;同时,金融产品的类型、数量、价格存在行政管制,市场参与主体有限,导致市场的资源配置功能不能有效发挥,市场竞争格局不能形成。

另外,政府、企业与社会部门的法律、服务等意识淡薄。实行法治已成为人们的共识,然而真正的法治观念并未树立起来。而长期历史积淀形成的人治观念,仍在人们的思想和行为中占有相当大的影响。这导致服务型政府、法治社会的形成障碍很大,严重影响了金融城的作用。

形态建设与环境营造的不足与难点

1.软硬件的配套错位。陆家嘴的交通状况也不乐观,人性化设施较少。陆家嘴地区集中了东方明珠、金茂大厦等旅游景点和许多办公大楼,人流车流量很大,交通极其复杂。相交路段本身的交通量就大,又没有设计立交桥和人行地道,违背了道路通行的起码原则。同时,由于世纪大道进入延安东路隧道有7条车道,隧道内只有两条车道,导致该地区交通非常拥挤。此外,该地区在空间布局上也没有从人文关怀的角度来考虑道路通道便于人们行走。

2.金融集聚的优势未能充分发挥。面对面的商业沟通在现实社会中是不可或缺的,面对面交流、反馈信息能激发人们的创造性思维和创造性想象,使人思维敏捷与灵活,从而产生新思想、新概念和新方法。非正式交流增加了每个人所拥有的知识量,从而加速了知识的创新。在陆家嘴内,由于空间布局上没有考虑道路通道便于人们行走,大楼之间缺少连接通道,休闲娱乐等设施少等原因,客观上也造成企业人员间的非正式交流少,不能易于实现经验、知识及信息的共享。

3. 同金融城相配套的现代服务业、特别是商业餐饮和文化娱乐业也急需进一步发展。

4. 从上海和国家确定的发展目标看,陆家嘴金融城的开发面积太小。目前浦东新区每年吸引40—50家金融机构,需要大量办公楼供应。而陆家嘴金融贸易区内土地供应严重不足。目前,小陆家嘴1.7平方公里上的办公楼建筑总量预计5年内可形成420万平方米,但在规划上已接近饱和。如加上竹园商贸区也仅有600万平方米左右。因为没有合适的发展空间,很多金融机构已经迁出浦东新区,这还造成商务成本急剧上升。

陆家嘴金融城的策略
中国金融发展及上海金融中心建设中的陆家嘴金融城

金融城也就是表面意义上的金融产业集群,与宏观意义上的金融中心互为表里。总的来说,其基础是金融中心的演进与形成,即国际金融中心的建设。不同于老牌的发达国家,对于中国来说,既定的国家战略,上海国际金融中心的建设,应该是一个金融发展的结果,即金融与经济发展了(包括总量与体制),该地才有可能建成国际金融中心,陆家嘴金融城的发展空间自然也会宽广起来。

表14 国际金融中心的宏观与环境比较

	纽约	伦敦	新加坡	香港	上海
1. 经济实力	AAA	A	BBB	BBB	B
2. 经济增长	A	BBB	A	BBB	AAA

(续表)

	纽约	伦敦	新加坡	香港	上海
3. 法律环境	AAA	AAA	A	AA	CCC
4. 税收及其他政策环境	A	A	A	AAA	AA
5. 国际经济地位	AAA	AA	BBB	BBB	BB
6. 市场经济体制	AAA	AAA	AA	AAA	BB
7. 信息透明度	AAA	AAA	A	AA	B
8. 人才素质	AAA	AAA	AA	AA	AA
9. 社会政治风险	AA	AAA	AA	AA	A
10. 城市基础设施	AAA	AAA	AAA	AAA	AAA
11. 城市人文环境	AAA	AAA	A	A	AA
总　　分	AAA	AA	A	A	BBB

资料来源:干杏娣,2004,《开放与成长:新世纪上海国际金融中心的建设》,研究报告。
注:级别分为:AAA、AA、A、BBB、BB、B、CCC、CC、C(由高到低)。

就晚近的历史来说,包括中国在内的发展中国家围绕着金融自由化改革展开其金融发展战略,目的是促进金融深度的提高,进而发挥金融对实体经济的推动作用。当经济从封闭走向开放时,分工跨越国界,市场的范围也突破了国界的限制。表现在金融领域,就是金融的对外开放问题。因此,在开放的背景下,金融发展应该包括两个层次的问题:对内深化和对外开放(方星海,2006:《金融改革与开放》,新华出版社)。而这一改革是宏观的改革,非一城一市之力可以完成,这也是"上海建设国际金融中心需要全国统筹"一文的要旨所在。

具体来看,金融监管与创新,是近几十年来,国际以及各国金融体系变革的核心议题,虽然自2007年爆发的美国次贷危机显示了金融过度创新的危害,但过去几十年来放松金融监管形成的金融创新的长远利益是人们耳熟能详的,金融创新和金融市场所带来的持续繁荣早已深入人心,而对于中国来说,金融创新还处于起步阶段,次贷危机发生以后,中国的

陆家嘴，下一个金融城？

金融监管部门基本停止了所有金融创新，这对于中国尚未成熟的金融市场是一种因噎废食的做法。尤其是，在中国，诸多金融乱象，实际上是金融监管过度导致金融监管不足的结果。如江浙一带流行的地下钱庄，即是金融监管当局对非国有金融主体的歧视或高门槛壁垒，催生了大量的非正规金融主体，金融资源的体系外循环严重影响了宏观金融政策的有效性，也影响了金融资源的有效配置。

从更基础的层面来看，统一的产品与要素市场的完善，是上海成为国际金融市场的前提。就香港的经验，背靠大陆、面向世界是香港之所以成为国际金融中心的根本原因，其"中国资金的窗口城市"，把国际上的过剩资金吸聚到香港，再通过香港的各种金融市场向大陆分配，以满足中国经济发展的需要。而要完成这一过程，就必须完成区域乃至全国经济一体化，这首先要打破区域在基础设施建设、产品流通、资金流通的诸多障碍，不仅机场、公路、铁路等硬件的建设要互联互通，同时降低或取消道路通行费以及各种产品准入门槛等。在这一基础上，将上海的产业布局着眼于长三角以及中国，通过产业转移与辐射，将上海的部分制造业转移出去，也让全国的资金集中于陆家嘴，通过服务长三角和全国的制造业，其发展所派生出来的需求金融进一步巩固上海的作用，这才是配置效率。

要素市场的统一，首先体现在金融人才的引进，包括两个层面：吸引人才、留住人才。上海以及中国快速增长的金融市场是吸引富有进取精神的金融人才的最佳动力，但仅仅这样是不够的。要留住人才，就要配套有竞争力的收入政策、税收政策，有良好的生活宜居，甚至还要为他们的子女考虑基础教育的质量。上海的金融机构有相当部分是国有企业，其薪酬还远未市场化，这一进程了取决于中国整体国有企业的改革的步伐。中国目前的个人所得税税率也远高于纽约、伦敦等国际金融中心，其变动需要经过全国人大的通过，并且个税是中央与地方共享税，中央不通过，地方很难有所作为。更要紧的是户籍制度的放松与取消，户籍政策的变动牵一发而动全身，与全国公共服务均等化、劳动力流动、区域经济不均衡等问题紧密相关,上海没有能力独力完成。这需要全国层面做出制度安排。

土地要素方面,在满足全国18亿亩红线的约束下,可以通过土地跨区域再配置,允许不同的地方政府之间进行建设用地指标交易。有相当部分学者指出,同样的一块土地,在上海被用作建设用地后,获得相对更大的发展空间,劳动力也可以在沿海地区获得更多的就业机会和更高的收入,而内地省份在建设用地指标再配置的过程中获得的收益也要远远大于这块地在当地开发工业带来的收益。这将是一个多赢的做法。在资金要素方面,建立多层次资本市场,满足不同层次的企业融资需求。放开对投融资的限制,如放开或扩大企业债与公司债的审批规模,直至取消行政审批制,由市场来确定企业债券的价值;如加快证券市场创业板的建设,满足中小企业的融资需求。这一基础上,打破区域之间的资金市场分割的局面,只有资金要素市场的统一,才能让全国的资金有效的集中于上海、集中于陆家嘴,再通过金融市场的配置功能,服务于全国的金融融资需求。

正如上述所列,陆家嘴金融城的发展,与中国整体金融体系的改革是分不开的,陆家嘴金融城要发展,一方面需要全国的配合(如统一产品与要素市场等),另一方面也需要有更优惠的政策配套(如可以和新加坡、香港等地竞争的税收、金融创新激励等),争取更多的先试先行。前者是全国一盘棋的发展,陆家嘴、上海很难有所作为,但可以率先在区域内(如长三角、金融城市之间)作为榜样。而后者则需要陆家嘴金融城获取更多、更大、更广的政策优惠,但政策优惠并不意味着陆家嘴借此拉开与其它国内金融城市的差距,其意义应该是陆家嘴通过金融改革试点,获取经验,为其它金融城市的发展提供鉴定,推而广之,以深化整体的金融改革,这也是陆家嘴为中国整体金融改革服务的表现。

从金融改革试点到金融特区

以伦敦金融城为例,其发展的稳定源于数世纪稳定的政治环境中,不

陆家嘴,下一个金融城?

断提升自身在创新、开放、灵活、高效方面的声誉。这要归功于伦敦金融城作为自治政府的角色。根据古老、自治的《约翰国王大宪章》的规定,伦敦金融城政府是伦敦金融城的政府机构。作为世界上最古老的市政地方自治主体之一,伦敦金融城政府的历史比英国的议会制度还要悠久。

陆家嘴的未来一定要有必须的金融立法、执行的自主权。在浦东综合配套改革试点的政策下,陆家嘴金融城应该积极的争当各类金融改革的试点,争取做第一个或者第一批。如建立金融控股集团、发展金融企业的混业经营、建立多种所有制金融机构等。这需要陆家嘴在上海的配合下,全面和准确把握国务院决策过程和准备金融改革的动向,以自身试点的发展,推动上海金融中心建设进入一个新的更高的阶段。

长远来看,陆家嘴要形成真正的金融城,就必须是一个金融特区,以中国现状来看,中国整体的税收优惠、金融监管政策,很难达到纽约、伦敦的标准,更别说香港、新加坡了,在这种情况下,陆家嘴金融城要与目前国际上的金融中心竞争,就必须在中国境内特事特办,有特殊的政策优惠。

另一方面,目前上海建设国际金融中心已经成为国家战略,陆家嘴是金融中心建设的核心区域也早已成为中央和上海的规划。随着金融试点的扩大,做实陆家嘴金融城的步伐也将加快。现在需要做的是把这些概念、规划法律化了,需要有明确有关的组织机构和配套政策,也就是说需要将中央关于金融中心建设的批复与陆家嘴扩容、浦东综合配套改革试点等框架、提法,明确的政策化、组织化。即上海市及浦东区政府的政策要跟进,主要就是花钱、给资源,来不断地堆积这些事情。还需要组织化,就是有若干个具体的政府机构(也许还需要有非政府的机构来共同)促进这些事情,协调及办事机构不仅仅包括上海,可能还有长三角及中央层面的。

结合这两个方面,不妨把陆家嘴金融城建成行政实体,兼具金融特区和金融城建设、管理的双重功能。就具体来说,建议成立或将现有的陆家嘴功能区域管理委员会转型为"陆家嘴金融发展与促进管理委员会"(下简称"陆金发委")。它统和各级政府的政策资源、管理职能,整体推进陆家嘴金融城和上海国际金融中心建设工作。这是上海建成国际金融中心的组织保障。

当前推进上海国际金融中心建设的组织机构主要是"上海市政府金融服务办公室"。这一机构的定位既不是决策性质的,也不是执行性质的,对内类似于政府内部的咨询机构,对外类似于政府服务性质的。这凸显了角色模糊、执行力度不够等问题。这约束了政府体系与市场体系或经济社会之间的有效联系渠道,制约了政府部门应有的影响力和作用力。应当说,这些不足也是上海建设国际金融中心的各项政策进展缓慢的原因(无法统筹中央与上海的政策资源,就连上海本市的金融决策资源都很难统和)。

通过组织机构的创新,成立"陆金发委",打破现有的政府部门设置的既定格局,立足于陆家嘴这一地理实体,从建设国际金融中心的目标需要出发,从促进上海市金融发展与实现稳定的现实需要出发,并通过它来积极促进上海金融体系的全球化和自由化。"陆金发委"的设立既应置于上海市人民政府的组织框架内。同时整合中央金融监管机构、长三角地方政府金融管理机构等,这样,确保"陆金发委"一方面积极有效地参与制定地方性金融法律、法规的立法活动,对中央针对陆家嘴和上海的立法也有一定的影响能力;另一方面可以切实有力地执行一系列的政府决策和地方法规。

其主要的功能职责在于,统和各项政府资源,提高决策与执行效率,为上海国际金融中心建设提供组织保障。"陆金发委"的具体职能:(1)全面协助上海政府部门的金融工作,提高金融调控能力,维护金融稳定;(2)参与或主持陆家嘴区域金融法规的制定;(3)服务市场需要,做好政府部门、金融机构与社会之间的沟通桥梁;(4)形成政府部门国际金融联系的组织平台;(5)其他。

从最终效果来看,应该起到三个方面的作用:第一,沟通与决策平台,主要包括中央金融管理部门、长三角及相关地方政府、上海与浦东区政府、陆家嘴区域金融机构等；第二，区域金融管理和服务部门；第三，学习伦敦金融城，打造成为中国的金融"品牌"，陆家嘴金融城形成"品牌"后，推广和支持整个英国的金融服务业（无论其母公司是否外资）。

微观上的改进

结合上面所列陆家嘴功能区域的不足与难点，在陆家嘴金融城的整体策略指导下，具体的改革可以从两个方面入手：软硬件服务和形象打造。

1. 硬件方面：改善交通状况，设计立交桥、人行地道、楼宇间通道等。这一方面陆家嘴中心区已经在建立环岛工程，应该可以缓解一部分问题，未来仍需要进一步改进。这还包括浦东、浦西之间的交通，延安东路隧道是一条非常重要的枢纽线，但经常发生拥堵现象，严重影响了陆家嘴区域与其它区域的交通。

与金融城配套的现代服务业需要尽快落实，包括商业餐饮、文化、休闲娱乐等，开发建设公共绿地、休闲广场等。

在陆家嘴中心区域内，优化交通线路，大楼之间增加连接通道，增加楼宇之间的公共空间，为企业人员间的非正式交流增加机会，形成更多的面对面交流。便于实现经验、知识及信息的共享。

陆家嘴中心区域需要扩充，在东扩的基础上，优化区域内的建筑格局，增加办公楼供应，一方面可以容纳更多的金融机构入驻，增加金融集聚度，另一方面也可以有效降低商务成本。

2. 改进政府效能，建立服务型政府。如应迅速建立起一支既懂金融方面的业务知识、经济管理方面的基础知识，又懂计算机专业知识的金融科技复合型人才队伍。应加快组织开发适合协调金融监督管理系统应用的公文传输系统、电视电话系统、内联网系统，以及与人民银行、证监会、保监会、各金融机构联网的外联网系统和金融机构预警监测系统等。加快硬件建设，购买和配备计算机及自动化设备，充分利用现有办公场所布设网络线路及专用电路等,为搞好网络建设打好基础。建立工作沟通制度。建立统计资料定期交流制度。建立双边或多边的紧急磋商制度。在各监管部机构内建立和强化国际金融监管合作的专设组织等。

将陆家嘴打造成上海以及全国的金融品牌,成为中国的金融窗口,这包括通过经济、金融研究,向全世界提供准确、及时、重点突出的与陆家嘴金融城有关的分析报告,让各金融机构、政府的决策者和投资者可以更好地了解陆家嘴的发展态势和发展需要,尤其是有关陆家嘴金融城及其周边地区的金融和商业信息。

向投资者提供物美价廉的投资咨询服务、严格保密的专业化物业咨询服务。建立形象大使等,拓展陆家嘴金融城的公共声誉,创造商业机会,并与全球的决策制定者和具有世界影响力的人物建立联系,这为陆家嘴金融城的国际化创造了良好的条件。

作者为上海金融与法律研究院研究员。

图书在版编目(CIP)数据

大国金融崛起:国际挑战与本土策略/上海金融与法律研究院著.—上海:上海三联书店,2013.11
(上海金融与法律研究院丛书)
ISBN 978-7-5426-4312-4

Ⅰ.①大… Ⅱ.①上… Ⅲ.①金融业-研究-中国 Ⅳ.①F832

中国版本图书馆 CIP 数据核字(2013)第 175856 号

大国金融崛起:国际挑战与本土策略

著　者 / 上海金融与法律研究院

责任编辑 / 王笑红
装帧设计 / 豫　苏
监　制 / 李　敏
责任校对 / 张大伟　殷亚平

出版发行 / 上海三联书店
　　　　　(201199)中国上海市都市路 4855 号 2 座 10 楼
网　　址 / www.sjpc1932.com
邮购电话 / 021-24175971
印　　刷 / 上海展强印刷有限公司

版　次 / 2013 年 11 月第 1 版
印　次 / 2013 年 11 月第 1 次印刷
开　本 / 640×960　1/16
字　数 / 360 千字
印　张 / 24
书　号 / ISBN 978-7-5426-4312-4/F·649
定　价 / 58.00 元

敬启读者,如发现本书有印装质量问题,请与印刷厂联系 021-66510725